기선의 시대

근대 동아시아 해역

지은이

마쓰우라 아키라(松浦章, MATSUURA Akira)

간사이대학 문학부 전임 강사, 간사이대학 문학부 교수, 간사이대학 동서학술연구소 소장 역임. 간사이대학 명예교수로, 2017년 4월부터 현재까지 간사이대학 동서학술연구소 객원연구원으로 있다. 전공 분야는 명청경제사, 중일관계사, 근대동아윤선항운사, 동아문화교류사 등이다. 특히 중국 연해의 범선항운연구나 동아해역의 인물, 상품, 자금 등의 유동 등에 관심을 가졌다. 일본어 저서『江戸時代唐船에 의한 중일문화교류』,『기선의 시대―동아시아 해역』외 22종, 중국어 저서『청대 해외무역사연구』외 14종, 그 밖에 편저『에도시대표착당선 자료집』(간사이대학 동서학술연구소) 7권 등이 있다.

옮긴이

권기수(權奇洙, Kwon Gi-su) 신라대학교 글로벌비즈니스대학 국제지역학부 교수. 저서로는『한일양국어의 유의어 대조연구』,『한일양국어의 수동표현의 대조연구』등이 있고, 역서로는『근대아시아시장과 조선』(공역),『조공시스템과 근대 아시아』(공역) 등이 있다.

공미희(孔美熙, Kong Mi-hee) 부경대학교 인문사회과학연구소 HK연구교수. 저서로는『동북아 해역과 인문네트워크』(공저),『동북아 해역 인문네트워크의 근대적 계기와 기반』(공저) 등이 있다.

전성엽(全成燁, Jeon Sung-yeub) 인제대학교 국제어문학부 일어일문전공 교수. 저서로는『일본어문법의 세계』,『대학생을 위한 일본어 작문』,『話し手の文法』,『일본어문법』1(공저) 등이 있다.

기선의 시대 근대 동아시아 해역

초판인쇄 2020년 12월 15일 **초판발행** 2020년 12월 30일
지은이 마쓰우라 아키라 **옮긴이** 권기수, 공미희, 전성엽 **펴낸곳** 소명출판 **출판등록** 제13-522호
주소 06643 서울시 서초구 서초중앙로6길 15, 2층
전화 02-585-7840 **팩스** 02-585-7848 **전자우편** somyungbooks@daum.net **홈페이지** www.somyong.co.kr

값 36,000원 ⓒ소명출판, 2020
ISBN 979-11-5905-547-8 93910

이 책은 2017년 대한민국 교육부와 한국연구재단의 지원을 받아 수행된 연구임 (NRF-2017S1A6A3A01079869).

부경대학교 인문사회과학연구소
해역인문학 번역총서 / 05 /

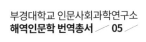

기선의 시대

근대 동아시아 해역

마쓰우라 아키라 지음 | 권기수 · 공미희 · 전성엽 옮김

The Age of Steamships : Modern East Asian Sea Region

소명출판

발간사

　부경대학교 인문사회과학연구소와 해양인문학연구소는 해양수산 교육과 연구의 중심이라는 대학의 전통과 해양수도 부산의 지역 인프라를 바탕으로 바다를 중심으로 하는 인간 삶에 대한 총체적 연구를 지향해 왔다. 바다와 인간의 관계에서 볼 때, 아주 오랫동안 인간은 육지를 근거지로 살아왔던 탓에 바다가 인간의 인식 속에 자리잡게 된 것은 시간적으로 길지 않았다. 특히 이전 연근해에서의 어업활동이나 교류가 아니라 인간이 원양을 가로질러 항해하게 되면서 바다는 본격적으로 인식의 대상을 넘어서 연구의 대상이 되었다. 그래서 현재까지 바다에 대한 연구는 주로 과학기술이나 해양산업 분야의 몫이었다. 하지만 인간이 육지만큼이나 빈번히 바다를 건너 이동하게 되면서 바다는 육상의 실크로드처럼 지구적 규모의 '바닷길 네트워크'를 형성하게 되었다. 그리고 이 해상실크로드를 따라 사람, 물자, 사상, 종교, 정보, 동식물, 심지어 병균까지 교환되게 되었다.

　이제 바다는 육지만큼이나 인간의 활동 속에 빠질 수 없는 대상이다. 바다와 인간의 관계를 인문학적으로 점검하는 학문은 아직 정립되지 못했지만, 근대 이후 바다의 강력한 적이 인간이 된 지금 소위 '바다의 인문학'을 수립해야 할 시점에 이르렀다. 하지만 바다의 인문학은 소위 '해양문화'가 지닌 성격을 규정하는 데서 시작하기보다 더 현실적인 인문학적 문제에서 출발해야 한다. 그것은 한반도 주변의 바다를 둘러싼 동북아 국제관계에서부터 국가, 사회, 개인 일상의 각 층위에서 심화되고 있는 갈등과 모순들 때문이다. 이것은 근대이후 본격화된 바닷길 네트워크를 통해서 대두되었다. 곧 이질적 성격의 인간 집단과 문화가 접촉, 갈등, 교섭해 오면서 동양과 서양, 내셔널과 트랜스내셔널, 중앙과 지방의 대립 등이 해역海域 세계를 중심으로 발생했던 것이다.

다시 말해 해역 내에서 인간(집단)이 교류하며 만들어내는 사회문화와 그 변용을 그 해역의 역사라 할 수 있으며, 그 과정의 축적이 현재의 상황으로 나타난다고 할 수 있다. 따라서 해역의 관점에서 동북아를 고찰한다는 것은 동북아 현상의 역사적 과정을 규명하고, 접촉과 교섭의 경험을 발굴, 분석하여 갈등의 해결 방식을 모색토록 하며, 향후 우리가 나아가야 할 방향을 제시해주는 하나의 방법이라고 할 수 있다. 개방성, 외향성, 교류성, 공존성 등을 해양문화의 특징으로 설정하여 이를 인문학적 자산으로 상정하고 또 외화하는 바다의 인문학을 추구하면서도, 바다와 육역陸域의 결절 지점이며 동시에 동북아 지역 갈등의 현장이기도 한 해역을 연구의 대상으로 삼아 실제적으로 현재의 갈등과 대립을 해소하는 방안을 강구하고, 나아가 바다와 인간의 관계를 새롭게 규정하는 '해역인문학'을 정립할 필요성이 여기에 있다.

이러한 인식하에 본 사업단은 바다로 둘러싸인 육역들의 느슨한 이음을 해역으로 상정하고, 황해와 동해, 동중국해가 모여 태평양과 이어지는 지점을 중심으로 동북아해역의 역사적 형성 과정과 그 의의를 모색하는 "동북아해역과 인문네트워크의 역동성 연구"를 제안한다. 이를 통해 우리는 첫째, 육역의 개별 국가 단위로 논의되어 온 세계를 해역이라는 관점에서 다르게 사유하고 구상할 수 있는 학문적 방법과 둘째, 동북아 현상의 역사적 맥락과 그 과정에서 축적된 경험을 발판으로 현재의 문제를 해결하고 향후의 방향성을 제시하는 실천적 논의를 도출하고자 한다.

　부경대 인문한국플러스사업단이 추구하는 소위 '(동북아)해역인문학'
은 새로운 학문을 창안하는 일이다. '해역인문학' 총서 시리즈는 이와
관련된 연구 성과를 집약해서 보여줄 것이고, 또 이 총서의 권수가 늘어
가면서 '해역인문학'은 그 모습을 드러낼 수 있을 것으로 기대한다. 끝
으로 '해역인문학총서'가 인간과 사회를 다루는 학문인 인문학의 발전
에 기여할 수 있는 하나의 씨앗이 되기를 희망한다.

　　　　　　　　　부경대 인문한국플러스사업단 단장 손동주

서문

1853년 미국함대 페리제독이 이끌던 4척의 군함이 우라가浦賀해역에 나타난 것은 일본에게는 기선에 의한 교통혁명 시대가 도래한 상징적인 사건이었다. 바다 건너 중국대륙에서는 일본보다 빨리 기선이 등장하지만 광대한 영토를 보유한 탓인지 지지부진하였다. 그 틈을 노린 것이 구미의 기선회사이다. 구미의 기선은 비정기적 무역활동과 정기항로 개설을 도모하고 태평양을 횡단하여 상해나 홍콩을 잇는 항로를 개설했으며 이것은 시간적, 공간적으로 인적 이동, 물적 이동 등의 문화교섭에 크게 공헌하게 되었다.

구미기선의 동아시아 해역 대두에 대항하여, 중국에서는 1872년 상해에서 초상국윤선공사招商國輪船公司를 설립한다. 메이지유신으로 아시아국가중에서 발빠르게 서구화를 추진한 일본은 1875년(메이지 8)에는 자국의 기선회사 해외항로인 요코하마・상해항로를 개설한다. 중국이나 일본에서도 기선회사의 자립화가 급속하게 진전되어 간 것이다.

19세기 후반부터 20세기 전반의 동아시아 해역에서 활동한 기선항운 발자취의 일단을 규명하려고 노력한 것이 이 책『기선의 시대-근대 동아시아 해역』이다. 이 책으로 19세기 후반부터 20세기 전반에 걸친 동아시아 해역의 기선항운이 당시의 교통기관으로서 얼마나 중요했으며, 여러 지역을 연대하는 문화교섭의 첨단 역할을 했던 상황을 이해하게 되길 기대한다.

2012년 11월

마쓰우라 아키라

근대 동아시아 해역의 기선항운

1. 서언

19세기 초 영국 기선이 중국 광주에 내항한 후 동아시아 해역에서도 기선이 필요하게 된다. 1872년 청조중국은 상해에 독자적 기선회사인 윤선초상국輪船招商局을 설립하였지만, 그 이전부터 중국대륙연해, 장강유역 한구漢口까지의 항로에 구미기선이 진출하여 해외무역뿐만 아니라 국내 항운 수송에도 중요한 역할을 맡게 된다.[1]

일본도 이러한 영향을 받아 기선시대에 돌입하게 된다. 막말 메이지 초기에 중일 간의 기선항로를 두고 미국, 영국, 프랑스의 기선회사가 경합하는데, 1875년(메이지 8)에 일본정부는 일본 최초의 해외항로로서 요코하마·고베·시모노세키·나가사키와 상해를 잇는 항로 개설을 미쓰비시우선회사에 인가했다. 그 후 미쓰비시우선회사는 공동운수회

1　聶寶璋編,『中国近代航運史資料』第1輯 上册, 上海人民出版社, 1983.11, pp.34~41·245~263 참조.

사와 합병하여 일본우선회사가 되고 중일 간의 간선항로가 되었다.[2] 이에 대하여 중국의 윤선초상국도 일본항로 개설을 시도하지만, 일본 측의 반대에 부딪혀 단념하게 된다.[3] 그 결과, 일본 기선회사에 의한 상해와 일본을 잇는 정기항로는 근대 중일교류의 가교로서 중요한 역할을 하게 된다.

조선에서는 청일전쟁 후 1895년(메이지 28)에 일본정부 소유선박인 창룡蒼龍과 현익顯益, 해룡海龍 3척을 일본우선회사에 빌려주고 조선에서 운항을 시작하는데, 이미 부산에 있었던 협동기선회사가 경영사업을 인수한 것이 조선에서 실시한 최초의 기선사업이었다.[4]

19세기 말 동아시아의 여러 나라 가운데 거대 기선회사를 보유한 것은 청조중국과 메이지일본이었다. 『도쿄요코하마매일신문』 제4530호, 메이지 19년(1886) 1월 13일의 「청국초상국 및 일본우선회사」에서 다음과 같이 기술하고 있다.

아시아 동방의 여러 나라 중에서 항해를 업으로 하는 2개의 큰 회사가 있다. 하나는 청국초상국이며 또 하나는 일본의 우선회사이다.[5]

이와 같이 거대 기선회사는 청조중국의 윤선초상국과 일본의 일본우선회사였다. 위 신문에 또한 다음과 같은 기술이 있다.

2 松浦章, 『近代日本中国台湾航路の研究』, 清文堂出版, 2005.6.
3 松浦章, 「清国輪船招商局の日本航行」, 『関西大学東西学術研究所紀要』第39輯, 2006.4, pp.1~48.
4 小武家芳兵衛 編, 『朝鮮郵船株式会社二十五年史』, 朝鮮郵船株式会社, 1937.6, p.3.
5 『復刻版 横浜毎日新聞』第四五巻, 不二出版, 1992.7, p.39.

이 양대 회사는 정부 혹은 정부부서 내의 여러 사람들이 직간접으로 연결되어 있다. 일본우선회사는 근래 동양에서 유명한 회사로 자본금은 1,100만 엔이었다. 그중, 정부 주(株)[6]에 속하는 260만 엔 외에는 구 미쓰비시 및 구 공동회사보통주주의 것으로, 정부는 이 거대 주식출자금에 대하여 연8주의 이익을 보호한다. 초상국은 청국에서 유명한 이홍장을 비롯해 그 외의 사람이 지출한 자금으로 성립된 것이다.[7]

그 후에도 윤선초상국은 청국정부, 일본우선회사는 일본정부의 지원을 받으며 거대 해운회사로 성장하였다.

조선에서는 협동기선회사와 1908년(메이지 41) 원산에 있던 합자회사 요시다吉田선박부가 일본정부의 지원을 받아 부산과 웅기 사이에서 항운사업을 시작했다. 그 후 부산기선주식회사와 요시다선박부 그리고 목포 항운합자회사를 통합하고 1911년(메이지 44)에 새롭게 설립하여 이후 조선에서의 항운사업을 독점한 것이 조선우선회사이다.

그런 점에서 이 책에서는 청국초상국윤선공사, 일본우선회사, 조선우선회사의 항운활동을 통하여 동아시아 기선 항운사업의 전개에 관하여 서술하려고 한다.

---

6 【역주】주는 에도시대의 '량·분·주'와 같은 통화단위를 가리키는 것으로 추측됨(1량=4분, 1분=4주).
7 『復刻版 横浜毎日新聞』第四五卷, 不二出版, 1992.7, p.39.

2. 청조윤선초상국공사의 성립과 발전

윤선초상국 설립의 기본방침은 이홍장의 『이문충공주고李文忠公奏稿』 권20, 「시변초상윤선접施辯招商輪船摺」 동치同治 11년(1872) 11월 23일의 주접奏摺[8]에서 볼 수 있다. 위 주접에서 동치 11년 5월부터 윤선 즉 기선제조를 시도하는데, 상선으로서 어울리지 않아 '중국 상인을 고용하여 양곡수송을 담당케 하라'라고 중국 상인을 불러 정부상인(관상)으로서 강남江南에서 북경으로 곡물수송을 하게 했다. 과거에는 '절강사녕선척浙江沙寧船隻'이라고 강소江蘇나 절강浙江의 사선沙船[9]과 영선寧船등과 같은 범선으로 장강에서 천진天津으로 곡물을 수송했는데, 이 범선들이 격감하여 기선수송이 시급하게 되었다. 그래서 '남북이 협력하여 화상華商윤선을 계획하고 기일 내에 완성하면 고갈될 우려가 없으며, 중국의 윤선이 순조롭게 통행할 수 있고 복건성(민閩)·상해(호滬)의 각 공장에서 상선을 제작한다'고 한 것처럼, 중국의 남북이 힘을 합쳐 정부의 어용미御用米를 수송

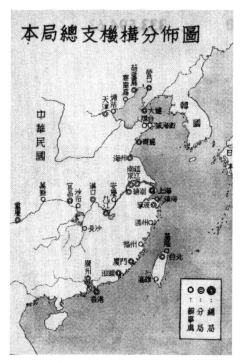

〈그림 1〉 초상국 기선의 활동영역(『国営招商局七十五周年紀念會刊』, 1947.12)

---

8 【역주】청조의 고급관리가 황제에게 사무보고를 할 때 사용한 문서형식의 하나.
9 松浦章, 『清代上海沙船航運業史の研究』, 関西大学出版部, 2004.11.

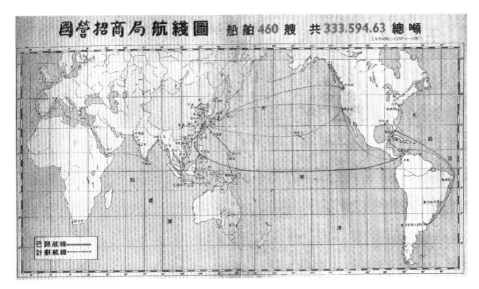

〈그림 2〉『国営招商局七十五周年紀念會刊』(1947.12)에 의한다

하는 것을 중국의 미래 항운사정에 크게 공헌하는 중요한 일로 보았다.

이렇게 해서 윤선초상국은 1872년(동치 11, 메이지 5)에 상해신북문외영 안가上海新北門外永安街에서 설립되었다.[10] 동아동문회東亞同文會조사편찬부 가 만든 1911년『제1회 중국연감中國年鑑』의 수운水運[11]에 게재된 초상국의 기사는 윤선초상국의 개요를 간략하게 기술한 초기의 것이다.

초상국은 청국의 기선업 중 가장 뛰어나며 항해업자의 효시이다. 초상국 은 원래 이홍장이 창업한 것으로 동치 13년 11월의 일이다. 광서(光緒)2년 절강성 등의 공금으로 세력이 컸던 기창양행(旗昌洋行)을 매수하고, 다음

---

10 「輪船招商公局規条」,『海防檔』甲, 購買船廠, 臺北・中央研究院近代史研究所, 1957, pp.920 ~923;『輪船招商局 盛宣懷檔案資料選輯之八』, 上海人民出版社, 2002.11, p.3~6;『招商局史 (近代部分)』(中國水運叢書), 人民交通出版社, 1988.9, p.28.

11 【역주】수로에 의한 교통 및 운반.

해 3년에 조운(漕運)[12]을 인수해 마침내 크게 번창하였다. 광서 10년 청불 전쟁 중에는 명의상 일시적으로 초상국을 525만 량으로 기창양행에 매각 하고, 11년 가을에 다시 회수하여 광서 18년(1890년)에는 인도지나항업(이 화양행(怡和洋行) 대리), 중국항업(태고양행(太古洋行) 대리)의 2개사와 협 의해 장강남청(長江南淸)에서 운임협동계산을 하고, 사업이 더욱 번창하여 창설당시 100만 량이었던 자본금을 광서 8년 7월에 100만 량을 더한 200만 량으로 하고, 광서 24년 정월 적립금 및 시가보험적립금 중에서 합계 200만 량을 자본금지불대금으로 대체해 총 400만 량으로 했다.[13]

이와 같이, 이홍장의 발의로 1872년(메이지 5, 동치 11)에 창설된 윤선초 상국은 미국기업인 기창양행Russele Co.과 매수, 매각, 매수를 반복하면 서 사업을 확대해 간 중국최대의 항운업이었다.

윤선초상국과 일본우선회사의 2대 해운회사는 각각 자국의 해운업 에 커다란 영향을 끼쳤다. 이들 회사는 자국의 수운, 해운뿐만 아니라 해외로 항로 확장을 시도했다. 일찍부터 해외항로를 개설한 것은 일본 우선회사 전신 중 하나인 미쓰비시회사인데, 1875년(메이지 8) 1월에 요 코하마와 상해를 잇는 항로를 개설했다.[14]

한편 초상국은 창설 직후부터 중국대륙 연해항로로서 상해에서 광 동성 산두汕頭, 홍콩을 잇는 항로, 그리고 상해에서 천진으로 항로를 확

---

12 【역주】 광의로는 중국 및 일본·조선 등의 주변 여러 나라에서 사용된 수운일반(水運一般)의 의미이나, 협의로는 중국왕조에서 관(官)이 자연하천·인공운하·해상교통을 이용해 쌀· 견·조와 같은 물자를 수송하는 행위를 가리킨다.

13 『宣統三年中國年鑑』, 東亞同文會調査編纂部, 1912.6, 같은 해 9월 재판.

14 松浦章, 『近代日本中国台湾航路の研究』, 清文堂出版, 2005.6, p.33.

대하여 내하항로內河航路로 하고 장강의 연강항로沿江航路는 상해에서 진강鎮江, 구강九江 등을 경유하여 장강중류지역의 중심지인 호북성湖北省의 한구로 항로를 개설하여,[15] 이미 개설된 영국계 이화양행, 태고양행의 기선항로와 경쟁하게 된다.[16]

윤선초상국이 구입한 외국 배에는 이돈伊敦, 영청永淸, 이운利運, 복성福星이라는 중국이름이 붙여졌다.[17] 이운은 상해와 천진항로, 복성은 하문廈門·산동의 화남항로, 영청은 진강과 광동, 이돈은 일본에 대한 항행실적이 있는 선박이었다.[18]

윤선초상국은 해운사업이 종료된 후, 기선을 이용해 진강, 구강, 한구의 장강항로와 연해부 광동동북의 산두, 홍콩, 복건성의 복주福州와 하문, 절강성의 영파寧波, 발해에 접해 있는 천진처럼 산동의 연대烟臺 등으로 승객수송과 화물수송을 담당하도록 각 항구에 초상국의 분국分局을 설치하려고 하였다.[19] 1874년에는 윤선공사초상국輪船公司招商局으로 개칭하고 1880년에는 민영회사로 이행되었다.

윤선초상국과 일본우선회사의 2대 해운회사는 자국의 해운업에 커다란 영향을 끼쳤다. 이들은 자국의 수운, 해운뿐만 아니라 해외로 항로확장을 시도했다. 일찍부터 해외항로를 개설한 것은 일본우선회사 전신 중 하나인 미쓰비시회사로 1875년 1월에 요코하마와 상해를 잇는

15 『招商局史(近代部分)』(中國水運叢書), 人民交通出版社, 1988.9, p.58.

16 Kwang-Ching Liu, *Anglo-America Steamship Rivalry in China 1862 ~1874*, Havard University Press, 1962; 松浦章, 『近代日本中国台湾航路の研究』 pp.11~15 참조.

17 黃慕宗, 「本局主要船舶簡述(一)」, 「本局船舶史話」, 『國營招商局七十五週年紀念刊』, 國營招商局, 1947.12, p.14.

18 「徐潤致盛宣懷函」(동치 12년 7월 초7일(1873.8.29)), 『輪船招商局 盛宣懷檔案資料選輯之八』, p.8.

19 「輪船招商公局規条」, 『輪船招商局 盛宣懷檔案資料選輯之八』, p.3.

〈그림 3〉 이돈(伊敦, Aden)호(출처 : 상해·중국항해박물관복원모형)

항로를 개설하였다.[20]

윤선초상국이 일본으로 항로개설을 시도한 것은 잘 알려져 있는 사실이지만,[21] 지금까지 그 문제는 간과되어 왔다. 청말에 설립된 중국의 거대 기선회사인 윤선초상국은 1873년(메이지 6, 동치 12) 이돈호(〈그림 3〉 참조), 1877년(메이지 10, 광서 3) 대유大有, Tahyew호, 1882년(메이지 15, 광서 8) 회원懷遠, Hwaiyuen호, 그리고 1886년(메이지 19, 광서 12) 2척의 해정海定, Hae-ting호, 치원致遠, Chi-yen호를 이용하여 일본항행을 시도하였으나 모두 정기 운항이 아닌 비정기적 항행이었다. 또 1886년(메이지 19)의 해정호와 치원호가 내항했을 때처럼 일본 측의 저항에 부딪혀 기대했던 운항 상황에는 이르지 못했다.[22]

---

20 松浦章,『近代日本中国台湾航路の研究』, 清文堂出版, 2005.6, p.33.
21 『招商局史(近代部分)』第2章 第2節, 一江, 海遠洋航線的開闢, (二)원양항선(p.59)에서 1873년 8월 초에 이돈호가 고베·나가사키로 항로를 개설한 것이 중국 기선회사의 첫 외국항로였다고 기술되어 있을 뿐이다.

1886년 윤선초상국 기선의 마지막 일본항행은 『고베우신일보神戶又新日報』 제524호, 메이지 19년 2월 14일 「치원호에 승객이 없다」라는 상징적인 내용으로 게재되었다. 그리고 같은 해 2월 17일, 『도쿄요코하마매일신문』 제4,560호의 「치원호에 승객이 없다」도 위의 『고베우신일보』 기사를 다시 게재하였다. 여기서는 『고베우신일보』 기사를 예로 들겠다. "하루 이틀 전에 치원호가 요코하마에서 고베로 입항했을 때도 승객이 한 명도 없었다.(다만 나가사키까지 타고 간 승객은 4명이었다) 그저께 같은 배인지 모르겠으나 고베항에서 상해로 출항했을 때도 역시 한 명도 없었다. 고베항 초상분국 사람들이 약간 소심하여 지금과 같이 초상국 기선에 승객이 적은 까닭이다. (…중략…) 최근 고베항에서 초상국 기선에 탑승하는 사람이 줄었다"로 되어 있듯이, 치원호가 일본연해를 항행할 때 일본인 손님을 탑승시켜 여객운임의 증대를 꾀하려는 계획은 일본 측의 저항으로 좌절되었다. 그 결과, 일본에 주재원을 두고 일본과 정기항로를 개설하려고 한 청국 윤선초상국의 계획은 실패로 끝났다. 『고베우신일보』 기사는 그 마지막을 상징적으로 게재했다고 할 수 있다.

이처럼 윤선초상국의 일본 연해항로 운항은 일본 측의 저항에 부딪혀 어쩔 수 없이 무산되었다.

---

22 松浦章, 「淸国輪船招商局汽船の日本航行」, 『関西大学東西学術研究所紀要』 第38輯, 2006.4, pp.1~48.

3. 일본의 오사카상선회사와 일본우선회사의 대두

일본과 중국을 연결하는 기선 정기항로의 시작은 1864년(원치元治 원년, 동치 3) 영국의 P.&O.기선회사[23]가 상해와 요코하마 사이에 월 2회의 정기항로를 개설한 것에서 비롯된다. 이어서 그 다음해 1865년(경응慶応 원년, 동치 4)에 프랑스우선이 상해와 요코하마 사이에 월 1회의 정기항로를 개설한다.[24] 그리고 1867년(경응 3) 1월 1일 미국 퍼시픽 메일 기선회사Pacific Mail Steam Ship Company(태평양우선기선회사)가 콜로라도호를 출항시켜 샌프란시스코에서 요코하마를 경유해 홍콩을 잇는 항로를 개설하고, 목조 외윤선外輪船인 그레이트 리퍼블릭호, 차이나호, 저팬호, 그리고 아메리카호를 새로 건조하여 이 항로에 투입했다. 그 후 퍼시픽 메일 기선회사는 위와 같은 항로 지선支線의 하나로 요코하마, 고베, 나가사키를 경유해 상해를 잇는 항로를 개설한다.[25]

『요코하마매일신문』 제1호, 1870년(메이지 3) 12월 8일 광고에는 "미국의 비각선飛脚船 출입일에 골든에이지호 내항, 15일 출항, 저팬호 8일 홍콩으로 출항하였다"[26]고 나와 있다. 그리고 『요코하마매일신문』 제3호, 12월 14일 광고에도 "미국의 비각선 출입 일에 골든에이지호 내항, 15일 출항, 저팬호 오는 정월 초하루 홍콩에서 이곳으로 입항, 아메리카호 정월 9일

---

23 Boyd Cable, *A Hundred Year History of the P.&O. Peninsular and Oriental Steam Navigation Company 1837~1937*, London, 1937; 中川敬一郎, 「汽船会社の成立ーイギリス東洋海運史の一齣」, 『資本主義の成立と発展 土屋喬雄教授還暦記念論文集』(『経済学論集』第26巻 第1, 2号), 有斐閣, 1959.3, pp.276~301.

24 小風秀雄, 「英国P&O汽船の日本進出と三菱との競争について」, 『日本歴史』1990.4, pp.94~100; 小風秀雄, 『帝国主義下の日本海運ー国際競争と対外自立』, 山川出版社, 1995.2, p.27.

25 John Haskell Kemble, *A Hundred Years of the Pacific Mail*, The American Neptune, 1950.4, p.131.

26 『横浜毎日新聞』第1巻, p.1.

샌프란시스코 도착"[27]이라고 나와 있듯이, 『요코하마매일신문』 창간 초기 퍼시픽 메일 기선회사는 미국 비각선의 이름으로 일본에 들어와 샌프란시스코·요코하마·상해를 잇는 항로를 운항하고 있었다.

이듬해인 메이지 4년(1871), 광고형식에 큰 변화가 찾아온다. 『요코하마매일신문』 제29호, 1월 20일 1면 광고 「태평해비각증기선사중太平海飛脚蒸気船社中」에 의하면, 골든에이지, 뉴욕, 코스타리카, 오리건, 에리엘의 5척 증기선을 이용하여 '효고兵庫-나가사키-상해'행 정기항로를 개설한 것을 알 수 있다.[28]

1874년 4월 4일 『저팬 데일리 헤럴드』 제3,201호에 게재된 광고[29]에 의하면, "미국 기선회사인 태평양우편기선회사가 중국 및 일본에서 미국까지 운항하고, 또 샌프란시스코에서 미국횡단 센트럴 유니언 퍼시픽 철도를 이용해 태평양 연안의 뉴욕까지 갈 수 있었다. 게다가 미동부의 뉴욕과 애스핀월Aspinwall(펜실베이니아주)에서 영국, 프랑스 및 독일 등 유럽방면으로 가는 기선의 다양한 항로선택이 가능했다. 1873년(메이지 6)에 간행된 쥘 베른Jules Verne의 소설 『80일간의 세계일주』[30]에 등장하는 항로가 바로 이것이다. 이 책에 의하면 '요코하마-샌프란시스코 사이를 횡단하는 여객선은 '퍼시픽 메일 스팀' 회사에 소속되어 있고 제너럴 그랜드호라

---

27 『横浜毎日新聞』第1卷, p.3.

28 『横浜毎日新聞』第1卷, p.5.

29 *The Japan Gazette* no.2129, Monday, January 4th, 1875년 광고에 'Pacific Mail Steam Ship Company, "NEVADA" Capt. Frank Williams, Will be dispatched for Shanghai, via Hiogo and Nagasaki, on THURSDAY, Jan 7th, at 4 O'clock P.M. No Bill of Landing or Parrel Receipta given after 2.30P.M., sailing day. T.A.HARRIS, Agent Yokohama, Jan. 2nd, 1875'라고 되어 있다. 퍼시픽우선회사의 기선 네바다가 1월 7일 오후 4시에 요코하마에서 효고, 나가사키를 경유해 상해로 항행하는 안내이다. 이 미국기선에 일본의 기선회사가 신규로 대항한 것이다.

30 Jules Verne, *Le Tour du Monde en Quatre-Vingts Jours*, 1873; 鈴木啓二 訳, 『八十日間世界一周』, 岩波文庫, 2001.4.

고 한다. 이것은 2,500톤의 거대한 외윤선(물갈퀴가 달린 수력터빈을 갖춘 초기 기선)으로, 충분한 설비를 갖추고 상당한 속도를 낼 수 있는 배였다"[31]고 서술되어 있는 것에서도 당시 상황의 한 단면을 알 수 있다.

1875년(메이지 8) 이전의 일본과 외국을 잇는 기선항로는 미국 등과 같은 외국기선의 독점상황에 있었다. 그런데 1875년이 되자 일본도 그 한편에 새로이 참여하게 되는데, 일본 최초의 외국항로는 일본과 중국·상해를 연결하는 기선의 정기항로이다. 일본 기선회사로서 중국과 연결되는 정기항로 개설은 미쓰비시회사가 처음이다. 일본우선주식회사의 『70년사』에 의하면, "정부는 (…중략…) 메이지 8년 1월 18일 미쓰비시회사에 상해항로 개시를 명했다. 그래서 미쓰비시회사는 맡고 있던 선박 중에서 도쿄마루東京丸(총 2,217톤 목선외차 '외윤선'), 니가타마루新潟丸(총 1,910톤 철제스크루), 가나가와마루金川丸(총 1,150톤 철제스크루) 및 다카사고마루高砂丸(총 2,217톤 철제스크루) 4척으로 바로 요코하마와 상해 간 주 1회의 정기항로를 시작했다. 이것이 우리나라(일본)의 해외정기항로의 효시"[32]라고 하듯이, 미쓰비시회사가 일본정부 지시로 요코하마·상해 간의 정기항로를 1875년에 시작한 것이다.

『요코하마매일신문』 제1,241호, 메이지 8년 1월 10일에 게재된 「대장성행정명령」에는 다음과 같이 기술되어 있다.

대장성이 기선을 미쓰비시상회에 위탁하는데, 여기에는 도쿄마루 외 3척의 요코하마·상해 운항을 위한 것인데 오는 2월 3일, 도쿄마루는 요코하

---

31 鈴木啓二 訳, 『八十日間世界一周』, 岩波文庫, p.287.
32 『七十年史』, 日本郵船株式会社, 1957.7, p.8.

마를 출항하여 고베에 24시간, 시모노세키에 6시간, 나가사키에 12시간 정박한 뒤, 바로 상해로 출항할 것이다. 그 후 8일째 즉, 매주 수요일마다 요코하마・상해 양쪽 항에서 출항하는 내용을 각 부현구호장(府縣區戶長)에게 주의사항으로 통지할 것이며 이를 반드시 수행해야 할 것이다.[33]

메이지 8년 1월 18일 오쿠마대장경大隈大蔵卿으로부터 기선의 정박 등과 관련있는 도쿄부東京府지사, 오사카부권지사大阪府権知事,[34] 가나가와현령県令, 효고현령, 나가사키현령, 야마구치현령, 고쿠라현권령小倉県権令[35] 앞으로 전달되었다. 이제부터 미쓰비시상회는 메이지 8년 2월 3일 수요일부터 매주 수요일마다 도쿄마루 외 3척의 기선을 사용해 요코하마와 상해 사이에서 정기항로를 개설하고, 일본국내의 경유지로서는 고베, 시모노세키, 그리고 나가사키에 기항하게 되었다.

『도쿄일일신문』 제923호, 메이지 8년 2월 3일 '보고報告'의 광고란에 게재된 「태평해우선회사조목개정太平海郵船会社条目改正」[36]에서는, 태평양우선회사의 기선이 요코하마에서 효고, 나가사키를 경유해 상해로 항행하는 기선을 운행하는데, 네바다호가 2월 3일에 출항하는 광고를 1875년 1월 29일 신문광고에 냈다. 미국 기선회사 광고인만큼 서기연호를 붙인 것이 독특했다. 이런 앞선 실적을 가진 기선회사와 경합하게

---

33 『横浜毎日新聞』第10卷, 不二出版, 1989.9, p.67.
34 【역주】메이지 4년(1871)의 폐번치현(廃藩置県)으로, 전국적으로 작은 현이 생겼다. 지사가 없는 곳에 권지사(権知事)를 두었는데(지사 아래에 권지사가 있었던 것은 아님), 그 직무권한은 지사와 거의 같았다고 함.
35 【역주】현령(県令) 다음에 위치하는 현의 지방장관. 메이지 4년(1871), 권지사를 개칭해 두었는데, 메이지 11년에 폐지되었다.
36 『東京日日新聞』第928号, 明治8年 2月 3日, p.8.

된 것이 일본 미쓰비시상회 기선이었다.

『도쿄일일신문』제928호, 메이지 8년 2월 8일에 게재된 미쓰비시상회 광고에서는 도쿄마루, 니가타마루, 가나가와마루, 다카사고마루 4척이며, "우리 회사는 이번에 위에 언급한 4척의 기선으로 상해·요코하마 사이를 왕복하게 하고, 이번 달 3일 요코하마를 출발해 고베·시모노세키·나가사키를 거쳐 상해에 도착하고, 그 후 8일째 즉, 매주 수요일 상해 요코하마 양쪽에서 출항한다. 승조원은 숙련된 서양인으로 항해에 안심이 되며 하물취급도 신중하게 할 것을 말씀드리며, 식사준비를 하는 사람도 매우 청결하며 정중하다"[37]고 되어 있고, 『요코하마 매일신문』에서는 도쿄마루 외 3척의 기선이라고 했는데, 3척의 기선은 니가타마루, 가나가와마루, 다카사고마루인 것을 알 수 있다. 영어신문 『저팬 데일리 헤럴드』에도 같은 내용의 광고가 실려 있다.

이들 도쿄마루, 다카사고마루, 니가타마루, 가나가와마루에 대하여, 『일본우선백년사자료』에는 "도쿄마루(一) 총2,217톤, 원치元治 원년 건조, 미국·뉴욕 건조, 구명舊名 뉴욕, 목선 메이지 19년 5월 17일 매각", "다카사고마루(一) 총2,121톤, 만연万延 원년 건조, 영국·런던 건조, 주기관 이연성二連成, 구명 델타, 철선 메이지 31년 1월 28일 매각", "니가타마루(一) 총1,910톤, 안정安政 2년 건조, 영국·버컨헤드Birkenhead 건조, 이연성, 구명 베헐, 철선 메이지 26년 4월 11일 매각"[38]이라는 기록이 남아 있다. 가나가와마루는, 메이지 18년(1885) 9월 29일 미쓰비시상회가

---

37 『東京日日新聞』第928号, 明治8年 2月 28日, p.28. 같은 신문의 956호, 明治8年 3月 12日, p.40 까지 같은 광고가 비정기적으로 게재되어 있다. 『七十年史』 p.10.
38 『日本郵船百年史資料』, 日本郵船株式会社, 1988.10, p.660.

공동운수회사와 일본정부 지시로 합병하여 일본우선회사가 되는데, 일본우선회사로는 이관되지 않아서 기록이 불명확하다.

이와 관련하여 상해에서 간행된 신문『신보申報』제854호, 광서원년 정월 초6일, 1875년(메이지 8) 2월 11일에 다음과 같은 기사가 보인다.

> 일본은 상해에서 윤선공사를 설립한다. ○본 신문에 일본 미쓰비시윤선양행(三菱輪船洋行)의 공고가 실렸는데, 내용은 이 회사는 현재 법조계의 태래양행(泰來洋行)을 기반으로 하여 중화(음력) 정월 12일에 개설하기로 결정한다. 매주 일요일 상해와 동양(東洋-일본) 사이를 화선(火船)이 왕래한다. 첫 배는 만창공사(萬昌公司)에서 구매했고, 선명은 우약(牛約)이며 현재는 탁국맥노(託局麥魯)로 개명하였으며 큰 배 한척이다. 이것은 첫 번째 큰 사업이며 또한 일본과 중국 사이의 번창한 통상관계의 하나로 볼 수 있다.[39]

이것은 일본이 상해에 기선회사를 설립했다는 기사인데, 미쓰비시상회가 프랑스조계의 태래양행(Telge & Co.)이 있었던 곳에 음력 정월 12일에 사무소를 개설하고 매주 일요일에 상해와 일본 사이에 정기항로를 개항했다. 첫 번째 배는 만창공사(Wolf & Co.)에서 구입한 구 명칭 '뉴욕'으로, 한자명인 '탁국맥노'는 현재 중국보통어로 Tuo-ju-mai-lu가 되고 Tokyo-maru 즉, 도쿄마루이다. 미쓰비시공사의 상해사무소 개설과 상해 일본 간 항로개설은 중국 측에서도 통상확대 차원에서 환영했다. 또한『신보』의 고백告白란에는 「창설화륜선공사創設火輪船公司」라는 제목으

---

39 『申報』第6册, 上海書店影印, 1983. 2, p.121.

로 다음과 같은 기사가 게재되어 있다.

알리기를, 동양미쓰비시윤선양행은 요코하마와 상해를 계속 왕래할 것을 의결하고 매주 일요일 화륜선(火輪船)이 중지하지 않고 다니며, 이 선박은 고베와 시모노세키 및 나가사키 3곳을 거치며, 현재 배 이름은 탁국맥노이나 원래는 우약이고, 양력 2월 초3일 즉, 음력 12월 27일 요코하마에서 중국으로 왔으며 2월 17일 즉, 음력 정월 12일 상해에서 동양 등으로 회항한다. 본 공사의 각 선박은 전부 서양 선주와 집사를 고용하며 (…중략…) 상해 1875년 2월 4일 우기대첨명(禹氣大僉名)[40]

이와 같이 미쓰비시상회는 상해와 요코하마를 잇는 정기항로를 개설하는데 일요일마다 기선이 출항해 고베, 시모노세키, 나가사키 3곳에 기항했다. 배 이름은 '도쿄마루'로 구 명칭은 '뉴욕', 서기 2월 3일 요코하마를 출항하고, 상해에서는 2월 17일에 일본으로 출항할 것, 또한 도쿄마루는 서양선박이며 승조원은 서양인, 항해규칙 등은 서양방식으로 한다는 등의 광고가 게재되었다. 이 광고는 이날부터 한동안 게재되어 있었다.

또 같은 날 『신보』의 선박 입출항표入出港表에 "12일 출항하는 배는 왼쪽과 같으며, 탁국맥노는 동양 등으로 미쓰비시양행"[41]으로 되어 있듯이, 미쓰비시상회의 탁국맥노(도쿄마루)가 정월 12일, 서기 2월 17일 일본을 향해 출항하는 예고이다.

『신보』 제856호, 광서 원년 정월 8일, 1875년 2월 13일의 제1면에는

---

40 『申報』第6册, 上海書店影印, 1983.2, p.123.
41 『申報』第6册, 上海書店影印, 1983.2, p.124.

"미쓰비시윤선공사 할인 ○본관은 전날에 일본미쓰비시윤선양행의 공고를 게재한 즉 이미 설립된 상해와 동양을 왕래하는 화륜선은 만창공사와 경쟁을 하여 먼저 만창공사가 큰 할인 공고를 냈다. 하루가 지나서 미쓰비시공사도 공고를 내고 큰 할인의 뜻을 비추면서 나가사키로 가는 손님의 수로비용水脚(수로운수비용)은 은원銀圓 3원 5각이 된다. 나가사키로 가는 짐은 1담擔에 7분 5, 요코하마로는 1각 2.5이다. 이 가격은 매우 공정하여 현재까지 들어본 적이 없으며 상인들도 그들의 짐을 가득 싣고 유람객으로 승선할 수 있으니 이 기회에 동양유람을 해볼 만하다"[42] 고 하고 있다. 미쓰비시상회가 만창공사의 일본에 대한 기선운항에 대항해 운임인하 경쟁을 벌이고 있는 것을 전하고, 저렴한 운임을 이용해 중국인의 일본관광을 권유하고 있다. 미쓰비시상회의 운임은 중국인 여행객이 나가사키로 가는 것은 은엔銀円 3원元 5각角, 요코하마로 가는 것은 7원 5각으로 하고, 화물은 상해에서 나가사키까지는 매담每担(1단=100근=50kg) 7분 5, 상해에서 요코하마까지는 1각 2.5이었다. 하지만 과거에 미국기선의 저렴한 운임에 빠져 비참한 경험을 한 예를 들면서 저렴한 운임에 주의할 것을 경고하고 있다.

『신보』 제860호, 광서 원년 정월 13일, 1875년 2월 18일 제1면의 「중국인 동양(일본) 박람회 참가설」에 "이 신문에 광고가 하나 났는데, 구체적으로 올해 일본 교토에서 정월 24일부터 100일 동안 박람회를 개최한다는 내용이다. 이 소식을 듣고 흥미가 생겨 널리 알리는데, 유람을 즐기는 사람들은 이 기회를 놓치지 말고 며칠 동안 일본에 가서 견문을 넓

---

42 『申報』 第6冊, 上海書店影印, 1983. 2, p.129.

히고 흉금을 털어 놓아라. 이것은 실로 보기 드문 기회이다. 게다가 마침 동양화선공사가 유람객의 수로운송 비용을 아주 많이 할인을 해 주기 때문에, 중국인이 단체로 갈 수 있게 되어 혼자서 외롭게 갈 염려는 없다"[43]는 내용이 있다. 일본 교토에서 개최되는 박람회 광고 '동양대박람회東洋大博覽會'가 같은 날 『신보』의 광고란에 게재되어 박람회견학을 권유하는 사설인데, 권유하는 주된 이유 중 하나가 일본 기선회사, 즉 미쓰비시상회의 저렴한 운임이었다.

『신보』가 전하는 '서경西京개설박람회'란 일본 교토에서 개최된 8회 교토박람회인데, 광서 원년(1875) 즉 메이지 8년에 교토에서 교토박람회사가 주최하여 3월 15일부터 6월 22일까지 열렸다. 센토仙洞, 오미야고쇼大宮御所에 대략 33만 명의 입장객이 들어왔다고 한다.[44] 제8회 교토박람회에 참가하기 위해서는 증기선으로 일본에 도항할 필요가 있었던 것이다.

같은 시기에 상해 영자신문인 『노스 차이나 헤럴드The North-China Herald』 제406호, 1875년 2월 18일에 게재된 '통신란'에 '미쓰비시상회'가 '북화첩보[45]편집자전北華捷報編集者殿'이라는 편집부 앞으로 보낸 다음 기사가 보인다. "노스 차이나 헤럴드에 일본의 미쓰비시상회를 위하여 지면을 할애해 주신 것에 감사드립니다. 우리 회사 기선이 요코하마, 효고, 시모노세키, 나가사키 그리고 상해를 연결하는 항로를 개설하고 위의 지정된 항을 매주 운항합니다. 일본정부는 일본과 중국 사이의 친교가 더욱 촉진되는 것을 갈망하고 있습니다. 일본당국의 지시로 기선항로 운항에 의해 쌍

---

43 『申報』第6册, 上海書店影印, 1983.2, p.145.
44 山本光雄, 『日本博覽会史』, 理想社, 1970.6, p.48.
45 【역주】North China Herald Online을 말한다.

방 거래가 진전될 것이라는 희망 속에 양국 사이를 정기적으로 왕복하기 위하여 개설되었습니다. 그리고 중국 및 일본 상인의 이익은 제품 상호교환으로 촉진되고 또 양국뿐만 아니라 유럽이나 기타 거래도 이 항로의 이점으로 이용할 수 있을 것입니다. 따라서 목적은 순전히 상업적이며 우리 회사는 항로를 개설하고 정기적으로 규칙정연하며 신속하게 이 기선들을 계속해서 운항할 것입니다. 이 항운업에 의해 발생하는 손실로 인하여 방해받는 일이 없도록 할 생각입니다. 잘 부탁드립니다. 미쓰비시기선 회사 대리인 코닝. 상해, 1875년 2월 13일"이라는 기사가 게재되어 있다.

미쓰비시회사는 1875년(메이지 8) 9월 15일 일본정부로부터 명령서를 받아 도쿄마루 이하 13척의 무상공여를 받고, 운항조성금으로서 앞으로 15년에 걸쳐 매년 25만 엔을 받게 되었다. 그래서 미쓰비시상회는 회사명을 우편기선미쓰비시회사로 개명한 것이다.[46]

이 회사는 일본정부의 지시로 공동운수회사와 합병하여 메이지 18년(광서 11, 1885) 9월 29일 일본우선회사가 도쿄에서 창립되었다.[47]

일본우선회사가 된 뒤의 요코하마와 상해항로에 관하여 『70년사』에서는 요코하마에서 상해로 가는 항로에 관하여 "이 노선은 구 미쓰비시회사 시절에 창설된 것으로 우리 회사는 첫 기선 나고야마루名護屋丸(총 2,574톤), 히로시마마루広島丸(총 2,453톤), 요코하마마루(총 2,305톤), 사쓰마마루薩摩丸(총 1,866톤)의 4척, 메이지 19년 10월 이후는 도쿄마루(총 2,194톤), 요코하마마루, 사쓰마마루 3척으로 매주 1회 요코하마와 상해 양쪽 항을 출항해 왕복 모두 고베, 시모노세키, 나가사키에 기항하고, 요코하마에서

---

46 『七十年史』, pp.9~10.
47 『七十年史』, p.23.

태평양우선 및 O&O기선의 태평양횡단 항로선에 연락해 승객, 화물을 접수했다. 이 노선은 청일 양국 간의 무역관계는 물론, 국교 면에서도 아주 중요한 항로였기 때문에 사용선박 및 기타 부분에 대해서도 평판을 높이려고 했을 뿐만 아니라, 이 항로의 유지 확보를 위해서는 정부당국과도 긴밀히 연락을 해서 모든 수단을 강구했다"[48]고 기술되어 있다.

『도쿄요코하마매일신문』메이지 18년(1885) 10월 1일 광고에 "이번에 정부의 특허를 받아 일본우선회사를 설립하고 해운을 전업으로 하며 당분간 도쿄 니혼바시구日本橋区 가야바초茅場町 18번지에 본사를 설립하여 오는 10월 1일부터 개업합니다. 위 내용 알려드립니다. 도쿄 니혼바시구 가야바초 18번지 메이지 18년 9월 일본우선회사"[49]로 되어 있고, 같은 신문의 광고에 '일본우선회사 기선 요코하마 출발'에는 "나고야마루, 고베·시모노세키·나가사키·상해 1일 정오 12시"[50]라는 것이 있다. 일본우선회사로서 최초로 상해로 가는 배는 나고야마루였다.

『도쿄요코하마매일신문』10월 2일 '잡보雜報'에 게재된 일본우선회사의 창립원서규약서 및 명령서는 다음과 같다.(금년 10월 1일『중외물가신보中外物價新報』)

창립원서 이번에 공동·미쓰비시 양사의 자산으로 새로이 일본우선회사를 창립함에 있어 저희 창립위원의 명령을 받아 별지 창립규약을 의결하고자 하는바, 동회사 설립을 허가하여 주실 것을 이와 같이 청원 드리는 바입

48『七十年史』, p.30.
49『東京橫浜每日新聞』第44卷, 不二出版, 1992.4, p.108.
50『東京橫浜每日新聞』第44卷, p.108.

니다. 일본우선회사 창립위원 메이지 18년 9월 25일 '호리 모토이(堀基) 인 (…중략…) 농상무경 백작 사이고 쓰구미치(西郷従道)님(殿)'[51]으로 되어 있다. 그리고 '일본우선회사 창립규약'이 게재되고 또 '명령서 제8조'에 "앞 조항의 이익을 보전하는 사이 파별단조성금(派別団助成金)을 교부하지 않 고 앞서 든 국내외의 항로를 열어야 한다. 요코하마 고베 시모노세키 나가 사키 상해 간 매주 1회(미국 우선과의 접촉을 위하여 출항 일을 신축(伸縮) 조정할 경우가 있다)"[52]

이처럼, 일본우선회사가 되어도 요코하마를 기점으로 고베, 시모노 세키, 나가사키를 경유해 상해로 매주 1회 정기편을 항행하게 되었다.

1884년(메이지 17) 요코하마에서 일본우선인 도쿄마루에 승선해 상해 로 간 오카센진岡千仞이 그 때의 기행문을 한문으로 기록한『관광기유觀光 紀游』권1에, 상해가 '동양 각 부두의 최고'[53]의 항구를 목표로 했다. 메이 지17년 5월 30일에 '함호艦号는 도쿄, 길이는 50여 장丈(역주-1장=3.11m). 중간층에는 식당이 만들어져 있고 커튼이 있는 식탁이어서 눈부실 정도 로 찬란하고, 식사는 앉아서 하고 정숙의 규정이 있고 좌우에는 객실이 있고 세면도구는 매우 청결하고 아래층에는 200여 명의 남녀가 타고 있 다'[54]고 하고 승선한 도쿄마루는 전장 약 90m인 대형기선이며 중간층에 는 식당이 있고 쾌적한 공간이 마련되어 있으며, 좌우 객실 안에도 세면 도구 등이 준비되어 있어 매우 청결한 선실을 가진 배였다. 아래층 선실

---

51 『東京横浜毎日新聞』, 第44巻, p.109.
52 『東京横浜毎日新聞』, 第44巻, p.109.
53 岡千仞,『観光紀游』巻一, 一葉表.
54 岡千仞,『観光紀游』巻一, 一葉裏.

에는 200명의 남녀가 타고 있었다. 31일에는 고베에 입항하고[55] 6월 1일에는 아와지섬淡路島을 옆에서 보면서 하리마탄播磨灘을 통과해 2일에는 보초防長[56]를 바라보며 '오후 3시에서 5시 사이에 나가사키에 도착'이라고 하듯이 오후 4시경에는 나가사키에 입항했다.[57] 그리고 4일에는 '승객 200여 명을 태우고 요코하마에서 출발해 고베에 도착, 10명 중 5, 6명이 그리고 시모노세키에 도착하여 10명 중 7, 8명이 하선하고, 나머지는 내외 승객이 20, 30명이어서 선내는 정적'[58]이라며, 요코하마에서 승선한 200여 명은 고베에서는 거의 절반이 내리고, 시모노세키에서는 또 40~50명이 내렸기 때문에 나가사키에서 상해로 간 승객은 20~30명이 되어, 배 안은 혼잡한 상태에서 한산한 상태로 되었다고 한다. 5일 '장강입구'[59]라며 장강어귀에 다다르고, 나아가 황포강黃浦江 어귀에서 거슬러 올라가 상해로 향하고 6일 '정오에 상해에 도착'[60]이라며, 정오를 지나 상해부두에 도착했다.

한편, 중국에서 일본우선회사의 고사이마루弘濟丸에 승선해서 일본에 온 호남성 진보동陳寶棟의 『기자제기유동유조사일기寄自齊己酉東遊調查日記』[61]에 의하면, 기유(선통원宣統元, 1909) 3월 11일, 오전 8시, 일본우선 주식회사에 가서 고사이마루 승선표를 구입했는데 그것은 일등석이고 상해를 경유해 고베로 갔다. 표값은 52원, 3등석은 22원으로 되어 있고, 일본

55 岡千仞, 『観光紀游』 卷一, 二葉表.
56 【역주】 현재의 야마구치현(山口県).
57 岡千仞, 『観光紀游』 卷一, 二葉裏.
58 岡千仞, 『観光紀游』 卷一, 三葉表.
59 岡千仞, 『観光紀游』 卷一, 三葉裏.
60 岡千仞, 『観光紀游』 卷一, 四葉表.
61 중국・북경・국가도서관・고적관(북경문진가7호) 소장.

우선회사의 승선권을 구입한 진보동은 일등실에 승선했으나 그의 부하는 3등실이었다. 그리고 12일 기사에서는 "오전 8시 반, 징이 울리고 배가 출항, (…중략…) 12시 징이 울리고 점심식사가 시작, 중동인사 및 서양인 남녀 각자가 나란히 앉아서 식사를 시작한다. 식기는 청결하고 서비스도 섬세하고 앉아 있는 손님들도 조용하였으며 매일 반찬도 여전하다. 3등석은 겨우 밥 한 숟가락에 반찬 2가지 정도였다"로 기술되어 있듯이, 오전 8시 반에 징이 울리고 상해를 출발했다. 정오에도 징이 울리며 점심 준비가 이루어지고 식기 등이 식탁에 모두 놓이자 재차 징이 울리며 일등석 손님이 자리에 앉아 차분하게 식사하던 모습이 있는 그대로 묘사되어 있다. 그의 부하는 3등 선실이었기 때문에 식사는 간소했던 것까지 알 수 있다. 그의 일기에 따르면 13일에 나가사키에 입항해 14일 오전 6시에 현장검사를 위하여 선상에서 입국심사가 이루어졌다. 1등, 2등실 승객은 "대충 보고 지나가는" 간단한 것이었으나, "3등실 승객은 모두 서쪽으로 모여 일일이 검사했다"며 3등실 손님은 고사이마루의 서쪽에 모여 한 명씩 점검받았다. 16일 오전 6시, 고베에 도착해 중국영사 등과 면담을 한 후, 오후 6시에 기차를 타고 도쿄로 향했다. "밤에 통과하는 시전市廛은 전등의 불빛이 마치 그림과 같다. 이 나라의 상업이 발달하여 야시장이 번창한 것을 믿을 수 있게 된다"라고 야간열차에서 보는 일본의 연변 도로 풍경에 감탄했다. 야간에 사용된 조명으로 문화번영의 한 단면을 볼 수 있었다.

〈표 1〉 1905년 1월 부산항 출항기선 일람[62]

출항일	선박명	출항지	도착지	취급점	출항일	선박명	출항지	도착지	취급점
1월 17일	닛토마루	부산	인천지부	일우	1월 18일	오하요호	부산	인천	일우
1월 22일	후시키마루	부산	모지고베	일우	1월 17일	군산마루	부산	목포, 인천	오사카
1월 15일	아모이호	부산	목포, 인천	오사카	1월 22일	아미고	부산	인천	오사카
1월 18일	제3 고토히라마루	부산	인천	오사카	1월 21일	목포마루	부산	마산포, 목포, 군산	오사카
1월 15일	한성마루	부산	군산 인천	오사카	1월 16일	의주마루	부산	시모노세키, 고베 오사카	오사카
1월 18일	안동마루	부산	시모노세키, 고베, 오사카	오사카	1월 19일	한성마루	부산	시모노세키, 고베 오사카	오사카
1월 19일	제5 히지가와마루	부산	시모노세키, 고베, 오사카	오사카	1월 19일	아모이마루	부산	시모노세키, 고베, 오사카	오사카
1월 18일	데도리가와마루	부산	이즈하라, 나가사키, 하카다, 시모노세키	오사카	1월 28일	시로마루	부산	원산	오사카
매주 3 왕복	즈이요나루	부산	군산, 인천 간·연안선	오사카	1월 22일	수케마루	부산	시모노세키, 오사카	야마가사키
1월 18일	진다이마루	부산	인천	야마가사키	1월 25일	다이유마루	부산	인천	야마가사키
1월 15일	제8나가타마루	부산	원산	오키나가	1월 16일	다루마호	부산	모지 고베	오키나가
1월 16일	제2우라몬마루	부산	인천	미키	1월 16일	보쵸마루	부산	인천	미키
1월 17일	진다이마루	부산	인천	미키	1월 18일	덴쇼마루	부산	인천	미키
1월 17일	제2헤이안마루	부산	시모노세키, 고베, 오사카	미키	1월 18일	다이유마루	부산	부산	미키
1월 16일	다이세이호	부산	원산	야마카와	1월 17일	경상마루	부산	원산	야마카와

주: 일우: 일본우선회사, 오사카: 오사카상선회사, 야마가사키: 오사카야마가사키기선, 오키나가: 세창양행·오키나가회조점, 미키: 미키회조점

4. 조선우선회사와 조선반도 연해의 항운

조선의 기선항운에 대해서는 서두에서도 언급했지만 구체적인 것은 명확하지 않다. 그러나 1905년(메이지 38) 이후가 되면 조선반도에서 간행된 신문광고에서 일부분을 알 수 있다.

부산에서 간행된 신문 『조선일보』 제1호, 1905년 1월 15일에 게재된 기선의 출항광고로 정리한 것이 〈표 1〉이다.

〈표 1〉에서 부산이 기선출항의 기점인 것을 알 수 있다. 기선 운항업자의 대부분은 일본 기선회사이며, 일본우선회사, 오사카상선회사와 같은 대형회사가 있는 반면, 오사카 아마가사키尼崎기선이나 약간의 소형기선회사가 부산에서 조선반도의 연해항운에 종사했다. 이런 상황이 한동안 계속된 것 같다. 그리고 새로운 전기를 맞이하게 되는 것이 조선우선회사의 설립이었다.

『경성신보』 제856호, 1912년 1월 9일 「나카하시상선中橋商船사장담화」에 조선을 방문한 나카하시오사카상선회사장의 담화가 게재되어 새로이 설립되는 조선우선회사의 전망을 "조선우선회사의 설립은 자신의 생각으로는 크게 될 것으로 생각한다. (…중략…) 그래서 보조금 24만 엔, 많이 주어야 한다"[63]고 하였다. 조선우선회사 설립직전 상황으로 조선반도와 일본을 연락하는 항구는 부산과 시모노세키였고, 그 간선항로를 장악하고 있었던 것은 관부연락항로였다.

---

62 『朝鮮日報』 제1호, 1905년 1월 15일부터 동 16호, 2월 7일에 의한다. 『朝鮮日報 京城新報(京城新聞) 京城日日新聞 京城藥報』 한국통계서적, 2003.11, 전10권, pp.3・12・15・20・24・28・31・36・39・43・47・51・55・59・63를 참조.

63 『京城新報』, p.10.

『경성신보』제861호, 1912년(메이지 45) 1월 14일 「관부연락선의 배선配船」에서는 다음과 같이 기술되어 있다.

관부연락선 우메가카마루(梅ヶ香丸)는 수선을 위하여 휴항중인데 지난 12일부터 복구되어 취항하고, 이키마루(壱岐丸)는 기종(機鍾) 청소 때문에 18일, 시모노세키에 도착해 8일간의 휴항으로 인하여 배선에 변경이 생기고, 쓰시마마루(対馬丸)는 18일 오전 9시 반, 부산을 출발한 후는 짝수 날마다 부산을 출발하고, 사쿠라마루(桜丸)는 18일 오후 10시 부산 출발, 이하 순차적으로 짝수 날 부산을 출발하며, 우메가카마루는 19일 오전 7시 반 입항 후는 순차적으로 홀수 날에 부산 출발로, 사쓰마마루는 17일 오전 9시 반 부산 출발. 이하 짝수 날마다 부산을 출발해야 한다고 한다.[64]

우메가마루와 이키마루, 쓰시마마루, 사쿠라마루, 사쓰마마루를 사용해 부산, 시모노세키에서 격일 운항이 이루어졌다.

이런 상황을 크게 변화시킨 것이 조선우선회사의 설립이며, 이 회사에 기대를 건 내용이 『경성신보』제862호, 1912년 1월 16일의 「연안항로보조내용」에 다음과 같이 기술되어 있다.

내년 예산에서 연안항로 보조금은 합계 24만 8천 엔으로 이 중, 조선우선회사에 21만 3천 엔, 현행 연안항로에 1만 8천 엔, 금강 및 대동강에 1만 7천 엔이다. 이 중에서 조선회사 및 금강과 대동강 보조금은 신설에 관련되는

---

64 『京城新報』, p.30.

것인데 신설 분은 모두 금년 4월부터 12월까지 9개월분을 계산한 것으로 금년 1월부터 3월에 이르는 예산은 내후년에 계산한다고 한다.[65]

조선반도의 연해항운에 보조금이 있었던 것은 분명한데, 이들의 가장 큰 이유는 항운을 맡는 기선 수가 매우 적었던 것이기 때문이다. 당시 조선반도의 기선 수에 관해서『경성신보』제866호, 1912년 1월 20일 '조선재적기선총수朝鮮在籍汽船總數'에 다음과 같이 기술되어 있다.

도지(度支)[66] 조사에 관련된 44년도 12월 말 현재 조선선박 재적선수(船數) 및 톤수는 다음과 같다.

선수	톤수
20톤 이상 50톤 미만 22척	666.39
50톤 이상 100톤 미만 13척	929.89
100톤 이상 200톤 미만 4척	617.99
200톤 이상 300톤 미만 1척	216.33
300톤 이상 400톤 미만 1척	386.17
500톤 이상 1척	572.35
700톤 이상 2척	1488.32
800톤 이상 1척	8□6.42
1000톤 이상 3척	3561.49

---

65 『京城新報』, p.34.
66 【역주】중국의 관명(官名). 위(魏)・진(晋) 이후, 전국의 회계에 관한 사무를 담당했다.

계 48척   9257.35[67]

이와 같이 1,000톤 이상의 기선이 불과 3척 밖에 없고, 500톤 이상의 기선 7척으로도 조선반도의 항운을 짊어지기에는 매우 부족했던 것은 분명하다.

이런 시기에 신해혁명의 혼란을 피해 산동반도에서 조선반도로 피난해 온 청국인에 관한 내용이 『경성신보』 제877호, 1912년 2월 3일 자 「피난 청인이 인천에 오다」에 게재되어 있다.

1일 오후 3시, 인천 입항 청국기선 강성원호(姜成源号)는 지부에서 피난 온 청국인 30여 명을 태워 왔는데, 인천에 살고 있는 청국인은 모두 관혁(官革) 양군의 소식을 듣기 위하여 위 기선의 입항에 앞서 부두에 모여 뜻밖의 행동을 하였다. 피난민 중에는 현재 인천재류 호상(豪商)춘기잔(春記棧), 영래성(永來盛) 등의 가족도 포함되어 있었는데 이들 피난민이 말하기를 지난달 28일 산동성(山東省) 등주부(登州府) 황현(黃縣) 등에서 관혁 양군의 충돌이 있었다. 관군이 패배하여 제남부(濟南府) 방면으로 물러나고 혁명군은 용강(龍江)을 점령했는데, 그 후 관군이 대거 전쟁에 참전해야 한다는 보도가 전해지자 바로 그 지방민은 잇따라 청도방면으로 피난하고, 지부는 지난달 31일부터 각 상점의 문을 폐쇄하고 피난 준비에 바빴다. 그 피난지를 인천 기타 조선내로 정한 이가 많다고 한다.[68]

---

67 『京城新報』, p.50.
68 『京城新報』, p.94.

이와 같이 산동의 지부(연대)에서 출항한 청국기선 강성호에 탑승한 30여 명의 청국인이 인천에 입항했다. 그들은 지부에 가까운 황현의 호상 가족들이었는데, 이 사람들도 조선국 기선이 아니라 청국기선에 승선해 인천으로 들어 왔다.

그래서 조선에서는 새로운 기선회사의 설립이 요구되었다. 『경성신보』 제878호, 1912년 2월 4일의 「조선우선과 매수선박」에 다음과 같은 내용이 보인다.

> 오는 4월부터 명령항로에 따라야 할 조선우선회사의 소요 선박은 현재 그 절차에서 선박 재질가격의 평정 중으로 부산기선에 속하는 12척 중 7척, 요시다씨 소유선박 4척 중 3척은 모두 매수되어야 하며, 그 외에도 각각 고려중인데, 불합격선박도 회사 창업에 관련된 것으로 당분간 대용(代用)해야 한다고 한다.[69]

이처럼 1912년 4월부터 운항을 개시하는 조선우선회사에서도 소유선박에 대한 다양한 문제를 안고 있었다. 이런 상황에서 이 회사가 설립되는데, 『경성신보』 제897호, 1912년 2월 27일의 「조선우선회사의 개업 준비」에 다음과 같은 것이 있다.

> 이미 보도되었듯이 조선우선회사는 오는 3월 1일 4분의 1을 불입하고, 다음 2일 발기인 총회를 열어 4월 1일 개업 예정인데, 현재 조선우선회사 그

---

[69] 『京城新報』, p.98.

후의 준비에 관하여 들은 바에 의하면, 원산의 요시다, 부산기선, 목포항운 등의 소유선박 20척은 전부 명령항로에 사용할 방침이라는데, 그중에는 노후해서 사용하지 못하는 것도 있다. 따라서 원산의 요시다씨는 선박구입을 위하여 일전에 오사카에 가서 머지않아 약정이 끝날 □□한 □□것이□전술한 20척의 선박은, 구입평가를 일전에 총독부에서 일본우선회사에 맡기고, 이 회사 기사(技師)는 평가를 위하여 가까운 시일 내 입경(入京)할 예정인데, 만약 일본에서 새롭게 구입하는 분을 합쳐서 20척 이상에 달할 때는 그 잔여분은 자유 항로에 사용해야 하고, 이들 선박 가운데 톤수가 많은 것은 800톤 내외, 적은 것은 100톤 내외라고 한다. 또 자유 항로는 대체로 계획을 세울 때도 자세한 것은 위의 선박 사용 배치 결정과 함께 정해야 하며, 또 본사 사무소로서 전 조선은행 건물을 매수하려는 건은 신설 기선회사의 사무소로는 너무 비싸서 위화감이 들어 아직 약정을 하지 못한 것도 하루 이틀 사이에는 어떻게든 결정해야 한다고 한다.[70]

조선우선회사의 소유기선 문제, 특히 흡수한 회사의 기선이 노후화하였으며, 대부분이 800톤 정도이고, 사무소 문제 등 경영 진전이 순조롭게 진행되기는 어려운 과제가 있었다. 그런 과정에서 『경성신보』 제899호, 1912년 2월 29일의 「조선우선회사 중역모임」에 보이듯이, 조선우선회사의 중역예정자가 모여 새 회사가 운영된다.

조선우선회사는 마침내 가까운 시일 내 업무개시에 관한 창립총회, 기타

---

70 『京城新報』, p.174.

〈표 2〉 1920년8월 조선우선회사 기선출항 일람[72]

출항일	선명	출항지	도착지	취급점	출항일	선명	출항지	도착지	취급점
8월 3일	평안마루	원산	오사카	요시다	8월 6일	경기마루	원산	오사카	요시다
8월 2일	한성마루	원산	강원도	요시다	8월 8일	에쓰고마루	원산	쓰루가	요시다
8월 4일	에쓰고마루	원산	청진	요시다	7월 31일	경하마루	원산	웅기	요시다
8월 5일	청진마루	원산	블라디보스토크	요시다	7월 31일	신의마루	부산	오사카	오이케
8월 5일	평안마루	부산	오사카	오이케	7월 30일	평경마루	부산	시모노세키	오이케
7월 30일	웅기마루	부산	신의주	오이케	8월 15일	경기마루	부산	조선북부지역	오이케
8월 3일	청진마루	부산	블라디보스토크	오이케	8월 3일	김해마루	부산	울릉도	오이케
8월 2일	나성마루	부산	강원도	오이케	8월 1일	창평마루	부산	제주도	오이케
7월 30일	종신마루	부산	목포	오이케	8월 2일	함경마루	목포	오사카	야마노
7월 30일	창원마루	목포	부산	야마노	8월 3일	경흥마루	목포	제주도	야마노
8월 1일	공주마루	목포	다도해	야마노	8월 6일	전주마루	목포	인천	야마노
7월 31일	웅기마루	목포	신의주	야마노	7월 31일	함경마루	인천	오사카	호리
8월 3일	웅기마루	인천	신의주	호리	8월 1일	전주마루	인천	목포	호리
7월 30일	해주마루	인천	금강	호리	8월 1일	웅기마루	인천	진남포	호리
8월 5일	강원마루	인천	청도	호리					

주: 원산 취급점 : 요시다운수회사, 부산취급점 : 오이케회조부, 목포취급점 : 야마노회조부, 인천취급점 : 호리회조부.

중요안건 협의를 위하여 경성에서 회합하기로 하였다. 하라다(原田) 사장은 수일 전부터 요시다 전무는 28일 아침, 그 외 호리(堀) 씨도 입경(入京)하고 오토나미옴파(麻生音波) 씨는 28일 밤, 후카오(深尾) 씨 등은 29일중에 각각 입경한다고 한다.[71]

---

71 『京城新報』, p. 182.

1912년(메이지 45, 다이쇼 원년) 1월에 300만 엔의 자본총액으로 설립된 조선우선주식회사는 본점을 '경기도 경성'에, 지점을 부산과 원산에 설치했다.

조선연안에서 운송업을 영위하는 것을 목적으로 한다. 단 필요에 따라 해상운송업, 창고업, 대리업, 다양한 상업증권의 할인 및 화물환어음, 그 외 운송업에 관련되는 사무, 그리고 조선연안 이외의 항로에서 운송업을 영위하는 일이 있다.[73]

그리고 조선반도 연해의 항운사업에 착수하였다. 조선우선회사의 주요 항운항로는 부산·웅기선과 원산·웅기선이며, 부산·웅기선은 부산을 기점으로 매월 3회 이상 항운을 하고, 연간 36회 이상의 왕복항해를 했다. 원산·웅기선은 원산을 기점으로 매월 6회 이상 항해하고 연간 72회 이상의 왕복항해를 했다.[74] 조선우선회사의 항로는 또한 부산을 기점으로 하는 목포항로, 목포·군산선, 인천을 기점으로 하는 인천·군산선, 인천·진남포선, 인천·해주선 등이 있었다.[75]

조선우선회사의 영업실적을 알 수 있는 단서로서 다이쇼大正 14년(1925) 10월 1일부터 다이쇼 15년(쇼와昭和 원년, 1926) 3월 31일까지의 「제14기 후반년도 조선우선주식회사 영업보고」에 다음과 같은 내용이 있다.

---

72 『京城日日新聞』 제29호, 1920년 8월 1일부터 동 33호, 8월 5일에 의한다. 『朝鮮日報 京城新報 (京城新聞) 京城日日新聞 京城藥報』 한국통계서적, 2003.11, 전10권, pp.187, 191, 195, 199, 203을 참조.
73 『朝鮮郵船株式会社二十五年史』, p.29.
74 위의 책, pp.41~42.
75 위의 책, pp.42~44.

정기항로는 명령, 민영 합쳐서 21선, 소유기선 34척, 총톤수 31,484톤 43, 용선(傭船) 8척, 총톤수 10,891톤, 그 해 반년 동안의 항해 회수 728회, 항해해리 수 536,713리, 수송화물 452,144톤, 승객 112,573명이라고 한다.[76]

1925~1926년 당시의 조선우선회사는 스물 한개 항로를 운항하고 있었으며, 34척의 기선을 소유하고, 총톤수는 31,484.43톤, 1척당 927톤, 용선 8척이며 1척당 1,362톤이었다. 하루에 4항해를 운항하고 수송화물은 하루 622톤, 승객 155명의 운행실적인 것을 알 수 있다.

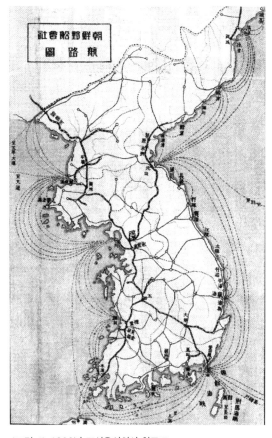

〈그림 4〉 1926년 조선우선회사 항로도

조선우선회사의 항운은 동 영업보고서에서는 동부에서는 '쌀, 두류, 해산물 및 블라디보스토크에서 선내양鮮內揚, 조(좁쌀)의 출하량이 많고 우수',[77] 남부는 '미곡 수송 약간 양호',[78] 서부는 '쌀·두류 수송 우수',[79] 중국

---

76 『朝鮮郵船会社 営業報告書等』, p.2.
77 『朝鮮郵船会社 営業報告書等』, p.2.
78 『朝鮮郵船会社 営業報告書等』, p.2.
79 『朝鮮郵船会社 営業報告書等』, p.2.

화북방면과는 '북중국 동란의 영향으로 한때 부진했으나 쿨리苦力[80]의 도선자渡鮮者가 많아서 양호',[81] 상해와는 '상해 방면에서 면화씨앗, 마포麻布, 조선에서 시멘트, 설탕 등의 수출로 약간 양호',[82] 일본 규슈와는 '화물, 승객 모두 약간 양호',[83] 그리고 연안항로로서 '화물, 승객 모두 약간 좋음'[84]으로 주로 화물수송이 주된 역할이었다. 조선반도 연해지역 외에서는 중국의 발해 연해와 상해, 일본의 규슈가 주요 항행지였다.

조선우선회사는 1915년(다이쇼 4)에 인천·대련·지부 사이에 항로를 개설하고, 1931년(쇼와 6)부터는 갑을 양쪽 노선 중 갑선甲線은 인천·진남포·신의주·지부·대련·청도에서 인천으로 귀항하는 항로이며 을선乙線은 그 반대였다. 1936년(쇼와 11)에는 또 영구營口가 추가되어 인천을 기점으로 진남포·신의주·지부·대련·영구·청도가 기항지로 되었다.[85]

이어서 상해로 가는 항로는 1925년 4월부터 인천에서 진남포·군산·목포·부산·상해·청도에 기항하여 인천으로 돌아오는 항로가 시작된다. 그리고 1931년(쇼와 6)부터는 총톤수 2,091톤의 경안마루慶安丸가 투입된다.

조선에서 상해로 발송되는 주된 물품은 흑연·황철광·사과·해산물·목재 등이고, 상해로부터 참깨·모시·녹두·잠두(누에콩)·광유礦油 등, 청도로부터 밤·마른 고추·대추·담배 등이었다.[86]

---

80 【역주】 원래 중국이나 인도의 하층노동자의 호칭. 돈벌이 노동자.
81 『朝鮮郵船会社 営業報告書等』, p. 3.
82 『朝鮮郵船会社 営業報告書等』, p. 3.
83 『朝鮮郵船会社 営業報告書等』, p. 3.
84 『朝鮮郵船会社 営業報告書等』, p. 3.
85 『朝鮮郵船会社二十五年史』, pp. 149～150.
86 『朝鮮郵船会社二十五年史』, pp. 151～152.

이와 같이 조선반도에서 광물과 사과 그리고 해산물과 목재가 상해로 들어가고, 상해에서 조선반도로는 상해 면직물이나 두류 등, 그리고 청도에서는 곡물은 건조된 감자·고구마와 같은 곡물과 담배 등의 항운수송이 물자교류에 있었다.

5. 소결

동아시아에서 오랫동안 범선항운의 주도적인 위치에 있었던 것은 중국범선이었다.[87] 그런데 19세기 초 동아시아 해역에 구미의 기선이 출현하자 점차적으로 기선항운이 범선항운을 몰아내게 된다. 게다가 동아시아 여러 나라도 기선항운에 힘을 쏟아 19세기 말에는 청조중국과 메이지일본이 기선회사를 설립하여 구미기선의 동아시아항운에 대항했다. 그 선두주자가 청조중국의 윤선초상국과 일본의 미쓰비시회사를 이은 일본우선회사와 오사카상선회사였다. 이 거대 기선회사들의 경쟁 상황은 다음의 대만 신문 『대만일일신보』 제3,750호, 메이지 43년(1910) 10월 25일 「청국연안의 항해업」에도 보인다.

청국연안, 특히 발해만 인근 구역에서의 항해업은 이미 독일, 스웨덴, 노르웨이 등의 여러 나라 사람들이 유럽에서 노후화된 배를 갖고 와서 저렴한 운임으로 활발하게 부정기 항해업을 영위하고 있었는데, 그 후 일본우

---

87 松浦章, 『清代沿海帆船航運史の研究』, 関西大学出版部, 2010.1.

선·오사카상선 등과 같은 일본 기선회사의 이 방면에서의 항해발전으로 인하여 외국기선은 모두 압도당하여 점차 발자취를 감추게 되었다. 이렇게 해서 오늘날 청국연안 항해에 종사하는 일본선박은 과거와 비교하면 크게 그 수를 늘이게 되었다.[88]

이와 같이 구미의 기선회사가 동아시아 해역에 오래된 배를 갖고 와서 동아시아의 해운사업을 독점하려고 하자 일본의 우선회사와 오사카상선회사가 그것에 대항해 일본에서 많은 항로를 개설해 간다.[89]

그 후 일본정부의 후원을 받는 청일기선회사가 메이지 40년(1907) 4월에 창립되고 오사카상선회사 및 일본우선회사의 장강항로, 장강중류지역의 한구와 호남성 장사長沙 등을 운행했던 호남기선회사, 그리고 시라이와 류헤白岩竜平가 중국에서 선두를 끊고 상해와 소주蘇州와 항주杭州 등의 항로에서 운행했던 대동大東기선회사가 4개 회사의 항로를 흡수해 운영한다.[90]

조선반도에서는 조선총독부의 지도로 메이지 45년(1912) 1월에 조선우선주식회사가 설립되어 조선반도 연해의 수송업에 종사한다.[91] 또 대련을 기점으로 메이지 44년(1911) 6월에 설립된 북청윤선공사는 다이쇼 2년(1913) 1월에 조직을 변경해 대련기선합명회사로 확대해 간다.[92]

88 『台湾日日新報』第38冊, 五南図書出版有限公司, 1994.8, p.283.
89 『大阪商船株式会社五十年史』, 大阪商船株式会社, 1934.6, pp.189~280. 중국항로는 메이지 31년(1898) 1월부터 상해·한구선을 시작으로 항로를 점차 확대한다; 『日本郵船株式会社五十年史』, 日本郵船株式会社, 1935.12, pp.174~176. 메이지 30년대 초부터 상해, 천진, 지부, 홍콩, 장강유역의 한구로 항로를 확장한다; 松浦章, 『近代日本中国台湾航路の研究』, 清文堂出版, 2005.6; 楊雷, 「十九世紀末から二〇世紀初期における日本・天津汽船定期船航路」, 『東アジア文化環流』第三編第一号, 東方書店, 2010.1, pp.101~127; 劉婧, 「二十世紀初期の日本と大連間の航路の開設」, 『東アジア文化環流』第三編第一号, 東方書店, 2010.1, pp.128~143.
90 浅居誠一 編纂, 『日清汽船株式会社三十年史及追補』, 日清汽船株式会社, 1941.4, pp.34~47.
91 小武家芳兵衛 編輯, 『朝鮮郵船株式会社二十五年史』, 朝鮮郵船株式会社, 1937.6, pp.6~32.

그리고 1938년(쇼와 13) 12월 16일의 각의결정에 의해 동아해운주식회사가 설립되고, 앞서 언급한 동아시아 해운에 관계한 일본 해운회사의 아시아항로의 대부분이 동아해운주식회사의 산하에 들어가고 1945년에 패전을 맞이하게 된다.

---

92 水地慶治 編輯,『大連汽船株式会社二十年略史』, 大連汽船株式会社, 1935.6, pp.26~32;『社史で見る日本経済史 植民地編 第21巻 大連汽船株式会社二十年略史』, ゆまに書房, 2003.7.

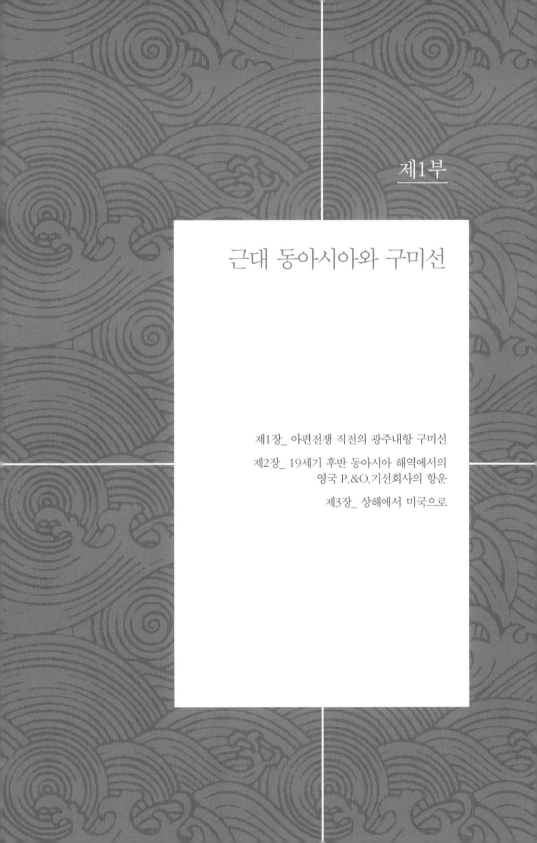

제1부

근대 동아시아와 구미선

제1장

아편전쟁 직전의 광주내항 구미선

1. 서언

도광道光 14년, 즉 1834년에 영국 동인도회사의 중국무역 독점권이 전면
적으로 정지된다. 그 결과, 청조중국 측의 월해관粤海關에 변화가 생기게
된다. 영국의 입장에서 보면, 지금까지 무역을 독점해 온 영국 동인도회사
의 무역업무가 사라져 영국의 자유무역상인뿐만 아니라 구미의 무역상인
다수가 중국으로 오게 되었다. 그리고 6년 후에 아편전쟁이 발발한다.

이 장에서는 광주廣州에서 발간된 *The Canton Press*(『광주신문』)에 게재
된 "Shipping at Whampo"(황포강에 정박해 있는 선박 리스트)를 통해 1839년,
즉 아편전쟁 전에 광주에 들어와 있었던 구미선歐米船을 알아보고자 한
다. 선박정보를 통해 아편전쟁 직전에 광주에 와 있었던 구미선에 대하
여 언급하겠다.

청대의 광주는 서양 여러 나라로부터 온 선박으로 번영을 누리고 있

었다. 그 모습의 일부분은 도상자료로 남아있다.[1] 청대 광주의 번영은 18세기 전반 무렵부터 시작된다고 할 수 있다. 청조중국과 영국과의 무역이 강희 연간康熙年間에 시작되어 옹정雍正 7년(1729) 이후로는 끊임없이 지속되었다는 기술이 남아 있다.

예를 들어『황조문헌통고(皇朝文獻通考)』권298, 「사예고(四裔考)」영길리(英吉利)[2] 조(條)에, 우리 청조(淸朝) 강희(康熙) 연간에, 영길리가 처음으로 무역을 하러 왔고, 그 후 수년간 다시 오지 않았다. 옹정(雍正) 7년 이후로는 호시(互市)[3]가 끊이지 않았다.

이외 유럽 여러 나라 중에서 서국瑞國, 즉 스웨덴에 관하여 같은 문헌에 다음과 같이 기술되어 있다.

통시(通市)[4]는 옹정 10년부터 시작되어, 그 후로도 계속되었다. 매년 봄과 여름 사이에 그 나라 사람들이 토산품인 흑연, 조융(粗絨),[5] 양주(洋酒), 건포도 등을 가지고 광주(廣州)에 왔다. 호문(虎門)에서 들어와, 찻잎, 도자기 등을 구매하고, 초겨울이 되면 돌아갔다.

북유럽의 스웨덴과는 옹정 10년(1732)부터 무역이 시작되어 스웨덴에

---

1 香港市政局主弁,『十八及十九世紀中國沿海商埠風貌』, 香港藝術館, 1987, p.41.
2 【역주】영국.
3 【역주】대외무역.
4 【역주】통상(通商).
5 【역주】커지(kersey)천.

〈그림 1〉 1785년의 광주 상관구(『十八及十九世紀中國沿海商埠風貌』 香港藝術館, 1987, p.41)

〈그림 2〉 View of the Hong in Canton, Thomas Daniell Ra Anthony Lowrence *The Taipan Traders*, 1994, pp.46~47.

〈그림 3〉 광주·월해관 그림(『十八及十九世紀中國沿海商埠風貌』, 1987, p.53)

서 매년 정기적으로 무역선이 왔고, 스웨덴산 흑연과 직물 그리고 양주 등을 수입했다. 스웨덴 무역선은 광주에서 찻잎이나 자기(磁器)를 구입해 돌아갔다.[6]

스웨덴과 마찬가지로 북유럽에 속하는 연국(嗹國), 즉 덴마크에 대해서도 다음과 같이 기술한다.

옹정연간부터, 오랑캐 상인(夷商)이 광주에 와서 통시하였고, 후에 해마다 통시하였다. 매년 여름과 가을 사이에 호문에서 들어와 광동(廣東)에 이르러, 찻잎, 자기, 잠사(蠶絲)를 구매했다. 초겨울에 바람이 불면 출항했다.

---

6 松浦章, 『淸代海外貿易史の硏究』, 朋友書店, 2002.1, pp.543~550.

영국·스웨덴과 마찬가지로 옹정 연간부터 매년 광주에 와서 찻잎과 자기 그리고 생사 등을 구입해 돌아가는 무역이 계속해서 이루어지고 있었다.

이와 같이 18세기 이후에 많은 유럽 무역선이 광주에 들어왔는데 그중에서 가장 많이 들어온 것이 영국 무역선이었다.

광주무역을 독점한 것은 영국 본토가 아니라 영국동인도회사에서 온 무역선이었다. 하지만 영국 무역선의 마지막 광주 내항에 관하여 『월해관지粵海關志』 권27 「이상夷商 2」 「도광道光 14년(1834)조」에 다음과 같은 기술이 있다.

도광(道光) 14년 3월, 총독 노곤(盧坤)이 월해관(越海關) 감독(監督) 중상(中祥)에게 다음과 같이 지시했다. 영길리국공사(英吉利國公司)[7]가 해산하자, 외이(外夷) 상선의 내지무역(內地貿易)과 관련된 중요한 업무와 과세가 느슨해졌는데, 이런 일들은 해이해지고 근거 없어서는 안 된다. 그 나라의 공사가 해산했기에, 그 상인들은 마땅히 해당 대반(大班)에게 상세히 물어야 할 것이고, 또 마땅히 심사숙고하고 적절히 의논한 것을 갖추어 품의(稟議)하여야 한다. 자문(咨文)으로 조회하여, 모든 것을 칙유(飭諭)한다. 해당 상인이 하나하나 조사하여 밝히면, 이문(利文)으로 회답하고, 심사하여 결정한다.[8]

도광 14년, 즉 1834년에 영국공사인 영국동인도회사가 해산되자, 동인도회사의 중국무역 독점권이 전면적으로 정지되었다. 그 결과, 청조중국

---

7 【역주】영국 동인도회사.
8 『粵海關志』, 廣東人民出版社, 2002. 2, p.524.

측의 월해관에 변화가 생기게 된다. 지금까지 중국무역을 독점해 온 영국 동인도회사의 무역업무가 사라짐으로써 영국의 자유무역상인의 다수가 중국으로 오게 된 것이다. 그리고 6년 후에 아편전쟁이 발발한다.

2. 건륭·가경시기의 광주내항 구미선

청조의 건륭乾隆·가경嘉慶시기에 어느 정도의 구미선이 광주에 들어왔을까? 『월해관지』권25, 행상에 "조정에서 해관을 세운 뒤 항구에 들어온 배가 약 20척이었다國朝設關初, 番舶入市者, 僅二十餘柁"[9]라고 하듯이 20여 척의 외국 배가 내항해 있었다고 한다.

그 후 건륭 54년(1789) 9월부터 55년(1790)에 걸친 '광주13행무역정수세초廣州十三行貿易征收稅鈔'의 '청단淸單'에 의하면 다음과 같은 기술이 있다.

영길리국 진구공사(進口公司)[10]의 배 19척, 항각선(港脚船)[11] 37척, 미리견국(米利堅國)[12] 진구선(進口船) 14척, 가하란국(加賀蘭國)[13] 진구선 5척, 연국(嗹國)[14] 진구선 1척, 프랑스(佛蘭西) 진구선 1척, 총 77척이 54년 9월 25일에 월해관을 가득 채웠다.[15]

---

9 『粤海關志』, 廣東人民出版社, p.491.
10 【역주】영국 동인도회사.
11 【역주】동아시아와 남아시아에서 영국의 무역을 위해 활동하던 배.
12 【역주】미국.
13 【역주】네덜란드.
14 【역주】덴마크.
15 中國第一歷史檔案館 編輯, 『淸宮粤港澳商貿檔案全集』第六冊, 中国書店, 2002.7, pp.3057~3058.

즉 영국동인도회사가 19척, 영국동인도회사 지배하에 있는 인도와 중국과의 지방무역에 종사한 '항각선港脚船'**16**이 37척, 미국국선國船이 14척, 네덜란드국선이 5척, 덴마크국선이 1척, 프랑스국선이 1척으로 합계 77척이었다. 영국동인도회사선이 24.7%, 영국동인도회사의 '항각선'이 48.1%, 미국국선이 18.2%를 차지해 이 세 종류의 선박이 90%를 넘고 있는 것을 알 수 있다.

그 후 가경 19년(1814) 10월 19일 양광총독兩廣總督**17**장유섬蔣攸銛의 주접奏摺**18**에 다음과 같은 것이 있다.

> 무역을 하는 국가들인 프랑스, 네덜란드, 여송(呂宋),**19** 미국, 영국, 심파립(甚波立), 스웨덴, 연국 등의 화물선이 매년 그 수는 일정치 않은데, 가경(嘉慶) 7년 이후 각국 선박은 드물었고, 오직 영국의 조가선(租家船), 항각선, 미국선이 많았다. 이밖에 여송국 사이에는 배 한두 척이 월해관에 왔고, 근래에는 영국과 미국이 서로 전쟁을 벌인다는 소식이 들린다.**20**

이와 같이 프랑스, 네덜란드, 스페인, 미국, 영국 등의 무역선이 광주에 들어와 있었지만, 가경 19년(1814) 당시, 가장 많이 내항한 무역선은 영국동인도회사 배와 영국동인도회사의 지배하에 있는 지방무역선과

---

16 동인도회사의 무역이 'Company'무역인 데 대하여 인도와의 무역은 'Country'무역으로 되어 있었다.
17 【역주】중국청조의 지방장관의 관직. 광동성(広東省)·광서성(広西省)의 총독으로 관할지역의 군정·민정을 통괄했다.
18 【역주】청조 관원이 지방정무의 보고나 안부를 묻기 위하여 황제하게 진상한 문서.
19 【역주】필리핀.
20 『淸嘉慶朝外交史料四』, 22丁表.

서력	중국력	선박 척수	서력	중국력	선박 척수	서력	중국력	선박 척수
1750	건륭 15	18	1781	건륭 46	35	1812	가경 17	73
1751	건륭 16	19	1782	건륭 47	38	1813	가경 18	51
1752	건륭 17	25	1783	건륭 48	36	1814	가경 19	99
1753	건륭 18	26	1784	건륭 49	35	1815	가경 20	73
1754	건륭 19	27	1785	건륭 50	46	1816	가경 21	104
1755	건륭 20	22	1786	건륭 51	68	1817	가경 22	101
1756	건륭 21	15	1787	건륭 52	73	1818	가경 23	88
1757	건륭 22	7	1788	건륭 53	65	1819	가경 24	90
1758	건륭 23	12	1789	건륭 54	83	1820	가경 25	96
1759	건륭 24	23	1790	건륭 55	59	1821	도광 1	94
1760	건륭 25	13	1791	건륭 56	38	1822	도광 2	84
1761	건륭 26	13	1792	건륭 57	55	1823	도광 3	65
1762	건륭 27	10	1793	건륭 58	44	1824	도광 4	71
1763	건륭 28	17	1794	건륭 59	43	1825	도광 5	112
1764	건륭 29	24	1795	건륭 60	59	1826	도광 6	89
1765	건륭 30	31	1796	가경 1	53	1827	도광 7	103
1766	건륭 31	30	1797	가경 2	51	1828	도광 8	86
1767	건륭 32	20	1798	가경 3	63	1829	도광 9	76
1768	건륭 33	23	1799	가경 4	50	1830	도광 10	99
1769	건륭 34	23	1800	가경 5	59	1831	도광 11	77
1770	건륭 35	29	1801	가경 6	64	1832	도광 12	87
1771	건륭 36	26	1802	가경 7	70	1833	도광 13	105
1772	건륭 37	30	1803	가경 8	84	1834	도광 14	143
1773	건륭 38	28	1804	가경 9	77	1835	도광 15	149
1774	건륭 39	31	1805	가경 10	85	1836	도광 16	197
1775	건륭 40	34	1806	가경 11	97	1837	도광 17	213
1776	건륭 41	26	1807	가경 12	96	1838	도광 18	129

서력	중국력	선박 척수	서력	중국력	선박 척수	서력	중국력	선박 척수
1777	건륭 42	39	1808	가경 13	87	1778	건륭 43	33
1809	가경 14	66	1779	건륭 44	28	1810	가경 15	77
1780	건륭 45	25	1811	가경 16	51			

—— 隻数

미국국선이었다. 그 외 나라들의 배는 연간 1, 2척에 불과했다. 특히 영
국동인도회사선과 미국국선이 서로 경쟁하면서 대립관계를 형성했다.

건륭 14년(1749) 이후 광주에 내항한 외국선의 수가『월해관지』권24,
시박市舶[21]에 기록되어 있다.[22] 그것을 정리하면〈표 1〉과 같다.

도광 20년(1840) 4월 21일 예곤豫堃의 주접에는 다음과 같은 기술이 있다.

엎드려 생각건대, 월해관의 과세는 지금까지 진구이선(進口夷船)[23]을 대

---

21 【역주】중국 및 그 주변국에서 국경이나 무역의 주요지역에 설치된 국제 혹은 지방 무역장소.
또 그 무역. 항구의 경우는, 호시박(互市舶), 시박(市舶)이라 한다.

22 『粤海關志』, pp.484~448.

23 【역주】중국으로 수입품을 들여오는 서양 선박.

종(大宗)으로 삼았습니다. 지난해 아편을 몰수하여 영길리 항각이 아직 항구 봉쇄 이전에 진구이선 2척, 미리견 등 여덟 곳의, 검사를 신청한 이선(夷船) 91척, 지난해 3월 이전 월해관을 가득 채운 이선이 138척이었고, 징세 총계가 은 1백 4십 4만 8천 5백여 량(餘兩)이었던 것과 비하면, 선박 수와 세액(稅額)이 모두 줄어들었습니다. 실제로 월해관에 세금으로 신고한 은량(銀兩)은 관(關)에 6개월을 채운 뒤 거두어서 호송했는데, 도광 10년 이전보다 못했습니다.[24]

이처럼 1840년의 광주 내항 무역선은 138척에 달했다. 그러나 『월해관지』의 기록에서는 도광 19년(1839) 이후의 광주 내항 선박 수가 명확하지 않다.

다음 절에서 광주에서 간행된 영자신문을 통해 내항 선박 수를 검토해 본다.

유럽에서 광주에 내항한 이들 무역선이 중국에 요구한 물품은 다음과 같다.

지금까지 외이(外夷)가 들여온 화물은 50여 종이고, 내지(內地)에서 가지고 나간 화물은 20여 종인데, 찻잎과 잠사(蠶絲)가 대부분이다. 매년 수출하는 찻잎은 4천만에서 5천만 근이고, 잠사는 60·70만에서 1백여만 근에 이르며, 대황(大黃)은 10만에서 10여만 근까지 일정치 않다.[25]

---

24 中國第一歷史檔案館藏, 「硃批奏摺 財政類」, 마이크로필름 21~2054화면.
25 도광 18년 7월 16일의 광동 순무이량(巡撫怡良) 등의 주접. 中國第一歷史檔案館 編輯, 『淸宮粤港澳商貿檔案全集』 第八冊, 中国書店, 2002.7, p.1692.

이와 같이, 광주에 내항한 외국선이 중국에 갖고 온 화물 종류는 50여 종이며, 이에 반하여 중국에서 수출되는 화물은 20여 종이다. 특히 찻 잎이나 생사류가 주요 수출품인데, 매년 중국에서 4,000만에서 5,000만 근의 찻잎이 수출되고, 생사도 60만에서 100여만 근이, 대황[26]은 10여 만 근이 수출되었다.

3. 아편전쟁 직전의 광주 내항 구미선

—The Canton Press(『광주신문』) 게재 "Shipping at Whampo"에 관하여

양광총독 노곤盧坤의 도광 14년(1834) 8월 28일 주접에 다음과 같은 기 술이 있다.

영국의 광동무역은, 그 나라에서 이제까지는 줄곧 공공관청(公班衙)이 있어서 나라 전체의 매매(買賣)를 관리했는데, 그것을 공사(公司)[27]라고 불 렀다. 그 공사는 대반(大班), 이반(二班), 삼반(三班), 사반(四班)을 광동(粵) 에 파견하여 무역사무를 총괄했고, 이상(夷商)을 통제하였다. 도광 10년에 양상(洋商)들이 알려오기를, 그 나라의 공사는 도광 13년에 기한이 다 찼고, 그 나라의 이인(夷人)이 각자 무역한다고 하니, 전체적인 관리(統攝)가 되 지 않을까 두렵다.[28]

---

26 松浦章,『清代海外貿易史の研究』, 朋友書店, pp.419~435 참조.
27 【역주】영국 동인도회사.
28 中國第一歷史檔案館編輯,『清宮粤港澳商貿檔案全集』第八冊, 2002.7, p.4447.

이와 같이 영국이 광동에서 한 무역은 영국동인도회사가 모든 관리를 맡고, 영국동인도회사에서 파견된 '대반'으로 불린 관리인이 광주에 들어와 무역 업무를 통괄했다. 그러나 도광 10년(1830) 광주에 내항한 유럽 상인이, 영국동인도회사의 도광 13년(1833)에 독점기간이 종료되면 광주는 영국으로부터 들어온 많은 상인 때문에 통솔 없는 혼란에 빠질 것이라 전한 것이 알려진다.

그것이 현실이 되어 나타났다. 월해관 감독인 팽년彭年의 도광 14년(1834) 8월 23일 주접에 다음과 같이 보고되고 있다.

올해 영국 공사(公司)가 기한이 차서 해산하고, 그 나라의 이인(夷人)은 각자 무역한다. 전에 새로 온 이목(夷目) 네이피어 경(율로비)[29]이 성(省) 밖 이관(夷館)에 거주하는데, 법도도 모르고, 화물을 호송하는 병선(兵船)을 이끌고 항구에 들어왔다.[30]

이와 같이 영국동인도회사의 중국무역 독점이 중단되자, 영국 상인이 자유롭게 광주에 들어와 무역을 하게 되었다. 직전에 내항한 '율로비律嘮啤'가 13행의 이관(외국상관)에 거주하며 중국의 법제도를 이해하지 못한 채 상식에서 벗어난 행동을 하고 있고, 또 화물을 적재한 군선軍船도 입항했다고 한다.

영국인 '율로비'의 행동에 관하여 도광 14년(1834) 8월 28일의 주접에서 노곤은 다음과 같이 기술하고 있다.

---

29 【역주】 Lord Napier.
30 中國第一歷史檔案館編輯,『淸宮粤港澳商貿檔案全集』第八冊, p.44335.

6월에, 영국 병선이 이목 네이피어 경 한 사람을 태우 월(粤)에 왔다. 무역 사무를 처리하고, 부인과 자녀 총 다섯 명을 데리고 와서, 마카오의 병선(兵船)에 머문다. 오랑캐 병사 190명이 있으며, 외양(外洋)에 정박했다. 그 이목이 배를 갈아타고, 성(省) 밖의 이관에 이르러 거주한다.[31]

도광 14년 6월에 영국군선이 '율로비' 1명을 광주로 데리고 왔다. 그는 무역에 관련된 사무를 감독한다고 하며 아내와 딸을 포함해 5명의 가족과 함께 왔다. 그의 가족은 마카오(澳門)의 군함 안에, 그와 함께 온 승조원 190명은 마카오에서 멀리 떨어진 해상에 정박해 있는 군선에 거주하고 자신만 배를 바꿔 타고 이관에 체류했다고 기술되어 있다.

영국동인도회사의 광주무역 중단에 관하여 청조사서史書는 다양한 기사를 남겼다. 양정남梁廷枏, 『이분문기夷氛聞記』 권1에는 다음과 같은 기사가 있다.

도광 13년, 공사는 여러 해 잇따라 손해를 보고, 기한이 이미 넘은지 오래되자, 해산하라는 신민(臣民)의 요청을 듣고 그 자본을 나라에 돌려주었다. 산상(散商)의 선박이 더욱 많이 오는데, 고정된 화물이 없고, 농단을 추구하므로, 나눠 받은 자본을 가지고 아편을 운반했다. 광록사경(光祿寺卿) 허내제(許乃濟)가 동월(東粤)의 관찰(觀察)[32]이 되었다.[33]

---

31 中國第一歷史檔案館編輯, 『淸宮粤港澳商貿檔案全集』第八冊, p.4448.
32 【역주】 청대 지방관직. 道員, 道臺라고도 한다.
33 淸代史料筆記創刊, 『夷氛聞記』(2쇄), 中華書局, 1985.9, p.7.

도광 13년(1833)에는 영국동인도회사가 장기간의 부채로 인하여 업무가 벽에 부딪혀 있었는데, 특히 그 상황을 악화시킨 것이 영국동인도회사에 대한 '산상牧商' 즉, 자유무역상인들의 광주내항이며 그들이 갖고 온 아편에 의한 무역액 급증이었다.

임칙서林則徐, 『임문충공정서林文忠公政書』 '사월주고使粵奏稿' 권1 「회주이인돈선아편진수정격접會奏夷人躉船鴉片盡數呈繳摺」에 아래의 기술이 있다.

각국의 매매는 영국이 비교적 크다. 그 나라는 공사가 해산한 이후, 도광 16년에 4등직(四等職) 이인(夷人) 엘리엇(義律)[34]을 마카오에 파견하여 상인들을 관리했는데, 영사(領事)라고 불렀다. 신(臣) 등이 유(諭)를 발(發)한 후, 각국은 모두 관망하였다. 이(夷)는 또 모두 엘리엇에게 위탁하였다. 그 중에는 중국어를 아는 이인(夷人) 4명이 있으며, 사도(司道)와 광주부(廣州府) 등을 거쳐.[35]

영국동인도회사가 광주무역을 중지시킨 후, 특히 도광 16년(1836) 이후 각국 상인들의 적극적인 무역이 시행되었음을 알 수 있다.

『선종실록宣宗實錄』 권255, 도광 14년 8월 경신庚申(28일)에 다음과 같은 기술이 있다.

군기대신(軍機大臣) 등(等)에게 유(諭)한다. 노곤(盧坤) 등이 다음과 같이 주(奏)하였다. 영국의 이정(夷情)이 황당무계하니 처리를 바란다. 또 현재

---

34 【역주】 Charles Elliot.
35 『林文忠公政書』, 中国書店, 1991.11, p.109.

준비태세는 해당 국가 이인(夷人)에 따르면,

　동인도회사 해산 이후로, 각자가 무역하여, 일에 통일적인 관리가 없다. 올해 6월에 그 나라의 이목(夷目) 네이피어 경이 광동에 왔다. 무역사무를 처리하고, 권속을 데리고 와서 마카오의 병선에 머물렀다. 그 이목은 배를 바꾸어 타고 성 밖 이관(夷館)에 와서 거주한다. 즉시 칙령을 내렸다. 그 양상(洋商)이 문의하고, 그 이목이 접견하려 하지 않고, 노곤에게 서신 한 통을 보냈다. 평행관식(平行款式)으로서, 대영국(大英國)의 문자를 섞어 썼다. 노곤 등은 체제(體制)에 관련되는 바, 금례(禁例)를 분명히 설명하고, 그 이인으로 하여금 기존의 규정을 준수하도록 반복하여 알렸으나, 그 이목은 반항하면서 준수하지 않았다. 칙령에 따라 위원(委員)들이 대면하여 조사하였으나, 그 이목은 끝내 아무 일도 처리하지 않으려 하고 까닭도 설명하지 않았다. 또 병선을 움직여 자기 나라로 돌아가려고도 하지 않았다. 여러 차례에 어기고 불법을 저질렀다. 예(例)에 따라 선창을 봉쇄하고 그 나라의 매매를 잠시 정지시켰다. 처벌을 가하려 생각하면서, 만약 그 이목이 참회하고 구제(舊制)를 준수한다면 선창을 열도록 허락할 것이었다. 그 이인은 포격(砲擊) 외에는 아무런 장기(長技)가 없다. 현재 관리를 몰래 파견하여 처리하는데, 성성(省城) 내외 및 마카오 일대에 나누어 배치하고, 침착하게 방비한다. 또 그 부현(府縣)이 한간(漢奸)을 현장에서 조사하고, 엄격히 처벌한다. 또 해당 상인들에게 정실(情實)로 인한 부정이 있는지 조사하여 밝히고, 엄하게 규탄하고 취조하여 처벌한다. 마카오부근 바다에 면한 곳에는 모두 변병을 몰래 파견하여 미리 준비한다고 한다.[36]

---

36 『淸實錄』第36冊, 中華書局, 1986.10, p.897.

영국동인도회사가 광주무역에서 철수함으로서 무역 업무에 지장이
생겨 많은 혼란이 야기되었음을 알 수 있다.

『선종실록』권293, 도광 17년(1837) 정월 병신^{丙申}(18일)에 다음과 같은
것이 있다.

군기대신(軍機大臣) 등(等)에게 유(諭)한다. 등정정(鄧廷楨)의 주문(奏文)
은 다음과 같다. 영국 공사가 해산한 후, 대반(大班)이 오지 않는다. 지난해
1월에, 그 나라는 원직(遠職)을 월(粵)에 특파하여, 이미 와 있는 본국의 상
인과 선원 등을 전부관리한다고 한다. 그 나라에서 오는 배가 끊임없이 이
어지니, 당연히 적당한 사람을 구해 단속함으로써 안정을 기해야 한다. 지
금 공문서를 받아 상인의 사무를 관리하니, 비록 기존의 대반과 명목은 다
르지만 단속한다는 점에서는 동일하다. 종전에 대반이 월에 올 때의 장정
(章程)을 따라, 성(省)에 오는 것을 허가하고 돌보아준다. 또 칙령 월해관 감
독에게 칙령으로, 홍패(紅牌)를 받아 성(省)에 들어가도록 한다. 이후 마카
오와 성(省)에 살면서 일체는 옛 규정에 따르고, 기한을 넘겨 체류하는 것은
허락하지 않으며, 점령하여 눌러앉으려 하면 해당 총독이 이를 빌어 탄압
하고, 간섭이나 분규를 일으키는 것을 허락하지 않는다. 해당 문관과 무관
및 양상(洋商)에게 밀칙(密飭)하여 수시로 성실히 방문하고 살펴서, 만약
해당 이(夷)가 분수를 넘어 망녕된 짓을 하거나, 한간(漢奸)과 결탁하여 사
리를 추구해 법을 어기는 등의 일이 있으면, 즉시 쫓아내어 그 나라로 돌아
가도록 하여 폐단의 원천을 끊는다. 이 유(諭)를 알린다.[37]

---

37 『淸實錄』第36冊, 中華書局, 1986.10, p.541.

즉 영국동인도회사의 중국무역 중지 이후, 상황은 영국에서 사절을 파견해 무역관리를 하는 것으로 변화된 것을 알 수 있다.

위원(魏源), 『해국도지(海國圖志)』 권51 「대서양」, 「외국사략(外國史略)」의 기술이다.

그러나 중국을 논하자면 이미 중국과 무역을 한 지 이백여 년으로, 앞선 명조때에 시작되었다. 처음에는 아주 미약하여, 매년 수만 량(兩)에 불과했다. 근년에 들어와 비로소 차를 마시었는데, 차를 마시는 사람들이 증가했다. 예전에 큰 공공 관청(大公班衙)을 설치하여 무역을 했다. 결국 도광 14년에 해산되자, 무역은 더욱 왕성해졌다. 중국과 우호관계를 맺은 이후로 더욱 증익(增益)이 있었다. 도광 25년에, 월성(粤省) 진구선(進口船)은 총 182척이었다. 운송된 화물은 1천 7십 1만 5천 원이며, 운송되어 나간 화물의 값은 운송되어 들어온 화물의 배가 넘었다. 종종 현은(現銀)으로 교역했고, 납부하는 선초세(船鈔稅)[38]는 한해 총액이 은(銀) 1백 6십 6만 4천량이었다.

중국과 유럽의 무역이 시대와 함께 확대되었다. 그러나 도광 14년(1834) 영국동인도회사의 중국무역 중지와 더불어 한층 무역수량이 확대되고, 남경조약이 체결된 후 도광 25년(1845)에는 광주에 내항한 무역선은 182척에 이르며, 무역액은 10,715,000량에 달하여 더욱 증가경향에 있었던 것을 보여주고 있다.

이와 같이 광주에서 영국동인도회사의 독점무역이 정지되자 유럽을 비롯한 해외선의 광주 내항이 급증한 것을 알 수 있다.

---

38 【역주】톤세(ton稅).

구체적으로 어떤 나라의 배가 급증했는지 중국에서 간행된 영자신문의 기록을 통하여 살펴보겠다.

19세기 이후, 중국에 온 구미인에 의해 한자 이외의 로마자를 사용한 신문이 활발하게 출판되는데,[39] 이런 종류의 신문에 *The Canton Press*(『광주신문』)가 있다. *The Canton Press*는 1835년(도광 15)에 플랭클린Franklyn이 발행했다. 이 *The Canton Press*에 게재된 기사 란에 "Shipping at Whampo"가 있는데, 즉 황포강에 정박한 선박리스트에서 그 일부를 알 수 있다.

다음으로 *The Canton Press* vol.4 no.31과 no.35에 게재된 "Shipping at Whampo"[40]이다.

The Canton Press vol.4 no.31의 "Shipping at Whampo"[41]에 의하면 〈표 2〉와 같다.

The Canton Press vol.4 no.35의 "Shipping at Whampo"[42]에 의하면 〈표 3〉과 같다.

The Canton Press vol.4 no.41의 "Shipping at Whampo"[43]에 의하면 〈표 4〉와 같다.

이상의 3개 표를 합계한 선박 수는 34척에 이른다. 이중에서 영국선적이 18척, 미국선적이 15척, 네덜란드선적이 1척이다. 영국선적이 53%, 미국선적이 44%, 네덜란드선적이 3%인 비율이 된다. 이들 34척의 출항지로 가장 많은 곳이 영국 리버풀Liverpool로 7척에 달한다. 런던이 3척, 그

---

39 Frank H. King(editor) and Prescott Clarke, "A Research Guide to China : Coast Newspapers(晚清西文報紙導要), 1822~1911", *Harvard East Asian Monographs* 18, Harvard University Press, 1965.
40 『美國駐中國廣州領事館領事報告』 2, 廣西師範大學出版社, 2007.11, p.510, 570.
41 『美國駐中國廣州領事館領事報告』 2, 廣西師範大學出版社, p.510.
42 『美國駐中國廣州領事館領事報告』 2, 廣西師範大學出版社, p.570.
43 『美國駐中國廣州領事館領事報告』 2, 廣西師範大學出版社, 2007.11, p.72,

〈표 2〉 1839년 4월 6일 시점의 황포강 정박 선박

연월일	선박명	선적(船籍)	선장	톤	출항지	화물주
1839.4.6	Canada	America	Hicks		Liverpool	Wetmore&Co.
1839.4.6	Coviugton	America	Holbrook		Liverpool	Wetmore&Co.
1839.4.6	Horatio	British			Liverpool	F.S.Harbaway
1839.4.6	Eliza	British	Lav	682	Calcutta	Dent&Co.
1839.4.6	Reliance	British	Marquis	1,515	Madras	Capt. Marquis
1839.4.6	L'Esperance	Dutch	Lindstedt		Batavia	S.VanB-sel toe Laer &Co.
1839.4.6	Orwell	British	Collard		Madras	Jardine Matheson &Co.
1839.4.6	Parrock Hall	British	Canney		Bombay	Turner&Co.
1839.4.6	Van Couver	America	Hallet		Boston	Russel&Co.
1839.4.6	Girand	America	Drinker		Philadelphia	F.H.&J.Tiers
1839.4.6	Tigris	British	Titherington	422	Liverpool	Dent&Co.
1839.4.6	Ingleborough	British	Buckele		Liverpool	Fox Rawson&Co.
1839.4.6	Rosalind	British	Coruch		London	Turner&Co.
1839.4.6	St.Vincent	British	Muddle	410	London	Lindsay&Co.
1839.4.6	Isabella	British	Roberrtson		Leith	Jardine Matheson &Co.
1839.4.6	Francis Stanton	America	Lefavour	392	Manila	Russel&Co.
1839.4.6	Niantic	America	Grtswold		New york	Russel&Co.
1839.4.6	Geroge Ⅳ	British	Drayner		Batavia	Jardine Matheson &Co.
1839.4.6	Ld.Wm.Bentinck	British	Stockey	560	Sydney	J.Thacker
1839.4.6	Trusty	British	Jamieson		Lomback	J.Thacker
1839.4.6	Premier	British	Were		London	Dent&Co.
1839.4.6	David Scott	British	Spence		Calcutta	Jardine Matheson &Co.
1839.4.6	Orixa	British	Ager		Liverpool	Turner&Co.
1839.4.6	Elisth. Buckham	British	Scott		Penang	Macvicar&Co.

연월일	선박명	선적(船籍)	선장	톤	출항지	화물주
1839.5.4	Canada	America	Hicks		Liverpool	Wetmore &Co.
1839.5.4	Coviugton	America	Holbrook		Liverpool	Wetmore&Co.
1839.5.4	Horatio	British	Howland		Liverpool	F.S.Harbaway
1839.5.4	Eliza	British	Lay	682	Calcutta	Dent&Co.
1839.5.4	Reliance	British	Marquis	1,515	Madras	Capt. Marquis
1839.5.4	L'Esperance	Dutch	Lindstedt		Batavia	S.VanB-sel toe Laer &Co.
1839.5.4	Orwell	British	Collard		Madras	Jardine Matheson &Co.
1839.5.4	Parrock Hall	British	Canney		Bombay	Turner&Co.
1839.5.4	Van Couver	America	Hallet		Boston	Russel&Co.
1839.5.4	Girand	America	Drinker		Philadelphia	F.H.&J.Tiers
1839.5.4	Tigris	British	Titherington	422	Liverpool	Dent&Co.
1839.5.4	Ingleborough	British	Buckele		Liverpool	Fox Rawson&Co.
1839.5.4	Rosalind	British	Coruch		London	Turner&Co.
1839.5.4	St.Vincent	British	Muddle	410	London	Lindsay&Co.
1839.5.4	Isabella	British	Roberrtson		Leith	Jardine Matheson &Co.
1839.5.4	Francis Stanton	America	Lefavour	392	Manila	Russel&Co.
1839.5.4	Niantic	America	Grtswold		New york	Russel&Co.
1839.5.4	GeorgeⅣ	British	Drayner		Batavia	Jardine Matheson &Co.
1839.5.4	Ld.Wm.Bentinck	British	Stockey	560	Sydney	J.Thacker
1839.5.4	Trusty	British	Jamieson		Lomback	J.Thacker
1839.5.4	Premier	British	Were		London	Dent&Co.
1839.5.4	David Scott	British	Spence		Calcutta	Jardine Matheson &Co.
1839.5.4	Orixa	British	Ager		Liverpool	Turner&Co.

연월일	선박명	선적(船籍)	선장	톤	출항지	화물주
1839.5.4	Elisth. Buckham	British	Scott		Penang	Macvicar&Co.
1839.5.4	Anne Jane	British			Liverpool	Bell&Co.

〈표 4〉 1839년 6월 12일 시점의 황포강 정박 선박

연월일	선박명	선적(船籍)	선장	출항지	화물주
1839.6.12	Paris	America	King	United States	Russel&Co.
1839.6.12	Nantaeker	America	Remmonds	United States	Russel&Co.
1839.6.12	Cashmere	America		United States	Russel&Co.
1839.6.12	Sbina	America		United States	Wetmore&Co.
1839.6.12	Morrison	America	Banson	United States	Olyphsnt&Co.
1839.6.12	R.Fulton	America	MacDongall	United States	J.Fyad
1839.6.12	Synthia	America	Jonacn	United States	Gordon&Tairot
1839.6.12	Rouble	America	Bennour	United States	Russel Sturgis&Co.
1839.6.12	Naples	America	Arelger	United States	Russel Sturgis&Co.

리고 에든버러Edinburgh의 리스Leith가 1척이다. 영국 본국에서 11척, 미합
중국은 9척이며 이외에 뉴욕이 1척, 보스턴이 1척, 필라델피아가 1척으
로, 미국 본국에서는 합계 12척이 된다. 이외에 인도에서 봄베이가 1척,
콜카타가 2척, 마드라스가 2척으로 합계 5척, 그 외 필리핀 마닐라가 1척,
말레이반도 페낭이 1척, 오스트레일리아 시드니가 1척, 롬백Lomback이 1
척이었으며 바타비아가 2척이었다. 영국 본국에서는 32.3%, 미국에서
35.3%, 인도에서 14.7%, 그 외가 17.7%의 비율로, 출항지만 보면 미국이
최상위이며 영국이 그 뒤를 따르고, 그 외의 나라가 양국을 뒤쫓았다. 인
도가 많은 이유는 인도에서 아편이 대량으로 유입되었기 때문일 것이다.
  '1839년 4월 6일 시점의 황포강 정박 선박' 표로 보는 각 회사에 관하

여 검토해 본다. 이들 선박을 회사명별로 정리한 것이 〈표 5〉이다.

1839년 4~6월 사이에 광주에 내항한 배를 회사명별로 정리하면, 최대가 미국 러셀컴퍼니Russel & Co.의 6척이다. 이어서 영국 자딘매디슨 컴퍼니 Jardine Matheson & Co.의 4척, 계속해서 영국 덴트 컴퍼니Dent & Co.의 3척, 터너 컴퍼니Turner & Co.의 3척, 웨트모어 컴퍼니Wetmore & Co.의 3척이었다. 이들 5개사에 의한 광주무역 경쟁이 격화되어 가는 상징적인 초기 모습이다.

러셀 컴퍼니는 기창양행[44]으로 알려진 미국회사였다. 자딘매디슨 컴퍼니는 이화양행, 사전공사渣顚公司, 의화양행義和洋行[45]으로 불린 회사였다. 덴트 컴퍼니는 중국명이 홍콩과 광주 등에서 전지양행顚地洋行으로 불리고, 상해 등에서는 보순양행寶順洋行[46]이었다.

터너 컴퍼니는 단나공사丹拿公司, 상해나 복주, 한구에서는 화기양행華記洋行[47]이다. 웨트모어 컴퍼니의 중국명은 화지마양행嘩地瑪洋行[48]이었다. 이 표에 있는 이름 중에서 널리 알려진 것으로서 린제이 컴퍼니Lindsay & Co.가 있는데, 이것은 상해에서는 광융양행廣隆洋行, 홍콩과 광주에서는 연치가행連治加行, 복주에서는 연리양행連利洋行으로 알려졌다.[49] 올리펀트 컴퍼니Olyphant & Co.는 동부양행同孚洋行[50]으로 알려졌다.

특히 자딘매디슨 컴퍼니 사전공사와 덴트 컴퍼니 전지양행은 아편 무역에 관련된 회사로 알려져 있었다.

---

44 黃光域 編, 『近代中國專名飜譯詞典』, 四川人民出版社, 2001.12, p.300.

45 黃光域 編, 『近代中國專名飜譯詞典』, p.183.

46 黃光域 編, 『近代中國專名飜譯詞典』, p.101.

47 黃光域 編, 『近代中國專名飜譯詞典』, p.371.

48 黃光域 編, 『近代中國專名飜譯詞典』, p.390.

49 黃光域 編, 『近代中國專名飜譯詞典』, p.210.

50 黃光域 編, 『近代中國專名飜譯詞典』, p.264.

〈표 5〉 1839년 4~6월 광주내항 외국선의 공사별표

공사명	선박명	선적(船籍)	내항지	연월일
Bell&Co	Anne Jane	British	Liverpool	1839.5.4
Capt. Marquis	Reliance	British	Madras	1839.4.6
Capt. Marquis	Reliance	British	Madras	1839.5.4
Dent&Co	Eliza	British	Calcutta	1839.4.6
Dent&Co	Eliza	British	Calcutta	1839.5.4
Dent&Co	Premier	British	London	1839.4.6
Dent&Co	Premier	British	London	1839.5.4
Dent&Co	Tigris	British	Liverpool	1839.4.6
Dent&Co	Tigris	British	Liverpool	1839.5.4
F.H.&J.Tiers	Girand	America	Philadelphia	1839.5.4
F.H.&J.Tiers	Girand	America	Philadelphia	1839.4.6
F.S.Harbaway	Horatio	America	Liverpool	1839.5.4
F.S.Harbaway	Horatio	British	Liverpool	1839.4.6
Fox Rawson&Co.	Ingleborough	British	Liverpool	1839.5.4
Fox Rawson&Co.	Ingleborough	British	Liverpool	1839.4.6
Gordon&Tairot	Cynthia	America	United States	1839.6.12
Gordon&Tairot	R.Fulton	America	United States	1839.6.12
J.Thacker	Ld.Wm.Bentinck	British	Sydney	1839.4.6
J.Thacker	Ld.Wm.Bentinck	British	Sydney	1839.5.4
J.Thacker	Trusty	British	Lomback	1839.4.6
J.Thacker	Trusty	British	Lomback	1839.5.4
Jardine Matheson &Co.	David Scott	British	Calcutta	1839.4.6
Jardine Matheson &Co.	David Scott	British	Calcutta	1839.5.4
Jardine Matheson &Co.	GeorgeⅣ	British	Batavia	1839.4.6
Jardine Matheson &Co.	GeorgeⅣ	British	Batavia	1839.5.4
Jardine Matheson &Co.	Isabella	British	Leith	1839.4.6
Jardine Matheson &Co.	Isabella	British	Leith	1839.5.4

공사명	선박명	선적(船籍)	내항지	연월일
Jardine Matheson &Co.	Orwell	British	Madras	1839.4.6
Jardine Matheson &Co.	Orwell	British	Madras	1839.5.4
Lindsay&Co.	St.Vincent	British	London	1839.4.6
Lindsay&Co.	St.Vincent	British	London	1839.5.4
Macvicar&Co.	Elisth. Buckham	British	Penang	1839.4.6
Macvicar&Co.	Elisth. Buckham	British	Penang	1839.5.4
Olyphant&Co.	Morrison	America	United States	1839.6.12
Russel&Co.	Cashmere	America	United States	1839.6.12
Russel&Co.	Francis Stanton	America	Manila	1839.4.6
Russel&Co.	Francis Stanton	America	Manila	1839.5.4
Russel&Co.	Nantaeket	America	United States	1839.6.12
Russel&Co.	Niantic	America	New york	1839.4.6
Russel&Co.	Niantic	America	New york	1839.5.4
Russel&Co.	Paris	America	United States	1839.6.12
Russel&Co.	Van Couver	America	Boston	1839.4.6
Russel&Co.	Van Couver	America	Boston	1839.5.4
Russel Sturgis&Co.	Naples	America	United States	1839.6.12
Russel Sturgis&Co.	Rouble	America	United States	1839.6.12
S.VanB-sel toe Laer &Co.	L'Esperance	Dutch	Batavia	1839.4.6
S.VanB-sel toe Laer &Co.	L'Esperance	Dutch	Batavia	1839.5.4
Turner&Co.	Orixa	British	Liverpool	1839.4.6
Turner&Co.	Orixa	British	Liverpool	1839.5.4
Turner&Co.	Parrock Hall	British	Bombay	1839.4.6
Turner&Co.	Parrock Hall	British	Bombay	1839.5.4
Turner&Co.	Rosalind	British	London	1839.4.6
Turner&Co.	Rosalind	British	London	1839.5.4
Wetmore&Co.	Canada	America	Liverpool	1839.4.6

공사명	선박명	선적(船籍)	내항지	연월일
Wetmore&Co.	Canada	America	Liverpool	1839.5.4
Wetmore&Co.	Coviugton	America	Liverpool	1839.5.4
Wetmore&Co.	Coviugton	America	Liverpool	1839.4.6
Wetmore&Co.	Sbina	America	United States	1839.6.12

양정남 『이분문기』 권1에 다음과 같이 기술되어 있다.

그때 이상(夷商)이 중국법이 반드시 행해질 것을 들었다. 예전에 사적(私
的) 판매가 가장 많았던 것은 자딘인데 먼저 도망쳤기에 세력이 약해졌다.
그 다음은 덴트인데, 아직 머뭇거리며 떠나지 않았다. (임)칙서는 네이피어
가 이들의 지도자이기에, 장차 모두 없앨 것을 미리 보여주었다.[51]

이와 같이 아편을 광주로 들여온 최대 상사가 사전嗒顚이며 그 다음이
전지顚地였다.

1832년(도광 12, 천보 3)에 2명의 스코틀랜드인 윌리엄 자딘William Jardine
과 제임스 매디슨James Matheson에 의해 광주에서 설립된 자딘매세슨 컴
퍼니는 1859년(함풍咸豊 9, 안정 6)에는 일본에도 진출해 아시아에서 무역
활동을 전개했다.[52]

W.C 헌터Hunter의 *FAN KWAE' at Canton, before treaty Days 1825~1844*
에는 다음과 같은 것이 있다.

51 淸代史料筆記創刊, 『夷氛聞記』(2쇄), 中華書局, 1985.9, p.18.
52 『日本に於ける百年 英一番館 安政六年—昭和三十四年』(Jardine Matheson & Co.(Japan) Limited),
東京, 1959, p.11.

In the year 1838(November) Mr. William Jardine took his departure from Canton. He founded in 1832 the house of Jardine, Matheson&Co., on the closing up of that of Magnic&Co., which until then had been under the management of Mr.Hollingworth Magnic. Mr. Jardine had been a surgeon in the marine service of the Honourable East India Company, and had made several voyages to Bombay and China.[53]

1838년(11월), 윌리엄 자딘은 칸톤에서 출발했다. 매그닉 앤드 컴퍼니 Magnic & Co는 본래 홀링워스 매그닉Hollingworth Magnic의 지배하에 있었는데, 그 컴퍼니가 폐쇄된 후 그는 1832년에 자딘매디슨 회사를 설립했다. 자딘은 영국동인도회사의 외과의사로서 봄베이와 중국 사이를 항해했다.

러셀 컴퍼니인 기창양행은 *FAN KWAE' at Canton, before treaty Days 1825 ~ 1844*에 의하면, Messrs. Russell & Co., Canton. 1823 to 1844라는 기술이 있다.

The house of Russell&Co. was constituted on January 1, 1824, insuccession to that of Samuel Russell&Co., which had existed from December 26, 1818, to December 26, 1823. It is known amongst the China as 'Kee-Chang-Hong'. It confined itself strictly to agency business. From January 1, 1824, until the middle of 1830 the sole partners were Mr. Russell and Philip Ammidon. In September 1829 Mr. Wm. H. Low arrived from Salem in the ship 'Sumatra'(Captain Roundy); and in November 1830 Mr. Augustine Heard, Senior, arrived from

---

53 W. C. Hunter, *"'FAN KWAE' at Canton, before treaty Days 1825 ~1844"*, London, 1882, p.134; 馮樹鐵・沈正邦 譯, 『廣州番鬼錄 旧中國雜記』, 廣東人民出版社, 2009.12, p.134.

Boston in the bark 'Lintin'(Captain R, B. Forbes).[54]

러셀상회는 1818년 12월 26일부터 1823년 12월 26일까지 있었던 사무엘·러셀Samuel Russel회사를 인수하여 1824년 1월 1일에 설립되었으며, 중국에서는 '기창행旗昌行'이라는 이름으로 대리점업무를 실시했다. 1824년 1월 1일부터 1830년 중반까지 유일한 파트너는 러셀과 필립 아미돈이었다. 1829년 9월 로Wm. H. Low가 셀럼에서 범선 수마트라(선장 론디)를 타고 도착했으며, 1830년 11월 아우구스티누스 허드Augustine Heard가 버크선 린틴호로 보스턴에 도착했다.

덴트상회(덴트 컴퍼니)도 1860년대에 중국뿐 아니라 일본에까지 진출했다.[55]

월해관이 징수한 은량銀兩 추이를 월해관 감독 등의 주접에서 보면 〈표 6〉과 같다. 영국동인도회사가 중국무역에서 철수하자 징수가 점차 증가하는 경향이 있었지만, 아편전쟁으로 감소하고, 그 후에도 감소하는 경향에 있었던 것은 아마도 광주 이외의 하문, 복주, 영파, 상해가 개항되어 광주 이외의 4개 항으로 무역선이 들어와 무역액이 그 4개 항으로 이동했기 때문이다.

아편전쟁이 일어나기까지 각국 무역선은 "매년내선수목약재일백여척每年來船數目約在壹百餘隻, 이백척부등貳百隻不等"[56] 처럼 연간 100척에서 200

---

54 *ibid*, p.156; 馮樹鐵·沈正邦 譯, 『廣州番鬼錄 旧中國雜記』, p.151.

55 Robert Fortune, *Yedo and Peking : A narrative of A Journey to the Capitals of Japan and China*, London, 1863, p.18.

56 도광 21년 윤3월 초6일의 정역장군(靖逆將軍) 혁산(奕山) 등의 주접. 中國第一歷史檔案館編輯, 『淸宮粤港澳商貿檔案全集』第八冊, 中国書店, 2002.7, p.4791.

〈표 6〉 도광5~22년 월해관 징수 은량 추이표

서력	중국력	항구 별 징수 은량	8책[57] 쪽
1825	도광 5	1,576,637	4,239
1827	도광 7	1,441,925	4,262
1828	도광 8	1,499,581	4,294
1829	도광 9	1,663,635	4,327
1830	도광 10	1,461,806	4,366
1831	도광 11	1,532,933	4,379
1833	도광 13	1,669,713	4,501
1834	도광 14	1,424,944	4,597
1835	도광 15	1,674,852	4,620
1836	도광 16	1,789,424	4,658
1839	도광 19	1,186,552	4,758
1840	도광 20	864,232	4,805
1842	도광 22	1,182,489	4,852

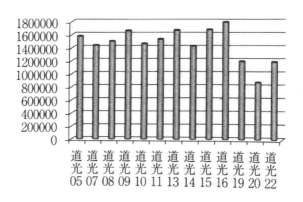

〈그림 5〉 월해관 항구 별 징수 은량

여 척이 광주에 들어와 있었다. 그것이 아편전쟁 전후부터 변화되었다. 도광 23년(1843) 윤7월 12일의 기영蓍英 등의 주접에 다음과 같은 것이 있다.

> 엎드려 아룁니다. 월(粵)에 와서 무역하는 각국 선박 중 영국과 그 소속의 항각선이 가장 많습니다. 그 다음은 미국으로서 거의 대등합니다. 오직 네덜란드만이 매년 화물선이 있는데, 3·4척에서 10여 척에 이르기까지 일정하지 않습니다. 또 프랑스, 여송, 덴마크, 스웨덴, 단응국(單鷹國),[58] 쌍응국(雙鷹國),[59] 심파립국(甚波立國)에서 선박이 오는데, 있기도 하고 없기도 하며, 많기도 하고 적기도 하여, 대략 국가별로 한두 척에서 여러 척에 이르기까지 있지만, 또한 5, 6척을 넘지 않습니다.[60]

이와 같이 광주에 내항하는 배는 영국동인도회사와 이 회사의 지배 하에 있었던 인도에서 온 '항각선'이 최대의 척수를 보였다. 이에 대항한 것이 미국국선이었다. 이외에 네덜란드국선도 있었지만 연간 3척에서 많아도 10여 척이며, 그 외 프랑스선 등은 연간 1, 2척에 불과하고 많아도 5, 6척이었다.

이러한 경향은 앞서 나타낸 1833년 4~6월 내항선의 경향과도 일치한다고 할 수 있다.

---

57 中國第一歷史檔案館編輯, 『淸宮粵港澳商貿檔案全集』第八冊의 페이지수를 나타낸다. 매년 은수는 량 이하는 사사오입(四捨五入)했다.

58 【역주】프러시아.

59 【역주】러시아.

60 中國第一歷史檔案館編輯, 『淸宮粵港澳商貿檔案全集』第八冊, pp.4905~4906.

4. 소결

이와 같이 영국동인도회사가 도광 13년(1833)에 광주에서의 대중국 무역 독점에서 철수하자 많은 자유무역상인이 광주에 왔다. 그 실상의 일부는 이 장에서 1839년 4~6월에 광주에 내항한 선박 기록에서도 명확히 나타났다. 이들 선박 화물주의 대부분은 19세기 초부터 광주에 와 있었던 새롭게 만들어진 상사商社 집단인 것을 알 수 있다.

또 1839년 4~6월에 광주에 내항한 선박출항지가 가장 많은 곳은 미국이며, 미국으로 되어 있는 곳이 9척, 그 외 뉴욕, 보스턴, 필라델피아가 각 1척으로 합계 12척이 된다. 영국은 리버풀이 8척, 런던이 3척으로 합계 11척. 인도 콜카타가 2척, 마드라스가 2척, 봄베이가 1척으로 합계 5척이 된다. 인도네시아 바타비아에서 2척, 말레이반도 페낭에서 1척, 오스트레일리아 시드니에서 1척으로, 세계와 상호교류가 확대되어 가는 것을 확실히 알 수 있다.

영국 본국에서는 32.3%, 미국에서 35.3%, 인도에서 14.7%, 기타가 17.7%의 비율로 출항지만 보면 미국이 최상위이며 영국이 뒤이어 경쟁하고, 인도가 양국을 추격하고 있었다. 인도가 많은 이유는 인도에서 아편이 대량으로 유입되었기 때문이다.

이상과 같이 중국무역에서 영국동인도회사의 철수는 구미 여러 나라의 개인회사나 상사, 기업 진출을 가능하게 하였으며, 특히 많은 미국 상사가 중국으로 진출할 수 있게 되었다.

19세기 후반 동아시아 해역에서의
영국 P.&O. 기선회사의 항운

1. 서언

19세기 중엽 이후 동아시아 해역에는 구미의 많은 기선이 진출하게 된다. 그중에서 19세기 초에 유럽에서 탄생한 Peninsular and Oriental and Steam Navigation Company(P.&O.기선, 대영화륜공사大英火輪公司)가 아시아에 진출해 항운활동을 전개한다.

P.&O.기선은 개국직후 일본에도 내항해 1864년 이후에는 일본과 상해·홍콩을 연결하는 기선항로를 운항한다. 이 기선의 등장은 동아시아 사람들의 이동에 크게 공헌하게 된다. 1840년에 설립된 Peninsular and Oriental and Steam Navigation Company(이하 P.&O.기선으로 약칭)는 영국과 지중해항로에서의 우편수송과 대서양 횡단 우편사업을 하는 것과 동시에 아시아에 대한 기선배선汽船配船사업을 시작했다.[1]

P. & O. 기선회사가 동아시아 해역에서 구체적으로 어떤 활동을 했는가에 대한 내용은 거의 주목받지 못했다.

그래서 이 장에서는 청조중국의 상해와 홍콩 그리고 일본 요코하마에서 간행된 신문으로 P. & O. 기선회사의 동아시아 해역에서의 항운활동에 관하여 분명하게 밝히려 한다. 이 장에서 이용한 신문은, 상해에 관해서는 1850년 8월에 상해에서 창간된 *North-China Herald*를 이용했다. 홍콩에 관해서는 그곳에서 간행된 *China Mail*의 1863년분을 사용했으며, 일본은 요코하마에서 1870년에 간행된 *Japan News Weekly*를 이용했다.

2. 1850년 8월부터 12월까지 P. & O. 기선의 항운활동

P. & O. 기선이 동아시아 해역에 처음으로 보낸 기선이 레이디 메리 우드Lady Mary Wood호였다. 1845년 8월 4일에 싱가포르에 등장했다. 런던으로부터 41일간의 항해였다.[2] 이 레이디 메리 우드호가 동아시아 해역에서 활동했다.

1850년 8월 3일 상해에서 창간된 영자신문 *The North-China Herald*의 각호에 "Shanghai Shipping Intelligence(상해운송정보)"가 게재되어 있다. 그 창간호에서 6개월 분량 기사로부터 P. & O. 기선에 한정하여 정리한 것이 〈표 1〉이다.

---

1 David Howarth · Stephen Howarth eds, *The story of P&O : The Peninsular and Oriental Steam Navigation Company*, London, 1984, 1994; 後藤伸, 『イギリス郵船企業P&Oの経営史1840~1914』, 勁草書房, 2001.7, pp.19~74.

2 David Howarth · Stephen Howarth eds, *op. cit*, p.78.

〈표 1〉 1850년 8월~1851년 2월 P.&O.S.N.Co Vessells Lady Mary Wood 상해·홍콩운항표

No	날짜	도착(Arr)/출발(Dep)	톤	선장	입출항지	출발	화물	화물인수인
1	1850.8.2	A	630	Tronson	Hong kong	7.26	아편	P.&O.S.N.Co.'s Agents
3	1850.8.12	D	630	Tronson	Hong kong		실크 및 보석	P.&O.S.N.Co.'s Agents
6	1850.9.3	A	630	Tronson	Hong kong	8.27	아편	P.&O.S.N.Co.'s Agents
8	1850.9.14	D	700	Tronson	Hong kong		실크	P.&O.S.N.Co.'s Agents
10	1850.9.28	A	295	Tronson	Hong kong	9.23	아편	P.&O.S.N.Co.'s Agents
11	1850.10.7	D	296	Tronson	Hong kong		실크 등	P.&O.S.N.Co.'s Agents
13	1850.10.22	A	296	Tronson	Hong kong	10.16	잡화	P.&O.S.N.Co.'s Agents
15	1850.11.5	D	296	Tronson	Hong kong		잡화	P.&O.S.N.Co.'s Agents
18	1850.11.30	A	296	Tronson	Hong kong	11.16	아편	P.&O.S.N.Co.'s Agents
19	1850.12.7	D	296	Tronson	Hong kong		실크 등	P.&O.S.N.Co.'s Agents
23	1850.12.29	A	650	Tronson	Hong kong	12.21	아편	P.&O.S.N.Co.'s Agents
24	1851.1.5	D	650	Tronson	Hong kong		일반물품	P.&O.S.N.Co.'s Agents
28	1851.2.5	A	650	Tronson	Hong kong	1.25	아편	P.&O.S.N.Co.'s Agents
28	1851.2.7	D	650	Tronson	Hong kong		잡화	P.&O.S.N.Co.'s Agents

1850년 8월에 간행된 *North-China Herald*에 게재된 "Shipping Intelligence(운송정보)"에 의하면, 8월 초부터 이듬해 2월 초까지 6개월, 반년간 P.&O. 기선회사가 운항한 기선은 630톤 기선 레이디 메리 우드호뿐이었다. 레이디 메리 우드호는 1850년 7월 26일 홍콩을 출항해 8월 2일 상해항에 입항했다.(그 당시 홍콩 운송화물은 아편이 주요화물이었다.) 그리고 10일간 상해항에 정박한 후, 상해항에서 실크 등을 싣고 8월 12일 홍콩으로 출항했다. 그리고 다시 8월 27일 홍콩에서 아편을 싣고 9월 3일 상해항으로 입항했다. 9월 14일에는 실크를 싣고 상해항에서 홍콩으로 귀항한 후 출항했다. 9월 23일에는 홍콩을 출항해, 9월 28일에는 상해에 입항했다. 10월 7일

〈그림 1〉 Lady Mary Wood(533tons, built 1842), "The story of P&O"1986, 1994, p.78

상해에서 홍콩으로 귀항하고, 10월 16일 홍콩에서 출항하여 10월 22일 상
해에 입항했다. 이런 운항으로 반년 동안 레이디 메리 우드호는 홍콩과
상해 사이를 7회 왕복했다. 홍콩에서 상해까지의 항해일수는 최소 6일에
서 최대 15일이 되어 7회 항해의 합계는 64일로 평균 9.14일이 된다. 일반
적으로 7~8일 정도의 항해일수로 홍콩에서 상해로 내항할 수 있었다고
생각한다.

　레이디 메리 우드호의 항해 목적은 홍콩과 상해 사이의 연해무역에 있었
다. 홍콩에서 상해로는 아편을, 상해에서 홍콩으로는 실크를 주로 수송한
것은 *North-China Herald*에 게재된 선박정보를 통해 파악할 수 있다.

3. 1863년 1~4월의 P.&O.기선의 홍콩을 중심으로 하는 항운활동

1845년(도광25) 2월 20일 홍콩에서 창간된 영자신문이 *The China Mail*이다. 그중에서 일본에서 열람이 가능한 1863년 1월부터 4월까지의 4개월 분량의 "Shipping Intelligence"에서 P.&O.기선에 관한 운행표를 정리한 것이 〈표 2〉이다.

1863년 1월부터 4월까지 4개월 동안 홍콩에서 각 항으로 운항한 P.&O.기선은 말타호, 베나스호, 페킨호, 군게스호, 아덴호, 컬럼비안호, 에뮤호, 오리엔트호, 카디즈호, 싱가포르호, 노르나호의 11척이 보인다. 2,000톤을 넘는 것은 2,112톤의 컬럼비아호뿐이고, 1,000톤을 넘는 것은 1,210톤의 페킨호와 1,100톤의 싱가포르호 2척이며, 군게스호는 입항 때마다 달라서 최대 1,300톤, 1,190톤, 707톤으로 일정하지 않다. 나머지 9척은 1,000톤 이하의 톤수로 480톤의 카디즈호에서 969톤의 노르나호까지 다양하다.

이 13척의 항로 궤적은 〈표 2〉의 홍콩출입기록에서 오리엔트호가 필리핀 마닐라로 한번 항해한 것을 제외하면 두 지역으로 크게 나눌 수 있다.

가장 많은 것이 홍콩과 상해를 연결하는 해역이다. 광동성, 복건성, 절강성, 강소성이 인접한 해역이고, 가장 북쪽이 상해이며 복주, 조주潮州의 산토우Swatow 즉 산두가 기항지이며 복주에서 홍콩으로 가는 선적물의 주요 물건은 차茶였다. 화남연해항로에 종사한 것은 아덴호, 페킨호 그리고 카디즈호, 군게스호 4척이다.

이에 대하여 홍콩에서 서쪽해역으로 항행한 것은 베나스호, 컬럼비안호, 에뮤호, 말타호, 싱가포르호, 노르나호 6척인데 전부 서인도 봄베이를 가장 서쪽으로 하는 항운활동이다. 적재하물은 전부 우편물로 기술되어 있으나 상세한 내용은 명확하지 않다.

〈표 2〉 1863년 1~4월 홍콩 항 출입 P.&O.S.N.Co기선 운항표

No	날짜	A/D	선박	톤	선장	출항지	행선지	화물
933	1.1	D	Malta	900	King		Bombay,&c	우편물 등
934	1.7	A	Benars		Wright	Bombay,&c		우편물 등
935	1.14	A	Pekin	750	Soumens	Shanghae		차 등
936	1.18	D	Pekin	1,210	Soumens		Shanghae	잡화
937	1.26	D	Gunges	1,190	Wilkinson		Shanghae,&c	우편물 등
937	1.27	D	Aden	800	Gillson		Swatow,&c	잡화
938	2.4	A	Aden	800	Gillson		Fuhchau,&c	차 등
939	2.10	A	Columbian	2,112	Skottowe	Bombay,&c		우편물 등
939	1.12	A	Gunges		Wilkinson	Shanghae		우편물 등
941	1.20	A	Emeu		Rennoden	Bombay,&c		우편물 등
942	3.1	D	Columbian	2,112	Skottowe		Bombay,&c	우편물 등
942	3.4	D	Orient	508	Giiflan		Manila	잡화
942	3.4	D	Cadiz	700	Hazelwood		Shanghae	잡화
943	3.10	A	Malta		Hyde	Bombay,&c		우편물 등
943	3.12	A	Gunges	1,300	Wilkinson	Shanghae		실크 등
943	3.12	D	Pekin	1,020	Soames		Shanghae	우편물 등
945	3.25	A	Shingapore	1,100	Gribbie	Bombay,&c		우편물 등
945	3.26	D	Aden	800			Shanghae	잡화
946	3.29	A	Cadiz	700	Gillson	Fuhchau,&c		차 등
946	3.29	A	Pekin	1,210	Soames	Shanghae		우편물 등
946	3.27	D	Gunges	707	Wilkinson		Shanghae	잡화
947	4.4	A	Aden	800	Skey	Fuhchau,&c		일반물품
947	4.2	D	Cadiz	480	Gillson		Swatow,&c	잡화
948	4.10	A	Norna		Bain	Bombay,&c		우편물 등
948	4.12	A	Gunges	707	Wilkinson	Shanghae		바닥짐 (자갈,모래)
948	4.12	D	Aden	500	Skey	Fuhchau		우편물 등

No	날짜	A/D	선박	톤	선장	출항지	행선지	화물
948	4.12	D	Pekin	1,200	Soames	Shanghae,&c		우편물 등
948	4.15	D	Shingapore	1,100	Gribbie	Bombay,&c		우편물 등
949	4.20	A	Aden	800	Skey	Fuhchau,&c		잡화
949	4.17	D	Cadiz	480	Gillson		Swatow,&c	잡화
950	4.24	A	Columbian	2,112	Bensley	Bombay,&c		우편물 등
950	4.26	A	Cadiz	480	Gillson	Fuhchau,&c		잡화
950	4.26	A	Pekin	736	Soames	Shanghae		우편물 등
950	4.25	D	Aden	800	Skey		Swatow,&c	잡화
950	4.26	D	Ganges	707	Wilkinson		Shanghae	우편물 등
950	4.29	D	Norna	969	Bain		Bombay,&c	우편물 등

주: A : Arrival(도착), D : Departure(출발)

4. 1867~1868년 동안 P.&O.기선의 상해항에서의 활동

1868년(메이지 원년, 청 동치 7) 일본은 정치체제의 커다란 변혁을 맞이하게 되고 적극적으로 해외와 관계를 강화해 가는데, 그 해외관계를 가장 밀접하게 연결한 것이 동아시아 해역에 진출해 있었던 구미를 중심으로 한 서방 국가 기선이었다. 동아시아에서 기선항운의 중심적인 역할을 한 항구가 상해이다. 상해에서 1867~1868년 2년 동안의 P.&O.기선회사의 항운활동에 관하여 살펴보자. 그것을 *North-China Herald*의 1867~1868년 선박정보로부터 정리한 것이 〈표 3〉이다.

1867~1868년 2년 동안 상해항을 출입한 P.&O.기선회사의 기선은 아덴, 아조프, 베나레스, 카디즈, 더글라스, 엘로라, 포르모사, 간게스, 헬렌, 란도레, 말라카, 난가토, 네팔, 닛폰, 노르나, 옷타와, 웰즈의 왕자,

〈표 3〉 1867~1868년 상해항 출입 P.&O.S.N.Co기선 운항표

날짜	선명	A/D	톤	선장	출항&행선지	화물	N.C.H. No.
1866.12.26	Malacca	A	1,237	Tomlin	Hongkong		857
1866.12.26	Ganges	D	742	Bernard	Hongkong	실크 등	857
1867.1.1	Aden	A	507	Andrews	Hongkong	일반물품	858
1867.1.4	Malacca	D	1,237	Tomlin	Yokohama v N'saki	잡화, 재수출품	858
1867.1.6	Neparl	A	541	Hector	Yokohama	일반물품	859
1867.1.6	Niphon	A	529	Peake	Hongkong	일반물품	859
1867.1.9	Aden	D	507	Andrews	Hongkong	실크 등	859
1867.1.14	Shingapore	A	784	Willinson	Ningpo	일반물품	860
1867.1.13	Niphon	D	529	Peake	Hongkong&ports	잡화, 재수출품	860
1867.1.16	Neparl	D	541	Hector	Yokohama	잡화, 재수출품	860
1867.1.21	Ganges	A	742	Bernard	Hongkong	일반물품	861
1867.1.25	Malacca	A	1,237	Tomlin	Yokohama	일반물품	861
1867.1.20	Shingapore	D	784	Willinson	Hongkong	차. 기타	861
1867.1.27	Landore	A	860	Howard	Sunderland	석탄	862
1867.1.28	Aden	A	507	Andrews	Hongkong	일반물품	862
1867.1.26	Malacca	D	1,234	Tomlin	Hongkong	실크 등	862
1867.1.31	Ganges	D	742	Bernard	Yokohama	잡화, 재수출품	862
1867.2.2	Shingapore	A	784	Willinson	Hongkong	아편, 기타	863
1867.2.6	Neparl	A	541	Hector	Yokohama	일반물품	863
1867.2.3	Aden	D	507	Andrews	Hongkong	차, 기타	863
1867.2.15	Sunda	A	1,200	Soames	Hongkong	우편물 등	864
1867.2.9	Shingapore	D	784	Wilkinson	Hongkong	차, 기타	864
1867.2.19	Ganges	A	742	Bernard	Yokohama	일반물품	865

날짜	선명	A/D	톤	선장	출항&행선지	화물	N.C.H. No.
1867.2.19	Aden	A	507	Andrews	Hongkong	아편, 기타	865
1867.2.19	Sunda	D	1,260	Soames	Hongkong	차, 기타	865
1867.2.31	Aden	D	507	Andrews	Hongkong	차, 기타	865
1867.2.28	Malacca	A	1,237	Tomlin	Hongkong	일반물품	866
1867.3.6	Neparl	A	541	Hector	Yokohama	일반물품	867
1867.3.7	Shingapore	A	784	Wilkinson	Hongkong	일반물품	867
1867.3.3	Ganges	D	742	Bernard	Yokohama	잡화, 재수출품	867
1867.3.15	Aden	A	507	Andrews	Hongkong	아편, 기타	868
1867.3.9	Malacca	D	1,237	Tomlin	Hongkong	실크 등	868
1867.3.15	Neparl	D	541	Hector	Nagasaki	면직물, 기타	868
1867.3.21	Malacca	A	1,237	Tomlin	Hongkong	잡화	869
1867.3.17	Shingapore	D	784	Wilkinson	Yokohama	잡화, 재수출품	869
1867.3.21	Aden	D	507	Andrews	Hongkong	차, 기타	869
1867.3.24	Neparl	A	541	Hector	Nagasaki	일반물품	1
1867.3.28	Sunda	A	1,260	Soames	Hongkong	우편물 등	1
1867.4.3	Cadiz	A	481	Edmond	Hongkong	일반물품	1
1867.4.4	Shingapore	A	784	Wilkinson	Yokohama	일반물품	1
1867.4.7	Neparl	A	540	Hector	Nagasaki	일반물품	1
1867.3.26	Malacca	D	1,237	Tomlin	Hongkong	차, 기타	1
1867.3.27	Neparl	D	541	Hector	Nagasaki	잡화, 재수출품	1
1867.3.31	Ganges	D	742	Bernard	Yokohama	잡화, 기타	1
1867.4.4	Sunda	D	1,260	Soames	Hongkong	차, 기타	1
1867.4.13	Malacca	A	1,237	Tomlin	Hongkong	우편물 등	2

날짜	선명	A/D	톤	선장	출항&행선지	화물	N.C.H. No.
1867.4.9	Cadiz	D	481	Edmond	Hongkong	실크 등	2
1867.4.14	Neparl	D	541	Hector	Nagasaki	잡화, 재수출품	2
1867.4.16	Shingapore	D	784	Wilkinson	Yokohama	면직물, 기타	2
1867.4.17	Sunda	A	1,260	Soames	Hongkong	일반물품	3
1867.4.19	Ganges	A	743	Bernard	Yokohama	일반물품	3
1867.4.18	Malacca	D	1,237	Tomlin	Hongkong	면직물, 기타	3
1867.4.22	Neparl	A	541	Hector	Nagasaki	일반물품	4
1867.4.24	Aden	A	507	Andrews	Hongkong	우편물 등	4
1867.4.22	Sunda	D	1,260	Soames	Hongkong	실크 등	4
1867.4.25	Ganges	D	742	Bernard	Yokohama	일반물품	4
1867.4.26	Neparl	D	541	Hector	Nagasaki	잡화, 재수출품	4
1867.5.1	Malacca	A	1,237	Tomlin	Hongkong	일반물품	5
1867.5.4	Shingapore	A	784	Wilkinson	Yokohama	실크 등	5
1867.4.30	Aden	D	507	Andrews	Hongkong	차, 기타	5
1867.5.6	Neparl	A	541	Hector	Nagasaki	일반물품	6
1867.5.10	Sunda	A	1,260	Soames	Hongkong	우편물 등	6
1867.5.15	Aden	A	507	Andrews	Hongkong	일반물품	6
1867.5.7	Malacca	D	1,237	Tomlin	Hongkong	차, 기타	6
1867.5.12	Shingapore	D	784	Wilkinson	Yokohama	면직물, 기타	6
1867.5.12	Neparl	D	541	Hector	Nagasaki	잡화, 재수출품	6
1867.5.16	Sunda	D	1,260	Soames	Hongkong	차, 기타	6
1867.5.20	Ganges	A	742	Bernard	Yokohama	일반물품	7

날짜	선명	A/D	톤	선장	출항&행선지	화물	N.C.H. No.
1867.5.25	Malacca	A	1,237	Tomlin	Hongkong	일반물품	8
1867.5.23	Aden	D	507	Andrews	Hongkong	실크 등	8
1867.5.28	Ganges	D	742	Bernard	Yokohama	잡화, 재수출품	8
1867.5.31	Malacca	D	1,237	Tomlin	Hongkong	잡화, 재수출품	8
1867.6.1	Sunda	A	1,260	Soames	Hongkong	일반물품	9
1867.6.3	Shingapore	A	784	Wilkinson	Yokohama	일반물품	9
1867.6.15	Cadiz	A	481	Edmond	Hongkong&ports	일반물품	10
1867.6.9	Aden	A	507	Andrews	Hongkong	일반물품	10
1867.6.6	Sunda	D	1,260	Soames	Hongkong	차, 기타	10
1867.6.10	Shingapore	D	784	Wilkinson	Yokohama	면직물, 기타	10
1867.6.11	Cadiz	D	481	Edmond	Nagasaki	면직물, 기타	10
1867.6.15	Malacca	A	1,237	Tomlin	Hongkong	일반물품	11
1867.6.20	Ganges	A	742	Bernard	Yokohama	일반물품	11
1867.6.15	Aden	D	507	Andrews	Hongkong	잡화, 재수출품	11
1867.6.23	Cadiz	A	481	Edmond	Nagasaki	일반물품	12
1867.6.23	Sunda	A	1,260	Soames	Hongkong	일반물품	12
1867.6.23	Malacca	D	1,237	Tomlin	Hongkong	실크 등	12
1867.6.25	Ganges	D	742	Bernard	Yokohama	잡화, 재수출품	12
1867.6.26	Cadiz	D	481	Edmond	Nagasaki	재수출품	12
1867.6.29	Aden	A	507	Andrews	Hongkong	일반물품	13
1867.7.2	Shingapore	A	784	Wilkinson	Yokohama	석탄	13
1867.7.4	Cadiz	A	481	Edmond	Nagasaki	일반용품	13

날짜	선명	A/D	톤	선장	출항&행선지	화물	N.C.H. No.
1867.7.2	Aden	D	507	Andrews	Hongkong	실크 등	13
1867.7.8	Malacca	A	1,237	Tomlin	Hongkong	일반용품	14
1867.7.15	Aden	A	507	Andrews	Hongkong	일반용품	14
1867.7.18	Ganges	A	742	Bernard	Yokohama	일반용품	14
1867.7.6	Sunda	D	1,260	Soames	Hongkong	차, 기타	14
1867.7.12	Shingapore	D	784	Wilkinson	Yokohama	면직물, 기타	14
1867.7.12	Cadiz	D	481	Edmond	Nagasaki	잡화, 재수출품	14
1867.7.13	Malacca	D	1,237	Tomlin	Hongkong	잡화, 재수출품	14
1867.7.28	Malacca	A	1,237	Tomlin	Hongkong	일반용품	16
1867.8.1	Shingapore	A	784	Wilkinson	Yokohama	일반용품	16
1867.7.28	Cadiz	D	481	Edmond	Nagasaki	일반용품	16
1867.7.28	Sunda	D	1,260	Soames	Hongkong	일반용품	16
1867.8.5	Cadiz	A	481	Edmond	Nagasaki	일반용품	17
1867.8.8	Ellora	A	1,070	Rennoldson	Hongkong	우편물 등	17
1867.8.6	Malacca	D	1,237	Tomlin	Hongkong	실크 등	17
1867.8.11	Shingapore	D	784	Wilkinson	Yokohama	잡화, 재수출품	17
1867.8.13	Ellora	D	1,070	Rennoldson	Hongkong	아편, 기타	17
1867.8.21	Sunda	A	1,260	Soames	Hongkong	일반용품	18
1867.8.18	Aden	A	507	Andrews	Hongkong&Ports	일반용품	18
1867.8.20	Ganges	A	742	Bernard	Yokohama	일반용품	18
1867.8.17	Cadiz	D	481	Edmond	London,&c.	실크 등	18
1867.8.22	Malacca	A	1,237	Tomlin	Hongkong	우편물 등	19
1867.8.22	Sunda	D	1,260	Soames	Hongkong	차, 기타	19

날짜	선명	A/D	톤	선장	출항&행선지	화물	N.C.H. No.
1867.8.23	Ganges	D	742	Bernard	Hongkong&Ports	잡화, 재수출품	19
1867.8.25	Aden	D	507	Andrews	Yokohama	면직물, 기타	19
1867.8.29	Malacca	D	1,237	Tomlin	Hongkong	차, 기타	19
1867.9.1	Emeu	A	907	Duudas	Hongkong with Maila	일반용품	20
1867.9.6	Aden	A	507	Andrews	Yokohama	일반용품	21
1867.9.8	Sunda	A	1,260	Soames	Hongkong	우편물 등	21
1867.9.6	Emeu	D	907	Duudas	Hongkong	차, 기타	21
1867.9.11	Sunda	D	1,260	Soames	Yokohama	면직물, 기타	21
1867.9.19	Malacca	A	1,237	Tomlin	Hongkong	일반용품	22
1867.9.23	Cadiz	A	481	Edmond	Hongkong	일반용품	23
1867.9.25	Ganges	A	742	Bernard	Hongkong	우편물 등	23
1867.9.21	Aden	D	507	Andrews	Hongkong	차, 기타	23
1867.9.28	Malacca	D	1,237	Tomlin	Yokohama	차, 기타	24
1867.9.28	Cadiz	D	481	Edmond	Hongkong	차, 기타	24
1867.10.8	Sunda	A	1,260	Soames	Yokohama	일반용품	25
1867.10.9	Sunda	D	1,260	Soames	Hongkong	차, 기타	25
1867.10.22	Niphon	A	594	Peake	Hongkong v Fuchau	일반용품	26
1867.10.29	Cadiz	A	481	Hockin	Hongkong	일반용품	27
1867.10.26	Niphon	D	594	Peake	Hongkong	차, 기타	27
1867.11.2	Cadiz	D	481	Hockin	Yokohama	잡화, 재수출품	27
1867.11.13	Aden	A	507	Andrews	Hongkong	일반용품	28
1867.11.9	Ganges	D	742	Bernard	Hongkong	실크 등	28
1867.11.29	Ganges	A	742	Cates	Hongkong	일반용품	29

날짜	선명	A/D	톤	선장	출항&행선지	화물	N.C.H. No.
1867.11.24	Cadiz	D	481	Hockin	Hongkong	실크 등	29
1867.12.4	Aden	A	507	Andrews	Yokohama	일반용품	30
1867.12.4	Ganges	D	742	Cates	Yokohama	일반용품	30
1867.12.7	Helen	A	283	Law	Shields, Newcastle		31
1867.12.9	Aden	D	507	Andrews	Hongkong	실크 등	31
1867.12.29	Aden	A	507	Andrews	Hongkong	우편물 등	37
1867.12.24	Cadiz	D	481	Hockin	Yokohama	일반용품	37
1867.12.25	Ganges	D	742	Cates	Hongkong	차, 기타	37
1868.1.3	Formosa	A	700	Hockin	Hongkong v.Fuchau	일반용품	38
1868.1.4	Aden	D	507	Andrews	Yokohama	일반용품	38
1868.1.12	Ganges	A	743	Cates	Hongkong	우편물 등	116
1868.1.9	Formosa	D	450	Hockin	Hongkong	실크 등	116
1868.1.15	Ganges	D	742	Cates	Yokohama	일반용품	116
1868.1.21	Aden	A	507	Andrews	Yokohama	일반용품	124
1868.1.28	Cadiz	A	481	Edmond	Hongkong	우편물 등	131
1868.1.26	Aden	D	507	Andrews	Hongkong		131
1868.2.5	Ganges	A	742	Cates	Yokohama v Nagasaki	일반용품	206
1868.2.4	Cadiz	D	481	Edmond	Yokohama	일반용품	206
1868.2.12	Aden	A	507	Andrews	Hongkong	우편물 등	215
1868.2.7	Formosa	D	700	Hockin	Hongkong	차, 기타	215
1868.2.16	Aden	A	507	Andrews	Yokohama	일반용품	219
1868.2.19	Cadiz	A	481	Edmond	Yokohama v Nagasaki	일반용품	229
1868.2.21	Prince of Wales	A	996	Shepperd	Newport	석탄	229
1868.2.20	Ganges	D	742	Cates	Hongkong	실크 등	229

날짜	선명	A/D	톤	선장	출항&행선지	화물	N.C.H. No.
1868.2.29	Formosa	A	650	Hockin	Hongkong	우편물 등	304
1868.3.2	Cadiz	D	481	Edmond	Yokohama	일반용품	304
1868.3.4	Aden	A	507	Andrews	Yokohama	일반용품	314
1868.3.5	Formosa	D	650	Hockin	Hongkong	실크 등	314
1868.3.15	Ganges	A	742	Cates	Hongkong	우편물 등	318
1868.3.17	Aden	D	507	Andrews	Yokohama	일반용품	318
1868.3.28	Cadiz	A	481	Edmond	Yokohama	일반용품	328
1868.3.27	Douglas	A	615	Pitman	Hongkong	우편물 등	328
1868.3.19	Ganges	D	742	Cates	Hongkong	실크 등	328
1868.3.29	Cadiz	D	481	Edmond	Yokohama	일반용품	401
1868.4.1	Aden	A	507	Andrews	Yokohama	일반용품	411
1868.4.4	Ganges	A	742	Cates	Hongkong	일반용품	411
1868.4.1	Douglas	D	615	Pitman	Hongkong	일반용품	411
1868.4.7	Aden	D	507	Andrews	Yokohama	일반용품	411
1868.4.11	Benares	A		McCulloch	Hongkong	우편물 등	415
1868.4.14	Ganges	D	742	Cates	Yokohama	일반용품	415
1868.4.15	Cadiz	A	481	Edmond	Yokohama	일반용품	424
1868.4.21	Douglas	A	615	Pitman	Hongkong	우편물 등	424
1868.4.16	Cadiz	D	481	Edmond	Hongkong	실크 등	424
1868.4.22	Benares	D	966	McCulloch	Nagasaki v Yokohama	일반용품	424
1868.4.24	Aden	A	507	Andrews	Yokohama	실크 등	504
1868.4.28	Malacca	A	1,237	Tomlin	Hongkong	일반용품	504
1868.4.25	Douglas	D	615	Pitman	Hongkong	실크 등	504
1868.5.1	Aden	D	507	Andrews	Foochow&H'kong	일반용품	504
1868.5.8	Douglas	A	615	Pitman	Hongkong	일반용품	516

날짜	선명	A/D	톤	선장	출항&행선지	화물	N.C.H. No.
1868.5.8	Ganges	A	742	Cates	Yokohama	일반용품	516
1868.5.9	Azof	A	476	Johnson	Hongkong&Ports	일반용품	516
1868.5.12	Cadiz	A	481	Edmond	Hongkong	우편물 등	516
1868.5.9	Malacca	D	1,237	Tomlin	Hongkong	실크 등	516
1868.5.13	Ganges	D	742	Cates	N'saki v Y'hama	일반용품	516
1868.5.13	Douglas	D	615	Pitman	Hongkong	일반용품	516
1868.5.14	Azof	D	476	Johnson	Foochow&c.	일반용품	516
1868.5.22	Aden	A	507	Andrews	Hongkong	일반용품	530
1868.5.24	Ellora	A	1,574	Murray	Hongkong	우편물 등	530
1868.5.23	Benares	D	966	McCulloch	Hongkong	실크 등	530
1868.5.26	Aden	D	507	Andrews	Hongkong	일반용품	530
1868.5.26	Cadiz	D	481	Edmond	Nagasaki v Yokohama	일반용품	530
1868.5.27	Ellora	D	1,574	Murray	Fisherman's Islands		530
1868.5.30	Nangato	A	107	Catto	Fisherman's Islands	일반용품	605
1868.6.3	Douglas	A	615	Pitman	Hongkong &c.	일반용품	605
1868.6.1	Nangato	D	107	Catto	Fisherman's Islands		605
1868.6.5	Ganges	A	1,200	Cates	Yokohama	일반용품	613
1868.6.8	Aden	A	507	Andrews	Hongkong	일반용품	613
1868.6.8	Formosa	A	480	Hockin	Hongkong	일반용품	613
1868.6.6	Douglas	D	615	Pitman	Hongkong	실크 등	613
1868.6.9	Aden	D	507	Andrews	Hongkong	일반용품	613
1868.6.11	Ganges	D	1,200	Cates	Hongkong	일반용품	613
1868.6.11	Formosa	D	480	Hockin	Fisherman's Islands		613
1868.6.12	Tewkesbury	D	1,050	Fowler	Manila	바닥짐 (자갈, 모래)	613
1868.6.15	Ellora	A	1,070	Murray	Steep Island		619

날짜	선명	A/D	톤	선장	출항&행선지	화물	N.C.H. No.
1868.6.19	Cadiz	A	481	Edmond	Yokohama	일반용품	627
1868.6.21	Douglas	A	615	Pitman	Hongkong	우편물 등	627
1868.6.20	Ellora	D	1,070	Murray	Hongkong	실크 등	627
1868.6.22	Cadiz	D	481	Edmond	Yokohama	일반용품	627
1868.6.25	Douglas	D	615	Pitman	Hongkong	실크	627
1868.6.29	Formosa	A	480	Hockin	Fisherman's Islands	실크	703
1868.7.1	Ganges	A	1,200	Cates	Hongkong	일반용품	703
1868.7.2	Aden	A	501	Andrews	Yokohama	일반용품	703
1868.7.1	Formosa	D	480	Hockin	Hongkong	실크 등	703
1868.7.4	Ellora	A	1,070	Murray	Hongkong	우편물 등	711
1868.7.4	Ganges	D	1,190	Cates	Hongkong	실크 등	711
1868.7.4	Aden	D	501	Andrews	Yokohama	일반용품	711
1868.7.16	Cadiz	A	481	Edmond	Yokohama	일반용품	717
1868.7.20	Ganges	A	1,190	Cates	Hongkong	우편물 등	725
1868.7.21	Cadiz	D	481	Edmond	Yokohama	잡화, 재수출품	725
1868.7.28	Douglas	A	615	Pitman	Hongkong via Ports	일반용품	731
1868.7.30	Aden	A	501	Andrews	Yokohama	실크,기타	731
1868.8.3	Ellora	A	1,070	Murray	Hongkong	우편물 등	808
1868.8.1	Ganges	D	1,190	Cates	Hongkong	실크, 기타	808
1868.8.1	Douglas	D	615	Pitman	Hongkong	차, 기타	808
1868.8.4	Aden	D	501	Andrews	Yokohama	일반용품	808
1868.8.15	Cadiz	A	481	Edmond	Yokohama	일반용품	822
1868.8.17	Ganges	A	1,190	Cates	Hongkong	우편물 등	822
1868.8.15	Ellora	D	1,070	Murray	Hongkong	실크, 기타	822
1868.8.19	Cadiz	D	481	Edmond	Yokohama	재수출품	822

날짜	선명	A/D	톤	선장	출항&행선지	화물	N.C.H. No.
1868.8.20	Douglas	D	615	Pitman	Hongkong&Ports	잡화, 재수출품	822
1868.8.26	Ottawa	A		애어	Hongkong	일반용품	828
1868.8.17	Aden	A	501	Andrews	Yokohama	일반용품	828
1868.8.30	Sunda	A	1,217	Soames	Hongkong	우편물 등	905
1868.8.29	Ganges	D	1,190	Cates	Hongkong	차, 기타	905
1868.8.30	Ottawa	D		Eyre	Hongkong	차, 기타	905
1868.8.31	Aden	D	501	Andrews	Yokohama	일반용품	905
1868.9.13	Ganges	A	1,190	Cates	Hongkong	우편물 등	919
1868.9.12	Sunda	D	1,217	Soames	Hongkong	실크, 기타	919
1868.9.15	Cadiz	D	481	Edmond	Yokohama	일반용품	919
1868.9.17	Formosa	D	480	Hockin	Yokohama	일반용품	919
1868.9.24	Aden	A	507	Andrews	Yokohama	우편물 등	925
1868.9.27	Ottawa	A	814	Eyre	Hongkong	우편물 등	1,003
1868.10.2	Formosa	A	480	Hockin	Yokohama	일반용품	1,003
1868.9.26	Ganges	D	742	Cates	Hongkong	차, 기타	1,003
1868.9.28	Aden	D	507	Andrews	Yokohama	일반용품	1,003
1868.10.7	Norna	A	1,001	Jones	Amoy	일반용품	1,013
1868.10.12	Cadiz	A	481	Edmond	Yokohama	실크, 기타	1,013
1868.10.8	Ottawa	D	814	Eyre	Hongkong	면직물, 기타	1,013
1868.10.13	Ganges	A	742	Bernard	Hongkong	우편물 등	1,017
1868.10.14	Formosa	D	480	Hockin	Yokohama	일반용품	1,017
1868.10.14	Norna	D	1,001	Jones	Hongkong	차, 기타	1,017
1868.10.26	Aden	A	507	Andrews	Yokohama	우편물 등	1,027
1868.10.29	Ottawa	A	814	Eyre	Hongkong	우편물 등	1,031
1868.10.28	Ganges	D	742	Bernard	Hongkong	차, 기타	1,031

날짜	선명	A/D	톤	선장	출항&행선지	화물	N.C.H. No.
1868.10.30	Cadiz	D	481	Edmond	Yokohama	면직물, 기타	1,031
1868.11.14	Azof	A	476	Johnson	Fouchow	일반용품	1,114
1868.11.12	Norna	A	1,001	Jones	Hongkong	우편물 등	1,114
1868.11.11	Ottawa	D	814	Eyre	Hongkong	실크, 기타	1,114
1868.11.13	Aden	D	507	Andrews	Yokohama	일반용품	1,114
1868.11.16	Ganges	A	742	Cates	Hongkong&Swatow	일반용품	1,124
1868.11.18	Azof	D	476	Johnson	Yokohama	일반용품	1,124
1868.11.26	Ottawa	A	814	Eyre	Hongkong	우편물 등	1,128
1868.11.25	Ganges	D	742	Cates	Hongkong	실크, 기타	1,128
1868.11.27	Norna	D	1,001	Bernard	Yokohama	일반용품	1,128
1868.12.6	Aden	A	481	Andrews	Yokohama	일반용품	1,208
1868.12.1	Cadiz	D	481	Edmond	Hongkong	실크, 기타	1,208
1868.12.11	Ganges	A	784	Cates	Hongkong	우편물 등	1,212
1868.12.9	Ottawa	D	814	Eyre	Hongkong	차, 기타	1,212
1868.12.21	Norna	A	1,001	Bernard	Yokohama	우편물 등	1,222
1868.12.12	Aden	D	484	Andrews	Yokohama	일반용품	1,222
1868.12.23	Formosa	A	700	Hockin	Fouchow	일반용품	1,228
1868.12.24	Ottawa	A	814	Eyre	Hongkong	우편물 등	1,228
1868.12.23	Ganges	D	784	Cates	Hongkong	실크, 기타	1,228
1868.12.26	Norna	D	1,001	Bernard	Yokohama	일반용품	1,228

싱가포르, 순다, 튜케스베리호의 20척이다. 이들 20척이 상해항을 출입한 빈도는 연 280회 정도이다. 그중, 항행빈도가 매우 낮은 것이 헬렌, 란도레, 난가토, 튜케스베리호 4척이다. 나머지 16척은 상해항을 중심으로 왕성한 항운활동을 했다.

특히 최대 항해빈도를 보인 것은 아덴호로 2년 동안 상해항 출입이 52회 정도이다. 그다음이 46회의 간게스호이며, 37회의 카디즈호, 26회의 말라카호, 20회의 순다호 순이다. 이들 5척 기선이 상해항을 출입한 빈도수는 181회로 전체의 64.6%에 달한다.

그래서 최대 항해수를 자랑한 아덴호의 항적을 분석해 보기로 한다.

아덴호는 〈표 3〉에서 그 항적을 알 수 있듯이 홍콩과 상해 사이의 연해항운에 종사하고 있었다. 〈표 4〉에서도 알 수 있듯이, 그 경향이 이어져 상해와 홍콩 사이의 연해항운에 종사했다. 그런데 1867년 8월 이후는 그 양상이 완전히 달라진다. 1867년 8월 25일 상해항을 출항하는데 그 목적지는 요코하마로 되어 있어서 분명히 일본 요코하마를 목표로 항행했다. 그리고 1868년 5월부터 6월에 걸쳐 복주, 홍콩과의 항운에 관여하지만, 그 후는 다시 상해와 요코하마 사이의 항운에 종사했다. 전반부인 상해·홍콩 사이의 항운은 상해에서 홍콩으로 차와 실크를 수송했다. 홍콩에서 상해로 가는 주요 화물은 아편이었다. 요코하마와 상해의 항운은 메이지정부 성립으로 무역정책 완화에 의한 것으로 생각되는데, 일본에서 상해로는 실크를 수송하고 있었던 것을 선적화물 상태에서 알 수 있다.

아덴호의 경우와는 반대로 1866년 말부터 상해와 요코하마 항운에 종사해 온 간게스호는 아덴호와 교대되듯이 후반은 상해와 홍콩과의 항운에 종사하게 된다.

〈표 4〉를 보면, 1867~1868년의 상해항 선박정보로부터 P.&O. 기선회사의 기선은 상해를 중심으로 상해항과 홍콩, 그리고 일본 요코하마와 삼각무역을 운행한 것을 알 수 있다.

〈표 4〉 1867~1868년 P.&O.기선 아덴호 항적

날짜	선명	A/D	선장	출항&행선지	항해	화물
1867.1.1	Aden	A	Andrews	Hongkong	1,227	일반용품
1867.1.1	Aden	A	Andrews	Hongkong	1,227	일반용품
1867.1.9	Aden	D	Andrews	Hongkong		실크 등
1867.1.28	Aden	A	Andrews	Hongkong	124	일반용품
1867.2.3	Aden	D	Andrews	Hongkong		차, 기타
1867.2.19	Aden	A	Andrews	Hongkong	214	아편, 기타
1867.2.31	Aden	D	Andrews	Hongkong		차, 기타
1867.3.15	Aden	A	Andrews	Hongkong	311	아편, 기타
1867.3.21	Aden	D	Andrews	Hongkong		차, 기타
1867.4.24	Aden	A	Andrews	Hongkong	416	우편물 등
1867.4.30	Aden	D	Andrews	Hongkong		차, 기타
1867.5.15	Aden	A	Andrews	Hongkong	511	일반용품
1867.5.23	Aden	D	Andrews	Hongkong		실크 등
1867.6.9	Aden	A	Andrews	Hongkong	605	일반용품
1867.6.15	Aden	D	Andrews	Hongkong		잡화, 재수출품
1867.6.29	Aden	A	Andrews	Hongkong	625	일반용품
1867.7.2	Aden	D	Andrews	Hongkong		실크 등
1867.7.15	Aden	A	Andrews	Hongkong	711	일반용품
1867.8.18	Aden	A	Andrews	Hongkong&Ports	807	일반용품
1867.8.25	Aden	D	Andrews	Yokohama		면직물, 기타
1867.9.6	Aden	A	Andrews	Yokohama	902	일반용품
1867.9.21	Aden	D	Andrews	Hongkong		차, 기타
1867.11.13	Aden	A	Andrews	Hongkong	1,109	일반용품
1867.12.4	Aden	A	Andrews	Yokohama	1,129	일반용품
1867.12.9	Aden	D	Andrews	Hongkong		실크 등
1867.12.29	Aden	A	Andrews	Hongkong	1,224	우편물 등
1868.1.4	Aden	D	Andrews	Yokohama		일반용품
1868.1.21	Aden	A	Andrews	Yokohama	116	일반용품
1868.1.26	Aden	D	Andrews	Hongkong		
1868.2.12	Aden	A	Andrews	Hongkong	208	우편물 등
1868.2.16	Aden	A	Andrews	Yokohama		일반용품
1868.3.4	Aden	A	Andrews	Yokohama	227	일반용품
1868.3.17	Aden	D	Andrews	Yokohama		일반용품

날짜	선명	A/D	선장	출항&행선지	항해	화물
1868.4.1	Aden	A	Andrews	Yokohama	326	일반용품
1868.4.7	Aden	D	Andrews	Yokohama		일반용품
1868.4.24	Aden	A	Andrews		418	실크 등
1868.5.1	Aden	D	Andrews	Foochow&Hongkong		일반용품
1868.5.22	Aden	A	Andrews	Hongkong	518	일반용품
1868.5.26	Aden	D	Andrews	Hongkong		일반용품
1868.6.8	Aden	A	Andrews	Hongkong		일반용품
1868.6.9	Aden	D	Andrews	Hongkong		일반용품
1868.7.2	Aden	A	Andrews	Yokohama	627	일반용품
1868.7.4	Aden	D	Andrews	Yokohama		일반용품
1868.7.30	Aden	A	Andrews	Yokohama	725	실크 등
1868.8.4	Aden	D	Andrews	Yokohama		일반용품
1868.8.26	Aden	A	Andrews	Yokohama	800	일반용품
1868.8.31	Aden	D	Andrews	Yokohama		일반용품
1868.9.24	Aden	A	Andrews	Yokohama	919	우편물 등
1868.9.28	Aden	D	Andrews	Yokohama		일반용품
1868.10.26	Aden	A	Andrews	Yokohama	1,021	우편물 등
1868.11.13	Aden	D	Andrews	Yokohama		일반용품
1868.12.6	Aden	A	Andrews	Yokohama	1,202	일반용품

현재 알려져 있는 『요코하마매일신문』의 가장 오래된 메이지 5년(1872) 2월 2일 발행 제355호 제1면에 P.&O. 기선 광고가 있다.

영십오번(英拾五番)

비각선회사의 증기선 한 달에 2번씩, 이 항(요코하마)에서 출항해 홍콩에 도착, 거기서 싱가포르 · 페낭 그 외, 인도 · 오스트리아 · 스웨덴 · 이집트 · 이탈리아 · 프랑스 · 영국의 각항 · 유럽 및 · 오세아니아주의 대증기선으로 연결된다. 정부 쪽을 편드는 사람은 다음 회사로 오세요.

선박명 아덴 2월 4일 효고(兵庫)로 출항

선박명 마드라스 2월 4일 홍콩으로 출항

요코하마 거류지 15번 사내(十五番社中)

P.&O. 회사[3]

이와 같이 요코하마의 거류지에 상관을 갖춘 P.&O. 기선회사는 요코
하마에서는 '영십오번'상관으로도 불렸다.

메이지 26년(1893) 10월에 발행된 『요코하마내외무역상편람』에는 '기
선회사'로, 거류지 '십오번관·젤리켓 반도牛島 및 동양기선회사'[4]로 되
어 있고, 거류지의 '상관'으로 '십오번 반도 및 동양기선회사'[5]로 되어 있
는 것에서도 P.&O. 기선회사의 상관이었던 것을 확인할 수 있다.

5. 1870년 요코하마항 출입 P.&O. 기선 항운표

1870년 2월 2일 요코하마에서 창간된 *The Japan Weekly Mail*의 창간으로
부터 1년분의 "Shipping Intelligence"에서 P.&O. 기선회사의 기선 및
P.&O. 기선회사가 화물인수인이 된 선박을 일람한 것이 〈표 5〉이다.

1870년 1년 동안 요코하마항을 출입한 P.&O. 기선의 항운표에서는 빈
도가 낮은 선박을 제외하고 많이 출입한 선박은 아덴호, 봄베이호, 카디즈

---

3 『復刻版 横浜毎日新聞』第1巻, 不二出版, 1992.7, p.153.
4 『郷土よこはま(横浜)』第119~121号, 横浜市図書館普及課, 1990.3, p.78.
5 『郷土よこはま(横浜)』第119~121号, p.89.

〈표 5〉 1870년 요코하마항 출입 P.&O.기선 항운표

No	날짜	A/D	선박명	선장	톤	장소	화물
I-1	1.16	D	Sunda	Cates	1,217	Hongkong	우편물 등
I-2	1.24	A	Bombay			Hongkong	우편물 등
I-3	1.30	D	Ottawa	Edmond	890	Hongkong	우편물 등
I-4	2.6	A	Haddington	Angove	1,460	Liverpool(118days)	석탄
I-4	2.7	A	Malacca	Bernard	1,800	Hongkong18700131 at 5h,2m. P.M.	우편물 등
I-5	2.13	D	Bombay			Hongkong	우편물, 승객
I-5	2.14	D	James Watt	Simpson	674	Callao	
I-5	2.18	A	Cadiz	Dundas	816	Shanghai via Southern Ports	일반용품
I-6	2.22	A	Sunda	Cates	1,686	Hongkong	일반화물
I-6	2.25	A	Island Queen (Brit.Barq)	Foster	340	Cardiff	라임(Lime)
I-7	2.27	D	Malacca	Bernard		Hongkong	우편물, 승객 등
I-8	3.8	A	Ottawa	Edmond	1,274	Hongkong	우편물 등
I-9	3.13	D	Sunda	Oates	1,686	Hongkong	우편물 등
I-10	3.19	A	Malacca			Hongkong(312-319) Yokohama	
I-10	3.25	D	Island Queen (Brit.Barq)	Foster	380	Seeking	바닥짐(자갈, 모래)
I-10	3.26	D	Cadiz	Dundas	780	Shanghai via Southern Ports	우편물, 일반용품
I-11	3.27	D	Ottawa	Edmond	1,727	Hongkong	우편물 등
I-12	4.3	A	Sunda	Cates	1,700	Hongkong	일반용품, 우편물
I-13	4.10	D	Malacca	Bernard	1,800	Hongkong	우편물 등
I-14	4.17	A	Ottawa	Edmond	814	Hongkong	우편물, 일반용품, 승객
I-14	4.19	D	Sunda	Cates	1,700	Hongkong	우편물, 일반용품
I-15	4.29	A	Malacca	Bernard	1,800	Hongkong	우편물, 일반용품
I-16	5.3	A	Ottawa	Edmond	814	Hongkong	우편물, 일반용품
I-17	5.13	A	Sunda	Cates	1,800	Hongkong 504	우편물 등

No	날짜	A/D	선박명	선장	톤	장소	화물
I-18	5.17	D	Malacca	Bernard	1,800	Hongkong	우편물 등
I-18	5.21	A	Aden	Hocken	812	Shanghai515	바닥짐(자갈, 모래)
I-19	5.23	D	Sunda	Cates	1,800	Shanghai	일반용품
I-19	5.25	A	Ottawa	Edmond	814	Hongkong	우편물 등
I-20	5.31	D	Aden	Hocken	812	Hongkong 우편물, 415 꾸러미 실크	
I-21	6.7	A	Cadiz	Dundas	816	Hongkong531 우편물 등 홍콩에서의 화물 524 bags Sagar, 364half-bags Rice, 544 꾸러미 잡화, 보물 4박스	
I-22	6.14	D	Ottawa	Edmond	814	Hongkong	우편물, 일반용품
I-23	6.19	A	Aden	Andrews	816	Hongkong613	일반용품
I-24	6.28	D	Aden	Andrews	816	Hongkong 우편물 &c. 152 꾸러미 실크	
I-24	7.1	A	Bombay	Davies	1,350	Hongkong Hongkong에서의 일반용품 bags…5,000, 쌀……,500bags. 잡화……250꾸러미	
I-25	7.4	A	Ottawa	Edmond	1,200	Hongkong	우편물 등
I-26	7.12	D	Bombay	Davies	1,350	Hongkong cargo for Hongkong 실크…145꾸러미	우편물 등
I-27	7.18	A	Aden	Andrews	816	Hongkong	우편물 등
I-28	7.28	A	Floris (Ame.bargue)	Ellis	950	Liverpool	석탄
I-29	8.3	A	Bombay	Davies	1,800	Hongkong	우편물 등
I-30	8.9	D	Bombay	Davies	1,800	Hongkong; Hongkong 행 화물 실크…123, 꾸러미.(p.381)	우편물, 일반용품
I-30	8.11	D	Aden	Andrews	816	Hiogo	일반용품
I-30	8.13	A	Aberdeen	Gould	1,210	Newcastle	석탄
I-31	8.14	A	Madras	Gaby	1,092	Hongkong	우편물 등
I-32	8.23	D	Madras	Gaby	1,092	Hongkong 실크18꾸러미, 우편물 등	
I-32	8.24	D	Aden	Andrews	816	Hiogo	일반용품
I-33	8.30	A	Bombay	Davies	1,311	Hongkong823	우편물 등

No	날짜	A/D	선박명	선장	톤	장소	화물
I-33	9.3	A	Aden	Andrews	816	Hiogo	일반용품
I-34	9.6	D	Bombay	Davies	1,800	Hongkong	우편물, 일반용품
I-34	9.8	D	Aden	Andrews	816	Hiogo	일반용품
I-35	9.14	A	Malacca	Bernard	1,400	Hongkong;left905 at6.15 P.M(increased to a strong breeze)Yokohamaarrived914,6.30A.M.(Reports p.444)	우편물 등
I-35	9.16	A	Aden	Andrews	816	Hiogo	일반용품
I-36	9.20	D	Malacca	Bernard	1,400	Hongkong	우편물, 일반용품
I-36	9.22	D	Aden	Andrews	816	Hiogo, Nagasaki and Shanghai	일반용품
I-37	9.27	A	Madras	Gaby	1,800	Hongkong	우편물
I-38	10.4	D	Aberdeen	Gould	1,210	Manila *from Newcastle 813arrived(p.446)	바닥짐(자갈, 모래)
I-39	10.10	D	Madras	Gaby	1,800	Hongkong	우편물
I-39	10.13	A	Sunda	Cates	1,800	Hongkong left1003at5.P.M.(approaching Typhoon)(Reports p.497)	우편물
I-40	10.17	A	Aden	Andrews	816	Shanghai via Inland Sea	일반용품
I-40	10.21	D	Aden	Andrews	816	Hiogo	일반용품
I-41	10.23	D	Sunda	Cates	1,800	Hongkong	우편물 등
I-41	10.27	A	Bombay	Davies	1,400	Hongkong	우편물 등
I-42	10.31	A	Aden	Andrews	816	Shanghai via Inland Sea	일반용품
I-43	11.6	A	Bombay	Davies	1,400	Hongkong	우편물
I-43	11.6	D	Bombay	Davies	1,400	Hongkong	
I-43	11.12	D	Aden	Andrews	816	Hiogo	일반용품
I-44	11.16	A	Madras	Gaby	1,400	Hongkong	우편물
I-44	11.17	A	Aden	Andrews	816	Hiogo	일반용품

No	날짜	A/D	선박명	선장	톤	장소	화물
I-46	11.28	A	Bombay	Davies	1,330	Hongkong	우편물
I-47	12.4	A	Aden	Andrews	816	Hongkong	우편물
I-47	12.4	D	Madras	Davies	1,400	Hongkong	우편물 등
I-49	12.18	D	Bombay	Gillson	1,400	Hongkong	우편물 등
I-50	12.25	A	Madras	Gaby	1,400	Hongkong	우편물 등
I-50	12.26	A	Spray	Buckmister	265	Nagasaki	석탄

호, 마드라스호, 말라카호 5척이다. 이중에서 가장 많은 것이 아덴호로서 1년 동안 많이 활동을 한 것은 요코하마와 효고 사이의 항운활동이었다. 이 시기의 일본은 1872년(메이지 5)에 신바시新橋와 요코하마 사이에 철도가 개통되었고, 도쿄-고베의 도카이도선東海道線이 개통된 것은 1889년(메이지 22)이며, 기선 항운은 시간단축의 이동수단으로 최적의 방법이었던 것이 분명하다.

아덴호가 요코하마를 출항해 효고로 향하고 다시 효고에서 요코하마항으로 입항하는 일정을 보면, 최대 19일, 최소는 6일인 것을 감안하면 가는 길이 2~3일, 귀로도 2~3일 일정으로 요코하마와 고베를 항행한 것을 알 수 있다.

이에 대하여 봄베이호, 마드라스호, 말라카호는 일본의 다른 항에는 관심이 없었고, 요코하마·홍콩의 왕복항행에 종사하고 있었던 것이 확실하다.

6. 소결

19세기 후반 동아시아 해역에서 기선을 이용하여 항운활동을 적극적으로 전개한 P.&O.기선의 항운상황의 일면을 홍콩, 상해 그리고 요코하마를 기점으로 한 항운상황으로 살펴보았다. 일본의 정치체제가 도쿠가와德川 막번체제幕藩体制6에서 메이지정부 성립과 같은 정치상황의 변화가 있었는데, 일본 입장에서 보면 P.&O.기선회사는 홍콩에서 상해 그리고 일본 요코하마로 적극적으로 진출해 막말 메이지 초기의 일본과 청국의 상해를 잇는 중요한 수송기관의 일익을 담당했음을 알 수 있다.

청국에서는 남경조약에 의해 대외적으로 개항되어 동아시아의 중요한 무역항이 된 상해에 아시아의 중요 기반을 두고 상해·홍콩의 두 지역을 연결하는 항운활동을 전개했으며, 일본 개국과 더불어 일본에 진출해 홍콩·상해·요코하마를 잇는 삼각항로를 운항했다.

이와 같이 P.&O.기선회사는 19세기 초에 동아시아 해역으로 진출하고, 1842년의 남경조약에 의해 개항된 상해까지 진출하여 홍콩과 상해의 항운활동을 전개하였으며, 이어서 개항한 일본에 손을 뻗쳐 요코하마를 동양의 기점으로 삼게 되었다.

---

6 【역주】에도막부와 그 지배하에 있으면서 독자적인 영지(領地)를 가진 여러 번(藩)을 통치기관으로 하는 봉건적인 정치체제.

제3장

상해에서 미국으로

Pacific Mail Steamship회사의 상해정기항로 개설

1. 서언

1847년 미국으로 유학을 간 중국 최초의 진보 학자는 용굉容閎이다.[1] 용
굉은 1828년 11월 17일 마카오와 가까운 남병진南屛鎭에서 태어나 소년시
절 마카오 마례손馬禮孫학교Morrison School에서 교육을 받았다. 그후 기회를
얻어 1847년 미국으로 유학하게 된다. 미국으로 도항할 때 탑승한 것이
광주 황포에서 출항한 아립분특형제공사阿立芬特兄弟公司, The Olyphant Brothers
Co.의 범선 형특이사亨特利思, Huntress호였다.

그 배는 1847년 1월 4일 황포에서 출항해 남반구인 대서양상의 성희이
나도聖希利那島, St. Helena에 기항하여 식료품과 음료수를 보급하고, 약모사
담約姆司擔, Jamestown에 기항하여 뉴욕紐譯, New York으로 향하는 항로였다.

---

1 容閎, 『西學東漸記』(走向世界叢書), 湖南人民出版社, 1981.1, pp.1~16・1~125. 같은 책의
   표지에 '第一箇留美華業的中國學者敍述他在中國和美國的生活'로 되어 있다.

뉴욕에 도착한 것은 1847년 4월 12일로, 99일이 소요되었다. 광주에서 뉴욕까지는 당시의 쾌속범선으로 3개월이 소요되었던 것이다.

중국에서 같은 배로 미국으로 가기 위해서는 이 정도의 날짜와 시간을 필요로 했다. 그것이 시대가 변하여, 1871년에는 상해에서 같은 기선회사의 선박으로 미국으로 직접 도항할 수 있는 정기항로가 개설되어, 상해의 입장에서 보면 신문화도입의 창구가 열리게 된 것이다.

이 장에서는 상해에서 신문화도입의 계기가 된 Pacific Mail Steamship Company(P.M.S.S.회사)에 의한 미국과 상해를 연결하는 정기항로에 관하여 기술하려고 한다.

2. Pacific Mail Steamship Company의 상해 – 미국정기항로 개설

1871년 1월 3일 상해에서 간행된 영자신문 *The North-China Daily News* (『자림서보字林西報』)[2] vol. VIII no. 2032에 다음 2개의 광고기사가 실렸다.

Pacific Mail S.S. Company

In connection with the Central and Union Pacific Rail-Road Companies.

The Steamship Great Republic, Capt. Freeman, will leave Yokohama for San

Francisco, on or about 23rd Jan., 1871, taking Passengers, Mails, Freight, &c.,

for the United States, Canada, Central and South America, and Europe.

2　*The North-China Daily News* 중국명『字林西報』는 1864년 7월 1일부터 1951년 3월 31일까지 간행된 영문일간지이다. 王檜林・朱漢國主 編, 『中国報刊辞典(1815~1949)』, 辞海出版社, 1992.6, p.4.

The Company's Steamship Costa Rica, Capt. Williams, will leave Shanghai via the Inland Sea Ports, on or about 12th Jan., 1871, connecting at Yokohama with the above named Steamer.

The Steamer will be due at San Francisco Feb. 16th, 1871, whence daily Passenger trains and daily Freight trains are run over the Central and Union Pacific Railroad Lines for New York and for all the principal cities in the interior, and upon the Atlantic aboard.

〈그림 1〉 Pacific Mail S.S.Co. 광고

At New York, Passengers have selection of various lines of Steamers to England, France and Germany.

Through Tickets and Bills of Landing will be issued for transportation to San Francisco, and thence by the Overland Railroad, and to Europe by connecting lines of Steamers.

Through First-Class Passengers purchasing Tickets to points beyond San Francisco, are allowed 250 pounds of Baggage free.

Through Passenger Trains run daily between San Francisco and New York, making the Trip in six days and twenty hours.

Distance, 3,312 Miles.

The Silver Palaces Sleeping Cars are run daily from San Francisco to New York. These Drawing Room Cars by day and Sleeping-Cars by night, are unexcelled for comfort convenience and elegance.

THROUGH FARES

Shanghad to New York ···$419

Do. to Europe ···$499

And upward, depending upon Lines selected.

To New York or Intermediate points:

Children not over Twelve(12) years of age, Half fare; under Five(5) years of age, Free.

Passenger Tickets should be procured at this Agency, as, if purcehased on board, an additional 10 percent will be charged on the usual rates.

In future this Agency will require but one extra copy of Bill of Landing.

Consignees will please endorse Bills of Landing before pcesenting them for countersignature.

Teas, Silks, and other cargo taker for the United States or Europeon very favorable terma.

The Overland Railroad Companies Guarantee 12 days' time for silk, and 18 days for Teas and Merchandise, between San Francisco and New York.

Tables of rates of Freight by any of the above routes, furnished on application to any Agent of this Company.

GEO. F. BOWMAN, Agent. tf 2259, Shanghai, 14th Dec, 1870[3]

그 내용은 다음과 같다.

태평양우편S.S.회사, 중앙·유니온퍼시픽철도와 연결되다. 기선 그레이트 리퍼블릭호 선장 프리먼은 1871년 1월 23일 혹은 그 전후로 샌프란시스코로 가기 위하여 요코하마를 출항했다. 미국, 캐나다, 중남미 및 유럽으로 가는 승객, 우편물, 화물 등을 싣고 있다.

당사의 기선 코스타리카호 선장 윌리엄스는, 1871년 1월 12일 또는 그 전후로 연해항을 경유할 예정으로 상해를 출발한다. 같은 회사의 기선이 요코하마에서 연결한다.

기선은 1871년 2월 16일 샌프란시스코에 도착할 예정이다. 승객은 거기서 매일 출발하는 여객열차와 화물열차를 운행하는 중앙·유니온퍼시픽철도노선에 의해 뉴욕과 모든 주요도시로 연결되는 노선과 대서양항로로 연결되어 있다. 뉴욕에서 승객은 영국, 프랑스나 독일로 가는 다양한 기선항로를 선택할 수 있다.

승선권과 선적화물증권은 기선을 타고 샌프란시스코로, 그리고 거기서 육상철도를 이용하여 유럽으로 수송하기 위하여 발행된다.

샌프란시스코에서 더 멀리 가는 티켓을 구입하는 일등석 승객은 수하물 250톤까지 무료이다.

여객열차에 승차하면 샌프란시스코와 뉴욕 사이를 매일 운행하는 열차로 6일 20시간의 여행을 하게 된다. 주행거리는 3,312마일(약 5,300km)이다.

은으로 꾸며진 궁정(宮庭)형식의 침대차는 매일 샌프란시스코에서 뉴욕

---

3 *The North-China Daily News* vol.8 no.2032, p.4.

까지 운행한다. 이 열차에는 식당차와 침대차가 있어서 쾌적하고 편리하며 우아하게 지낼 수 있다.

직통운임

상해에서 뉴욕까지 419달러

상해에서 유럽까지 499달러

선택한 여정에 따라 가산된다.

뉴욕 혹은 중간지점까지, 12세 이하 아이의 운임은 반액이다. 5세 미만은 무료이다. 승선권은 대리점에서 구입할 수 있다. 승선 후에 구입하면 통상 요금에 10%가 가산된다. 선적화물증권의 사본이 필요한 수취인은 화물을 선적시키기 위한 선적화물증권을 제시하면 된다. 차, 실크 등 다른 화물도 미국 혹은 유럽으로 가는 데 매우 합리적인 요금이다.

육상철도회사는 실크는 12일, 차나 그 외 상품이면 18일 정도로 샌프란시스코에서 뉴욕까지 운반이 가능하다.

다른 화물에 대한 요금표는 이 회사의 대리점에서 알 수가 있다. GEO. F. 보먼(BOWMAN), 대리인 TF 2259, 상해, 1870년 12월 14일.

또 하나는 다음 광고이다.

Shipping

PACIFIC MAIL S.S.Co.

Notice

Untill further notice, the steamers of Shanghai Branch, the New York, Costa Rica, Oregonian, Golden Age, and Ariel, will be dispatched form this

Port, for Nagasaki, Hiogo and Yokohama, on or about the 1st, 9th, 13th, and 23rd of each mouth.

The Steamer leaving on or about the 13th will connect at Yokohama with one of Company's steamers for San Francisco.

Through Bills of Landing issued for freight to San Francisco, New York, and Europe, (via Panama or Overland Rail Road.)

Through Passenge tickets issued to San Francisco, New York and Europe(via Overland Rail Road.)

For Freight or Passage apply at the office of Agency, New Masonic Building.

GEO.F.BOWMAN, Agent.

(c.a.) 2072 Shanghai, 14th Dec., 1870.[4]

고지

상해지국 기선 뉴욕호, 코스타리카호, 오리거니언호, 골든 에이지호, 그리고 아리엘호는 나가사키, 효고, 요코하마로 매월 1일, 9일 그리고 23일에 출항한다.

매월 13일 전후로 요코하마를 출항하는 우리 회사의 샌프란시스코 행과 연결된다. 샌프란시스코, 뉴욕 그리고 유럽으로 가는 화물 수입허가서를 취득할 수 있다.(파나마 또는 육상철도를 경유하는 경우)

샌프란시스코, 뉴욕 그리고 유럽으로 가는 직행승차권을 발행할 수 있

---

4 *The North-China Daily News* vol.8 no.2032, p.4.

다.(육상철도회사를 이용하는 경우)

화물과 승객은 대리인의 사무실에서 예약이 가능하다. 신 매소닉(Masonic) 빌딩.

GEO. F. 보먼, 대리인(c.a.) 2072, 상해, 1870년 12월 14일.

2개의 광고가 상해에서 미국, 또 미 대륙을 경유하여 유럽으로 향하는 여객과 상품에 새로운 교통수단이 열렸음을 알려주고 있다.

3. Pacific Mail Steamship Company의 상해 – 미국정기항로 운항

위와 같은 광고를 상해에서 고지한 P.M.S.S. 회사가 어떻게 기선을 운항했는지는 상해 영어신문 *The North-China Daily News*의 각 호에 게재된 출항정보에서 알 수 있다. 상해에서 일본으로 항로를 개설한 처음 3개월의 항운표는 〈표 1〉과 같다.

〈표 1〉에서 알 수 있듯이 P.M.S.S. 회사는 1871년 1월부터 상해에서 일본으로 항로를 개설하고 3개월 동안 6~12일 마다 오리거니언호, 골든에이지호, 코스타리카호, 뉴욕호, 아리엘호 등 1,000톤급 기선 5척을 사용하여 상해에서 나가사키, 고베를 경유하여 요코하마로 항행했다. 요코하마에서 상해까지는 8일 정도, 나가사키에서 3~4일의 항행일수였다. 요코하마에서 P.M.S.S. 회사의 미국행 기선으로 환승하면 10여

---

5 *The North-China Daily News* vol.8 no.2035~no.2115.

표 1〉 1871년 1~3월 Pacific Mail S.S.Co의 상해입항 · 출항 기선명표[5]

날짜	선박명	A/D	선장	톤	출항 및 행선지	항해	화물	N.C.D. N.,No.
1871.1.5	Oregonian	A	Dearborn	1,217	Nagasaki	105	우편물 등	2,035
1871.1.8	Oregonian	D	Dearborn	1,217	N'saki, Hiogo.&c.		일반용품	2,037
1871.1.10	Golden Age	A	Cobb	1,158	Nagasaki	108	일반용품	2,039
1871.1.14	Golden Age	D	Cobb	1,158	N'saki, Hiogo.&c.		일반용품	2,043
1871.1.18	Costa Rica	A	F.Willams	1,084	Yokohama	110	일반용품	2,046
1871.1.22	Costa Rica	D	F.Willams	1,084	N'saki, Hiogo.&c.		일반용품	2,049
1871.1.27	Oregonian	A	Dearborn	1,217	Nagasaki	125	일반용품	2,054
1871.1.31	Oregonian	D	Dearborn	1,217	N'saki, Hiogo.&c.		일반용품	2,057
1871.2.5	New York	A	Furber		Nagasaki	201	일반용품	2,061
1871.2.12	New York	D	Furber	1,173	N'saki, Hiogo.&c.		일반용품	2,067
1871.2.12	Golden Age	A	Williams	1,158	Japan		일반용품	2,067
1871.2.18	Golden Age	D	Williams	1,158	N'saki, Hiogo.&c.		일반용품	2,073
1871.2.20	Costa Rica	A	F.Willams	1,084	Japan		일반용품	2,073
1871.1.26	Costa Rica	D	Burdett	1,984	N'saki, Hiogo.&c.		일반용품	2,076
1871.3.9	New York	A	Furber	1,173	Nagasaki	307	우편물 등	2,087
1871.3.13	New York	D	Furber	1,173	N'saki, Hiogo.&c.		일반용품	2,090
1871.3.16	Ariel	A	Burdett		Nagasaki	314	일반용품	2,094
1871.3.22	Ariel	D	Burdett		N'saki, Hiogo.&c.		일반용품	2,098
1871.3.23	Golden Age	A	Williams	1,158	Nagasaki	321	일반용품	2,099
1871.3.30	Golden Age	D	Williams	1,158	N'saki, Hiogo.&c.		일반용품	2,105
1871.3.30	Oregonian	A	Dearborn	2,500	Japan		일반용품	2,105
1871.4.5	Oregonian	D	Dearborn	2,500	N'saki, Hiogo.&c.		일반용품	2,110
1871.4.6	New York	A	Furber	1,173	Japan	404	우편물 등	2,111
1871.4.12	New York	D	Furber	1,173	N'saki, Hiogo.&c.		일반용품	2,115

일에 샌프란시스코에 도착할 수 있었으며, 미 대륙횡단철도를 타고 뉴
욕에는 7일 정도 걸렸다. 총 20여 일의 일정이었다. 용굉이 1847년에 미
국으로 건너간 시기에 비하면 3분의 1 일정으로 미국으로 건너가는 것
이 가능하게 되었다.

그 후 이 항로는 지속되어 일본이 상해항로를 개설하기 직전까지 운행

1875. 날짜	선박명	A/D	톤	선장	출항 및 행선지	항해	화물	N.C.H. No.
1874.12.31	Oregonian	D	1,096	Harris	N'asaki, Hiogo.&c.		잡화	400
1875.1.1	Costa Rica	A	1,084	Conner	N'asaki, Hiogo.&c.		일반용품	400
1875.1.5	Golden Age	A	1,158	Wise	N'asaki, Hiogo.&c.	106	일반용품	401
1875.1.7	Costa Rica	D	1,084	Conner	N'asaki, Hiogo.&c.		잡화	401
1875.1.14	Nevada	A	2,143	Williams	Nagasaki	113	일반용품	402
1875.1.14	Golden Age	D	1,158	Wise	N'saki, Hiogo.&c.		잡화	402
1875.1.21	Nevada	D	2,143	Williams	N'asaki, Hiogo. &c.		일반용품	403
1875.1.22	Oregonian	A	1,096	Harris	N'asaki, Hiogo.&c.	120	일반용품	403
1875.1.24	Oregonian	D	1,096	Harris	Hongkong		잡화	403
1875.1.29	Costa Rica	A	1,084	Conner	N'asaki, Hiogo.&c.	127	일반용품	404
1875.2.2	Costa Rica	D	1,084	Conner	N'asaki, Hiogo.&c.		잡화	404
1875.2.4	Golden Age	A	1,158	Wise	Japan		일반용품	405
1875.2.10	Nevada	A	2,143	Furber	Japan		일반용품	406
1875.2.11	Golden Age	D	1,158	Coy	N'asaki, Hiogo.&c.		잡화	406
1875.2.15	Nevada	D	1,060	Furber	N'asaki, Hiogo.&c.		일반용품	406
1875.2.18	Costa Rica	A	1,084	Conner	Nagasaki	216	일반용품	407
1875.2.23	Costa Rica	A	1,084	Conner	N'asaki, Hiogo.&c.		일반용품	407
1875.2.25	Oregonian	A	1,096	Harris	Nagasaki	223	일반용품	408
1875.3.2	Oregonian	D	1,096	Harris	N'asaki, Hiogo.&c.		잡화	408
1875.3.4	Golden Age	A	1,158	Coy	N'asaki, Hiogo.&c.	302	일반용품	409
1875.3.9	Golden Age	D	1,158	Coy	N'asaki, Hiogo.&c.		잡화	409
1875.3.12	Nevada	A	1,060	Williams	N'saki, Hiogo. &c.	309	일반용품	410
1875.3.16	Nevada	D	1,060	Williams	Nagasaki, &c.		잡화	410
1875.3.18	Costa Rica	A	1,084	Conner	N'saki, Hiogo. &c.	314	일반용품	411
1875.3.23	Costa Rica	D	1,084	Conner	N'saki, Hiogo. &c.		잡화	411
1875.3.24	Oregonian	A	1,096	Harris	N'saki, Hiogo. &c.	322	일반용품	412
1875.3.31	Oregonian	D	1,096	Harris	N'saki, Hiogo. &c.		잡화	413
1875.4.2	Golden Age	A	1,158	Coy	Japan	324	일반용품	413
1875.4.7	Nevada	A	1,060	Williams	Yokohama	330	우편물, 등	414
1875.4.8	Golden Age	D	1,158	Coy	N'saki, Hiogo. &c.		잡화	414
1875.4.15	Costa Rica	A	1,084	Conner	Japan		일반용품	415
1875.4.15	Nevada	D	1,060	Williams	N'saki, Hiogo. &c.		잡화	415

1875. 날짜	선박명	A/D	톤	선장	출항 및 행선지	항해	화물	N.C.H. No.
1875.4.22	Oregonian	A	1,096	Harris	Japan		일반용품	415
1875.4.22	Costa Rica	D	1,084	Conner	N'saki, Hiogo. &c.		잡화	415
1875.4.29	Golden Age	A	1,158	Coy	Yokohama		우편물, 등	416
1875.4.29	Oregonian	D	1,096	Harris	N'saki, Hiogo. &c.		잡화	416
1875.5.6	Golden Age	D	1,158	Coy	N'saki, Hiogo. &c.		잡화	417
1875.5.8	Nevada	A	1,060	Williams	N'saki, Hiogo. &c.	506	일반용품	418
1875.5.14	Nevada	D	1,060	Williams	N'saki, Hiogo. &c.		잡화	419
1875.5.16	Costa Rica	A	1,084	Conner	N'saki, Hiogo. &c.	313	일반용품	419
1875.5.20	Costa Rica	D	1,084	Conner	N'saki, Hiogo. &c.		잡화	419
1875.5.22	Oregonian	A	1,096	Harris	N'saki, Hiogo. &c.	520	일반용품	420
1875.5.29	Oregonian	D	1,096	Harris	N'saki, Hiogo. &c.		잡화	421
1875.5.30	Golden Age	A	1,158	Coy	N'saki, Hiogo. &c.	528	일반용품	421
1875.6.5	Nevada	A	1,060	Williams	Japan	529	우편물, 등	422
1875.6.5	Golden Age	D	1,158	Coy	N'saki, Hiogo. &c.		잡화	422
1875.6.10	Nevada	D	1,060	Williams	N'saki, Hiogo. &c.		잡화	422
1875.6.14	Costa Rica	A	1,084	Conner	N'saki, Hiogo. &c.	607	우편물, 등	423
1875.6.16	Costa Rica	D	1,084	Conner	N'saki, Hiogo. &c.		잡화	423
1875.6.20	Oregonian	A	1,096	Harris	Japan	612	일반용품	424
1875.6.24	Oregonian	D	1,096	Harris	N'saki, Hiogo. &c.		잡화	424

되었다.[6] 이 시기의 P.M.S.S.회사 운행표를 상해 영어신문 *The North China* 선박정보에서 정리한 것이 〈표 2〉이다.

〈표 2〉에서 알 수 있듯이 P.M.S.S.회사가 상해항로개설 초기에는 오리거니언호, 골든에이지호, 코스타리카호, 뉴욕호, 아리엘호 등과 같은 1,000톤급 기선이 5척이었던 것에 반해, 1875년 시점에서는 오리거니언호, 골든에이지호, 코스타리카호는 동일하게 운행하고 있었지만, 네

---

6 松浦章, 『近代日本中国台湾航路の研究』, 清文堂出版, 2005.6.
7 *The North-China Herald and Supreme Court & Consular Gazette*, vol.14 no.400~424.

〈그림 2〉 1876년 상해에서 미국으로 향하는 배 안 풍경

바다호가 새롭게 참여해 4척으로 운행했다. 이들 배는 거의 한 달 일정 으로 요코하마·효고·나가사키와 상해를 항행했다.

1876년 당시 배 안의 모습을 그린 그림이 미국 그래픽지 *Harper's Weekly* 의 1876년 5월 20일호에 게재되어 있다. 이 알래스카호는 상해에서 일본 으로 가는 정기항로에 투입되고 있어서, 이 그림은 상해에서 미국으로 향 하는 승객의 선내 모습을 묘사한 것이 분명하다. 승객 모습에 변발[8]한 남 성이 보이는 것에서 왼쪽 서양인풍 인물 2명을 제외하고 전부 중국인 승 객이었다고 생각된다. 이들 중국인 승객의 대부분은 새로운 노동력으로 서 미국으로 도항한 사람들이었다.

---

8 【역주】몽골인이나 만주인의 풍습으로, 남자의 머리를 뒷부분만 남기고 나머지 부분을 깎아 뒤로 길게 땋아 늘인 것. 또는 그런 머리.

4. Pacific Mail Steamship Company 기선으로 미국에 건너간 중국인

구체적으로 상해에서 미국으로 가기 위하여 P.M.S.S. 기선에 탑승한 중국인들을 살펴보겠다. 그 승선기록의 일부분은 예로 든 다음 신문기사로부터 엿볼 수가 있다.

1870년 1월 22일 요코하마에서 창간된 주간지 *Japan Weekly Mail*의 "Shipping Intelligence"에는 선박의 'Arrivals(입항)'과 'Departure(출항)', 'Passsengers(승객)'에 관한 기록이 보인다.[9] 그 선박정보로부터 P.M.S.S. 회사의 기선에 한정해 정리한 것이 다음 〈표 3〉이다.

P.M.S.S. 기선은 1870년 1월 20일 요코하마항에 입항한 2,000톤의 뉴욕호로부터 12월 31일 요코하마에 입항한 2,000톤의 코스타리카호까지 1년 동안 129척이 출입했다. 2.8일마다 1척이 요코하마항을 출입한 계산이 된다. 매우 왕성한 항운활동이다.

1870년 1월 22일 요코하마에서 창간된 주간지 *Japan Weekly Mail*의 "Shipping Intelligence"에는 선박의 'Arrivals(입항)'과 'Departures(출항)', 'Passengers(승객)'에 관한 기록이 보인다. 특히 승객 정보에는 1870년 1월 20일 상해항에서 요코하마항으로 입항한 뉴욕호에 샌프란시스코로 가는 다수의 미국인과 유럽인 외에, '8 Chinese'[10]처럼 8명의 중국인이 승선해 있었다. 분명히 상해에서 요코하마를 경유하여 P.M.S.S. 기선에 승선해 샌프란시스코로 간 것을 알 수 있다.

---

9 *The Japan Weekly Mail, A Poltical, Commercial, and Literary Jpurnal*, Reprint Series I : 1870∼1899, part 1 : 1870∼1874, vol. 1 : January to June 1870, In Association with Yokohama Archives of History; *ibid*, vol. 1 : July to December 1870.

10 *The Japan Weekly Mail, A Poltical, Commercial, and Literary Jpurnal*, p. 11.

〈표 3〉 1870년 1~12월 요코하마 입항·출항 Pacific MailS.S.Co.기선운항표

No	날짜	A/D	선박명	선장	톤	장소, 화물, 중국인승객
I-1	1.20	A	New York	Furber	2,000	상해, 나가사키, 효고 일반용품, 8(샌프란시스코 행)
I-1	1.20	D	Oregonian	Dearborn	2,500	효고, 나가사키, 상해 일반용품
I-1	1.21	A	Japan	Freeman	5,000	홍콩, 우편물 등
I-2	1.23	D	Japan	Freeman	5,000	미국 샌프란시스코, 우편물 등 차68,6821bs. 샌프란시스코 행 차106,658bs. 뉴욕 행
I-3	1.30	A	China	Warsaw	3,000	샌프란시스코 18700101 우편물 등
I-3	1.31	D	China	Warsaw	3,000	홍콩, 우편물 등
I-3	1.31	D	New York	Furber	2,000	효고, 나가사키, 상해 일반용품
I-5	2.19	D	Oregonian	Dearborn	2,500	남항 경유 상해 일반용품과 우편물 등
I-6	2.20	A	New York	Furber	3,200	고베, 소(고베)
I-6	2.22	A	China	Cavarly	4,000	홍콩, 일반화물
I-6	2.24	A	America	Doane	4,454	샌프란시스코, 샌프란시스코에서 온 우편물과 일반용품 요코하마 행 보석$200,000.00 Do. ,, 상해 $16,000.00 Do. ,, 홍콩 $419,832.14 합계 $635,832.14 승객 78(3등실) 샌프란시스코에서 홍콩으로
I-7	2.27	D	America	Doane		홍콩, 우편물 등
I-7	3.4	A	Costa Rica	Williams	2,000	남항 경유 상해 일반화물
I-8	3.10	D	Costa Rica	Williams	2,000	효고, 나가사키와 상해 일반화물, 승객2(상해 행)
I-10	3.20	A	America			홍콩 15(홍콩에서) 3등실
I-10	3.20	A	New York			상해, 3(상해에서)
I-10	3.23	D	America		4,000	샌프란시스코, 우편물 등
I-11	3.26	A	Japan	Freeman	3,500	샌프란시스코, 우편물 등

No	날짜	A/D	선박명	선장	톤	장소, 화물, 중국인승객
I-11	3.29	D	Golden Age	W.B.Cobb	1,860	효고와 나가사키 경유 상해 우편물과 일반용품
I-11	3.29	D	Japan	Freeman	4,000	홍콩, 우편물과 일반용품
I-11	3.30	A	Costa Rica	Williams	2,500	남항경유 상해, 일반용품, 승객5(효고에서)
I-12	4.2	D	New York	Furber		홍콩, 보수용
I-13	4.9	A	Oregonian	Dearborn	2,500	남항경유 상해
I-14	4.18	D	Oregonian	Dearborn	2,500	남항경유 상해 일반용품
I-14	4.20	A	Golden Age	Cobb	2,500	남항경유 상해 · 4월 12일 오전 8시 상해출항 · 4월 14일 오전 7시 나가사키 기항 4월 16일 나가사키 출항 · 4월 17일 오후 5시 20분 효고 도착 4월 18일 오후 9시 25분 출항 (p175) 우편물과 일반용품, 8(샌프란시스코에서) 3등실
I-14	4.20	A	Japan		4,000	홍콩, 우편물과 일반용품
I-14	4.22	D	Japan	Freeman	3,500	샌프란시스코, 우편물과 일반용품
I-15	4.28	D	Golden Age	Cobb	2,500	남항경유 상해 우편물 등
I-15	4.28	A	Great Republic	E.R.Warsaw	3,881	샌프란시스코 우편물, 일반용품과 승객
I-15	4.30	A	Costa Rica	Williams	1,917	남항경유 상해 우편물, 일반용품과 승객
I-16	5.7	A	Costa Rica	Williams	2,000	남항경유 상해 일반용품
I-17	5.8	A	Oregonian	Dearborn	2,000	남항경유 상해 일반용품
I-17	5.12	A	New York	Furber	2,000	5월 1일 내해경유 홍콩 출발 일반용품
I-18	5.17	D	Oregonian	Dearborn	2,500	남항경유 상해 일반용품
I-18	5.20	A	Golden Age	Cobb	2,000	남항경유 상해 일반용품, 요코하마 행 91명

No	날짜	A/D	선박명	선장	톤	장소, 화물, 중국인승객
I-18	5.20	A	Great Republic	Calvarly	3,000	홍콩 5월 13일 출발, 우편물 등
I-19	5.22	D	Great Republic	Cavarly	3,000	샌프란시스코, 우편물 등
I-19	5.23	A	China	Doane	3,836	샌프란시스코 4월 30일 출항, 우편물 등
I-19	5.25	D	China	Doane	3,836	홍콩 우편물 등, 143명(3등실) 샌프란시스코에서 요코하마로
I-19	5.25	D	Golden Age	Cobb	2,000	남항경유 상해 우편물 등
I-21	6.7	D	New York	Furber	2,000	남항경유 상해 일반용품, 7명(3등실)
I-21	6.8	A	Oregonian	Dearborn	2,500	남항경유 상해 일반용품
I-22	6.15	D	Ariel	Burditt	1,736	가고시마 (일본인 750명)
I-22	6.17	D	Oregonian	Dearborn	2,500	남항경유 상해 일반용품
I-23	6.18	A	China	Doane	3,000	6월 11일 오후 3시 홍콩출항, 일반용품, 홍콩에서 요코하마로 17명(3등실), 샌프란시스코 행 561명(3등실)
I-23	6.19	A	Golden Age	Cobb	1,800	6월 11일 남항경유 상해출항 일반용품
I-23	6.22	D	China	Doane	3,000	샌프란시스코, 우편물과 일반용품
I-23	6.24	A	Japan	Freeman	3,000	6월 1일 오후 3시 샌프란시스코출항, 우편물 등
I-24	6.26	D	Golden Age	Cobb	1,800	남항경유 상해, 우편물 등 남항경유 상해 행 8명(3등실)
I-24	6.26	D	Japan	Freeman	3,500	홍콩, 우편물 등 홍콩 행 6명(보통선실)
I-24	6.29	A	New York	Furber	2,000	남항경유 상해, 일반용품
I-24	7.1	A	Ariel	Burditt	1,800	나가사키와 효고, 일반용품
I-25	7.6	D	New York	Furber	2,000	남항경유 상해, 일반용품

No	날짜	A/D	선박명	선장	톤	장소, 화물, 중국인승객
I-25	7.8	A	Oregonian	Dearborn	2,500	남항경유 상해 · 6월 30일 오전 2시 15분 상해 출발 · 7월 3일 오전 2시 37분 출발 7월 1일 오후 6시 33분 나가사키 도착 · 7월 6일 오후 5시31분 출발 7월 4일 오후 5시41분 효고 도착 · 요코하마 도착(p.317) 일반용품
I-26	7.16	D	Oregonian	Dearborn	2,500	남항경유 상해, 일반용품 상해 행 4명(3등실)
I-27	7.19	A	Golden Age	Cobb	2,000	내해 경유 상해, 우편물 등 요코하마 행 12명
I-27	7.19	A	Japan	Freeman	3,500	홍콩, 우편물 등
I-27	7.22	D	Japan	Freeman	4,000	샌프란시스코, 우편물 등
I-28	7.24	A	America	Doane	4,000	샌프란시스코, 우편물 등
I-28	7.26	D	America	Doane	4,000	홍콩, 우편물 등
I-28	7.26	D	Golden Age	Cobb	2,000	상해, 우편물 등 상해 행 3명
I-28	7.28	A	New York	Furber	2,000	남항경유 상해, 일반용품
I-30	8.6	D	New York	Furber	2,000	상해, 일반용품
I-30	8.7	A	Falke	Gottsche	300	나가사키, 석탄
I-30	8.7	A	Oregonian	Dearborn	2,500	상해 등, 일반용품
I-31	8.16	D	Oregonian	Dearborn	2,500	남항경유 상해, 일반용품
I-32	8.19	A	Aden	Andrews	816	효고, 일반용품
I-32	8.19	A	America	Warsaw	4,000	홍콩, 우편물 등
I-32	8.22	D	America	Warsaw	4,000	샌프란시스코, 우편물
I-32	8.26	A	Great Republic		4,000	샌프란시스코, 우편물 등
I-32	8.27	D	Golden Age	Cobb	2,000	남항경유 상해, 일반용품
I-32	8.27	D	Great Republic	Doane	4,000	홍콩, 일반용품 홍콩 행 280명(3등실)
I-32	8.27	A	New York	Furber	2,000	남항경유 상해, 일반용품
I-34	9.6	D	New York	Furber	2,000	상해, 우편물 등
I-34	9.7	A	Oregonian	Dearborn	2,500	남항경유 상해, 일반용품
I-34	9.8	D	Ariel	Burditt	1,800	하코다테, 일반용품
I-35	9.9	D	Costa Rica	Williams	2,000	남항경유 상해, 일반용품

No	날짜	A/D	선박명	선장	톤	장소, 화물, 중국인승객
I-35	9.15	D	Oregonian	Dearborn	2,500	남항경유 상해, 일반용품 상해 행 11명(3등실)
I-36	9.20	A	Great Republic	Doane	3,500	9월 12일 오후 3시 홍콩출항, 우편물 등, 요코하마 행8명(3등실)
I-36	9.21	A	Golden Age	Cobb	2,000	남항경유 상해, 우편물 등, 요코하마 행 6명
I-36	9.23	D	Great Republic	Doane	3,500	샌프란시스코, 우편물 등 홍콩에서 샌프란시스코 행100명 (3등실)(p.458) 샌프란시스코 행 394명(3등실) (p.474)
I-36	9.24	A	Ariel	Burditt	1,800	하코다테, 일반용품
I-37	9.25	A	China	Freeman	3,836	샌프란시스코, 우편물
I-37	9.25	A	Costa Rica	Williams	2,000	효고, 일반용품
I-37	9.26	D	China			홍콩, 5명(3등실)
I-37	9.26	D	Golden Age			효고, 나가사키와 상해 상해 행 4명(3등실)
I-37	9.28	A	New York	Furber	2,000	남항경유 상해, 일반용품
I-38	10.1	D	Costa Rica	Williams	2,000	효고 경유 나가사키, 일반용품
I-38	10.8	A	Oregonian	Dearborn	2,500	남항경유 상해
I-39	10.8	D	Ariel	Burditt	1,800	하코다테, 일반용품
I-39	10.8	D	New York	Furber	2,000	남항경유 상해 상해 행 승객17명(3등실)
I-40	10.17	A	Costa Rica	Williams	2,000	효고, 나가사키, 일반용품, 요코하마 행 승객2명(3등실)
I-40	10.18	D	Oregonian	Dearborn	2,500	내해경유 상해, 일반용품
I-40	10.20	A	China	Freeman		홍콩, 우편물
I-40	10.21	A	Golden Age	Cobb		상해, 우편물 요코하마 행 승객7명, 샌프란시스코 행 3명
I-41	10.23	D	China	Freeman	3,000	샌프란시스코, 우편물 등
I-41	10.26	A	Japan	Warsaw	4,000	샌프란시스코, 우편물
I-41	10.29	D	Japan	Warsaw	4,000	홍콩, 우편물 등
I-42	10.29	D	Ariel	Burditt	2,000	하코다테, 일반용품

No	날짜	A/D	선박명	선장	톤	장소, 화물, 중국인승객
I-42	10.29	D	Costa Rica	Williams	2,000	상해, 일반용품 상해 행 9명
I-42	10.30	A	New York	Furber	2,000	내해경유 상해, 일반용품
I-42	11.2	D	New York	Furber	2,000	내해경유 상해, 일반용품 상해 행 4명
I-43	11.9	A	Oregonian	Dearborn	2,500	내해경유 상해 총책임자 H.C. 디어본 11월 1일 오후 2시 34분 상해 출발 11월 6일 오후 5시 58분 효고 도착 11월 7일 오후 5시 30분(보고서p.549) 효고 출발, 일반용품
I-44	11.12	D	Oregonian	Dearborn	2,500	내해경유 상해, 일반용품 상해 행 6명
I-44	11.13	A	Ariel	Burditt	2,000	하코다테, 일반용품
I-44	11.16	A	Costa Rica	Williams	2,000	내해경유 상해 나가사키/11월 11일 출발, 효고/11월 14일 출발, 일반용품, 요코하마 행3명(3등실)
I-45	11.20	D	Aden	Andrews	816	홍콩 우편물 등, 홍콩 행4명(3등실)
I-45	11.20	A	New York	Furber	2,000	내해경유 상해, 일반용품
I-45	11.21	D	Costa Rica	Williams	2,000	내해경유 상해, 일반용품
I-45	11.22	A	Japan	Warsaw	3,500	홍콩11월 12일 출발, 우편물
I-45	11.25	A	America	Doane	3,500	샌프란시스코/11월 1일 출발, 우편물
I-45	11.26	D	Japan	Warsaw	3,500	샌프란시스코, 우편물, 샌프란시스코 행(p.585) 승객3명 (3등실)
I-46	11.26	D	Ariel	Burditt	2,000	하코다테, 일반용품
I-46	11.28	D	America	Doane	3,300	홍콩, 우편물
I-46	11.29	D	New York	Furber	2,000	내해경유 상해, 우편물 등 상해 행 4명
I-46	11.30	A	Oregonian	Dearborn	2,000	내해경유 상해, 일반용품
I-47	12.3	D	Oregonian	Dearborn	2,000	내해경유 상해
I-47	12.8	A	Costa Rica	Williams	2,000	내해경유 상해, 일반용품

No	날짜	A/D	선박명	선장	톤	장소, 화물, 중국인승객
I-48	12.12	D	Costa Rica	Williams	2,000	남항경유 상해, 일반용품 효고행 2명, 상해 행 8명
I-48	12.13	A	Ariel	Burditt	2,000	하코다테, 일반용품
I-48	12.16	A	New York	Furber	2,000	내해경유 상해, 일반용품
I-49	12.20	A	America	Doane	3,500	홍콩, 우편물 등 요코하마 행9명, 샌프란시스코 행105명
I-49	12.21	D	New York	Furber	2,000	내해경유 상해
I-49	12.21	A	Oregonian	Dearborn	2,000	내해경유 상해, 일반용품
I-49	12.23	D	America	Doane	3,500	샌프란시스코
I-50	12.29	A	Great Republic	Freeman	3,000	샌프란시스코, 우편물 등. 화물 100배럴, 220총포, 밀가루 200반 자루와 280쿼터 자루, 귀리50자루, 보리150자루, 설탕50Blls, 샐러드오일40상자, 45Kegs Rents, 의복24상자, 연어20반배럴, 양파35박스, 가죽16롤, 서적8상자, 과일29박스, 534포장상품, 식량과 식품 그리고 312Okgs, 상품.(p.633), 홍콩 행 8명
I-50	12.30	D	Ariel	Burditt		하코다테, 우편물 등
I-50	12.30	D	Oregonian	Dearborn		남항경유 상해, 우편물 등, 상해 행8명(3등실)
I-50	12.31	A	Costa Rica	Williams	2,000	내해경유 상해, 일반용품 상해에서 요코하마 행 8명(3등실)

같은 해 6월 18일 요코하마에 입항한 3,000톤급 차이나호는 6월 11일
홍콩에서 출항해 8일 후 도착했다. 이 배에는 홍콩에서 샌프란시스코로
도항하는 '561 Chinese in Steerages'[11]로 나타나 있듯이 561명의 중국인

---

11 *ibid*, vol.1, p.293.

이 3등실에 탑승해 있었다. 그들의 목적지는 샌프란시스코였기 때문에 홍콩에서 승선하였으며 광동성 출신자가 대부분이었다고 생각된다.

마찬가지로 홍콩에서 9월 12일 출항해 9월 20일 요코하마에 입항한 그 레이트 리퍼블릭호에는 홍콩에서 샌프란시스코로 향하는 '100 Chinese in the Steerage'[12] 즉, 100명의 중국인이 3등실에 탑승해 있었다. 이 배는 3일 후인 9월 23일에 요코하마에서 샌프란시스코로 출항하는데, 그 때는 '394 Chinese, and 2 Japanese in the Steerage'[13] 즉, 394명의 중국인이 3등실에 탑승해 있었다. 394명에서 100명을 뺀 294명은 홍콩에서 승선하여 샌프란시스코로 향한 것이 아니라, 상해에서 다른 배로 요코하마에 들어와 요코하마에서 그레이트 리퍼블릭호에 승선한 것으로 생각된다. 294명이 상해에서 P.M.S.S. 기선으로 미국으로 건너간 것은 틀림없을 것이다.

요코하마와 샌프란시스코 사이의 항행시간은 어느 정도였을까? 선박 정보를 보면 차이나호는 1870년 1월 1일에 샌프란시스코를 출항해 1월 30일 요코하마에 도착했다. 샌프란시스코와 요코하마 사이는 30일이 소요되었다. 5월 23일 요코하마항에 도착한 같은 차이나호는, 샌프란시스코를 4월 30일에 출항해 24일 걸려 요코하마항에 도착했다. 또 6월 24일 요코하마항에 입항한 3,000톤급 저팬호는 6월 1일 오후 3시에 샌프란시스코를 출항해 24일 걸려 요코하마에 도착했다. 2개의 예이지만 요코하마·샌프란시스코 사이의 항행일수는 24일 정도였던 것 같다.

상해·요코하마 사이는 4월 20일 요코하마항에 입항한 골든 에이지호가 상해를 4월 12일 오전 8시에 출항하여, 나가사키에는 4월 14일 오전 7시

---

12 *ibid*, vol.2, p.458.
13 *ibid*, vol.2, p.474.

에 기항하고, 4월 16일 나가사키를 출항해, 효고에는 4월 17일 오후 5시 20분에 도착하고 다시 효고에서 출항해 20일에 요코하마에 도착했다.

이에 대하여 3월 19일 홍콩에서 요코하마항에 도착한 말라카호는 3월 12일 출항하여 8일 후 요코하마에 입항했다.

상해·나가사키 사이가 460해리, 또 효고에 기항하여 요코하마까지는 그 두 배 정도 되는데 홍콩·요코하마 사이는 2,967해리로 이것은 도중에 기항지가 없기 때문에 거리는 3배 정도 멀지만 승선시간에는 큰 차이가 없었던 것 같다.

그렇다면 상해에서 샌프란시스코까지는 일본 나가사키·효고·요코하마의 기항시간을 포함해도 거의 한 달 안에 도항할 수 있게 된다. 1874년 *Japan Daily Herald* 광고에 다음과 같은 것이 있다.

> Through U.S. Mail Line from China and Japan to New York.
>
> Pacific Mail Steamship Co. in connection with The Central and Union Pacific Railroad Companies.
>
> ……Through Passenger Trains run daily, between San Francisco and New York, making the trip in six days and twenty hours.[14]

P.M.S.S. 기선으로 샌프란시스코로 건너가 센트럴 퍼시픽철도와 유니언 퍼시픽철도 열차에 승차해 6일하고 20시간에 뉴욕에 도착한다는 것이다.

---

14 *The Japan Daily Herald* vol. 25 no. 3201, 4th April, 1874.

미국횡단이 철도로 가능하게 된 것은 1869년 이후이며, 상해에서 요코하마를 경유하여 샌프란시스코까지 P.M.S.S.기선에 승선하고, 뉴욕에는 철도를 이용해 40일 뒤에 도착할 수 있게 되었다.

용굉이 1847년에 99일 걸려 뉴욕에 도항했을 때와 비교하면 거의 절반 일수로 상해에서 뉴욕으로 갈 수 있게 되었다.

5. 중국에서 미국으로 도항하는 목적

『신보』제48호, 동치 11년, 1872년 6월 25일의 '잡문'에는 다음과 같은 기술이 있다.

> 종전에 윤선이 중국에서 샌프란시스코로 가는 것은 한 달에 한 차례였다. 지금은 반달이면 운항한다고 한다. 여기서 중국과 유럽 국가들과의 통상거래가 점차적으로 확대되고 날로 성해지고 있음을 볼 수 있다.[15]

기선으로 중국에서 금산金山 즉, 샌프란시스코로 가는 데는 한 달에 한 번뿐이었지만, 그 기회가 보름에 한 번이 되어 중국과 여러 외국과의 통상기회가 늘어나는 것을 반겼다.

청조정부에 의해 외국유학을 가게 된 학생들은 음력 7월 초9일(서기 8월 12일) 이른 아침에 기선에 탑승해 상해에서 나가사키, 오사카, 요코하마를

---

15 『申報』第1冊, 上海書店, 1983.1, p.186.

경유해 미국으로 갔다. 그들은 7월 초9일 상해, 11일 나가사키, 14일 오사카, 17일 요코하마, 19일 오후 12시 출항 기선으로 미국으로 가서 8월 초10일(9월 12일) 7시에 샌프란시스코에 도착했다. 『신보』의 상해출항기록에서 7월 초9일에 상해를 출항해 일본으로 향한 기선은 없으며, 그 직전인 7월 초7일(8월 10일)에 출항한 '코스타리카, 또 오후에 일본 등지等地로, 미공사'[16]가 있다. 이것은 P.M.S.S. 기선 코스타리카호이며 그 후는 22일 출항의 '뉴욕, 또 오후에 일본 등지로, 미공사'[17]로 되어있는 P.M.S.S. 회사의 뉴욕호로 7월 22일(8월 25일) 출항인 점에서 앞선 '7월 초9일'로 되어 있지만 초7일에 상해를 출항한 코스타리카호에 승선했을 것이다. 상해에서 거의 한 달 만에 샌프란시스코에 도착했다. 이런 점에서 P.M.S.S. 기선에 승선한 것은 분명했다. 13일에 기차를 타서 6일 걸려 뉴욕에 도착했다.

『신보』 제119호, 동치 11년 8월 14일, 1872년 9월 16일 자에 의하면 다음과 같다.

출국한 관비유학생 샌프란시스코에 도착해서 전신(電信)

출국하여 학업을 하는 관비유학생은 7월 초9일 아침, 증기선을 타고, 상해를 출발하여 11일에 나가사키에 도착, 14일에 오사카 도착, 17일에 요코하마에 도착, 도중 각 항구마다 마음에 맞고 매우 흡족했다. 뒤에 샌프란시스코를 지나는 윤선으로 갈아타고, 19일 오후 12시에 출발해 8월 12일 일찍 여기서 전보를 받았다. 말하기를, 각 관비유학생이 이미 8월 초10일 7시에

16 『申報』 第1冊, p.348.
17 『申報』 第1冊, p.396.

무사히 미국 샌프란시스코항에 도착하였으며, 가는 길에 바람과 파도가 고요했다고 한다. 모두 멀미와 구토가 없어, '가는 길에 복성(福星)이 있다'고 했다. 계획한 대로 13일에 기차(火輪車)를 타고 6일이면 뉴욕에 도착할 수 있는데, 여기서부터는 육로가 안정적이어서 더욱 걱정할 것이 없다.[18]

『신보』제286호, 동치 12년 3월 초9일, 1873년 4월 5일의 「윤선왕금산輪船往金山」에 다음의 내용이 기술되어 있다.

알림. 이번에 샌프란시스코로 가는 증기선은 정확히 15일에 출발합니다. 그 항구의 영업이 꽤 잘 되어 객상(客商)이 운집하고, 홍콩에서 가는 자가 매월 수천 명을 넘습니다. 그러므로 자리가 이미 만(萬)입니다. 만약 이 배를 타려고 한다면 반드시 반달 전에 와야 합니다. 이에 알려드립니다.
3월 초6일 만창공사(萬昌公司) 알림[19]

중국인이 금산 혹은 구금산舊金山으로 부른 미국 샌프란시스코행 기선의 출항안내광고이다. 동치 12년 3월 15일, 즉 1873년 4월 11일 상해를 출항하는 샌프란시스코행 기선의 탑승자에게 권유했다. 그 전례로 홍콩에서 미국으로 가는 자가 매월 수천 명 아래로 떨어지지 않는 등 승객이 너무 많아 반달 전부터 탑승예약을 받았다.

이 『신보』에 게재된 상해에서 일본으로 항행했던 P.M.S.S.기선의 출항표를 〈표 4〉와 같이 작성했다.

---

18 『申報』第1冊, 上海書店, 1983.1, p.469.
19 『申報』第2冊, 上海書店, 1983.1, p.303.

호수	음력월일	서기연월일	선박명	입·출항	시각	장소	공사명	신보 쪽수
9	4.6	1872.5.12	아력격나(亞力格那)	출항		일본		1-036
13	4.9	1872.5.15	고사뢰극(考司雷克)	입항		일본		1-052
13	4.14	1872.5.20	고사뢰극(考司雷克)	출항		일본		1-052
22	4.18	1872.5.24	우야극(牛也克)	입항		일본	미공사	1-084
25	4.23	1872.5.29	우야극(牛也克)	출항		일본	미공사	1-096
29	4.27	1872.6.2	미공사(美公司)	입항		일본	만창	1-112
30	4.30	1872.6.5	아이강(亞利江)	출항		일본	미공사	1-120
35	5.4	1872.6.9	미공사(美公司)	입항		일본	만창	1-136
37	5.7	1872.6.12	미공사(美公司)	출항		일본	만창	1-144
43	5.13	1872.6.18	우야극(牛也克)	입항		일본	만창	1-158
47	5.19	1872.6.24	우야극(牛也克)	출항		일본	만창	1-184
57	5.29	1872.7.4	고사이극(考司里克)	입항		일본	만창	1-224
62	6.7	1872.7.12	고사탈극(考司脫克)	출항	오전	일본	만창	1-244
68	6.14	1872.7.19	가영애처(哥令愛處)	출항	아침	일본	만창	1-268
69	6.13	1872.7.18	우야극(牛也克)	입항		일본	만창	1-272
74	6.20	1872.7.25	우야극(牛也克)	출항		일본	만창	1-292
76	6.21	1872.7.26	아이강나(亞而江那)	입항		일본	만창	1-300
82	6.29	1872.8.3	아이강나(亞而江拿)	출항	밤	일본	미공사	1-324
88	7.7	1872.8.10	극사탈래극(克司脫來克)	출항	오후	일본	미공사	1-348
89	7.8	1872.8.11	가이애처(哥而愛處)	입항		일본	미공사	1-352
93	7.11	1872.8.14	이래부(里來夫)	입항		일본	미공사	1-368
94	7.15	1872.8.18	이래부(里來夫)	출항		일본	미공사	1-372
95	7.13	1872.8.16	우야극(牛也克)	입항		일본	미공사	1-376
101	7.22	1872.8.25	우야극(牛也克)	출항		일본	미공사	1-400
108	8.1	1872.9.3	아이강나(亞而江拿)	출항		일본	미공사	1-428
109	8.1	1872.9.3	이래부(里來夫)	입항		일본	미공사	1-432
115	8.9	1872.9.11	고사이극(考司利克)	출항	밤	일본	미공사	1-456
116	8.9	1872.9.11	이력부(利力夫)	입항		일본	미공사	1-460
121	8.16	1872.9.18	이력부(利力夫)	출항	밤	일본	만창	1-480
122	8.16	1872.9.18	우야극(牛也克)	입항		일본	만창	1-484
124	8.20	1872.9.22	우야극(牛也克)	출항		일본	미공사	1-492
129	8.24	1872.9.26	이력부(利力夫)	입항		일본	미공사	1-512
134	9.2	1872.10.2	수특(帥特)	출항	밤	일본	미공사	1-532

호수	음력월일	서기연월일	선박명	입·출항	시각	장소	공사명	신보 쪽수
135	9.2	1872.10.2	고사이극(考司利克)	입항		일본	미공사	1-536
138	9.5	1872.10.6	이력부(利力夫)	입항		일본	미공사	1-548
141	9.11	1872.10.12	가사이극(可司利克)	출항	밤	일본	미공사	1-560
142	9.10	1872.10.11	아이강나(亞而江拿)	입항		일본	만창	1-564
151	9.21	1872.10.22	우야극(牛也克)	입항		일본	미공사	1-600
155	9.25	1872.10.25	우야극(牛也克)	출항	밤	일본	미공사	1-612
161	10.4	1872.11.4	이력부(利力夫)	출항	오후	일본	미공사	1-640
164	10.6	1872.11.6	고사이극(考司利克)	입항		일본	미공사	1-652
167	10.11	1872.11.11	고사이극(考司利克)	출항	밤	일본	미공사	1-644
170	10.13	1872.11.13	아이강나(亞而江拿)	입항		일본	만창	1-676
174	10.19	1872.11.19	아이강나(亞而江拿)	출항	오전	일본	미공사	1-692
176	10.20	1872.11.20	우야극(牛也克)	입항		일본	미공사	1-700
180	10.26	1872.11.26	이력부(利力夫)	입항		일본	미공사	1-716
180	10.26	1872.11.26	우야극(牛也克)	출항	오전	일본	미공사	1-716
184	10.28	1872.11.28	애력이(愛力而)	입항		일본	미공사	1-728
185	11.3	1872.12.3	애력이(愛力而)	출항	밤	일본	미공사	1-740
190	11.8	1872.12.8	고사이극(考司利克)	입항		일본	미공사	1-760
200	11.20	1872.12.20	아의강이나(亞義江以拿)	입항	오전	일본	미공사	1-800
202	11.22	1872.12.22	우야극(牛也克)	입항		일본	미공사	1-808
206	11.27	1872.12.27	우야극(牛也克)	출항	오후	일본	미공사	1-824
209	12.2	1872.12.31	이력부(利力夫)	입항		일본	만창	1-8xx
211	12.4	1873.1.2	이력부(利力夫)	출항	밤	일본	미공사	2-008
218	12.10	1873.1.8	고사이극(考司利克)	입항		일본	만창	2-032
222	12.16	1873.1.14	애력이(愛力而)	출항	오전	일본	미공사	2-048
227	12.22	1873.1.21	고사이극(考司利克)	출항	밤	일본	미공사	2-068
233	1.6	1873.2.3	과이아처(戈而阿處)	출항	밤	일본	미공사	2-092
237	1.10	1873.2.7	아이강나(亞以江拿)	입항		일본	만창	2-108
239	1.13	1873.2.10	아이강의(亞以江義)	출항	오전	일본	미공사	2-116
240	1.14	1873.2.11	아이강나(亞以江拿)	출항	밤	일본	미공사	2-120
245	1.18	1873.2.15	고사이극(考司利克)	입항		일본	만창	2-140
247	1.22	1873.2.19	고사이극(考司利克)	출항		일본	미공사	2-148
253	1.29	1873.2.26	과이아처(戈而阿處)	입항		일본	만창	2-172
254	2.1	1873.2.27	과이아처(戈而阿處)	출항		일본	미공사	2-176

호수	음력월일	서기연월일	선박명	입·출항	시각	장소	공사명	신보 쪽수
257	2.5	1873.3.3	우야극(牛也克)	입항		일본	만창	2-188
259	2.7	1873.3.5	우야극(牛也克)	출항		일본	미공사	2-196
263	2.15	1873.3.13	아이강(亞以江)	입항		일본	만창	2-212
265	2.14	1873.3.12	아이강나(亞以江拿)	출항	정오	일본	미공사	2-220
281	3.2	1873.3.29	우야극(牛也克)	입항		일본	만창	2-281
291	3.15	1873.4.11	아이강(亞以江)	출항	오후	일본	미공사	2-324
293	3.18	1873.4.14	고사이극(考司利克)	입항		일본	만창	2-332
296	3.21	1873.4.17	고사이극(考司利克)	출항	밤	일본	미공사	2-344
305	4.1	1873.4.27	우야극(牛也克)	입항		일본	만창	2-380
308	4.5	1873.5.1	우야극(牛也克)	출항	밤	일본	미공사	2-392
313	4.11	1873.5.7	아이강의(亞以江義)	입항		일본	만창	2-412
316	4.14	1873.5.10	아이강의(亞以江義)	출항	밤	일본	미공사	2-424
323	4.23	1873.5.19	과등처(戈登處)	입항		일본	만창	2-452
323	4.23	1873.5.19	고사이극(考司利克)	출항	밤	일본	미공사	2-452
329	5.1	1873.5.25	과이등처(戈而登處)	출항		일본	미공사	2-477
337	5.10	1873.6.4	아이강의(亞以江義)	입항		일본	만창	2-508
343	5.17	1873.6.11	아이강의(亞以江義)	출항	밤	일본	미공사	2-528
350	5.25	1873.6.19	과이등처(戈而登處)	입항		일본	만창	2-560
355	6.1	1873.6.25	우야극(牛也克)	입항		일본	만창	2-580
366	6.13	1873.7.7	아이강의(亞以江義)	입항		일본	만창	3-028
367	6.14	1873.7.8	고사이극(考司利克)	입항		일본	만창	3-032
372	6.25	1873.7.19	아이광(亞而光)	출항	밤	일본	만창	3-052
377	6.25	1873.7.19	우야극(牛也克)	입항		일본	만창	3-072
390	U612	1873.8.4	고사이극(考司利克)	입항		일본	만창	3-124
395	U617	1873.8.9	아이강(亞以江)	입항		일본	만창	3-144
402	U627	1873.8.19	아이강(亞以江)	출항	밤	일본	미공사	3-172
408	7.3	1873.8.25	과이등처(戈而登處)	입항		일본	만창	3-196
415	7.11	1873.9.2	고사이극(考司利克)	입항		일본	만창	3-224
423	7.21	1873.9.12	고사이극(考司利克)	출항	밤	일본	미공사	3-256
430	7.28	1873.9.19	우야극(牛也克)	입항		일본	만창	3-284
435	8.4	1873.9.25	과이견처(戈而堅處)	입항		일본	만창	3-304
444	8.15	1873.10.6	미공사(美公司)	입항		일본	만창	3-340
445	8.16	1873.10.7	고사이극(考司利克)	입항		일본	만창	3-344

호수	음력월일	서기연월일	선박명	입·출항	시각	장소	공사명	신보 쪽수
448	8.18	1873.10.9	아이강(亞以江)	입항		일본	만창	3-356
455	8.27	1873.10.18	우야극(牛也克)	입항		일본	만창	3-384
470	9.16	1873.11.5	고사이극(考司利克)	입항		일본	만창	3-444
479	9.25	1873.11.14	이력부(利力夫)	입항		일본	만창	3-476
486	10.3	1873.11.22	아이강(亞以江)	입항		일본	만창	3-504
491	10.10	1873.11.29	미공사(美公司)	입항		일본	만창	3-528
499	10.19	1873.12.8	과이견처(戈而堅處)	입항		일본	만창	3-556
503	10.25	1873.12.14	우야극(牛也克)	입항		일본	만창	3-576
510	11.4	1873.12.23	고사이극(考司利克)	입항		일본	만창	3-608

위와 같이 P.M.S.S.기선의 상해 수화물회사는 만창공사이며 출항 시에는 미공사美公司로 불렸다. 선박명의 한자명이 전부 일치하는 것은 아니나, 고사이극考司利克이 코스타리카이고 아이강亞以江, 아이강나亞以江拏가 아리엘, 우야극牛也克이 뉴욕이었던 것은 분명하다.

『신보』제110호, 동치 11년 8월 초3일, 1872년 9월 5일 기사 「만창공사대륜선피분萬昌公司大輪船被焚」에는 다음과 같은 기술이 있다.

어제 요코하마에서 온 편지를 받았다. 만창공사(萬昌公司)[21]의 가장 큰 증기선이, 양력으로 지난달 24일에 그곳에서 화재가 발생했다. 배의 이름은 아메리카호이다. 크기는 4,554톤, 그 공사의 아주 크고 아름다운 배로서, 건조비용이 160만 원이 넘는다. 지금 선창 속에 은 40만 원이 실려 있고, 또 샌프란시스코에서 실은 화물과 승객 1백여 명, 선체와 은화(銀貨) 등이 모두 불에 타거나 혹은 바다에 빠졌다. 타고 있던 승객 가운데 여러 사람을 구

20 『申報』第1冊~第3冊, 上海書店, 1983년 1월에 의한다. 표의 우측 란 '申報頁數'는 상해서점판 『申報』의 책 수와 페이지 수를 나타낸다.

21 【역주】 Pacific Mail Steamship Company.

하긴 했으나, 갑작스럽게 사망한 사람도 적지 않다. 조사해보니, 이 배는 양력으로 지난달 초1일에 샌프란시스코에서 출발했는데, 중국인 승객 총 177명, 서양인 승객 35명, 양은(洋銀) 150만 원, 잡화 5백 톤을 실었다. 모두 일본이나 중국으로 오는 중이었다. 요코하마에 도착하자, 싣고 온 은화는 모두 하역하였다. 종일 일이 없다가 저녁 11시가 되자 선박의 책임자와 선원, 탑승객이 모두 들어가서 잠을 잤다.[22]

샌프란시스코를 1872년 8월 1일 출항해 요코하마로 가던 P.M.S.S. 기선인 4,544톤의 아메리카호가 200명을 넘는 승객을 태우고 은화 150만엔, 일본과 중국으로 갈 잡화 500톤을 싣고 있었는데 해상에서 과실로 화재가 발생했다는 보도이다. 이 배에는 중국인승객 177명이 타고 있었다. 아마 요코하마를 경유해 상해로 되돌아오는 사람들이었다고 생각된다. 이런 것을 통하여 P.M.S.S. 기선의 태평양항로의 일면을 볼 수 있다.

『신보』 제356호, 동치 12년(1873) 6월 26일의 「논구금산사論舊金山事」에는 다음과 같은 내용이 있다.

샌프란시스코에서 양력 5월 20일, 서양인 친구가 편지를 보내와서 말했다. (…중략…) 중국인으로서 윤선을 타고 와서 고용노동자가 되는 이가 끊임없이 이어지는 것을 보고, 마음 속으로 더욱 원망과 노여움이 생긴다. (…중략…) 조사해보니, 이 항구에 기거하는 중국인은 십만 명이 넘었고, 지금 현지인들은 이미 마음 속으로 원한을 품어……[23]

---

22 『申報』 第1冊, 上海書店, 1983.1, p.433.
23 『申報』 第2冊, 上海書店, 1983.1, p.581.

이와 같이 1873년 5월 20일에 『신보』 편집부가 받은 샌프란시스코에서 온 편지에는 기선을 타고 미국에 건너와 직공이 되는 사람이 급증하여 샌프란시스코에 거주하는 중국인은 10만 명이 넘는다고 한다.

『중서견문록中西見聞錄』 제22호, 1874년 5월, 동치 13년 4월에 게재된 「미국금산美國金山」에는 다음과 같이 되어 있다.

중국 복건성·광동성 두 성은 바다에 가깝다. 그 주민들은 물에 익숙하고, 항해와 무역에 기대어 생업을 삼는 이가 많고, 외양(外洋)으로 멀리 가서 생계를 도모하는 자 역시 적지 않다. 보르네오, 자바, 싱가폴, 호주, 여송, 쿠바, 페루 등 곳곳에 있는데, 그중 가장 많은 곳으로는 미국의 샌프란시스코만한 데가 없다. 샌프란시스코는 대양(大洋)의 동안(東岸)에 있으며, 미국의 서쪽 경계이다. (⋯중략⋯) 중국인이 이 지역에 거주한 것 역시 도광 28년에 시작되었는데, 복건성과 광동성에서 5·6명이 배를 타고 샌프란시스코에 도착했다. (⋯중략⋯) 지금 약 70만 명이 사는데, 그중 중국인이 약 6·7만이다. (⋯중략⋯) 또 중국인이 샌프란시스코에 가는 것은 모두 자원해서 간 것이며, 미국이 불러들인 것이 아니다. 중국인이 그곳에 가면, 또한 자주(自主)할 수 있으며, 별다른 통제가 없다. 산으로 가서 금을 캐기도 하고, 고용노동자가 되어 밭을 경작하기도 하고, 스스로 경작지를 갖고 농산물을 심기도 하며, 점포를 열어 무역을 하기도 하는데, 방해를 받는 일이 없다. (⋯중략⋯) 골든게이트(Golden Gate)의 미국인이 화륜공사(火輪公司)를 설립하여, 매월 두 척을 중국에 파견하여 여객도 싣고 화물도 운반한다. 샌프란시스코에서 일본에 도착하는 데 20일이 걸리고, 일본에서 상해에 도착하는 데 또 10일이 걸린다. 방향을 기준으로 하면 샌프란시스코와 중국은 동서로 서로 직선에 해당하여, 만리길을 항해하는 데도 한달을 넘긴 적이 없으니, 빠르다고 할 수 있다.[24]

도광 28년(1848)에 복건福建과 광동에서 5, 6명이 바다를 건너 금문金門(골든 브릿지)에 도착한 것이 초기 상황이었는데, 그것이 20여 년 후에는 6만에서 7만에 달했다. 그들이 미국으로 건너온 것은 인신매매와 같은 것이 아니라, 자신의 희망에 의한 것이며 그들은 광산이나 농업노동자 그리고 상점 경영 등에 종사했다. 이 사람들의 도항을 진행시킨 것이 샌프란시스코에서 개설된 기선회사이며, 매월 2척이 여객과 화물을 싣는 운항을 시작했다. 샌프란시스코에서 일본으로는 20일, 일본에서 상해로는 10일, 샌프란시스코에서 상해로는 30일의 여정으로 도항할 수 있게 되었다.

1882년 7월 13일(광서 8년 5월 28일)의 『호보滬報』(자림양행) 제49호에 게재된 「화인피구華人被拘」에서

윤선을 구해, 홍콩에서 미국 샌프란시스코로 가는 배 안에 중국인 승객 8백여 명을 실었는데, 이미 이곳에 도착했다.

라고 한 것을 통해 홍콩에서 배 한척에 800여 명의 중국인 여행객이 탑승해 있었던 것을 알 수 있다. 또 같은 해 7월 13일(광서 8년 6월 초4일)의 『호보』 제53호의 「서보론화용西報論華傭」에 의하면 미국으로 건너온 중국인들은 어떤 직업에 종사했는가에 관하여 다음과 같이 보도하고 있다.

---

24 『中西見聞録』第3冊(第4冊), 南京古舊書店, 1992. 6, pp. 183~186.

샌프란시스코신문에서 말하기를, 지금 중국인으로서 오는 이가 비록 많지만, 아직 충분하지 않다. 그 곳의 양포洋布, 면화 및 권련 등을 제조하는 공장들은 모두 사방에서 중국 노동자를 찾고 있다. 기차를 가진 세 회사가 이미 중국의 몇몇 지방에 편지를 써서 자신들의 철도노동자로 오기를 청했다. 또 어떤 기차회사의 이사는 중국인 노동자 1천 명을 이용해 여러 철로에서 수시로 초청장을 써서, 숫자대로 전부 고용이 되면 중국인 한 사람당 은병 10원을 사례로 준다고 하는데, 총계는 이처럼 사은讓銀 1만 원을 얻을 수 있으니, 큰 이익에 마음을 두는 이가 적지 않지만, 여러 성의 중국인이 모이는 곳에서는 끝내 그 수를 채울 수 없었다. 미국에 사는 중국인은 부유를 추구해 게으른 이가 없고, 모두 하는 일이 있기에 찾기가 어렵다. 부유층에서는 모두 하인으로서 중국인을 고용한다. 군대의 관병官兵으로 쓰이는 자는 더 많다. 임금은 매월 20원, 25원에서 30원에 이르기까지 일정하지 않으며, 근래에는 포도원에서도 중국인을 고용해 경작하게 한다. 후일 법이 시행된 후, 중국인 노동자는 미국입국이 금지되는데, 이것은 정말로 일처리를 잘못하는 것이다. 내 생각에 이른바 법 시행이라는 것은, 아마도 미국의회에서 중국인노동자를 금지하는 새로운 법령을 논의하여, 60일 후에 반포하여 시행하는 것이다.

이와 같이 미국으로 건너간 중국인의 대부분은 직포, 면화재배, 담배공장, 자동차회사, 도로건설, 철도관계 노동자 등 저임금노동자로 취업했다. 그런 노동력의 진출을 반기지 않는 분위기가 미국에서 싹트고 있었다.

6. 홍콩에서의 P.M.S.S.기선 발착

홍콩에서 발간된 신문 *China Mail*의 1869년 1월부터 2월 초 제1면 출항 광고에 P.M.S.S.기선 출항 광고가 보인다.

China Mail vol.25 no.1740, 1869년 1월 2일, 동치 무진년 11월 20일 제 1면 광고에 P.M.S.S.회사의 다음 광고가 있다.

PACIFIC MAIL STEAM-SHIP COMPANY

Through U.S. Mail Line to New York.

THE Steamer China, Capt. E. R. Walsar, will be despatched for Yokohama and San Francisco, on the 16th January, 1869.

A Steamer will leave Shanghai on or about same date, connecting at Yokohama with above-named steamer.

Passengers ticketed through to California, Mexico, Central and South America, the Atlantic States, and to England or France, both via New York and by lines-from Panama and Aspinwall.

Return tickets issued at a reduction of 10% upon the whole amount for the round voyage.

Connections are made at Panama with Steam Lines upon the West coast of Central and South America, at Aspinwall with the "Royal West India Mail Line", "West India and Pacific Steam-ship Company", (Limited) and the "French Transatlantic Company", And, at New York, with the various lines to Europe Tickets issued for the following Steam-ship Lines: Cunard, Inman, National,

General Transatlantic Co., New York and Bremen Steam-ship Co., and North German Lloyds.

Favorable arrangements have been made for through passengers and freight to America, from Calcatta, Penang and Singapore, and from Swatow, Amoy and Foochow.

Through Bills of Landing give for Ports of Mexico and on the west coast of Central and South America to as far as Valparaiso, to New York, Liverpool, Southampton and St. Nazaire, France.

Freight to Unitied State payable in advance in Mexican Dollars, or on delivery in American Go'd Coin with 8 percent additional, at shipper's option.

For further information, apply at the Agency of the Company, Praya West.

GEO. F. BOWMAN, Agent.

기본적으로는 앞서 거론한 *North-China Herald*의 광고와 같은 것이지만, 이쪽이 시간적으로 더 빠르다. 내용은 1869년 1월 16일 홍콩에서 요코하마를 경유해 샌프란시스코로 차이나호가 출항하는 것을 알리고 있다. 후일의 광고에서 이 배는 19일 출항으로 변경되었다. 그 후의 광고에서는 매달 홍콩을 출항하는 기선 명을 들고 있다.

China Mail vol. 25 no. 1756, 1869년 1월 21일, 동치 무진년 12월 초9일 광고에서는 다음과 같이 변경되어 기재되었다.

PACIFIC MAIL STEAM-SHIP COMPANY

Through U.S. Mail Line to New York.

Steamers of this line will be dispatched as follows;

Great Republic, February 19.

Japan, March 19.

China, April 19.

Great Republic, May 19.

Japan, June 19.

China, July 19.

Great Republic, August, 19.

A Steamer will leave Shanghai on or about same date, connecting at Yokohama with above-named steamer.

Passengers ticketed through to California, Mexico, Central and South America, the Atlantic States, and to England or France, both via New York and by lines-from Panama and Aspinwall.

(…중략…)

For further information, apply at the Agency of the Company, Praya West.

tf GEO. F. BOWMAN, Agent.

P.M.S.S. 회사는 1869년 1월 19일부터 매달 19일에 홍콩을 출항하고, 마찬가지로 같은 날 상해를 출항하는 기선은 P.M.S.S. 회사의 다른 기선이며

각각 10일을 소요하여 요코하마에 도착했다. 또한 요코하마에서 상해로부터 온 승객을 탑승시켜 샌프란시스코로 향한다는 운항노선을 취했다.

7. 샌프란시스코에서의 P.M.S.S. 기선 발착

P.M.S.S. 기선의 발착기점은 미국 샌프란시스코이다. 거기서 1865년부터 1868년까지 발간된 신문 *The Daily Dramatic Chronicle*의 새 광고란에는 다음과 같은 광고가 보인다.

FOR JAPAN AND CHINA

The P.M.S.S. Company's Steamship COLORADO, 4000Tens,

GEORGE H, BRADBURY …… Captain

WILL be dispatched for YOKOHAMA and HONGKONG

ON Tuesday, January 1st, 1867. At 12 o'clock, Noon.

P.M.S.S. 기선이 1867년 1월 1일 정오에 샌프란시스코에서 요코하마, 홍콩으로 출항하는 광고이다.

그 후 확인할 수 있는 샌프란시스코의 신문, 1869년 간행된 *San Francisco Chronicle*에서 P.M.S.S. 기선의 발착상황은 〈표 5〉와 같다.

San Francisco Chronicle 1869년 11월 5일호의 "Marine New"에는 다음과 같이 기술되어 있다.

〈표 5〉 1869~1871년 샌프란시스코발착 P.M.S.S.기선표

연월일	발착	선박명	선장	항해일	목적지	중국인 승객
1869년						
4.27	착	Japan		5.4	요코하마·홍콩	
5.21	발	China		5.20	홍콩 417 요코하마 430	
7.21	착	Japan		6.20	홍콩618 요코하마627	
10.21	착	America		10.20 오전	홍콩, 요코하마929	
11.5	발	America		11.4	홍콩, 요코하마	약 1,000명
1870년						
1.1	착	China		1.1, 12:00	홍콩, 요코하마	
2.24	착	Japan			홍콩, 요코하마	
3.3	발	Japan		3.2, 10:00		
4.14	착	America		4.13 오전	홍콩312 요코하마323	1,181명 (3등실)
5.18	발	Japan		6.1	홍콩, 요코하마	
6.22	발	America		7.1	홍콩, 요코하마	
7.29	발	Great Republic		8.1	홍콩, 요코하마	
9.13	착	America		9.12 오전	홍콩812 요코하마822	
10.18	착	Great Republic	Deane	10.17	홍콩33일21시간 요코하마22일19시간	
12.21	착	Japan	Warsaw	12.20	홍콩38일 요코하마25일	
1871년						
1.18	착	America		1.17	홍콩1212 요코하마1223	
5.14	착	Great Republic		5.13	홍콩412 요코하마422	
5.18	발	Japan	Freeman	6.1	요코하마·홍콩	
6.17	발	China	W.E.Cubb	7.1	요코하마·홍콩	
7.23	발	America	W.E.Warsaw	8.1	요코하마·홍콩	
8.26	발	Japan	Freeman	9.1	요코하마·홍콩	
10.31	발	America	Seth Doara	11.1	요코하마·홍콩	

주: 이 표는 "San Francisco Chronicle"에 게재된 선박정보와 선박광고에 의해 작성되었다. 연월일은 기사 게재 일을, 항해일은 기선의 입항, 출항일을 나타낸다.

The Steamship America sailed yesterday for Hongkong and Yokohama. (…중략…) She also took 47 cabin passengers and about 1,000 Chinese.

샌프란시스코에서 홍콩으로 가는 승객으로서 약 1,000명의 중국인이 승선하고 있었다. 또 *San Francisco Chronicle* 1870년 4월 14일호의 "From China and Japan"란에도 P.M.S.S. 기선 아메리카호가 1870년 4월 13일에 샌프란시스코에 도착했다는 기술이 있다.

The Pacific Mail Steamship Company's steamer America arrived yesterday morning, from Hongkong March 12th and Yokohama March 23d, She brought the following list of passengers; (…중략…) also, 1,181 Chinese in the steerage, (…중략…) There were no Chinese women brought by this steamer.

이 배는 홍콩을 같은 해 3월 12일, 요코하마를 3월 23일에 출발하여 온 것으로, 3등실에는 1,181명의 중국인이 타고 있었다. 전부 중국인 남성이었다. 이들은 일본에서 직접 승선했든지 혹은 P.M.S.S. 회사의 상해·요코하마선横浜線에 승선하여 요코하마에서 아메리카호에 탑승한 사람들이었다.

확실하게 P.M.S.S. 기선을 이용해 미국으로 건너온 중국인들의 동향을 파악할 수가 있다.

8. 소결

위와 같이 P.M.S.S. 회사가 샌프란시스코에서 태평양을 건너 일본을
경유해 상해에 이르는 기선항로를 개설하자, 지금까지 서쪽항로로 미국
으로 간 사람들이 태평양항로를 이용할 수 있게 되었다. 그 일부는 1870
년 1월 22일 요코하마에서 창간된 주간지 *Japan Weekly Mail*은 "Shipping
Intelligence"의 'Passengers(승객)'에 관한 기록에도 보인다. 가장 초기 기
록으로 1870년 1월 20일에 상해항에서 요코하마항으로 입항한 뉴욕호
에 의해 8명의 중국인이 샌프란시스코에 갔다. 이 8명의 중국인은 분명
히 상해에서 요코하마 경유로 P.M.S.S. 회사의 기선에 승선해 샌프란시
스코로 건너간 것이다.

상해에서 세계로 향하는 새로운 항로 개통은, 상해에 미국의 신문화
가 과거보다 빨리 들어오게 되는 계기가 된 것이 분명하다. 이 P.M.S.S.
회사의 상해항로는 1875년(메이지 8, 광서 원년)에 일본정부의 지원을 받은
미쓰비시회사의 요코하마·상해항로 개설에 의해 큰 타격을 받지만, 요
코하마·샌프란시스코항로는 한동안 P.M.S.S. 회사의 독점이었다. 때
문에 중국인의 미국도항은 상해에서 일본기선으로 요코하마로 건너와
요코하마에서 P.M.S.S. 기선으로 환승해 미국으로 가게 된다.

P.M.S.S. 회사의 뉴욕호는 1886년(메이지 19, 광서 18) 5월에 미쓰비시회사
를 계승해 설립된 일본우선회사에 매각되고 도쿄마루로 개명되었다.[25]

---

25 松浦章, 『近代日本中国台湾航路の研究』, 清文堂出版, 2005, p.43.

제2부

근대 중국과 메이지일본 기선

제1장
청말 신문으로 보는 일본기선의 활동

1. 서언

『도쿄요코하마매일신문』제4,530호, 메이지 19년(1886) 1월 13일의 「청국초상국 및 일본우선회사」에 다음과 같은 내용이 있다.

아시아의 동쪽 여러 나라 중에서 항해를 업으로 하는 2개의 큰 회사가 있다. 하나는 청국초상국이며, 또 하나는 일본의 우선회사이다. 이 양대 회사는 모두 정부 혹은 정부 부서내의 사람들이 직간접으로 연결되어 있다. 일본우선회사는 근래 동양에서 유명한 회사로, 자본금은 1,100만 엔이 있다. 그 가운데 정부 주(株)에 속하는 260만 엔 외에는 구 미쓰비시 및 구 공동회사 보통주주의 것으로, 정부는 이 거대한 주식출자금에 대하여 연8주(朱)의 이익을 보호한다. 초상국은 청국에서 유명한 이홍장을 비롯해 그 외의 사람이 지출한 자금으로 성립된 것이다.

이와 같이 19세기 말 동아시아 거대 기선회사로 존재했던 것은 청국의 윤선초상국과 일본우선회사였다. 이 두 회사는 동아시아에 진출한 구미 기선회사보다 늦게 설립된 후발 기선회사였지만 모두 청국정부, 일본정부의 후원을 받아 굴지의 기업으로 성장했다.

일본우선회사의 전신이었던 미쓰비시기선회사는 일본 최초의 해외 항로로서 요코하마, 고베 등을 경유하여 상해로 가는 항로를 개설한다. 개설 취지가 *The North-China Herald* no.406, 1875년(메이지 8, 광서 원년) 2월 18일 통신란에, 상해 코닝 대리점에서 2월 13일 날짜로 미쓰비시상회의 이름으로 게재되어 있다.

일본 미쓰비시기선회사를 위하여 지면을 할애해 주셔서 감사합니다. 저희 회사는 기선이 요코하마, 효고, 시모노세키, 나가사키 그리고 상해를 연결하는 항로를 개설하고 전술한 지정 항구를 매주 운항합니다. 일본정부는 일본과 중국인들 사이에는 친애하는 정이 있고 그것이 더욱 촉진되기를 간절히 바라고 있습니다. 일본당국의 지시에 의한 기선항로의 매주운항으로 쌍방교류가 진전될 것이라는 희망 하에 양국 간을 정기적으로 왕복하기 위하여 확립되었습니다.

라고 안내되어 있듯이 미쓰비시기선회사는 그 후 매주 기선 한 척을 운항하고, 그것은 메이지 18년(광서 11, 1885) 공동운수회사와 함께 합병된 새로운 회사 일본우선회사로 이어져 간다.[1]

1　松浦章, 『近代日本中国台湾航路の研究』, 清文堂出版, 2005.6, pp.31~68.

그래서 일본 기선회사가 중국 국내에서 어떤 평가를 받고 있었는지 중국 신문에 게재된 기사를 중심으로 기술해 보겠다.

2. 중국 내륙항로에서의 일본기선

청일전쟁 후 시모노세키조약 체결로 일본은 장강항로뿐만 아니라 중국 내륙항로에도 기선운항을 할 수 있게 되었다. 그 시작이 강남항로江南航路이며 그 후에 장강항로長江航路, 호남항로湖南航路 순으로 확장되어 간다.[2]

1) 강남항로

시모노세키조약 체결 후 중국 내륙항로 기선항운의 첫 임무를 맡은 것이 오카야마岡山 출신의 시라이와 류헤가 설립한 대동신이양행大東新利洋行이다. 대동신이양행의 활동은 중국 국내 신문에 빠르게 주목받게 된다. 『소보蘇報』제43호, 1896년(메이지 29) 8월 7일, 광서 22년 6월 28일의 「선조이반船照已頒」에는 다음과 같이 기술되어 있다.

일상(日商) 대동신리공사(大東新利公司)는 소주(蘇州)와 항주(杭州)의 내하(內河)를 왕래하는 윤선업을 창설하고, 소주 주재(駐在) 일본 정영사(正領事)를 거쳐 조회(照會)를 비준하고, 관도헌(關道憲) 육춘강(陸春江)이 관찰하여, 선박통행증(船照)을 발급해, 당일로 운행을 시작했다. 이로부터 절

---

2 松浦章, 『近代日本中国台湾航路の研究』, 참조.

청말 신문으로 보는 일본기선의 활동 153

수(淅水)와 오산(吳山)은 아침에 출발하면 저녁에 도착한다. 왕래하는 여행객들은 입을 모아 그 편리함을 칭찬하지 않는 이가 없다. 그 공사의 장사는 흥륭하며, 더욱 배표를 쥐고 기다릴 만하다.

일본의 대동신이양행이 소주와 항주 사이 운하에 기선을 항행하게 되었다. 그리고 『소보』 제81호, 1896년(메이지 29) 9월 14일, 광서 22년 8월 초8일에는 대동신이양행의 개업광고가 게재되어 있다.

　　대동신리양행내하윤선공사 이번 달(本月) 초6일부터 소주 운행 시작
　　본공사는 대일본제국의 허락을 받아, 소주와 항주 등 내하윤선공사를 창설하고, 상해주재총영사관의 허락을 받아 영업을 시작한다. 공사의 모든 선박은 총영사관에 등록된다. 상해총행(上海總行)은 영국 조계(租界) 오마로(五馬路) 12호에 설치되어 있다.

이와 같이 광서 22년 8월 초6일, 1896년 9월 12일부터 상해와 소주를 잇는 기선항로를 개업하게 된 것을 안내하고 있다. 또한 대동신이양행 본사는 상해의 영국조계 안에 있었다.

상해에서 소주로 가는 내륙항로에서 기선운항을 하고 있었던 것은 대동신이양행뿐만 아니었다. 이미 『소보』 제32호, 1896년 7월 27일, 광서 22년 6월 17일에 광고를 먼저 게재한 기선회사가 있었다. 그 신문에 다음과 같은 기사가 있다.

　　대생창(戴生昌) 소주 항주 각로(各路)의 관윤선국(官輪船局). 본국(本局)

은 17년 가을, 전(前) 절강순무(浙江巡撫) 숭준(崧駿)의 비준을 얻어, 절강 등지에서 운행했다.

광서 17년(메이지 24, 1891) 가을에는 대생창윤선국戴生昌輪船局이 상해에서 소주 등으로 내륙기선항로를 개업했다. 이외에도 미국계 기선회사도 있었는데, 『소보』 제50호, 1896년(메이지 29) 8월 14일, 광서 22년 7월 초6일 광고에는 다음과 같은 것이 있다.

미상(美商) 휘이하륜공사(彙利河輪公司). 본(本) 공사는 상해주재 총영사관이 북경에 품청(稟請)하여, 강소순무(江蘇巡撫)와 해관도(海關道)에게 자문(咨文)으로 조회(照會)해 강소성의 통상항구에서 내하(內河) 소륜(小輪)의 운행을 허가하도록 했다. 이제 월요일 즉 음력 7월 초9일을 택하여 먼저 소주와 상해를 왕래하고, 후에 다시 각 항구로 넓혀간다.

이와 같이 미국계 휘이하윤공사彙利河輪公司가 광서 22년 7월 초9일, 1896년 8월 17일부터 상해와 소주 사이를 운항하는 기선항로를 개설하게 되었다.

이러한 상해와 소주 사이의 기선항로 활황은 어떻게 비춰지고 있었던 것일까?

『소보』 제63호, 1896년(메이지 29) 8월 27일, 광서 22년 7월 19일 제1면에 게재된 「답객문소주근사答客問蘇州近事」를 통하여 그 당시 기선운항의 활황을 알 수 있다.

손님이 말했다. 근래에 들으니, 소주와 상해를 왕래하는 소륜을 운영하는 것은 하륜국(河輪局) 대생창(戴生昌) 외에, 몇 개의 회사가 잇달아 생겨났다고 한다. 이 사업은 반드시 근본을 가벼이 여기고 이익을 중시하기에, 상인들이 마치 오리와 같이 쫓아다닌다. 이렇게 답했다. 수년 전에 소륜을 사적으로 운행하여 자못 이익을 후하게 얻었다. 관독상판(官督商辦)[3]한 이래 이사(理事)의 월급에 얼마를 쓰건, 국(局)의 헌납액에 얼마를 쓰건, 국(局)의 일체(一切) 용관에 얼마를 쓰건 이미 소비한 것은 도와주지 않는다.

또 그 다음 날 『소보』 제64호, 1896년(메이지 29) 8월 28일, 광서 22년 7월 20일 제1면에도 「소주근사판蘇州近事辦」이 게재되었다.

해안에서 장강(長江)으로 다시 내지로의 왕래에서 옛날 배와 수레로는 왕래가 방해되어 시간이 걸리던 것이, 지금은 번개가 치는 듯 바람이 부는 듯 기한을 맞추어 도착한다. 강과 바다의 각 항구에서는 상륜(商輪)이 운행한다. 중국의 초상국(招商局), 태고(太古)·이화(怡和) 및 맥변(麥邊)·홍안(鴻安) 등 여러 공사와 함께 길을 나누어 달린다. 비록 각자 서로 방해하지만 이익을 추구하는 것은 모두 같다. 지금 소주 상륜으로 이미 대생창(戴生昌)과 하륜국(河輪局) 두 곳이 있고, 동상(東商)[4]·미상(美商)으로서 잇달아 사업을 시작하는 곳이 한둘이 아니다. 양상(洋商)의 윤선이 많아 화상(華商)의 이익이 적다고 의심하기도 하는데, 오늘의 시국은 남이 이익을 얻는 것을 질투하는 데 달려 있지 않고 자신의 무역에 달려 있음을 모르는 것이다. 무역이 날로 흥하고 운수업이

---

3 【역주】 상인이 출자(出資)하고 정부가 감독함.
4 【역주】 일본 회사, 상인.

날로 성하여 이익이 넘친다면 어찌 중국과 서양을 나누겠는가? 상해의 여러 공사들의 이익을 그 증거로 볼 수 있다.

『소보』 제74호, 1896년 9월 7일, 광서 22년 8월 초1일의 「호주통윤湖州通輪」에 다음과 같이 되어 있다.

> 대생창소윤선국(戴生昌小輪船局)은 개업 후 장사가 꽤 잘 된다. 지금 또 호주(湖州)를 왕래하는 소륜 한 척을 추가하여 짝수날에 운행한다. 이에 8월 초2일에 시작하기로 정하였으니, 이곳에서 호주로 왕복하는 일 역시 갈대를 타고 항해하는 것 같이 어렵지는 않을 것이다.

이처럼 상해와 소주 사이 항로에서 미중일 기선회사끼리 경쟁하고 있었지만, 대생창소윤선국戴生昌小輪船局은 더욱 항로를 확장해 갔다.
『국문보國聞報』 제45호, 1897년 12월 9일, 광서 23년 11월 16일의 '동남각성신문東南各省新聞'란의 「절성신설윤국浙省新設輪局」에는 대생창윤국戴生昌輪局이 강남의 소주·상해·가흥·호주 등을 잇는 항로에서 활약했다는 기술이 있다.

> 절강성 내하(內河)의 소화륜국(小火輪局)은 이제까지 대생창(戴生昌)을 최고로 꼽았다. 그후로 부두를 열고 통상하여, 무릇 소주(蘇州)·상해(上海)·가흥(嘉興)·호주(湖州) 등의 지역으로부터 왕래하는 객상(客商)이 날로 많아지자, 대생창은 윤선을 추가하여 더욱 많은 이익을 얻었다.

그 후 대동신이양행은 대동기선회사가 되어 강남의 기선항로에서 일정한 역할을 맡았다. 하지만 운하와 같은 좁은 수역에서의 항행사고는 피할 수 없었을 것이다. 대동기선회사 시대가 되고 난 후의 일인데, 상해의 『중외일보中外日報』 1905년 12월 20일, 광서 31년 11월 25일 「실업휘보實業彙報」의 '양주揚州' 항項에는 다음과 같은 기사가 있다.

소형 윤선이 두선(豆船)과 부딪혀 침몰한 일의 상세한 정황 ○대동공사의 소형 윤선 중경(重慶)이 청강포에서 내려올 때, 보응(寶應)과 가까운 곳까지 갔다. 두선 한 척이 황두(黃豆) 7백여 석을 싣고 있었는데, 하류가 매우 얕아서 운행도 매우 느렸다. 그 윤선이 기적소리를 내는 것을 들었을 때는 이미 피할 수 없어서 바로 부딪혔다. 배가 침몰했다. 배 위에서는 소형 윤선의 선원들이 오히려 폭력에 기대려 하였다. 다행히 보응국(寶應局)의 사무원 아무개가 나서서 중재하여 겨우 싸움을 면하였다. 듣자 하니, 황두를 구입해 운반하는 상인 또한 일찍이 양기(洋旗)를 걸었던 이로서, 진(鎭)에 도착한 후 상세한 정황을 세무사(稅務司)에게 조사하도록 요청하였는데, 어떻게 결말이 날지 모르고, 지금도 두선은 여전히 물속에 가로로 누워 있으며, 왕래하는 배들이 불편을 많이 느낀다고 한다.

즉 대동기선회사의 기선 중경호重慶号가 회수淮水부근 청강포淸江浦에서 황두黃豆를 실은 범선과 충돌사고를 냈는데 그것을 전한 것이 이 기사이다.

2) 장강항로

장강항로인 상해와 한구를 잇는 기선항로를 재빨리 개업한 것은 애로전쟁Arrow War으로 즉, 제2차 아편전쟁 후 전쟁 중에 청국과 영국, 프랑스, 미국, 러시아 사이에 체결한 1858년 천진조약을 비준하고 또 1860년 북경조약 체결로 장강에서 항행자유권을 얻은 영국, 미국 등의 기선회사가 기선항운업을 개시한데서 시작된다. 그리고 미국의 어거스틴 허드 컴퍼니 Augastine Heard & Co.와 이화양행으로 저명한 저딘매디슨 컴퍼니 그리고 보순양행, 덴트 컴퍼니 등이 장강항로에 새롭게 참여해 왔다. 1862년에는 미국 러셀회사가 상해에서 Shanghai Steam Navigation Co. 기창윤선공사를 설립하고, 1873년에는 영국 스와이야그룹Swire Group이 China Navigation Co. 태고윤선공사를 상해에서 설립해 장강항로를 다투게 된다.[5] 그 가운데, 영국계 이화양행, 태고윤선공사와 미국계 기창윤선공사의 3사가 장강항로의 유력기업이 된다. 이에 대하여 청조중국에서는 1872년(동치 11) 상해에서 윤선초상국을 설립하고, 1873년 7월에 영령호永寧号로 상해에서 진강, 구강九江을 경유하여 한구에 이르는 장강항로를 개업한다.[6]

윤선초상국이 설립된 가장 큰 목적은 중국의 이익을 지키는 데 있었다. 『신보』 제184호, 동치 11년 10월 10일의 「논중화윤선초상사論中華輪船招商事」에 다음과 같은 기술이 있다.

윤선이 중국에 등장한 이미 수십 년이 지났다. 즉 윤선이 중국에서 통행한지도 이제 십수 년이 되었다. 중국인은 이미 그 이익을 잘 알았다. (…중

---

5   『招商局史(近代部分)』(中國水運叢書), 人民交通出版社, 1988.9, pp.3~7.
6   『招商局史(近代部分)』, p.58.

략…) 윤선초상국(輪船招商局)의 설치는 중국 이익의 원천을 보호하기 위한 것이다.

이 장강항로에 청일전쟁 뒤 체결된 시모노세키조약에 의해 일본은 중국 내륙에 기선항행 이권을 얻어, 1898년(메이지 31, 광서 24)에 오사카상선회사가 상해와 한구를 잇는 항로를 개설하고,[7] 이보다 늦게 일본우선회사는 1903년(메이지 36, 광서 29)에 영국계 맥변양행麥邊洋行, McBain&Co. 기선과 부두설비를 매수하여 장강항로를 개설한다.[8]

그 후 장강항로를 둘러싼 회사들의 갈등에 관하여 기술한 기사가 『중외일보』 제3,177호, 1907년 6월 18일, 광서 33년 5월 초8일 '논설'에 게재된 「논중국의극만회장강항로권리論中國宜亟挽回長江航路權利」이다.

양자강(揚子江)의 항업(航業)은 처음 시작했을 때는 중국과 영국이 공유한 바로서, 곧 초상(招商)·태고(太古)·이화(怡和) 세 공사의 행선계약(行船契約)이 그것이다. 그 후 프랑스 공사·독일 공사가 설립되었다. 을미년 이후 비로소 일본이 양자강 항업의 이익에 주의하여 우선회사를 설립하고, 그 후 또 오사카상선회사를 설립했다. 최근 20년간 세 공사 중에서 새 배를 가장 많이 건조한 것은 단연코 영국의 이화공사이다. 그 공사가 새로 건조한 배는 모두 선실이 넓고, 후하게 환대한다. 그러므로 무릇 장강(長江)을 따라 여행하는 이는 이화의 배를 타고 즐기는 이가 많고, 일본우선회사(日本郵船會社)와 오사카상선회사(長崎商船會社)의 경우도 새 배를 많이 건조

---

7 松浦章, 『近代日本中国台湾航路の研究』, p.156.
8 松浦章, 『近代日本中国台湾航路の研究』, p.222.

하여, 운행이 편리하고 신속하며 선실이 청결하니, 중국인도 그것을 타서 즐기는 이가 많다. 초상국만 설립된 지 40년이 되었는데, 새 배를 많이 추가로 건조하였다. 장강을 왕래하는 모든 배, 즉 강영(江永)·강관(江寬)같은 배들은 모두 기기(機器)가 낡았고, 운행이 매우 느리며, 선체도 이미 오래되었고, 선실은 특히 불결하기로 소문이 났다. 비록 중국인이 애국심으로 매번 기꺼이 초상국의 배를 타더라도, 그 적폐가 이미 깊어, 진작할 줄을 모른다. 최근 수년간, 중국인들은 영국과 일본 공사의 배를 즐겨 타는 이가 많다. 초상국의 배는 그 영업이익이 실제로 이미 이전보다 훨씬 못하다.

여기서 1907년(메이지 40, 광서 33) 당시 장강항로에서의 각 회사에 대한 승객평가를 알 수 있다. 청조중국의 초상국과 영국계 태고와 이화양행이 상위를 차지하고 있었던 상황에서, 후발주자인 일본 오사카기선회사와 일본우선회사가 새로이 참여하고 각 회사가 새롭게 건조한 배를 도입해서 승객 쟁탈전을 벌이고 있었다. 장강항로는 중국 국내항로인 만큼 승객의 다수를 차지한 것은 물론 중국인이었다. 중국인 승객으로부터 가장 호평을 받은 것은 이화공사이며 또 새로운 선박을 많이 도입한 일본의 2개 회사였다. 자국을 편애하는 중국인이지만, 초상국의 노후화된 선박에는 정나미가 떨어져 영국과 일본 기선회사의 배를 즐겨 승선한 것이 기술되어 있다.

3) 호남항로

청일전쟁 후에 이루어진 시모노세키조약 체결은 일본에게 중국 국내의 내륙기선항로이권을 부여하게 되고 그 결과 호남성의 동정호洞庭

湖를 항행할 수 있었으며, 이에 주로 한구와 호남성 성도^{省都} 장사^{長沙}를 잇는 호남기선회사가 설립된다.⁹ 이런 일본의 호남기선회사 운항 상황에 관하여 언급한 것이 『국민일일보^{国民日日報}』 제47호, 1903년 9월 22일, 광서 29년 8월 초2일 「논일본인지경영호남항로^{論日本人之經營湖南航路}」로서 3일에 걸쳐 게재되었다.

오호! 중국 실업계(實業界)의 몰락은 곧 중국 토지계(土地界)의 함락이다. 경쟁해도 보호할 수 없는데, 하물며 잃어버림에야. 잃어버려도 타이를 수 없는데, 하물며 팔아치움에야.

광산채굴권, 철도부설권, 강하통항권(江河通航權)과 같은 것이 어찌 토지와 밀접한 관계에 있지 않겠는가. 삼권(三權)이 미치는 곳이면서도 토지가 그 범위에 들어가지 않는다는 것은 내가 믿지 않는다. 근래 한간(漢奸)의 무리 중에서 철로와 광산을 팔아먹은 것으로 유명한 자는, 위로는 추밀원(樞密院)의 간악한 관리에 이르고, 아래로는 각 성의 지주에 이르기까지, 누차 들리는 바 있다. 항권(航權)을 팔아먹은 자는 호남에서만 보인다. 복건의 공모(龔某), 절강의 유철운(劉鐵雲)(모두 자기 성의 철로와 광산을 팔아먹은 자이다), 호남의 장우산(張雨珊)은 그 죄가 모두 동일하다.

외인(外人)이 중국의 이권을 뺏으려 도모하는 데는 두 가지 길이 있다. 하나는 아직 이루어지지 않은 사업을 도모하는 것이고, 또 하나는 이미 이루어진 사업을 도모하는 것이다. 그 수단은 먼저 주식을 통제하여 함께 운영하고, 이어서 방법을 강구해 그 전권(全權)을 잡는 것이다. 복건의 선창(船廠)

---

9 松浦章, 『近代日本中国台湾航路の研究』, p.238.

이 프랑스인에게 3백만 원을 적결(積缺)한 까닭에 그 창(廠)을 프랑스인에게 몰래 팔아버린 것이 이런 것이다. 그러나 아직 이루어지지 않은 사업이 그 이익을 외인에게 빼앗기는 것은, 대처해야 할 사람이 그 방법을 얻지 못한 것이니, 그래도 할 말은 있다. 이미 이루어진 사업도 외인이 빼앗을 수 있다는 것은, 이미 파악하고 있었던 것이니 할 말이 없다. 그러나 이미 이루어진 사업, 예를 들면 개평탄광(開平炭鑛)은 공포시대(恐怖時代)에 외인에게 핍박받아 빼앗겼다. 이는 장기간의 부진한 상태의 중국의 참모습이니, 더욱 할 말이 있다. 호남의 윤부(輪埠)는 한두 지주의 사리사욕과 한두 선호(船戶)의 착취를 거쳐 기꺼이 팔아버렸으니, 할 말이 없다. 오호라! 중국의 이권은 다 잃어버리고 만회할 수가 없다. 만에 하나 저지할 수 있는 방법은 우리가 각종 사업을 힘껏 일으켜, 외인의 트집을 피하고, 땅을 보존하여 남겨둘 방법을 도모하는 것이다. 대자본가가 향신과 상인의 단결력으로써 견실하게 일하고, 각자 그 본성(本省) 산업을 경영하면, 외인이 비록 강하더라도 어디서 이길 것이며, 확충이 부족하더라도 지키고 있으면 당연히 또한 남음이 있다. 이것이 바로 자립을 이야기하는 자들이 몰라서는 안될 것이다. 해운업을 하는 자가 방법을 생각하면서도 도모하지 않으면, 끝내는 악당과 공모하여, 이미 하고 있던 사업을 외인에게 팔아버리는 일이 있을 것이다.

외인에게 팔아버리면, 외인은 틀림없이 착실하게 경영할 것임은 의심의 여지가 없다. 지금 호남의 윤부를 이미 은밀히 일본인에게 주었고, 일본은 이 엄청나게 큰 통항로(通航路)를 갑자기 얻었으니, 그 신중함이 당연히 어떠하겠는가. 일본신문을 보면 호남기선의 개업 준비가 이미 완비되었음을 알 수 있다. 오사카철공소가 제작한 그 기선회사의 새로운 선박 두 척이 있는데, 하나는 쇼코마루(湘江丸)로서 서력 7월 22일에 준공되었고, 또 하나는 겐코마루(沅江丸)로서 서력 8월 17일에 준공되었다. 대략 이번달 중순에 일본에서 상해로 올 수 있는데, 호남항로에만 쓰일 것을 준비하고 있으며, 그 배가 호남으로 가는 시기는 11월 전후이다. 또 장사(長沙), 상담(湘潭) 두 곳의 수로에서 사용할 것들, 일체의 설비, 예를 들면 거룻배 형태의 창고배(庫船)같은 것은 그 용적이 약 630톤인데 역시 이미 준공했다. 상담의 부두는 지난 겨울 일본에서 기술자를 파견해 지어서 올해 4월에 완성되었다. 이것으로 보아, 그들은 호남 항선의 통행에 대해 굳게 믿어 의심치 않고 있다.

일본신문은 또 이렇게 말한다. "한구는 운수(運輸)의 요지이다. 수면 사용권은 늘 쉽게 얻을 수 없다. 근일 일본우선회사가 장강 연안의 땅을 미리 사놓고, 배의 정박지로 쓰려고 현재 중국과 교섭하고 있으니, 당연히 또한 저해요인이 없다." 호남의 항권(航權)은 이미 일본인이 얻었고, 한구(漢口), 악주(嶽州), 장사(長沙), 상담(湘潭)의 각 부두는 전부 일본인에게 팔렸다. 장우산(張雨珊)과 교섭할 때 이미 중개인을 통해 협의가 타결되었다. 지금 뭔가 석연치 않은 데가 있는 것 같고, 한구가 중요한 위치가 되는 것을 두려워하는가? 한구는 호남항로의 주엔진이다. 즉 호남통행에 장해요인이 없다. 한구가 그 기항지를 잃고 또 수면 사용권을 잃으면, 고심하여 경영한 곳, 큰 돈을 주고 얻은 것이 이미 돌밭처럼 무용지물이 된다. 이것이 일본인의 의심을 낳은 이유일 것이다. 그러니 어떻게 해서 이 지경에 이르렀는지, 일단(一段)의 경위를 해석하여 알려준다. (미완)[10]

이 기사는 '중국실업계의 몰락墮敗'이라는 중국실업계에 대한 실망과

---

10 『国民日日報』(史学叢書), 台湾学生書局, 1965.5, p.174.

중국기업성장의 지체를 한탄하고, 그것에 대한 일본기업의 호남 활동을 전하고, 그 대표로서 호남기선회사의 설립 동향을 전했다. 또 『국민일일보』 제48호, 1903년 9월 23일, 광서 29년 8월 초3일 「논일본인지경영호남항로(계속)」에는 다음과 같은 내용이 이어지고 있다.

호남의 윤선공사는 둘이 있는데, 하나는 개제(開濟)이고, 하나는 양호(兩湖)로서, 모두 향신(鄕紳)이 운영한다. 개제는 전 시랑 용지생(龍芝生)의 주식자본이 많고, 양호는 장우산(張雨珊)과 악인 황모(黃某)가 주식을 모아 함께 경영한다. 개제, 양호는 모두 경영이 좋지 않아 손실이 꽤 큰데, 양호가 더 심하다. 양호는 사인(私人)의 손에서 만들어졌고, 장우산과 황모는 사돈간으로서, 한 패가 되어 못된 짓을 하기에 더욱 편하다. 지금 일본인에게 파는 것은 개제가 아니고 실은 양호인데, 양호의 주주가 합의한 것이 아니고, 장우산과 황모가 농단하여 그리한 것이다.

일본인이 호남에 뜻을 드러낸 것은 하루 이틀이 아니다. 이 일이 있기 수개월 전, 각 신문에는 이미 일본인의 '호남윤선공사'라는 것의 설립경비가 총 50만이고, 연간 정부가 5리(厘)의 이자를 붙여 성립을 도왔다. 이는 매우 심모(深謀)한 계획으로, 급히 틈새를 비집고 올라타려는 것임에 의심의 여지가 없다. 호남에는 근래 간사한 인간이 매우 많이 나왔는데, 모두 조상들이 살던 땅을 팔아 하루의 욕망을 도모하기를 아까워하지 않는 자들이다. 사물이 썩으면 벌레가 생기므로, 일본인이 오늘날 착수하기가 쉽고도 쉽다. 듣자 하니 이 일의 기원은 일본이 민선(民船)의 선호(船戶) 석부흥(石復興) 등에게 뇌물을 주어 장우산에게 의사를 전달했고, 장우산은 그것에 혹하여 황(黃)에게 알리고, 기타 중간에서 배를 채우는 무리들이 다시 중간에서 양호공사 즉 호남과 호북의 공사를 꼬드겼다. 장은 일시 사리사욕에 눈이 어두워 끝내 제대로 생각을 못하고, 각 주주들도 전혀 제대로 생각을 못하며, 호북의 중요인물들은 그저 황모(黃某)를 호북의 대표로 삼았고, 호남의 대표가 되고 나서는, 중간에서 배를 채우는 무리들로 인해, 윤부(輪埠)를 팔아먹는 계약을 일본인과 맺었다.

그 계약은 총액을 6만 금으로 정하였다. 양호의 윤선 넷 중에서 호남에 속하는 것은 상청(湘淸), 상태(湘泰)이고, 호북에 속하는 것은 한고(漢皐), 한남(漢南)인데, 아까워하지 않고 주었다. 한구에서 사담에 이르는 각 부두 역시 그 속에 계산하였고, 장우산은 물의를 일으킬까 걱정하는 마음이 좀 있었다. 그래서 그 이름을 아름답게 포장해서 말하기를, 일본인과 주식을 합하였고, 일본인도 6만 금이나 내었다고 하였다. 일시에 전액을 지불하기 어려워, 먼저 3만 금을 현찰로 주고, 따로 3만 금이 생기면 양호인 중 새로 참여하는 사람의 주식으로 삼았는데, 전부 일본인이 관리하였다. 양호인은 업무에 참여할 권리가 없고, 이자만 조금 받을 뿐이다. 계획이 정해진 후, 일본인은 그 일이 뒤집힐까 염려해, 즉시 2천 금을 장우산에게 주어 저당물로 삼았다. 그 후 호남인으로서 권리사상을 조금 가진 이들은 수군대었으며, 해상의 각 언론은 비록 그 진상을 얻지는 못했으나 함께 논설을 지어 비난했다. 특히 『호남유학역편(湖南游學譯編)』은 장조동(張祖同)[11]의 죄상을 힘을 아끼지 않고 통렬히 지적했다. 호남인이 크게 격분했고, 호북인 역시 그 일이 크게 불리함을 알아, 역시 힘써 반대하였다. 그때 장우산의 낭패는 형용하기 어려울 정도였고, 후에 호남 향신에서 원상(圓商)으로 변신한

---

11 【역주】 즉 장우산(張雨珊).

조무(趙撫)는 양호공사에서 관판(官辦) 노릇을 했는데, 이 6백만 금은 관(官)이 꺼내서 각 주주에게 돌려주었고, 먼저 2만 금을, 나머지 4만 금은 해마다 4천씩 10년에 완결하였다. 호남 순무는 호북 총독에게 공문을 보내 입안(立案)하기를, 만약 일본인이 따로 교섭이 있으면, 양호의 총독과 순무의 힘으로 대응한다. 이 부두 팔아치우기는 내가 결말을 지었으니, 그 이상(理想)은 실로 이와 같다.

일본인은 과연 어떠한가. 일본인은 하루도 호남을 잊은 적이 없다. 하물며 그 착수에 이미 이와 같은 단서가 있고, 한 걸음 내딛으려는 자 있음이랴. 장우산은 오늘날 보자면 간인(奸人)으로서, 호남인을 좌우할 힘이 없다. 그러나 당시에는 당당한 거신(巨紳)으로서, 양호공사의 전권(全權)을 손에 쥐고 있었으니, 어찌 그의 말이 전혀 믿을 만하지 않겠는가. 또 2천 금의 계약금은 누가 실제로 수령했는지, 이는 일본인이 근거한 바로써 말한 것으로, 온 힘을 다해 논쟁하였다. 최근 신문에 의하면 일본인이 호남으로 장강을 타고 거슬러 올라와 이 일을 하는 이가 이미 여럿이라고 한다. 그러니 이후의 급변하는 정세(風雲)는 어디서 멈출지 알지 못하겠다. 오호라! 호남의 항업은 이 사건으로 몰락할 것인가, 아니면 여전히 일말의 희망이 있는 것인가. 옛일은 끝났다. 장우산이라는 이에 대해 어찌 나의 붓을 더럽혀가며 책망할 가치가 있을까만, 양호인으로서 장우산이 되지 않는 자는, 그 권리사상이 어느 정도에 도달했는지 모르겠다.(미완)[12]

이미 설립한 중국호남에서의 기선회사와 일본의 호남기선회사를 비

---

12 『国民日日報』(史学叢書), 台湾学生書局, 1965.5, p.184.

교하고 있다. 그리고『국민일일보』제49호, 1903년 9월 24일, 광서 28년 8월 초4일 「논일본인지경영호남항로(계속)」에 다음과 같은 기술이 있다.

호남은 호남인의 호남이다. 이로움이 있으면 반드시 호남인이 누리지는 않으나, 해로움이 있으면 반드시 호남인이 받는다. 이는 지극히 쉽고 이해하기 쉬운 것이다. 그러니 이런 문제는 호남의 앞길에 절대적으로 위험한 것으로서, 어찌 익히 보고 있으면서도 소견이 없겠는가. 나는 물론 오늘날 쇄항주의(鎖港主義)가 불가능함을 알고 있고, 격렬한 경쟁의 장에서는 더욱이 자기의 털끝이라도 잃을 수 없기에, 외인이 끼어들 수 없다. 권리를 백에 하나라도 보존할 수 있기를 바란다. 어찌 이미 이루어놓은 성취를 가지고서, 겨우 수만금때문에 성(省) 전체의 생명을 남에게 헐값에 팔아넘겨 스스로 목을 조르기를 애석히 여기지 않는다. 내가 듣기에 호남의 거신가(巨紳家)로서 자본이 수십만인 자가 수십호(戶)를 넘는다고 한다. 그중 공적인 일에 열성을 다하고 의협심이 강하여 사회를 위해 여업하는 자가 또 적지 않다. 지금 여전히 장우산(張雨珊)이 자기 한 몸의 사사로운 뜻으로 성 전체의 생명을 마음대로 다루면서 한번 물어보지도 않는다고 한다. 이는 정말이지 해답을 구하지 않는 것이다. 호남은 비록 척박하나, 어찌 6만 금에 궁하여 내놓지 못할 것인가, 오호라! 그 또한 부끄러워 죽을 만하다. 그러나 이 일은 만회할 수 있다. 장우산이 비록 일본인과 비밀리에 교섭하여, 계약금을 주고받았으나, 그나마 다행인 것은, 아직 계약을 체결하지 않았으니, 이 일은 결코 번복할 수 없는 사안이 아니다. 호남인은 이 점을 가지고 따져야 한다. 이는 물론 반드시 대단한 일은 아니지만, 그러나 호남인의 실업(實業)은 장모(張某) 한 사람이 농단할 수 있는 것이 아님을 보여준다. 지금 장모를 국외(局外)로 내치고 일본을 거절하여야 하며, 그 2천 금은 곧 장모와 일본인의 사사로운 교제이지 공중(公衆)이 해결할 문제가 아니다. 이로써 일본인과 맞서는데, 이치로 보자면 틀림없이 만회할 수 있다. 또 호북인은 이 일에 대해서 전에 없던 논의를 일으켜, 큰 소리로 죄를 묻고, 장우산과 황모(黃某)를 비난했다. 이미 그 전체 권리의 절반을 얻어 특히 일본인을 막을 수 있고, 일본인이 낙심하는 바도 여기에 있다. 그러므로 그 신문에서 따진 것을 보면, 한구(漢口)가 스스로 방위하여 강을 운항하는 권리를 얻기 쉽지 않을까 깊이 두려워하는 것은 까닭이 없지 않다. 권리사상(權利思想)의 발달은 곧 이미 해 놓은 밥이며, 더욱이 반드시 이길 것이니, 국면전환을 도모해도 아직 늦지 않았다. 호북은 호남의 문호(門戶)이고, 호남은 호북의 안쪽이니, 양쪽은 서로가 쓰임이 되며, 하나라도 없어서는 안 된다. 지금 북쪽에 소동이 있으나 제지할 수 없고, 양호인(兩湖人)의 능력이 약하니, 반드시 천하에 대해 큰 부담을 가질 것이다. 오호라! 대호(大湖)의 남북이 어찌 끝내 사람이 하나도 없겠는가.

무릇 천하의 일은 근인(近因)이 있고 원인(遠因)이 있으며, 정면이 있고 측면이 있다. 이 일의 시작은 장우산이 판단력을 잃은 데서 비롯되었으니, 이것이 근인이다. 1898년 하천통항의 조약을 체결해, 일찌감치 내지항행의 자유권을 외인에게 주었는데, 이것이 그 원인이다. 일본인이 6만 금으로 호남윤부를 산 것, 이것이 정면이다. 만주와 산동의 철로와 광산이 러시아와 독일에 의해 점유되고, 운남(雲南)과 사천(四川)의 광산이 영국과 프랑스에 의해 점유된 것, 이것이 측면이다. 오호라! 중국이 망한 것은 하루에 망한 것이 아니고, 사람에게서 망한 것이 아니고, 한 땅에서 망한 것이 아니다. 지금 어찌 호남만을 우려할 것이고, 장우산을 더 우려할 것인가. 그렇지만,

한 사람의 장우산이 하나의 호남을 망하게 하고, 백 명의 장우산이 백 개의 호남을 망하게 한다. 중국이 어찌 이런 땅을 저 한간의 손에 망하게 할 것인가. 전에 말한 것처럼, 복건에는 공모(龔某)가 있고, 절강에는 유철운(劉鐵雲)이 있는 것이 그 명확한 증거이다. 그러니 나의 이 주장은 전적으로 호남의 발전을 위한 것이다. 아, 중국이 멸망에 가까웠다.(이미 완성)[13]

이 기사에서는 호남 개발뿐만 아니라 중국에서의 외국기업진출이 중국 이권을 빼앗는 것을 한탄하고 있다. 또『국민일일보』제54호, 1903년 9월 29일, 광서 28년 8월 초9일에는「호남항로지쟁탈湖南航路之爭奪」이 게재되었다.

호남항로의 상황은 전일(前日)의 보고로 보건대, 반드시 발달할 것이다. 호남에서 수출하는 화물은 나날이 늘고 있는 추세이다. 그러나 이화 · 태고 두 양행은 장사(長沙), 상담(湘潭) 각지의 부두에서, 잔교(棧橋)의 설비가 완전하지 못하기에, 전 57일, 태고양행은 이미 사람을 파견하여 장사 일대의 연안 땅을 구입했다. 일본 호남기선공사(湖南汽船公司) 사원 중에 장사에서 한구(漢口)로 돌아가는 자가 있는데, 창화호(昌和號)와 사시호(沙市號)가 있는(뒤에 보인다) 장사, 상담의 항업(航業)이 후일 반드시 발달할 것이라고 했다고 한다. 이전에 상인들이 의심을 품었던 것에 대해 지금은 믿고 이용하며, 또 귀중한 화물을 기꺼이 위탁한다. 이 기선 두 척이 실은 화물과 승객 수는 날로 증가하였다. 태고양행은 장사에 부두가 없어 운수에

13『国民日日報』(史学叢書), 台湾学生書局, 1965.5, p.194.

불편하기에, 전에 이미 연안의 적당한 땅을 사서 부두를 만들었다. 단, 전(前) 15일 소서문, 대서문 사이에 구입한 땅 약 2백 방리(方里)(방리는 일본의 단위이다)를 부두 용지로 삼았으나, 그 땅이 너무 좁기에, 현재는 다시 상류의 가까운 땅으로 확충하였다. 이화양행은 이미 대서문, 초조문(草潮門) 사이 연안의 땅을 구입했다. 그러나 이 일대는 얕은 모래가 많아서 선박을 계류하기에 불편하고, 또 낮아서 경상수(涇湘水)가 흘러넘친다. 종종 갑자기 증가하여 높이가 약 5장(丈)이나 된다. 이화양행 역시 이곳이 사용하기에 불편해서, 가깝게는 또 초상국과 상의하여, 다시 땅을 사서 부두로 하려고 한다. 그러나 이 논의는 이미 오래 되었고, 아직도 착수하지 않았다고 한다. 이런 연유로 장사, 상담 연안의 땅은 조만간 틀림없이 그 공사의 땅이 될 것이다. 또 근래 기선이 왕래하여 미곡 수출이 많아졌지만, 호남의 미곡 수출은 지나치게 많아서, 내지의 쌀값이 틀림없이 폭등할 것이다. 그곳의 어떤 도(道)[14]는 이를 알고서 모든 기선이 한번에 쌀 3천 5백 담(擔)을 싣지 못하도록 유시(諭示)하였다. 그래서 기선은 화물 부족으로 인해 다시 장강 하류로 쌀을 운송하여 남하한다. 장강(長江) 일대는 장사, 상담과 달리 미곡수출을 금하지 않는다.

호남항로 중 가장 먼저 열린 것은 이화양행이 설치한 기선 창화호로서, 이미 다섯 차례 왕복했다. 태고양행은 지난달 28일에 기선 장사호를 시험 운행했는데, 호남의 첫 항로이다. 초상국도 이를 듣고, 자기들이 가진 배 한 척을 호남항로 왕복 전용(專用)으로 삼았다. 이를 종합해 보건대, 호남을 왕복하는 항운은 창화 한 척으로는 그 수요를 감당하기에 부족하다. 이번에 세 공사

14【역주】도대(道臺). 관직명.

가 다투어 호남 신항로를 열어, 뒤처질까 두려워하는 것은 아마도 이를 감안한 일일 것이다. 근래 일본이 호남기선공사를 설립해 오사카상선공사의 지부로 삼고, 또 두렵게도 이 호남항로로써 항업상의 이익을 선점할 목적을 가졌으니, 아! 내하(內河) 항운권이 어찌 이 지경으로 떨어진 것인가.[15]

또 『국민일일보』 제71호, 1903년 10월 16일, 광서 29년 8월 26일에는 다음의 2건이 게재되어 있다. '전건專件'란에는 다음과 같은 것이 게재되어 있다.

일본 호남항업(湖南航業) 시라이와 류헤(白岩龍平)와 호남 지주 장조동(張祖同)은 6만 금으로 양호공사(兩湖公司)를 사들이기로 개인적으로 약속하였다. 후에 양호(兩湖)의 총독과 순무가 그 논의를 막으려 하는 것을 알게 되자 일본은 강경한 수단으로 실행하였다. 현재 쇼코마루(湘江丸), 겐코마루(沅江丸) 두 척이 이미 취역식을 가졌고, 겨울에는 동정호(洞庭湖)에 띄울 준비를 한다고 한다.[16]

시라이와 류헤는 호남 실력자와 공동출자하여 호남항로를 운항했던 양호기선兩湖汽船의 매수를 도모했다. 『국민일일보』 제71호의 '실업'란에는 다음과 같이 기술하고 있는데,

호남항로(湖南航路)는 이화(怡和), 태고(太古) 두 양행(洋行)이 경영한다.

---

15 『国民日日報』(史学叢書), 台湾学生書局, 1965.5, p.248.
16 『国民日日報』(史学叢書), 台湾学生書局, 1965.5, p.418.

두 양행은 이 항로를 얻었을 뿐 아니라, 육상에서의 설비도 역시 완비되어 있다. 현재 태고양행은 장사(長沙) 대서문(大西門), 소서문(小西門) 사이에 호남기선공사(湖南汽船公司)를 설립했는데, 부두는 그 하류에 있다. 연안(沿岸)의 땅 2백여 방리(方里)를 구입하였는데, 그 상류의 땅도 구입하려 한다. 이화양행 역시 서대문, 초조문(草潮門) 사이에 연안의 빈터를 두었다.[17]

호남항로에서도 일본계 기업은 영국계 이화양행, 태고양행과 같은 거대세력 앞에 고전하고 있었다.

3. 대만항로와 일본기선

시모노세키조약 체결은 중국대륙뿐만 아니라 대만에도 일본계 기업이 활동할 수 있는 장소를 제공했다. 그 하나의 예로 대만을 기점으로 중국대륙 등을 잇는 기선항로를 개설하려고 한 인물이 있었다. 상해의 『중외일보』 제4호, 1898년 8월 20일(광서 24년 7월 초4일), '외부신문外埠新聞·하문廈門'란에 다음과 같이 기술되어 있다.

일본이 윤선공사를 개설하다 ○일본은 하문에 윤선공사를 개설하고 광고를 내어 다음과 같이 말했다. 우리 회사는 새로 일본북진관윤선공사(日本北辰館輪船公司)를 개설하여, 담수에서 하문으로 갔다가 다시 홍콩으로 순환

17 『国民日日報』(史学叢書), 台湾学生書局, 1965.5, p.419.

왕래하며, 대개 한 달에 6회 왕복한다. 이 북진관의 기선은 이름이 류세마루(隆盛丸)며, 음력 6월 22일에 도착, 26일에 담수로 출발하도록 허가받았다. 승객이 있으면 화물을 버리지 않고, 갖가지 화물을 신고자 하며, 좌석의 가격은 특별히 자제하였다. 또 선내의 고용노동자는 모두 중국 현지인이며, 음식도 제공하는데, 역시 중국 양식(樣式)에 맞는다. 국(局)은 요자후가(寮仔後街)에 설치되어 있고, 공사의 관리인은 요시다 요케츠(吉田要頓)이다.

이와 같이 하문과 담수淡水 사이를 왕래하는 기선회사로서 일본인에 의해 북진관윤선공사北辰館輪船公司가 설립되고, 류세마루隆盛丸라는 기선을 이용하여 한 달에 6회 항해를 하게 되었다.(이 책의 제2부 제5장 참조)

일본의 『관보官報』제4,452호, 메이지 31년(광서 24, 1898) 10월 14일에 게재된 「하문항 선박출입상황 금년 7월 중에 하문항 선박출입상황에 관하여 하문주재 제국 1등 영사 우에노 센이치上野專一로부터 금년 8월 9일에 다음과 같은 보고가 있다. 금년 8월 17일, 이 난 참조(외무성)」에 의하면, 대만의 경제발전을 예상한 바바 데시로馬場禎四郎라는 인물이 북진관北辰館이라는 기선회사를 설립하여 대만북부의 담수를 기점으로 하문을 경유하여 홍콩과 연결하는 기선항로를 개설한 것이 보고되어 있다.[18]

『대만일일신보台湾日日新報』제101호, 메이지 31년(광서 24, 1898) 9월 2일의 6면에 게재된 북진관윤선공사의 항운상황을 알 수 있다.

저희 북진관은 지금까지 기선 류세마루로 담수·하문·홍콩을 정기적으

---

18 松浦章,『近代日本中国台湾航路の研究』, pp.76～77.

로 항해하고, 이번 달 초부터 기선 세토쿠마루(勢德丸, 선장 니시이 신키치(西井新吉), 1,448.12톤)를 추가하였으며, 또 기항장소를 확장하고 담수, 하문, 산두, 홍콩 사이를 정기항해 하는 것으로 변경하고 이것을 광고하였다.

9월 북진관윤선공사

이와 같이 북진관윤선공사는 지금까지 류세마루에 추가해 메이지 31년(1898) 9월부터 세토쿠마루 1,448톤을 도입해 담수에서 복건성 하문, 광동성 산두 그리고 홍콩으로 정기항로를 확대한 것을 알 수 있다.

화남의 산두를 포함하는 중국연해부와 대만을 연결하는 기선항로에 관해, 일본의 대만통치초기인 메이지 31년(1898) 11월에 간행된『대만협회회보』제2호에 게재된 스기무라 후카시杉村濬 씨의「대만과 중국연안 관계」에 의하면 홍콩을 기점으로 화남항로를 거의 독점했던 더글라스기선회사의 우위는 움직이기 힘든 상황에 있었다. 이와 같이 일본 기선회사가 진출하기 이전에는 영국의 더글라스기선회사가 대만과 대륙연결 항로의 독점상태에 있었다.

이 더글라스기선회사에 대항한 것이 오사카상선회사이다.『대만일일신보』제291호, 메이지 32년(광서 24, 1899) 4월 25일「마이즈루입항舞鶴入港」에 대하여 다음과 같이 기술하고 있다.

이번달 10일, 오사카상선회사의 항륜(航輪) 마이즈루마루(舞鶴丸)는 담수에서 출항하여 홍콩에 들어왔다. 18일이 되자 하문으로 출항했고, 19일에 회항하여, 오전 7시경 담수에 입항했다. 승객은 총 530명이고, 중등(中等) 위치에는 다니 노부치카(谷近信) 씨, 하라구치 마쓰지로(原口松二郎)

씨, 데즈카 야오키치(首塚八百吉) 씨 등 우리 일본인 세 명이 있었다. 또 하등(下等) 위치에 3명이 있었다. 홍콩에서는 화물 3천 4백 십 1건을 실었고, 산두(汕頭)에서는 25건, 하문(厦門)에서는 9천 백 2건을 실었는데, 그중에는 벽돌 8천 7백 개가 있었다. 홍콩으로 회항할 때, 득기리사(得忌利士)[19]의 해룡호(海龍號)가 동시에 18일 오후 2시간에 정박했다. 담수에 입항할 때의 승객 3백 명과 탑재한 화물은 마이즈루마루만큼 무겁지는 않았다.

오사카상선회사의 마이즈루마루는 대만 담수에서 하문을 경유하여 홍콩으로 가는 항로를 항행했다. 하지만 오사카상선, 일본우선등의 사선(社船)[20]에 비하여, 이들 사외선(社外船)[21]은 일본정부의 지원이 적어서 경영이 어려웠다. 그래도 어떻게든 사선에 대항하면서 대만항로를 지속하려 했다. 그것은 『오사카아사히신문』 제10,284호, 메이지 43년(선통 2, 1910) 10월 14일의 「대만항로와 사외선」에 다음과 같은 기사가 게재되고, 그 기사는 『대만일일신보』 제37,55호, 메이지 43년(선통 2, 1910) 11월 1일에 「대만항로와 사외선」으로 해서 "최근의 오사카아사히신문에 다음과 같은 기사를 올렸다. 말하자면"과 같은 전언을 붙여 게재되어 있다.

그 기사에는 다음과 같은 내용이 실려 있다.

---

19 【역주】Douglas Lapraik & Co.
20 【역주】일본에는 에도시대부터 히가키회선(菱垣廻船), 다루회선(樽廻船), 기타마에선(北前船) 등과 같은 전통적인 야마토선(大和船)을 다수의 선주가 연안항로에 운항하고 있었고, 이들 재래선주는 서남전쟁(西南戰爭) 후, 야마토선을 서양식범선으로 바꾸고, 1887년경부터 기선을 구입해 운항에 나섰다. 1892년 이들 소규모선주는 정부 지원 아래에 있는 큰 회사인 우선, 상선에 대응하기 위하여 일본해운업동맹회를 조직하고, 이들 우선, 상선을 사선(社船), 그 이외의 선주를 사외선(社外船)이라고 부르게 되었다.
21 【역주】각주 20 참조.

최근, 대만항로에서는 오사카상선 및 일본우선 등 2,000톤급 내지 6,000톤급 기선을 보내어 항로를 독점적으로 경영했는데, 이번에 고베의 미카미합자회사(三上合資会社), 오카자키 도키치(岡崎藤吉), 오사카시의 하라다 주지로(原田十次郎) 등의 각자 소유 기선을 보내어 마치 서쪽항로의 산인호쿠리쿠선(山陰北陸線)과 같은 형식으로 대만항로를 시작하려고 예전부터 협의를 계속 해왔다. 물론 미카미합자회사는 과거에 자사 소유의 가토리(香取), 가시마(鹿島), 제3 진기마루(第三仁義丸) 3척으로 대만항로를 경영하였고, 또 하라다 씨도 예전에 매입한 가쓰야마마루(勝山丸)를 대만방면으로 보내려고 했으며, 또한 현재 적당한 기선을 보유하지 못하고 있는 오카자키 씨를 포함해 오랫동안 오사카상선 및 일본우선 등 대기업의 횡포에 고통을 받고 있었던 대만방면의 화물주는 이러한 사외선의 신규진입을 크게 환영했다. 특히 대남지방(台南地方)의 제당업자(製糖業者)는 전부 사외선주와 신규계약을 맺으려는 기세여서 머지않아 이 계획은 현실로 나타날 것이다. 그러나 대만항로는 오랫동안 오사카상선·일본우선 등에 항로를 독점당해 왔기 때문에, 작은 배 등도 거의 양사소속으로, 사외선사의 고용모집에 응하지 않을 자가 많다고 한다면 그들의 현재 설비 상태로는 지금 당장 항해를 개시할 수 있을 것 같지도 않다. 아울러 신규 상사의 계획은 성공해야 하지만 급격하게 이루어지지는 않을 것이다.

　이와 같이 사선에 대하여 고베의 미카미합자회사, 오카자키도키치, 오사카시의 하라다 주지로 등에 의한 사외선의 대만항로가 실행, 계획되었다. 실은 미카미합자회사는 '정기定期기선'으로서 가토리마루香取丸를 오사카에서 고베, 모지를 경유하여 기룽基隆에 이르는 운항을 하고 있었다.[22]

한편 같은 시기의 사선인 일본우선회사는 무선전신국無線電信局을 갖춘 6,000여 톤의 시나노마루信濃丸, 이키마루를 교대로 1주일마다 고베에서 모지를 경유하여 기륭으로 항행했다. 오사카상선회사는 총 6,300톤의 가사토마루笠戸丸와 사쿠라마루를 고베 출발, 모지를 경유해서 기륭으로, 또 다이츄마루台中丸는 고베에서 우지나宇品, 모지를 경유하여 기륭, 펑호도澎湖島, 안평安平, 타구他狗(고웅高雄)로, 진구마루神宮丸와 가네야마마루釜山丸는 고베에서 모지를 경유해 기륭, 안평, 타구로 항행했다.[23]

4. 소결

위와 같이 청말 청일전쟁 후에 이루어진 시모노세키조약 체결은 일본계 기선기업의 중국과 대만 진출을 촉진시켰다. 그 활동의 일부는 사선인 오사카상선회사와 일본우선회사, 중국 국내항로를 운행했던 기선회사의 항로를 통합하여 설립된 청일기선회사 등의 사사社史[24]가 중요한 자료를 제공한다. 또한 이들 기선회사의 활동 일부는 중국 측의 신문지상에 게재된 관계기사가 일본계 기선기업의 중국과 대만에서의 활동을 분명히 하는 데도 중요한 사료가 될 뿐만 아니라, 일본계 기업에 대한 중국 측의 생각을 아는 데도 중요한 단서가 된다.

---

22 『大阪朝日新聞』第10301号, 明治43年(1910).10.31, 第8頁, 広告.

23 『大阪朝日新聞』第10301号, 明治43年(1910).10.31, 第8頁, 広告.

24 오사카상선회사의 사사에는 『大阪商船株式会社五十年史』(1934.9), 『大阪商船株式会社八十年史』(大阪商船三井船舶, 1966.5)가 있다. 일본우선회사는 『日本郵船株式会社五十年史』(1935), 『七十年史』(1956.7), 『日本郵船株式会社百年史』(1985.10)가 있다. 청일기선회사는 浅居誠一編 『日清汽船株式会社三十年史及追補』(1941.4)가 있다.

특히, 하나의 예를 들면 『소보』 제2,453호, 1903년 5월 8일, 광서 29년 4월 12일의 '각성各省기사'의 '진강'란에 다음과 같은 기술이 있다.

> 소형 윤선이 출항하다. ○일상(日商) 대동공사의 소형 윤선과 초상국은 새로 내하소륜(내하를 운행하는 소형 윤선) 한 척을 늘려, 소주, 상주, 진강의 각 항구로 운항하는데, 대동공사는 이미 이번달 초1일에 시작했다. 초상국의 소형 윤선 역시 초5일에 시작했다. 진강으로부터 운항하여, 그 부두는 모두 사자가구(사자가에 있는 항구)에 설치되어 있어, 승객이 타고내리기에 편하다.

일본계기선회사인 대동기선회사가 소주, 상주常州, 진강을 잇는 대운하를 항행하는 기선항로를 개설하자, 초상국도 마찬가지로 같은 항로에 기선운항을 시작했다. 이와 같이 일본계 기선회사가 중국 국내의 교통발전에 적지 않은 공헌한 것은 분명하다.

호남기선회사 겐코마루沅江丸 선장
오제키 요나오小關世男雄와 『해사요강』

1. 서언

1860년 북경조약 체결로 청조중국이 장강에서 영국선박이 항행할
수 있는 자유를 인정하자 미국도 장강에 기선을 항행하게 하고, 일본도
청일전쟁 후 시모노세키조약 체결로 중국 내륙에서 기선을 항행할 수
있는 이권을 얻었다.[1] 그런 시기에 개설된 기선항로에 한구에서 호남으
로 가는 항로가 있었다.[2]

일본은 메이지 35년(광서 28, 1902) 2월 12일 제국의회 귀족원에 제출된

---

[1] 樊百川, 『中国輪船航運業的興起』, 四川人民出版社, 1985.10; 松浦章, 『近代日本中国台湾航路
の研究』, 清文堂出版, 2005.6.

[2] 樊百川, 『中国輪船航運業的興起』, 四川人民出版社, 1985.10; 中村義, 「長沙開港前後―日本資
本主義と湖南省」(『歴史学研究』第425号), 1975.10; 中村義, 『辛亥革命史研究』, 未來社, 1977.1,
pp.25~41. 中村義, 「湖南汽船株式會社について―白岩龍平の世界」, 『辛亥革命史研究』第9号,
1990.10, pp.1~6.

「청국하호항운업확장淸國河湖航運業擴張에 관한 건」[3]에 의해 호남기선회사의 발족을 가능하게 하는 법안을 가결하고, 동정호洞庭湖를 중심으로 하는 호남항로가 국가의 정책적 지원을 받아 개설되었다. 그리고 호남기선회사는 메이지 37년(광서 30, 1904) 3월에 호남항로를 개업한다.[4]

개업 1년 후인 메이지 38년(광서 31, 1905) 3월 30일의 재 장사長沙 영사관 분관의 보고인 「청국호남성상담상업시찰복명서中國湖南省湘潭商業視察復命書」에 의하면, 호남기선회사의 활동상황은 "상남湘南기선회사의 겐코마루, 쇼코마루湘江丸 2척이 정기적으로 한구·상담 사이를 왕복하고, 태고·이화양행 소속 각 1척(창화昌和, 사시沙市)의 기선은 부정기적으로 한구·상담 사이를 왕복한다. 이외에 장사와 상담만 왕복하는 작은 기선이 3척 있다. 양호兩湖기선회사 소유의 작은 기선 상정湘靖 및 한구에 있는 청국인 소유의 강천江天, 홍승鴻昇 2개의 작은 기선인데, 이들 3척의 작은 기선은 전적으로 한구·상담 사이의 승객수송을 맡고, 매일 각 기선 모두 한구·상담지역을 1회씩 왕복한다"[5]고 되어 있다. 한구·상담 항로에서는 영국의 태고·이화 2개 양행과 장사·상담 항로에서는 중국의 양호윤선공사兩湖輪船公司와의 치열한 경쟁이 호남기선회사를 기다리고 있었다.

1년 후인 메이지 39년(1906) 6월 19일 재 한구영사관보고인 「한구와 호남기선항운업 근황」에 의하면, "호남항로에서는 이 해 우리 호남기선회사와 영국 상사 이화양행怡和洋行, Jardine Matheson 및 태고양행太古洋行, Butterfield

---

3 『帝国議会貴族院議事速記録』19, 東京大學出版會, 1980.7, p.132.
4 『日清汽船株式會社三十年史及追補』, 日清汽船株式會社, 1941.4, p.31.
5 『通商彙纂』, 明治38年 第41号, p.24.

Swire과 대립하는 형태로 경쟁을 계속하고 있다"[6]고 한다. 개업한 지 2년이 지난 호남기선회사였지만, 역시 영국의 이화양행과 태고양행과의 경쟁에 고전을 하고 있었다.

호남기선회사는 메이지 37년(광서 30, 1904) 3월에 처음으로 호남항로 개설 후, 메이지 40년(광서 33, 1907) 3월 청일기선회사[7] 성립에서 합병되기까지 불과 3년간의 영업이기 때문에 호남기선회사에 관한 기록은 매우 적으나 호남기선회사에서 선장을 맡은 오제키 요나오의 자손으로부터 자료를 제공받았다.[8] 그래서 오제키 요나오의 저술에 관하여 언급하겠다.

2. 호남기선회사 겐코마루 선장 오제키 요나오

호남기선회사 선장이며 오제키 요나오의 자손이란 요코하마시 거주의 니시무라 미유키西村みゆき 씨이다. 오제키 요나오가 호남기선시대에 사용했던 관련 물품의 사진을 보내왔다.

〈그림 1〉은 호남기선회사 제복의 소맷부리 자수다. 크기는 너비

〈그림 1〉 호남기선회사 제복의 소맷부리 자수

6 『通商彙纂』, 明治39年 第46号, p.27.
7 『日淸汽船株式会社三十年史及追補』, pp.27~32.
8 松浦章, 『近代日本中国台湾航路の研究』, 淸文堂出版, 2005.6.

430mm×높이 130mm로 오제키 씨의 자녀인 니시무라 씨의 어머니가 "너무 훌륭한 자수이기 때문에 친정집을 정리했을 때 오려두어 남겨두었다"고 전해지며 다른 한쪽은 여동생이 갖고 있었다. 오제키 씨는 메이지 7년(1874) 7월 24일 후쿠이현福井県 다이묘大名의 가신인 오제키 사이지로小関犀次郎 씨의 4남으로 도쿄에서 태어났다. 42세로 은퇴한 후 할머니의 친정이 있는 사가현 가라츠佐賀県唐津에서 쇼와昭和 21년(1946) 4월 4일에 사망했다. 소관세남웅小關世男雄을 '오제키 요나오'로 부른다는 것 등은 니시무라 씨가 가르쳐주었다. 사료가 적은 호남기선회사에 관한 귀중한 관련 사료이다.

오제키가 호남기선회사 선장이었던 것은 호남기선회사 설립에 적극적으로 공헌한 시라이와 류헤의 일기에 보인다. 시라이와 류헤의 일기는 나카무라 타다시中村義의 헌신으로 활자화되어 있다.[9] 시라이와 일기의 메이지 37년 4월 8일 항목에 다음과 같은 내용이 있다.

악주(岳州)에서 겐코마루의 방향이 엇갈린다. 오제키 선장의 장인 영전에 공물을 바치려고 받는 후의를 감사하며 받는 것도 미안할 따름이다. 9시 금강에서 정박한다.[10]

또 같은 해 12월 10일 항목에는 다음과 같은 것이 보인다.

---

9 中村義, 『白岩龍平日記―アジア主義実業家の生涯』, 研文出版, 1999.9.30.
10 中村義, 『白岩龍平日記―アジア主義実業家の生涯』, p.444. 문중의 '악부(岳父)'에 '湖南巡撫兪廉三の息子'의 주석이 있음.

밤에 오제키 선장이 와서 말했다. 머무르고 식사를 한다.[11]

위의 기사 모두 '오제키'뿐이고 이름은 기술되어 있지 않지만, 후술 기록에서도 이 '오제키'가 오제키 요나오인 것은 틀림이 없다. 적어도 겐코마루의 선장으로서 승선한 것은 확실하다.

국립공문서관에 소장된 「공문잡찬公文雜纂」에도 오제키 요나오의 인사기록이 보인다. 그것은 '메이지 40년 7월 29일 대만총독품의 대만총독부 해사관海事官오제키 요나오의 상여 건'이며, "메이지 37년 12월 이후 적지 않은 일을 했는데 이번에 병으로 퇴관원退官願을 제출함에 있어서 두서頭書대로 상여를 줄 것을 품의한다"로서 메이지 37년 12월부터 메이지 40년까지 대만 총독부 해사관으로 근무하고 병으로 인하여 퇴관할 때, 상여금 증정에 관한 문서이다.

이 문서에서 오제키는 메이지 37년 12월 말에는 호남기선을 떠나 대만으로 부임한 것을 알 수 있으며, 12월 10일 밤 시라이와와의 환담은 대만으로 부임하기 직전이라고 생각된다.

대만 국사관國史館의 대만 문헌관이 소장하는 대만총독부 문서에 의하면, 메이지 37년(1904) 12월 2일에 대만총독부 해사관에 임명되어 있다. 그 후 메이지 38년(1905) 1월 31일 관직을 받고 같은 해 2월 4일 '해사관 오제키 요나오 대만 기선직원 징계위원'에 임명된 기록이 남아 있다. 이상에서 메이지 37년 12월부터 40년 7월까지 대만총독부 해사관에 취임해 있었던 것을 알 수 있다.

---

11 中村義, 『白岩龍平日記―アジア主義実業家の生涯』, p.462.

이런 사실로부터 오제키 요나오는 호남기선회사가 설립된 메이지 37년(광서 30, 1904) 3월부터 12월 초까지 이 회사의 선장으로서 활약했다고 생각된다.

3. 오제키 요나오의 『해사요강』

오제키 요나오의 저서에 『해사요강』이 있는 것을 니시무라 씨로부터 정보를 얻어 고서점에서 찾아 손에 넣을 수 있었다.

이 책에는,

> 남작(男爵) 고토 신페(後藤新平)각하의 서문 대만총독부통근국장 가노코기 코고로(鹿子木小五郎)각하의 서문 대만총독부 해사관 오제키 요나오가 편집해서 만듦.

으로 되어 있으며, 대북臺北의 일본물산회사에서 메이지 40년 1월 31일 발행되었다. 고토 신페의 서문에는 메이지 39년 12월 날짜로,

> 인문의 진화는 끊임없이 지맥(地脈)을 모아 한없이 넓은 대지에 점차 나란히 합

〈그림 2〉 『해사요강』

쳐 나아가고, 이것을 땅위에서 펼치기가 어려우면 마땅히 이것을 해양에서 겨루어 보겠다는 기세가 반드시 있어야……

의 문장으로 시작하여,

이번에 대만총독부 오제키 해사관이 휴가를 이용해 해사요강 한 권을 골라 정리하였는데, 이것은 고상한 이론을 피하고 실용적인 지식을 취하여 일반 독자에게도 다양한 취미로서 바다에 관한 내용을 대략 알리려는 것을 취지로 한 것으로, 소위 해국인문(海國人文)에 공헌한 것이 많을 뿐 아니라……

고 기술되어 있다.

『해사요강』A5판 483페이지는 전문이 한자, 가타카나로 쓰여 있으며 전반부는 '선박, 톤수, 닻, 쇠 닻줄, 나침반, 재화흘수선,[12] 해상천문학, 로이드회사, 깃발의 기원, 대서양횡단선의 연혁, 해운' 등과 같이 해사에 관한 기본적인 문제를 언급하고, 후반은 '호남 및 양자강항로, 호주濠州항로, 유럽항해일기, 조규爪哇(역주－인도네시아 반텐banten)항해일기, 홍콩·상해 및 청도항 항칙발췌港則拔萃, 국제법상 선박 법률상의 선원' 등과 같은 주로 항해기록에 관한 것이다.

후반부 첫머리의 '호남 및 양자강항로'(307~355쪽)에는 "이 원고는 메이지 37년 무렵, 이 항로에 종사하면서 보고 들은 것에 관하여 이번에 약간의 수정을 가하고 또 혹은 현재와 다른 것이 없는지 독자가 다행히

---

12 【역주】 선체의 중앙 외측에 그어 놓은 배에 재화를 가득 실었을 때의 흘수선.

이해한다"고 부기되어 있는데, 이는 이 항로를 운항한 경험으로부터 비롯된 언급이다.

'호주항로'(357~386쪽)에도 "이 원고는 메이지 30년 말 무렵, 이 항로에 종사한 것에 대하여, 이번에 약간의 수정을 가하고 또 혹은 현재와 다른 것이 없는 지 독자가 다행히 양해한다"로 되어 있으며, '유럽항로일기'(387~423쪽)에도 "이 원고는 메이지 30년 무렵, 이 항로에 종사했을 당시 일기로서 이번에 특별히 수정을 가했다. 그 전부를 기재한 것으로 독자가 이것을 양해한다"로 되어 있으며, 메이지 30년 4월 17일 요코하마를 출항해 유럽으로 가서 9월 28일에 요코하마항으로 돌아오기까지의 일기이다. '조규항해일기'(425~435쪽)도 "이 원고는 메이지 31년 무렵, 이 항해에 종사한 당시의 일기로서 이번에 특별히 수정을 가하여 그 전부를 기재하게 한 것인데, 독자가 이것을 양해한다"로 되어 있으며, 메이지 31년 9월 22일 모지항 출항에서 10월 3일에 싱가포르에 들리고, 10월 30일 요코하마에 귀항歸港하기까지의 일기이다.

이들 항해기록 중에서 가장 상세한 기록은 '호남 및 양자강항로'이며, 양자강 설명부터 상해, 통주通州, 남경, 무호蕪湖, 구강, 한구 등의 경유지 그리고 한구 상류항로를 설명하고, 호남항로에 관해서는 35쪽(319~353쪽, 거론한 지도는 전술한 책에 수록된 것이다)에 걸쳐 호남항로의 개시사정에서 호남성의 지리적 설명, 물산 그리고 동정호, 상음湘陰, 장사부長沙府, 장사와 상담 사이의 항로사정, 상담상황, 호남서부의 상덕부常德府, 그리고 의창宜昌과 중경重慶 사이의 항로사정에까지 이른다.

호남항로의 가장 큰 문제점은 동정호 및 상강, 원강沅江 등이 계절적으로 변동하는 큰 수위차를 생기게 하여 수로에서의 수량의 많고 적음

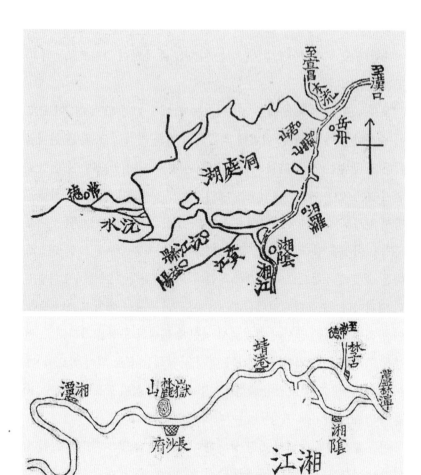

〈그림 3〉

에 있었다. 광서 32년(메이지 39, 1906) 정월 28일 호남순무 방홍서龐鴻書의 주접奏摺에 "호남 수로, (…중략…) 하류에 매번 가을 겨울에 물이 고갈되어 윤선이 항행할 수 없다"[13]며 하류수역은 매년 가을에서 겨울 사이

---

13 『宮中檔光緒朝奏摺』第22輯, 臺北·故宮博物院, 1975.4, p.786.

에는 수량이 부족해 기선의 항행은 불가능하다고 했다. 상강湘江 수위에 관하여 장사長沙『대공보大公報』제511호, 민국 6년(1917) 2월 1일「본성신문, 상담요문本省新聞, 湘潭要聞」에 의하면, "작년 겨울 하늘에서 비가 오지 않아 상하湘河의 물이 마르고 수심이 얕아져 작은 기선이 통과할 수 없다"고 되어 있는데, 가뭄으로 인한 상강, 상하의 수위가 낮아져 기선의 항행이 곤란했다.

오제키도 "풍랑이 치는 계절, 수량이 줄어드는 계절에는 범선의 안전을 위하여 속력을 빠르게 하지 않는 것이 최고"(319쪽)라고 기술하고, 또 동정호는 "비파호琵琶湖의 약 2배이다. 호수 안의 한줄기 수로水路만이 하나의 강물이 되어 남아있고, 호수가 변해서 하나의 큰 평원이 된다. 호수는 악주岳州를 지나 장강에 합류한다. 그 수역은 얕거나 깊기도 하며, 겨울철에는 3야드에서 4척尺 반 내지 32척이 되고, 3, 4월경부터 동정호로 흘러드는 여러 갈래의 하천 수량이 증가하여 동정의 평야는 점차 호수가 되고, 동정의 평원을 굽이굽이 흐르는 강줄기는 강물이 들어차, 그곳에 강줄기가 있었던 것을 알기 어려우며 물의 흐름이나 물 색깔로 이것을 구분하기도 힘들어 기선운항이 가장 곤란한 곳이다"(327쪽)라고 적혀 있듯이 실제로 기선 범선 운항에 종사하지 않으면 알 수 없는 사실을 명확하게 기술하고 있다.

4. 소결

호남기선회사의 영업 기간은 일본의 중국대륙정책 일환으로 설립되어 메이지 37년(광서 30, 1904) 3월 처음으로 호남항로를 개업한 후, 메이지 40년(광서 33, 1907) 3월에 청일기선회사에 흡수되기까지 불과 3년간이었다. 호남항로 개설 초기에 쇼코마루와 겐코마루의 선장이었던 사람이 오제키 요나오였다. 오제키에 관한 기록은 많지 않지만, 그가 대만총독부 해사관으로 부임한 후 출판한 『해사요강』에 의해 그의 발자취 및 호남항로의 실제 모습의 일부가 추측되고 아시아문화교류연구에 관한 귀중한 자료를 제공했다.

또 이 장을 정리할 때 가르침을 주신 니시무라 미유키씨에게 마지막으로 사의를 표하고 싶다.

제3장

북청윤선공사 기선에 의한 발해항운에 관하여

1. 서언

20세기 초 동아시아 해역에는 많은 기선회사가 번창하는데 그 최전선을 달렸던 것이 청조중국과 일본 기선회사였다.[1] 일본이 중국대륙에 진출하여 전개하는 과정에서 요동반도의 좋은 항구인 대련이 중국북동부의 중심 항구로 중시되었다. 대련에서 기선항운업을 부흥시킨 회사 중에는 대련 기선회사가 있는데[2] 그 회사의 영수領袖는 다음과 같이 기술하고 있다.

해운업의 성쇠는 한 나라의 통상, 산업 및 식민사업의 성쇠에 커다란 관련이 있는 것은 말할 필요도 없다.[3]

---

1 松浦章,「海運—清朝中国と明治日本の海運競業—」, 岩波講座,『東アジア近現代通史 別巻アジア研究の来歴と展望』, 岩波書店, 2011.9, pp.203~218.
2 『大連汽船株式会社二十年略史』, 大連汽船株式会社, 1935.6;『社史で見る日本経済史 植民地編 第21巻 大連汽船株式会社略史』, ゆまに書房, 2003.7에 의함. 이하 동일.

이렇게 서언을 기술한 마스다 요시오^{增田義男}는 대련을 기점으로 중국 동북지방에서 기간철도사업을 전개한 남만주철도주식회사의 후원으로 설립된 대련기선회사의 전무이사였다.

대련기선회사는 다이쇼 2년(1913) 1월에 대련에서 자본금 10만 엔으로 설립된 대련기선합명회사로 시작한다. 그 후 일본우선회사, 오사카 상선회사 등과 같은 유력기선회사를 잇는 기업으로 성장하였다.

대련기선회사가 일거에 설립된 것은 아니다. 그 전사^{前史}에 해당되는 시기에 활동을 했었고, 현재는 간과된 기선회사로서 짧은 생명이었지만 북청윤선공사가 있었다. 1911~1913년에 대련에 본거지를 두고 발해해역과 산동반도 연해 사이에 기선항운을 전개한 북청윤선공사는 불과 2년 정도밖에 그 존재가 알려지지 않았고 남겨진 기록도 적지만, 그 후에 설립된 대련합명기선회사, 그것을 계승한 대련기선회사의 전신으로서 활동했다.

그래서 대련에서 발간된 신문을 참고로 북청윤선공사의 항운활동에 관하여 기술하고자 한다.

2. 발해만·황해에서의 기선항운

중국연해에서 기선에 의한 항운활동은 구미의 기선회사가 중심이 되어 상해, 광주를 중심으로 전개되었는데,[4] 1892년에는 초상국윤선공

---

3 『大連汽船株式會社二十年略史』, 大連汽船株式會社, 1935.6, p.1, 서문.
4 조기의 중요한 성과가 Kwang-Ching Liu, *Anglo-American Steamship Rivalry in China 1862~*

사가 천진과 동북요하遼河의 하천항구river port인 우장牛莊 사이에서 기선에 의한 정기항로를 시작한다.[5] 그 후 1898년 독일이 산동반도 교주만膠州灣 주변지역을 조차하자마자, 청도와 상해를 잇는 기선의 정기항운을 시작한다.[6] 장강 이북해역인 황해, 발해에서도 기선항운이 점차적으로 전개되어 갔다. 그런 시기인 1894년, 청일전쟁이 발발하기 직전에 산동반도 지부之罘를 거점으로 일본인 다카하시 토혜高橋藤平가 경영했던 다카하시양행이 발해만 내에서 기선항운을 시작했다고 한다.[7] 다카하시양행에 관한 상세한 내용은 알 수 없으나,『관보』제1,964호, 메이지 23년(1890) 1월 18일의 「지부항곡물상황之罘港穀物商況」에 따르면, 산동반도 지부(현재의 연대)에서 상업 활동을 전개한 것을 알 수 있다. 지부의 쌀 부족으로 인하여 다른 지역으로부터 미곡반입이 고려되었다. 그러나 강소, 절강성 등에서도 쌀값이 폭등하여 반입이 곤란했었다. 구체적으로는 상해경유로 염성미鹽城米 등이 반입되지만 비싼 가격이었다. 그래서 지부 상호 순태호順泰号는 조선반도에서 쌀 수입을 기획했다. 그리고 조선 인천항에서 지부로 조선 미곡 수입이 이루어졌다.

이달(메이지 22년 12월) 1일, 인천항에서 입항한 히고마루(肥後丸)에 513가마니, 같은 달 2일 입항한 쓰루가마루(敦賀丸)에 678가마니, 합계 1,191가마니(우리의 595석(石)5두(斗))의 조선미곡을 수입했다. 즉 그 수입자의 점포 및 가마니 개수를 들면 다음과 같다.[8]

1974, Havard University Press, 1962이다.
5   『大連汽船株式會社二十年略史』, p.19.
6   松浦章, 「ドイツ占領期の靑島と上海間の汽船航路」, 『海事史硏究』第67号, 2010.12, pp.1～16.
7   同書, p.19.

조선미곡의 지부 수입에 관여한 것은 다음 점포들이었다(여기서 언급되는 '가마니'는 자루에 해당한다). 미쓰이물산三井物産회사가 498자루, 이순호怡順号가 136자루, 영래성호永來盛号가 59자루, 홍래성호興來盛号가 20자루, 이태겸호履太謙号가 114자루, 쌍성호雙盛号가 171자루, 다카하시양행이 15자루, 금성호錦盛号가 55자루, 신상화호新祥和号가 16자루, 인창호仁昌号가 7자루, 공화순호公和順号가 100자루를 수입했다. 합계 678자루를 '청상清商 9점포에서 수입'[9] 했다. 그리고 513자루가 '재 인천항 우리상인으로부터 인천항 미쓰이물산회사 외 한명에게 위탁판매품'[10]으로 하고, 미쓰이물산에 이어 관여한 점포로서 다카하시양행이라는 이름이 알려진다.

이번에 우리 상인이 미쓰이 및 다카하시양행 등에게 돌려보낸 쌀은, 같은 시기에 인천항에서 나온 청상 수입쌀에 비해 품질 면에서 차이가 크다. 쌀 알은 꽤 비슷하지만 정미한 것은 매우 거칠어서 청상이 수입한 쌀처럼 깨끗하지 않다. 또 돌과 모래등과 같은 혼합물이 매우 많아서 시중가격도 청상이 수입한 쌀을 상품미(上品米)로 하고 한 되(斛)에 9량(兩) 5전(錢), 우리 상인의 것은 중품미(中品米)로 8량 5전의 가격을 붙였다.[11]

이와 같이 미쓰이물산과 다카하시양행이 인천항에서 지부로 수입한 쌀은 품질 면에서 중국 상인이 수입한 쌀보다 떨어지는 것을 알 수 있다. 이 무렵 지부를 중심으로 하는 해상항운에 관하여 『관보』 제2,083호,

---

8 「之罘港穀物商況」, 『官報』第1964号, 明治23年(1890) 1月18日付.
9 「之罘港穀物商況」, 『官報』第1964号, 明治23年(1890) 1月18日付.
10 「之罘港穀物商況」, 『官報』第1964号, 明治23年(1890) 1月18日付.
11 「之罘港穀物商況」, 『官報』第1964号, 明治23年(1890) 1月18日付.

메이지 23년(1890) 6월 11일 「지부의 상업습관 및 예규」 운수運輸에 다음과 같은 기술이 보인다.

　산동성은 동남북 3면이 바다로 되어 있어서 해운에 이점이 있다. 특히 지부항은 산동성 동북쪽 끝부분이 돌출되어 있어서 크고 작은 선박의 정박에 편리해 왕래 선박의 기항이 언제나 100척을 헤아린다. 그래서 예전에는 수출화물도 모두 봉선(蓬船, 역주－이엉으로 이어 만든 배)으로 운송했는데 근년에는 청국인도 기선이 봉선에 비하여 편리하고 안전하다는 것을 알게 되었다. 기선의 운임이 해마다 하락해 봉선의 수가 줄었지만, 여전히 연중 강남에서 오는 사선이 300여 척, 영파선(寧波船) 3~40척, 광동선 10여 척, 복주선 5~6척, 성경성(盛京省)에서 오는 배가 3,000여 척, 직예선(直隷船)이 100여 척으로 도합 3천 4~5백 척에 이른다. 또 외국수입품은 대체로 상해를 경유해 오는데 그중 8~90%는 기선으로 운송하고, 국내산은 일반 봉선에 탑재하는 것 같다. 지부항에서 산동성 내 각지로 화물을 운송하기 위해서는, 연안지방은 해상운송에 의존하고 해안에서 수십 리 떨어진 지방은 인편이나 우마편의 조력을 받아 운송한다. 성내(省內)의 유명한 성시(城市) 및 시장 혹은 화물 생산지는 강이나 바다 연안에 인접해 있어서 화물을 운반하기에 자연히 편리한 지형을 차지함으로서 과거에는 대소형 봉선을 이용했으나, 작년 3월 이후 지부항 해관도(海關道)에서 내지민수국(內地民輸局)이라는 것을 신설하여, 지부항에서 서북 등주부용구만(登州府龍口灣), 청주부대평만(靑州府大平灣)까지 125마일 구간을 2주에 1회씩 운항하는 정기항해 노선을 개설하고, 광제호(廣濟号)라는 400여 톤급 기선을 여기에 충당하였다. 그 결과 봉선과 기선이 교대로 왕래하게 되어 내륙과의 교통운송이 한층 신속하고 또한 편리하게 되었다. 또 용구만 및 대평만에서 내륙으로 가기 위해서는 크고 작은 강과 하천이 있어 이것을 이용해 이들 지역에서 다시 봉선으로 환적해 수송한다고 한다.[12]

1890년 당시 지부에서 예전의 범선이 여전히 활동하는 한편, 기선의 대두가 두드러졌다. 광서 15년(1889) 3월 지부에 민수국民輸局이 신설되고 지부와 등주부용구만, 청주부대평만 사이의 125마일을 격주로 한번 항해하는 정기항로를 개설한 것처럼, 연해 기선도 점차적으로 확대되는 상황에 있었던 것을 알 수 있다. 이러한 환경에서 다카하시양행도 지부를 기점으로 기선업과 무역업에 종사했다고 생각한다.

이런 시기에 대련에서 기선의 정기항운을 하는 기선회사가 설립된다.

3. 북청윤선공사北淸輪船公司의 활동

북청윤선공사가 설립된 것은 메이지 44년(1911) 6월이다. 이에 관하여 『대련기선주식회사20년약사大連汽船株式會社二十年略史』에는 1911년 6월 '북청윤선공사 설립경위'에 대하여 언급되어 있다.

메이지 44년 6월, 마쓰시게양행(松茂洋行)의 가와베 마사루(河辺勝), 다나카상회(田中商会)의 다나카 스에오(田中末雄) 두 사람은 대련을 기점으로

---

12 「之罘ノ商業習慣及例規」, 『官報』 第2083号, 明治23年(1890) 6月11日付.

해서 북중국 연안에서 각 항로를 개척할 목적으로 조
합 사업으로서 자본금 2만 엔으로 북청윤선공사를
설립하고, 본점을 대련시 동향정 24호지(大連市東鄕
町二十四号地)에 두고 이 두 사람을 대표사원으로 해
운업 및 창고영업을 시작했다. 북청윤선공사는 후쿠
세마루(福星丸, 총789톤) 및 류혜마루(龍平丸, 총757

톤) 기선 2척을 사용하여 후쿠세마루는 매달 2회 대
련을 기점으로 지부, 안동현, 천진 사이를, 또 류혜마루는 매달 5회
대련을 기점으로 여순(旅順), 등주부, 용구 사이를 표적항해했다.
그리고 이 항로는 남만주와 직예, 산동양성(山東兩省)과 교통무역
상 매우 큰 관계를 가져 관동도독부(關東都督府)에서는 이것을 이
도독부의 명령항로로 하고, 1년에 후쿠세마루에는 16,000엔, 류혜
마루에는 17,700엔의 항로보조금을 각각 교부할 것을 지시했다.[13]

즉, 북청윤선공사 설립에 참여한 마쓰시게양행과 다나카상
회에 관하여 언급했다. 마쓰시게양행에 관한 자세한 내용은 알
수 없으나, 대련의 중국어신문『태동일보泰東日報』[14] 제650호, 선
통 3년 정월 16일 광고에 다음과 같은 것이 나와 있다.

> 마쓰시게양행 운수공사 대련감부통(大連監部通) 2번가
>
> 전화 장(長)515번 259번

---

13 『大連汽船株式会社二十年略史』, pp. 27~28.
14 이 장에서 사용한『泰東日報』는 상해도서관의 마이크로필름에 의한 것이다. 이하 동일.

마쓰시계양행의 깃발에는 '하河'를 도안화한 문양이 그려져 있는데, 이 '하'는 '가와베 마사루'를 의장화意匠化한 것이다.

다나카상회에 관한 광고도 『태동일보』에 보인다. 북청윤선공사가 설립되기 이전의 다나카상회에서 한 기선사업의 일면을 『태동일보』 기록에서 보자.

『태동일보』 제647호, 선통 3년 정월 11일, 1911년 2월 9일 광고에는 다음과 같이 되어 있다.

> 다나카상회 윤선 대련 경유 각 부두로 가는 날짜 광고
> ◎ 제20 나가타마루(永田丸) 28일 오전 11시 대련 경유 연대 용구 행
> ◎ 류헤마루 29일 저녁 5시 대련 경유 각각 사천(四川) 여순, 연대, 등주부
>   용구 행
> 무순매발매(撫順煤發賣)
> 대련시 가하정(大連市加賀町) 전화 278번 다나카상회

다음 날 『태동일보』 제648호에 게재된 다나카상회 광고는 거의 같은 문장이다. 그러나 제20 나가타마루의 목적지가 산동반도의 연대·용구가 아니라 갑자기 일본 모지로 바뀌어 있다. 『태동일보』 제649호에서도 모지로 되어 있다. 그 후 『태동일보』 제653호, 선통 3년 정월 21일, 1911년 2월 19일 광고에서는 제20 나가타마루의 목적지가 '해주海州'로 되어 있다.

다나카상회에는 이외에 소유하고 있는 배가 있었다. 제22호 나가타마루의 기록이 『태동일보』 제711호, 선통 3년 4월 초2일, 1911년 4월 30일 '대련' 기사란에 「나가타마루연안순라지성적永田丸沿岸巡邏之成績」으로서 다음의

기술이 보인다.

> 본 부두의 다나카상회 22호 나가타마루가, 단역(單疫)의 전염을 막기 위
> 하여 관동주(關東洲) 연해(沿海)로 출항해 범선(帆船)을 순찰하고 단속하
> 며, 일전(日前)에 이르러 회항하여 항구로 돌아왔는데 꽤 효과가 있었고,
> 어제 다시 장산열도(長山列島)로 가서 순찰하였다.

이 시기에 유행한 페스트 방역을 위하여 다나카상회 소유의 제22호
나가타마루가 사용되고 있는 것을 알 수 있다. 동북연해를 순항하고 요
동반도 남쪽해안 도서에 있는 장산열도長山列島에도 간다. 이 시기에 유
행한 역병은 중국대륙에 진출한 일본에도 긴급한 과제였음은 틀림없
다. 대련에서 역병 방역에 종사한 군의관 미쓰하타 사부로光畑三郎는 당
시를 다음과 같이 회고했다.

> 메이지 42년에 콜레라가 크게 유행했다. (…중략…) 43년에도 여전히 콜
> 레라가 있었다. (…중략…) 44년에도 콜레라가 유행했다. 그 무렵은 거의
> 매년처럼 유행했다. (…중략…) 메이지 44년 11월 만주리(滿洲里) 방면에서
> 페스트환자가 나오고, 그 때 마침 구 정월(구정)을 앞두고 산동성으로 귀성
> 하는 쿠리(苦力)[15]가 남하함에 따라 바이러스가 들어왔다.[16]

---

15 【역주】19세기에서 20세기 초에 걸쳐 중국인·인도인을 중심으로 하는 아시아계 이민, 혹은
   돈벌이 노동자를 말한다.
16 光畑三郎, 「大連海港検疫に就て」, 『海友 開港三十周年記念号』 通巻316号, 大連海務協会,
   1936.10; 「大連開港三十周年記念 海事座談会」, p.54(53~56).

메이지 44년(1911) 당시의 페스트 유행에 관하여 『태동일보』 제647호, 선통 3년 정월 11일, 1911년 2월 9일 '백화白話[17]란에 용장천容孃泉의 '방역백화'로서 "대련 의원회醫院會 수석의사 가와니시河西 박사가 말하기를, 지금 남북만주의 각지에서 발생하듯이 요적저온재적병원閭的這瘟災的病原"으로 보이는 '온재瘟災' 즉, 급성전염병은 『태동일보』의 같은 시기 각 호에 보이는 '서역鼠疫'인데, 당시 흑사병으로 불린 페스트로 해자온孩子瘟이라고 하며, 이 페스트가 동북 각지에 만연되어 있었던 것 같다.

이런 역병에 대한 방역으로 다나카상회의 제22호 나가타마루가 협력했다. 그리고 북청윤선공사 광고가 『태동일보』 제833호, 선통 3년 8월 초1일, 1911년 9월 22일호에 보인다.

  북청윤선공사
  관동도독부(關東都督府)의 명령을 받아, 대련 경유 각 부두행, 날짜 광고
  ◎ 류혜마루 음력 29일 정오 뤼순 등주부 용구행
  ◎ 후쿠세마루 29일, 8월 6일 오후 6시 천진 연대 안동행
  대련동향정 북청윤선공사 공지 전화515
  대리(代理) 선적화물 승선객 표
  대련가하정 다나카상회 장방(帳房) 전화 278(1175)

이 광고는 『태동일보』 제835호, 선통 3년 8월 초3일, 9월 24일에도 게재되어 있으며 같은 신문 제836호(9월 26일)에도 게재되어 있다.

17【역주】중국어의 구어 · 일상어. 또 구어체 문장.

『태동일보』 제842호, 8월 12일, 10월 3일 광고에서는 형식은 동일하고, 류헤마루와 후쿠세마루 2척이 항행할 목표지는 같으나 출항시각이 달라져 있었다.

◎ 류헤마루 음력 15일 정오 여순 등주부 용구행
◎ 후쿠세마루 8월 17일, 8월 15일 오후 6시 천진 연대 안동행

이상의 광고에서 북청윤선공사는 류헤마루와 후쿠세마루 2척을 사용해 대련에서 산동반도의 연대·등주 용구와 천진 그리고 요동반도 남쪽 본거지, 조선반도와 접해 있는 안동을 연결하는 정기항로를 운항한 것을 알 수 있다.

그 후『태동일보』 제1,214호, 중화민국 2년(1912) 1월 26일 광고에는 다음과 같이 게재되어 있다.

북청윤선공사
관동도독부가 윤선의 운항을 지정한다
· 류헤마루 양력 1월 26일 정오 여순·등주부 용구·석도취(石島嘴)행
· 덴쵸마루 양력 1월 26일 오후 3시 고베행
· 사이츠마루 2월 2일 하오 5시 지부행
대련동향정(전화 515번)
북청윤선공사 고시
대리 선적화물 승선객 표 다나카상회 장방(帳房)
대련가하정 전화(278번 1175번)

후쿠세마루를 대신하여 덴쵸마루^{天潮丸}와 사이츠마루^{濟通丸}가 추가되었다. 대련과 산동반도를 연결했을 뿐만 아니라 일본 고베까지 항로를 확대했다.

북청윤선공사가 항운을 시작했을 당시의 『태동일보』 광고는 이 신문이 남아 있지 않아서 명확하지 않으나, 이 신문 제835호에는 선통 3년 7월 29일, 1911년 9월 21일 광고가 남아 있다.

북청윤선공사

봉준관동도독부명령, 대련 경유 각 부두행, 날짜 광고

◎ 류혜마루 음력 29일 정오 여순 등주부 용구행

◎ 후쿠세마루 29일, 8월 6일 오후 6시 천진 연대 안동행

대련동향정 북청윤선공사 공고 (전화515)

대리 화물탑재, 객표(客票)

다나카상회 장방(帳房)[18] 전화(278)(1175)

그 후의 『태동일보』에 게재된 광고에서 북청윤선공사의 음력 7월 말부터 8월분의 출항 기선명을 정리하면 〈표 1〉과 같이 된다.

이와 같이 북청윤선공사는 류혜마루를 4~5일 마다 대련에서 여순을 경유하여 지부에서 서쪽인 등주부 용구를 최종 목적지로 항행했다. 대련과 용구 사이는 거리가 117해리였다.[19] 이

---

18 【역주】 회사의 재무담당부서.

19 『中華人民共和國分省地圖集』, 中國地圖出版社, 1992.10, p.66.

호수	출항일(서기)·시각	뤼순 등주부 용구	천진·연대·안동
835	7월 29일(9월 21일) 정오	류혜마루	
835	7월 29일(9월 21일) 오후 6시		후쿠세마루
837	8월 5일(9월 26일) 정오	류혜마루	
835	8월 6일(9월 27일) 오후 6시		후쿠세마루
838	8월 8일(9월 28일) 오후 6시		후쿠세마루
838	8월 10일(10월 1일) 정오	류혜마루	
838	8월 15일(10월 6일) 오후 6시		후쿠세마루
840	8월 15일(10월 6일) 정오	류혜마루	
840	8월 17일(10월 8일) 오후 6시		후쿠세마루
846	8월 20일(10월 11일) 정오	류혜마루	
843	8월 23일(10월 14일) 오후 6시		후쿠세마루
846	8월 24일(10월 15일) 오후 6시		후쿠세마루
850	8월 25일(10월 16일) 정오	류혜마루	
850	8월 30일(10월 21일) 오후 6시		후쿠세마루

항로를 오가는 데 각 2일 정도 소요되었을 것으로 예상된다. 후쿠세마루는 대련에서 연대로 기항하고 천진 그리고 안동으로 기항해 대련으로 돌아오는 주유항로周遊航路를 운항했다. 운항표에서 보면 그 주유항운은 대략 7일 정도였다. 안동은 조선국경에 가까운 요동반도에 근접한 곳에 위치하고, 대련과는 159해리, 대련·연대는 89해리, 연대·천진은 202해리[20]이기 때문에 주유해로는 900해리였다고 할 수 있다.

『태동일보』 제922호, 선통 3년 12월 초1일, 1912년 1월 19일 광고에서 북청윤선공사는 1척을 증편했는데 그 광고는 다음과 같다.

---

20 『中華人民共和国分省地図集』, 中國地図出版社, 26, p.66.

북청윤선공사

봉준관동도독부명령, 대련 경유 각 부두행, 날짜 광고

◎ 사이츠마루 음력 12월 초4일 오후 5시 지부행

◎ 류헤마루 음력 12월 초2일 정오 여순 등주부 용구행

◎ 후쿠세마루 음력 12월 초5일 용구행

대련동향정 북청윤선공사 고시(전화515)

대리 화물탑재, 승선객 표 대련가하정 다나카상회 장방

전화(278)(1175)

이 광고를 보면 사이츠마루를 대련·지부항로에 새롭게 투입한 것을 알 수 있다.

외무성 외교 사료관에 「북청연안 각 항의 항행목적으로 만철회사에서 선박건조 1건」 문서가 남아 있다. 이 문서는 메이지 45년 1월 11일, 1912년 1월 11일의 재 지부 일본영사관의 공문서이다.

공문서 제5호 주관 정무국 제1과

메이지 45년 1월 11일

재 지부

부영사 아이바 쓰네쓰구(相羽恒次)

외무대신자작(子爵) 우치다 고사이(內田康哉) 귀하

북청윤선공사 관리 기선 사이츠마루에 관한 건

관동도독부의 보조 하에 북청연안 각 항구를 항행하기 위하여 남만철도

〈표 2〉 1912년 1월 북청윤선공사의 대련출항일정

호수	출항일(서기) · 시각	뤼순 등주부용구	용구	지부
922	12월 2일(1월 20일) 정오	류헤마루		
922	12월 4일(1월 22일) 오후 5시			후쿠세마루
922	12월 5일(1월 23일)		후쿠세마루	
924	12월 8일(1월 26일)	류헤마루		

회사가 새롭게 건조한 기선 사이츠마루(총1,139톤)는 마침내 북청윤선공
사가 관리하는 항해에 종사하게 되고, 이번 달 10일 대련에서 지부항에 입
항하고, 같은 날 그 후 많은 사람들에게 관람을 허용하고 저녁에 대련으로
출항했다. 겨울에는 천진 · 안동 등이 결빙함으로서 당분간 인천 · 대련 및
지부 사이의 항해에 종사했다고 한다.

위와 같이 보고를 드립니다. 경구(敬具)[21]

이 문서는 재 지부 부영사인 아이바 쓰네쓰구가 외무대신인 우치다
고사이 앞으로 제출한 공문서이며, 메이지 45년 1월 11일, 1912년 1월 11
일에 남만주철도주식회사가 새롭게 건조한 사이츠마루, 총톤수 1,139
톤을 북청윤선공사 관리로서 북양항로에 취항시킨 것이다. 사이츠마
루는 1월 10일 지부항에 입항한 후, 이 배를 사람들에게 관람하게 하고
같은 날 저녁에 출항한 것을 알 수 있다. 겨울에는 북양해역에서 결빙되
는 항구도 있어서 한동안은 대련과 조선 인천항 그리고 산동 지부 사이
를 항행하게 하였다.

북청윤선공사가 북양항로에 사이츠마루를 투입한 후의 항운일정은
『태동일보』 광고에서 정리하면 〈표 2〉와 같다.

---

21 外務省外交史料館 登錄番号 : B-3-6-3-87.

『태동일보』제1,216호, 1913년 1월 29일에서는 류헤마루의 출항시간이 변경되어 있다.

　　　· 류헤마루 양력 1월 31일 정오 여순 · 등주부 용구 · 석도취행

이런 사실에서 류헤마루는 5일 정도의 일정으로 대련 · 여순 · 등주부 용구 · 석도취 항으로 기항하는 정기항로를 운항했던 것 같다.

그 후『태동일보』제1,221호, 중화민국 2년 2월 4일, 1913년 2월 4일 광고는 다음과 같다.

　　북청윤선공사
　　관동도독부가 윤선 운항을 지정하다.
　　· 류헤마루 양력 2월 6일 정오 여순 · 등주부 용구 · 석도취행
　　· 덴쵸마루 양력 2월 7일 하오5시 고베행
　　· 사이츠마루 2월 16일 하오5시 지부행
　　대련동향정 북청윤선공사 고시(전화515)
　　대리 선적화물, 승선객 표 다나카상회 장방
　　대련가하정 전화(278)(1175)

이 광고는 북청윤선공사의 대련출항광고로는 마지막이었다. 그리고 그 다음 날『태동일보』제1,222호, 2월 5일 광고부터 다음과 같이 변경되어 있다.

관동도독부 지정 행륜

· 류혜마루 양력 2월 6일 정오 여순·등주부 용구·석도취행

· 덴쵸마루 양력 2월 7일 하오5시 고베행

· 사이츠마루 2월 16일 하오5시 지부행

대련감도통(大連監都通) 1번가 26번지

대련기선합명회사

동향정 2번가 24번지(전화259, 515)

마쓰시게양행

북청윤선공사

가하정 18번지 전화(278)

대리 선적화물, 승선객 표 다나카상회

다나카상회 진방(賑房)(전화 1175)

중화민국 2년 2월 5일 광고부터 대련기선합명회사명이 등장하고 탑
승업무 등을 맡고 있는 사무소로서 마쓰시게양행 및 북청윤선공사가
보인다.

이런 사실에서 북청윤선공사는 하나의 취급소로 되어버린 것을 알
수 있다. 그 후의 기선운항은 『태동일보』 광고로부터 다음과 같은 운항
표를 작성할 수 있다.

북청윤선공사가 대련에서 개설한 북양항로는 이 항로와 연관되어
있는 지역과 어떻게 해상교통 효과를 발생시킨 것일까? 그 구체적 사례
의 일면을 『태동일보』 기사에서 보겠다. 제844호, 선통 3년 8월 14일,

<표 3> 1913년 2월 대련기선합명회사의 대련출항기선명

호수	출항일·시각	뤼순·등주부 용구·석도취	고베	지부
1,222	2월 6일 정오	류헤마루		
1,222	2월 7일 오후 5시		덴쵸마루	
1,223	2월 11일 정오	류헤마루		
1,223	2월 12일 오후 5시		덴쵸마루	
1,222	2월 16일 오후 5시			사이츠마루
1,224	2월 17일 오후 5시		덴쵸마루	

1911년 10월 5일 논단에「환영산동신상단지내련고찰歡迎山東紳商團之來連考察」기사가 게재되어 있다.

바다가 통한 이래, 발해(渤海) 연안에는 지부(芝罘)가 처음 상업부두를 열었다. 그러므로 상해 및 장강 일대를 제외하고는 중국과 외국의 통상에서 지부가 실제로 그 중요한 구안(口岸)의 하나를 차지한다. 그래서 산동(山東)의 문물은 다른 성(省)에 비해 일찍 발달하였으니, 이는 주지하는 바이다. 대련(大連)을 러시아가 경영하고, 교주(膠州)는 독일이 경영하고 나서, 발해의 상조(商潮)는 갑자기 일변하였다. 교주 부두에는 철도가 연결되었고, 광산을 끌고와 한번에 직예(直隸)와 산동 두 성의 한 면(面)을 통제하였다. 곧 동해의 출입구가 되었다. 대련의 부두가 동청로(東淸路)에 이어져서 멀리 유럽까지 연결되고, 직접 만주의 출입구가 되었다. 이에 이르러 지부 부두는 거의 대련과 교주 양 부두에 의해 견제당해 두 팔이 전혀 쓸모없게 되었다. 상무(商務)는 한번에 천 길 아래로 떨어져, 더 이상 연부(烟埠)를 말하는 이 없게 되었으니, 이치가 당연히 그러한 것이다. 또 상로(商路)가 하나가 열리면 하나가 닫히는 묘한 기제(機制)에 속하며, 애초에 그 진보를 고취하는 것이 아니었다.

연부의 상무가 점차 쇠락한 이래, 산동성 유지들은 전심전력으로 만회하려 하지 않은 이가 없다. 연유철로(烟瀾鐵路)와 같은 안(岸)은, 비록 자금조달이 쉽지 않고 실마리도 없지만, 대국(大局)을 유지하겠다는 그 열의는 끝내 그침이 없으니, 또한 산동의 장래 축복이다. 근래 연부(連埠)와 산동성의 교통은 날로 커져, 중외(中外)의 선박이 모두 날짜에 맞춰 왕래한다. 즉 용구(龍口) 부두는 이제껏 조용한 어촌이었으나, 지금은 지부와 나란히 산동성 북부 출입구의 하나이다. 만약 차후 점차 항(港)을 개량하고 상부(商埠)를 수리하며, 한편으로 길을 정비하는 정책이 나오고, 교통을 편리하게 하며, 중외의 선박을 이곳에 흡수하여, 북쪽으로는 만주와 하나의 물길로 이어져 있으니, 교역을 크게 일으킨다면 산동의 실업(實業) 진흥에서도 아마 일부(一部)의 공(功)을 부담할 수 있을 것이다. 하물며 황현지방은 주민이 부유하고 산물이 풍부하니, 무릇 실업을 진흥하고 상무를 경영하는 일은 모두 실행되어 발전할 수 있는 실업이 있을 것이다! 옆에서 들으니 전에 용구(龍口)에서 황현에 이르는 철로를 건설하자고 제창한 이가 있었다고 한다. 비록 그 일의 실행여부는 잘 모르겠으나, 시의(時宜)에 맞지 않는다고 할 수도 없을 듯하다. 그러니 장래에 실현될 날이 있을지 알 수도 없다. 종합해서 말하자면, 산동개발은 곧 만주개발을 고취할 수 있고, 만주의 개발은 실로 산동개발을 고취하는 거탁(巨鐸)이다. 그러나 양 방면의 심중을 잘 알고, 양 방면의 감정과 연계되며, 양 방면의 폐간(肺肝)을 융합한 후에 상정(商情)을 조사할 수 있고, 상책(商策)을 강구할 수 있다. 그러니 그것을 하는 길은 실정(實情)을 파악하는 것보다 앞서는 것이 없다.

산동 황현 및 용구 등은 거신은상(鉅臣殷商)이 일찍이 이곳을 보았고, 이번에는 고찰단을 조직하여, 오늘 대련에 도착, 사람들이 실시했던 일체의 사업을 상세히 보고 참고로 했다. 연부(連埠)의 일본인들은 모두 뜨거운 마음으로 환영하고, 모두 그와 함께 일체를 돌보아 고찰에 있어 결함이 없게 하기를 바라지 않는 이가 없었다. 연부 화상계(華商界)가 뜨거운 마음으로 환영한 것은 더 논할 것도 없다. 기자는 이에 중일 양국인의 친목을 바라지 않을 수 없고, 또 산동 상무가 발흥할 장래를 바라지 않을 수 없다.

20세기 후반에 이르기까지 산동반도 및 산동반도 발해연해에서 가장 큰 상업 항구는 지부였다.[22] 지부는 장강에 있는 상해 이북의 거대 무역항으로, 산동반도의 상품유통의 중요한 기간항구基幹港口였다. 그런 상황에서 러시아가 대련으로, 독일은 청도로 진출하여 대련, 청도가 대외적으로 개방되었다. 외국세력의 진출에 의해 청도와 대련이 급속하게 근대적인 선박이 기항할 수 있는 좋은 항구로 부상하였다. 그런 시기인 1911년 10월에 산동반도에서 교양과 품위를 갖춘 일류상인이 대련을 방문했는데, 찾아온 가장 큰 이유는 산동반도와 대련을 잇는 기선항로가 개통된 것이었다. 그 기선항로에 관하여 기술되어 있지 않지만, 북청윤선공사에 의한 정기운항이 큰 계기가 된 것은 쉽게 상상할 수 있다. 산동반도에는 옛날부터 좋은 항구로 여겨져 온 지부가 있는데, 청도와 대련의 급속한 발전으로 인하여 옛날부터 이어온 번영은 종말을 맞이하는 가운데, 산동반도 지부 가까운 곳에 거주했던 일류상인 중에는 위기감을 느꼈을 상인도 있었을 것으로 생각된다. 특히 용구에서 가까운 상업번성지인 황현黃県과 북청윤선공사가 기항하는 용구 사이

---

22 劉素棻, 『烟臺貿易硏究(1867~1919)』, 台湾商務印書館, 1990.10, pp.8~35.

에 철도부설 계획이 거론되었다고 하는 것이 산동반도와 대련과의 연대가 계획되어 있었던 것으로 볼 수 있다.

이와 같이 북청윤선공사의 북양항로 개설은 대련을 안고 있는 요동반도 및 그 연해지역뿐만 아니라 요동반도와 대치하는 산동반도 지역에도 큰 영향을 끼쳤다고 생각한다.

여기서 언급된 '산동 황현 및 용구'에 관하여 기술하겠다. 황현은 등주부에 속해 있었으며 동치『황현지黃県志』권1「강역지彊域志」에 의하면, 다음과 같은 내용이 기술되어 있다.

> 풍속적으로 황현(黃縣)은 땅이 좁고 인구가 조밀해서, 사방에서 이익을 쫓는 이가 많으며, 종종 부(富)를 이룬다. 멀리 북경까지 가서 험한 중양(重洋)으로 배를 타고 나간다. 봉천(奉天) 길림(吉林)같이 만리(萬里)나 떨어진 지역에 모두 황현의 주민이 걸어간 흔적이 있다.[23]

즉 황현은 토지의 면적비율보다도 인구밀도가 높고, 잉여인구는 각지로 가서 이익을 얻는 일에 종사했다. 그 대부분은 수도 북경과 바다 건너에서 활동하고 동북지방으로도 진출해 있었다고 한다.

황현의 상업구역에 관하여 동치『황현지』권3「식화지食貨志」[24]에 의하면, 황현 시장은 동관東關, 남관南關, 북관北關, 서관西關이 중심이고, 계속해서 다음과 같은 것이 기술되어 있다.

---

23 『同治黃縣志』, 中國地方志集成, 山東府縣志輯49, 鳳凰出版社, 2004.10, p.413.
24 【역주】중국의 역대 정사(正史) 가운데, 각 왕조의 재정을 기록한 개조식(箇条書き)의 문서.

무릇 네 향도(鄕都)의 시장은 여섯이 있다. (…중략…) 크고 작은 것들이 모이니 있는 대로 다 기록할 수가 없다. 가게에 앉아 판매하는 것으로는 동가(東街)에 옷가게들이 있고, 남관(南關)에 식품가게들이 있다. 서관(西關)에는 늘어선 가게들이 수백이며, 은전(銀錢)의 가게가 많게는 수십에 이른다. 복건·광동·소주·항주·서양의 정교하고 화려한 산물이 끝이 없어, 흡사 하나의 작은 도회이다. 용구(龍口)는 해구(海口)로서, 금사탄(金沙灘)이라고도 하며, 바다에서 오는 선박이 모이는 곳이다. 관(官)에서는 세국(稅局)을 설치했다. 황하영(黃河營) 또한 해구로서 세관을 두었으며, 용구와 마찬가지로 바다에서 오는 배가 모이는데, 용구에 버금간다. 황현에서는 목면(木綿)이 나지 않고, 풍년에도 곡식은 일년 양식에도 부족하다. 바다로 목면을 실어오는데, 강남에서 온다. 쌀과 콩은 요동(遼東)에서 오는데, 주민들이 공급을 바라고 있다. 그곳 사람들이 외지에서 장사하기로는, 요동이 많으며, 경도(京都)가 그 다음이다. 요동과 수천 리 거리인데, 뱃길의 바람이 잔잔하면 며칠만에 다다를 수 있다. (…중략…) 황현의 주민을 헤아려 보면, 농민이 열에 셋이며, 사(士)와 공(工)이 열에 둘이고, 상(商)이 열에 다섯이다. 본부(本富)가 최고이고, 말부(末富)가 그 다음[25]이라는 말이 있다. (…중략…) 황현은 땅이 적고 사람이 많아, 땅을 황금처럼 아끼니, 옥토(沃土) 한 무(畝)는 값이 5·60관(串)에 이른다.[26]

황현 시장에는 수많은 점포가 있는데 동관거리에는 의복관계의 점

---

25 『사기(史記)』 「화식열전(貨殖列傳)」에 나오는 말이다. 농업으로 치부하는 것이 최고이고, 상업으로 치부하는 것이 그 다음이라는 뜻이다.

26 『同治黃縣志』 中國地方志集成, 山東府縣志輯49, 鳳凰出版社, 2004.10, p.425.

포가 있고, 남관에는 식품 점포, 서관거리에는 수백의 점포가 있었다. 특히 금융관계 점포만으로도 수십 개가 있었다고 한다. 이 점포들에는 복건과 광동에서 소주와 항주 물품이 진열되고 서양의 진기한 물건들도 있었다고 하며 지방의 작은 도시를 형성했었다. 이런 황현의 외항外港이 용구항龍口港이었다. 황현은 토지가 적은데 비하여 인구가 많아서 풍작이라도 1년 수확으로는 부족하여 타지로부터 식료품 공급을 받아야만 했다. 선박은 강남에서 면포棉布를 요동에서 식료품을 공급받는 것이 일상적인 모습이 되었다. 또 황현 사람들도 요동으로 진출하는 자가 가장 많고 그 다음이 북경이었다. 요동으로는 범선을 이용해도 며칠 정도로 갈 수 있는 편리함이 있었다. 황현의 인구 중에서 10분의 3이 농업에 종사하고, 10분의 2가 사대부나 노동자이며 그 절반이 상인이었다고 한다. 그런 사정으로 부유한 사람도 크게 본부本富(농업으로 축적한 부)와 말부末富(상공업으로 축적한 부)로 불린 2개의 계층이 있었던 것 같다. 황현의 토지는 비싸서 금과 같았다고 했다.

이런 황현의 외항이 용구항이며 앞에서 말한 『태동일보』에 기재된 산동의 대련고찰단大連考察團이 황현의 상인집단을 방문한 것은 틀림이 없다.

용구항과 대련항의 관계는 중요했는데 다이쇼 원년(1911)의 동아동문서원東亞同文書院 조사에 의하면, 다음과 같은 사실을 알 수 있었다.

우리 만주경영이 근거지를 대련에 둔 이상, 대련과 산동연안 여러 항과의 항해를 시작하고, 한편으로 항해권을 획득함과 동시에 다른 한편으로는 무역확장을 꾀하지 않으면 안 되었다. 우선 그 첫걸음으로 메이지 43년부터 아마기마루(天城丸)가 이 항해에 종사했으며, 44년 5월 26일 관동도독부의 공의(公議)[27]에 의해 북청윤선공사의 이름하에 6월 1일부터 북청연안 여러 항구사이의 화물과 승객운수 및 여기에 따르는 업무를 영위하는 것을 목적으로 하는 기선회사가 문을 열게 되었는데, 그 항행선(航行線)을 2개로 나눌 수 있다.

㉮ 대련 용구선 : 매월 4회 여순, 등주부를 경유해 용구에 도착하고 반대로 항행해 대련으로 귀항(歸航)하는 것.

㉯ 대련 천진선 : 대련에서 지부, 안동현에 이르고, 여기서 대련을 경유해 천진에 도착하고, 천진에서 대련으로 직항하는 것을 하나의 항해(航海)로 한다. 다만 겨울철은 대련, 지부, 인천 사이를 정기항해하는 것.

이 항로들은 도독부의 명령항해로, 관동도독부는 북청윤선공사의 항업航業, Shipping business을 보호하기 위하여 대련 용구선에 연액 17,600엔, 대련 천진선에 연액 16,000엔을 보조했다.

위와 같이 보통의 영리회사와는 달리, 운임도 비교적 저렴하고 대련에서 북청의 각항에 수출하는 일본상품에 대해서는 규정운임의 20%를 할인하는 등, 대안지방對岸地方 개척에 열심이었다. 그러나 개척을 시작한 지 얼마 되지 않아 성적은 크게 볼 것 없다고 해도, 나날이 번성함을 보이고 무순탄撫順炭을 용구로 수출하는 것도 이 항로에 의한 것은 물론 콩깻묵, 잡화 등 대련에서 수입되는 것이 날마다 더 많아지게 되었다.[28]

대련과 용구 사이의 기선항운은 일본회사에 의해 메이지 43년(1910)에 시작되고, 아마기마루가 이 항로항운에 종사했다. 그 다음해, 메이

---

27 【역주】조정이나 막부 등에서 이루어지는 평의(評議).
28 東亞同文會編纂, 『支那省別全誌 第四卷 山東省』, 東亞同文會, 1917.9, pp.131~132.

지 44년(1911) 5월 26일에 관동도독부의 명령으로 북청윤선공사가 6월 1일에 설립되어, 발해연해 등 여러 항구 간 화물과 승객운수 등의 업무를 하게 되었다.

이 보고에서 대련항과 용구항을 잇는 항로는 매월 4회 여순에 기항해 용구항에 도착하고, 또 대련항으로 귀항歸港하는 노정으로 운항한 것이 되는데, 전술한 북청윤선공사 설립 초기의 운항일정은 거의 5일마다 대련항과 용구항을 왕복했던 점에서 한 달에 5~6회의 운항이 이루어진 것이 된다.

북청윤선공사 기선에 대하여 중국 측에서도 기선의 항운사업이 전개되고 있었다. 『성경시보盛京時報』제1,346호, 선통 3년 4월 초9일, 1911년 5월 7일 「동삼성신문東三省新聞」의 영구란營口欄에 「조흥윤선내객지다肇興輪船來客之多」에 다음과 같은 내용이 실려 있다.

> 화상 조흥공사(肇興公司)의 조흥윤선은 한달 전에 산동성 용주로 출발했는데, 승객을 운송하며, 어제 저녁에 조수(潮水)를 타고 들어왔다. 용구(龍口)로부터 돌아왔는데. 계산할 것도 없는 자질구레한 것들을 싣고 있으며, 승객 총 670여 명을 싣고 있다. 풍문을 들으니, 점차로 일반 여객 운행을 시작한다고 하는데, 전부 화상의 윤선을 이용함으로써 애국심을 드러내고, 권리를 지킬 수 있음을 대체로 볼 수 있다.[29]

중국자본으로 설립된 조흥윤선肇興輪船이 동북의 영구와 산동 사이에

---

29 『盛京時報』影印本19冊, 盛京時報影印組, 1985.2, p.43.

서 기선항운을 시작한 것이 기록되어 있으며, 승객 670여 명이 승선해 있었던 것이 보도되어 있다.

『성경시보』제1,383호, 선통 3년 5월 25일, 1911년 6월 21일「동삼성신문」의 영구란에「항업우기소조航業又起小潮」에 다음과 같이 기술되어 있다.

> 본 항구의 각 윤선 중에 산동의 각 항구로 운행하는 것으로는 지금까지 이화(怡和)·지부(芝罘)·온주(溫州)의 세 윤선이 있었는데, 작년에 조흥을 더하여 모두 4척이 되었다. 올해 온주로 갔다가 창주(彰州)로 되돌아왔는데, 여전히 예전의 수(數)와 같다. 근래에 또 니나가타마루(二永田丸)가 있어서 역시 용구등주로 가며, 각 항의 영업은 부진을 면치 못한다. 이번달 초에, 지부는 조흥과 경쟁하여 공짜표를 발행하기에 이르렀는데, 승객의 푼돈을 취하느라 충돌하지 않고, 연일 조정을 거쳐 매회 두 번 왕래하여 서로 폐를 끼치지 않기로 의정(議定)하여 비로소 서로 안정되고 무사(無事)하게 되었다. 근일 니나가타마루가 또 할인표를 발행해 매 승객들에게 2각(角)만 받고 지부(芝罘)의 항구로 갔으며, 결국 또 공짜표를 발행해 서로 막아내니, 또 어떻게 끝날지 모르겠다.[30]

영구와 산동반도의 항만을 잇는 기선이 이화, 지부, 온주의 3척의 선박에 추가로 조흥윤선 1척이 더해져서 경쟁이 치열하게 되었다. 또 '니나가타마루'라는 아마도 다나카상회 기선이 영구와 대련 사이를 항운하는 등, 근거리 기선항운이 활발했다.

---

30 『盛京時報』影印本19冊, p.227.

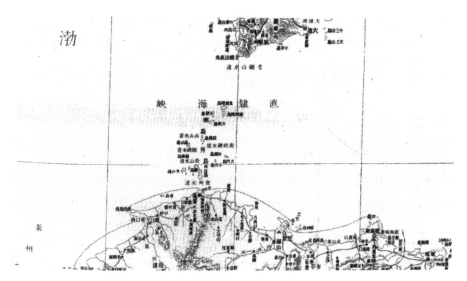

〈지도 1〉 대련 · 지부 · 등주부용구 지도(『支那省別全誌 第4卷山東省』 부도에 의함.)

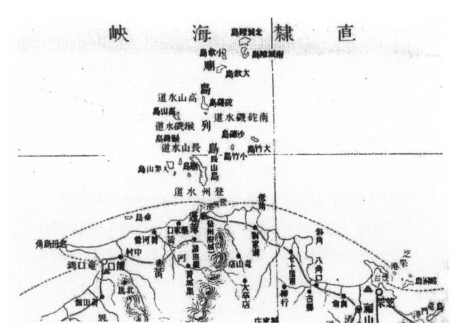

〈지도 2〉 지부항과 용구항 지도(『支那省別全誌 第4卷山東省』 부도에 의함.)

여기에 보이는 『성경시보』 제1,368호, 선통 3년 5월 초7일, 1911년 6월 3일 「동삼성신문」의 영구란에 「윤선충돌미료輪船衝突未了」가 있다.

태고행(太古行)의 지부윤선(芝罘輪船)은 산동의 각 항구를 왕래하는데, 승객들에게 다투어 푯값을 깎아주어 가격이 적절치 않게 되니, 아래로는 7, 8일간 경쟁을 시작해, 쌍방의 윤선이 표도 팔지 않고 출항하였다가 본 항구의 각 객잔(客棧)의 집사(執事) 수십 명이 조정하였다.[31]

이와 같이 태고행太古行은 태고양행太古洋行, Butterfield&Swire[32]의 기선 지부호之罘号와 조흥공사의 기선 조흥호가 영구와 산동반도과의 항운사업에서 경쟁을 하고, 승선요금을 깎으면서 경쟁을 격화시켰다.

이와 같이 대련뿐만 아니라 영구에서도 산동반도 항구도시와 항운航運을 전개했다.

4. 소결

위에서 언급한 것처럼 북청윤선공사는 1911년 6월 1일에 대련을 기점으로 하여 일본의 중국동북부中国東北部에 진출한 관동도독부의 후원을 받아 설립되어, 대련에서 산동반도의 지부 및 등주 용구 그리고 천진과 안동 사이, 고베를 잇는 정기항로를 운항한다. 그러나 경영 시기가

---

31 『盛京時報』 影印本19冊, p.150.
32 黃光域, 『近代中国専名飜譯詞典』, 四川人民出版社, 2001.12, p.37.

짧아서 출항광고에서 보는 한 1913년 2월 4일 광고를 마지막으로, 공사의 기선항운사업은 새롭게 설립된 대련기선합명회사에 인수되었다. 이와 같이 북청윤선공사의 운명은 1911년 6월 1일부터 1913년 2월 4일까지로 1년 8개월의 짧은 시간이었다.

이런 이유로 북청윤선공사의 항운활동에 관한 사료는 적고, 필자가 보는 한에서는 겨우 외무성에 남겨진 기록을 아는 것뿐인데, 대련에서 간행된 신문 『태동일보』에 게재된 공사의 출항광고가 그 항운활동을 알 수 있는 중요한 사료를 제공하고 있다. 북청윤선공사는 대련을 기점으로 산동반도 중북부의 등주 용구 그리고 천진, 안동과 요동반도 남측 해안, 산동반도 북측해안을 중심항로로 하고 추가로 일본 모지와 고베를 잇는 항로를 운항했다.

북청윤선공사가 산동반도 등주 용구를 기항지寄港地로 선택한 이유로서, 용구에서 그리 멀지 않은 내륙부에 산동반도의 상업번성지로 보였던 황현이 있었기 때문으로 생각한다.

제4장

대련기선회사의 동아시아 해역 항운에 관하여

1. 서언

요동반도 서남 끝부분에 위치하는 대련은 천혜의 좋은 항구로 19세기 후반기부터 주목받아 왔으며, 외국세력인 러시아와 일본 점령하에 놓였던 시기가 있었다. 대련이 외국세력에 주목받기 이전인 1869년에 산동성 지부, 현재의 연대에 있었던 독일 지리학자 리치더펜Richthofen이 여행기에서 다음과 같이 기술하고 있다. 1869년 5월 18일의 일이다.

대련만의 상업지 소평도로 건너가, (…중략…) 소평도에는 엄청난 정크 (Junk)[1]가 들어가 거기서 농작물을 실어 지부로 돌아온다.[2]

---

1 【역주】 중국의 연안이나 강 등에서 사용되고 있는 전통적인 목조범선의 총칭.
2 リヒトホーフェン, 海老原正雄 訳, 『支那旅行日記』 上巻, 慶応書房, 1943.5, p.319.

소평도小平島는 대련만의 정크기지 모습을 나타내고, 산동으로 가는 중요한 물류항구였다고 생각된다.

대련에 부두가 건설되는데 그 근처에 정크무역기지가 있고, 중국대륙 연해부와 항만운송이 진전되고 있었다.[3] 그 옛날 모습의 일면은 다음에 제시한 대련 북쪽 해안부두에 정박하는 정크선들을 그린 1940년경의 그림엽서에도 보인다.

러시아 통치시대의 다르니[4]는 러일전쟁에 의해 일본에 점령되고 1905년 2월에 대련으로 개칭되었다. 그리고 "우리 대련항이 일본정부에 의해 자유항으로 각국에 개방된 것은 메이지 39년 9월 1일이며, 만철회사가 창업 이래 선박계류 사무소로 일반 선박도매상에 맡겨놓았던 하역을 직영으로 돌리고, 부두사무소를 개소한 것이 메이지 40년 10월 1일이었다"[5]고 되어 있듯이, 1906년 9월 1일 일본정부가 대련항을 자유항으로 개방하자 외국뿐만 아니라 많은 일본인과 일본기업이 진출했다. 그 하나에 해운업이 있었다. 대련은 경제계에서도 "대련항은 육상과 해상 연락의 요충으로서 유럽과 아시아교통에 편리성을 갖추고 있고 북중국방면에서 중계무역의 중요한 지점을 차지했다. 그리고 현재 및 미래에 일본 내륙 및 중국연안과 남양방면으로 통하는 화물 집산지로서 가장 우수한 지위에 있었기 때문에 이 항로에 대한 경영이 진취적인지 여부는 직접적으로 만몽무역滿蒙貿易의 흥망에 관계될 뿐만 아니라 제국帝國의 대 중국무역에 영향을 끼치

3   松浦章, 『清代帆船沿海航運史の研究』, 関西大学出版部, 2010.1, pp.344~353.
4   「露沿時代のダルニー」, 『大連市史』, 大連市役所, 1936.9; 『(普及版)大連市史』, 地久館, 1989.4, p.144.
5   満州技術協会会長貝瀬謹吾, 「開港三十年に際して」, 『海友 開港三十周年記念号』(通巻316号), 大連海務協会, 1936.10, p.16; 古川達四郎, 『三十周年 大連港概要』, 南滿州鐵道株式會社大連鐵道事務所, 1936.9, p.6.

〈그림 1〉 1940년경 대련 북쪽 거리의 해안부두 정크

는 것이 적지 않다"[6]는 인식이 있었다.

1918년 남만주철도주식회사 부두사무소가 정리한 『대련항』에 다음과 같이 기술되어 있듯이 10여 년 후의 대련은 중요한 무역항으로 성장했다.

선박은 연·근해 및 원양항로선으로 출입이 매우 빈번하고 이들은 계절에 따라 물론 차이는 있지만 1년 평균 하루출입 기선이 대략 11척, 2만 톤으로 승하선자수 600명 내외이다.[7]

이 당시 대련을 기점으로 하는 기선항운업에 종사하고 있었던 것은 오사카상선주식회사, 일본우선주식회사, 대련기선주식회사, 아와阿波공동기

6   『大連港航路拡張ニ関スル建議書』, 大連商業会議所, 1917.7(代謄寫), p.1.
7   南滿州鐵道株式會社埠頭事務所 編, 『大連港』, 南滿州鐵道株式會社埠頭事務所, 1918.6, p.41.

〈그림 2〉 대련북쪽거리의 해안부두

〈그림 3〉 20세기 전반의 대련항

선주식회사, 조선우선회사, 정기공사政記公司, 다나카상회[8] 등이 있었다.

오사카상선회사는 대련과 오사카, 요코하마 그리고 대만의 타구打狗 즉, 현재의 고웅高雄을 잇는 항로를, 일본우선회사는 요코하마와 대련을 경유하는 북중국항로를, 남만주철도회사는 대련과 상해 그리고 남중국을 잇는 항로를, 대련기선회사는 대련을 기점으로 요동반도 남동부의 안동에서 산동반도 연해부 그리고 천진을 잇는 항로를, 아와공동기선회사는 대련과 지부, 청도, 안동, 인천항로를, 조선우선회사는 인천 대련항로를 운항하고 있었다.[9]

그중에서 대련기선회사는 1940년 당시, 다음과 같은 회사였다.

이 회사는 대만철(大滿鐵)의 자회사에 속하고, 전체주식을 만철이 갖고 있는 특별한 존재다. 주요항로는 대련을 기점으로 천진선, 청도상해선, 용구선, 호노도선(壺蘆島線), 기륭고웅선(基隆高雄線), 후시키니가타선(伏木新潟線)을 갖고 있고, 최근 수년간의 성적은 순조로운 발달을 보였으며 특히 만주와 일본 양국의 제휴는 활발해 이 회사의 존재의의를 확대시킴과 동시에 비약적인 발전단계에 있는 일본우선, 오사카상선에 이은 유력회사이다.[10]

중국에 진출한 일본계 해운회사로서 일본우선, 오사카상선에 이은 회사이며 그 모회사는 남만주철도회사였다.

이 대련기선회사의 설립경위와 기선운항의 실태에 관하여 기술하겠다.

---

8 南滿州鐵道株式會社埠頭事務所 編, 『大連港』, pp.42~43.
9 南滿州鐵道株式會社埠頭事務所 編, 『大連港』, pp.42~43.
10 中國通信社 編, 『中支商工取引總覽』(昭和15年度版), 上海·三通書局, 1940.3, pp.95~96.

2. 대련을 기점으로 하는 일본해운의 전개

『오사카매일신문』 제10,857호, 1913년(다이쇼 2) 10월 26일 기사 「남만주철도주식회사(1) 총설 자금＝사원＝연혁＝사업」에 의하면,

> 남만주철도주식회사는 메이지 39년 11월 1일 창설되어 본사를 대련에, 지사를 도쿄에 두고 메이지 40년 4월 1일 영업을 시작해 자본금 2억 엔, 총재, 부총재 각1명, 이사 7명, 감사 5명을 중역으로 하고 다이쇼 원년 말에 사원 4,253명, 상용노동자 일본인 7,666명, 중국인 8,570명, 소계 13,236명, 총계 20,503명의 사원 및 준 사원을 가진 동양 최고의 대회사이다.

일본의 중국동북부에 진출한 남만주철도주식회사는 메이지 39년 (1906) 11월 1일에 창설되어, 요동반도 남부에 있는 좋은 항구인 대련에 본사를 두고 도쿄는 지사로 해서 메이지 40년(1907) 4월 1일에 창업했다. 1911년도 말에는 사원 4,253명, 상용고용 일본인 7,666명, 중국인 8,570명, 합계 13,236명을 가진 대기업으로 되어 있었다.

> 이 회사가 현재 하고 있는 사업은 철도, 항만, 해운, 여관, 탄광, 전기 및 가스, 지방시설 그리고 시험소의 8개 항목으로 크게 나뉜다.

위 신문기사에서 알 수 있듯이 남만주철도주식회사는 철도, 항만, 해운, 여관업, 탄광, 전기, 가스 등을 주력으로 하고 있었는데, 근간을 이루는 것이 회사명대로 철도였던 것은 분명하다.

이로 인하여 지금까지 남만주철도회사의 철도사업에 관해서는 많은 업적이 축적되어 왔으나 해운에 관한 연구는 그다지 많이 보이지 않았다.

앞서 말한 『오사카매일신문』 제10,857호, 1913년(다이쇼 2) 10월 26일 기사 「남만주철도주식회사(4) 해운 상해해운＝중계항대책＝근해항로」에는 다음과 같은 기술이 있다.

광궤열차(廣軌列車)와 항만경영에 따라 유럽과 아시아교통의 편리함을 증대시키기 위하여 만철은 자발적으로 일본우편회사기선 고베마루를 임차하여 메이지 41년 8월부터 대련과 상해 사이의 정기항로를 개설하고, 이 항로는 만주철도와 더불어 남중국과 유럽 사이를 가장 가까운 거리로 왕복하는 우편물은 물론, 여객・화물을 위하여 철도운수와 함께 매우 중요한 시설이라 할 수 있다. 개항 후 1년이 지나 여객 및 화물수송이 점차적으로 증가하여, 만철은 추가로 일본우선회사기선 사이쿄마루(西京丸)를 임차해, 42년부터 고베마루와 함께 매주 각1회 왕복했다. 최근에 해사협회(海事協會) 제3 의용선(義勇船) 사카키마루(榊丸)를 건조할 때, 이 회사는 거액의 용선료(傭船料)를 협회에 가불하고 최신식 설비를 갖춘 거의 이상적인 여객선으로서 이 배를 차입해 올해 8월 사이쿄마루를 대체했다. 하지만 이 해운은 만철이 세계적인 공도(公道)로 실질적인 성과를 내기 위하여 기획되어 당분간의 손실을 예상하면서 시작해 수지(收支)는 아직 보상받지 못하고, 겨우 화물과 승객의 자연적인 증가에 따라 결손 정도를 줄이고 있을 뿐이다.

또한 만철은 대련과 발해연안 각 항구의 해운발전에 이바지하고 전술한 것처럼 상해항로와 더불어 대련을 중계항으로 발전시키기 위하여 경흘수선(浅吃水船)인 덴쵸마루(총1,300톤) 사이츠마루(총1,138톤) 2척을 새롭게 건조하여, 44년부터 대련기선합명회사에 임대하여 근해항로에 사용하게 했다.

이와 같이, 남만주철도회사는 주요사업인 철도와 다른 지역을 잇는 해운항로에 주목하여 광범위하게 철도를 유럽과 아시아를 잇는 교통망 전개를 도모한 것 같다. 그래서 메이지 41년(1908)부터 일본우선회사 기선 고베마루를 임차하고, 같은 해 8월부터 대련과 중국의 중심항인 상해와 정기항로를 개설했다. 대련·상해항로는 남만주철도와 남중국이나 유럽과의 연대 그리고 두 지역을 왕복하는 우편물과 여객 그리고 화물 등의 철도운수를 계획했다. 이 항로가 개항(開航)되고 1년 후에는 여객과 화물수송이 점차 증가하는 경향에 있었던 점에서, 남만주철도회사는 일본우선회사 기선 사이쿄마루를 용선해서 메이지 42년(1909)부터 고베마루와 함께 매주 각 1회의 정기운항을 하였다. 또 남만주철도회사는 대련과 발해연안 각 항구의 해운발전에 착안하여 위 대련·상해항로와 연대하도록 대련을 중계항으로서 "경흘수선" 총 1,300톤의 덴쵸마루와 1,138톤의 사이츠마루 2척을 새롭게 건조하여 메이지 44년(1911)부터 대련기선합명회사에 임대하여 근해항로를 확충하기로 했다.

대련에서 발간된 『만주일일신문』 제2,271호 1914년(다이쇼3) 2월 4일 「사외선 추세(1)─34년 이후의 변천과 발달」에 의하면, 당시의 발해·황해해역 기선항운 상황은 다음과 같았다.

실제로 대련을 기점으로 북중국정기항로를 시작한 것은 대련기선의 천진항로, 다나카상회의 용구항로, 만철의 상해, 홍콩항로, 지부, 영구, 안동현의 각지와 청도에 이르러 수많은 기선회사를 매일 발항(發航)시키고 있다. 이와 같이 내지선박(內地船舶)을 잠식한 것은 같은 편끼리 싸우는 느낌이 든다고 해도, 이 세상 문명과 함께 분업이 발달하는 것처럼 해운업도 또한 그 지리적 관계로부터 이렇게 분포되지 않을 수 없음은, 물론 각 선주의 자영(自營)보다 임차인의 손에 의해 각 방면으로 배선된 것이겠지만, 흐름상 일반적으로 좋은 운임을 표준으로 한 결과로 인정해야 한다면, 단독으로 북중국을 잠식하여 앞으로 우리 사외선업계의 큰 일이 될 것이라 볼 수밖에 없다.('작은 구멍으로 댐이 무너질 수도 있다'는 의미)

이와 같이 대련이 발해·황해 항운의 중심지로 보이고 대련기선의 천진항로, 다나카상회의 용구항로, 남만주철도회사의 상해항로, 홍콩항로, 지부, 영구, 안동현 항로 등이 주목되어, 각 회사가 난립하는 경향에 있었다.
이 이전에 대련을 기점으로 해운업을 하고 있었던 것은 마쓰시게양행과 다나카상회이다. 그리고 그것들을 통합하는 가운데 1911년(메이지 44) 6월에 북청윤선공사가 설립되어 발해를 중심으로 하는 항운활동을 전개했다.[11] 그 후, 1913년(다이쇼 2) 1월에 대련기선합명회사가 설립된다.[12] 대련기선합명회사는 북청윤선공사 사업을 인수하고 다나카상회의 다나카 스에오, 마쓰시게양행의 가와베 마사루를 대표사원으로 하고, 새롭게 미쓰이물산 대련지점의 쓰카모토 테지로塚本貞次郞를 총지배인으로 하는 형태로 설립되었다.[13]

---

11 松浦章,「北清輪船公司の汽船による渤海航運について」,『或問』第19号, 白帝社, 2011.12, pp.22~25. 第二編第3章 참조.
12 水地慶治編輯,『大連汽船株式會社二十年畧史』, 大連汽船株式會社, 1935.6, p.28.
13 水地慶治編輯,『大連汽船株式會社二十年畧史』, 1935.6, p.29.

대련기선합명회사의 기선항로는 대련을 기점으로 안동, 천진, 진황도, 지부, 여순, 등주부 용구, 석호취, 광록도廣鹿島, 소장산도小長山島, 대장산도大長山島, 비자설貔子窩 그리고 상해이며, 주로 요동반도와 산동반도로 둘러싸인 발해해역과 요동반도 남부해역으로의 항행이 중심이었다.[14]중국연해의 주요 항구인 천진, 그리고 산동반도 지부 또한 상해로는 매월 2회의 정기항로[15]가 있었으나, 기선항로의 운항으로서는 한계가 있었던 것 같다.

3. 대련기선회사의 동아시아 해역항운

대련에서 간행된 『태동일보』 제1,222호, 중화민국 2년 2월 4일, 1913년 2월 5일 광고에 처음으로 '대련기선합명회사'의 회사명이 보인다.

관동도독부지정행류
· 류헤마루 양력 2월 6일 정오 여순 등주부용구 석호취행
· 덴쵸마루 양력 2월 7일 하오5시 고베행
· 사이츠마루 2월 16일 하오5시 지부행
대련감도통 1번가 26번지
대련기선합명회사
동향정 2번가 24번지(전화259, 515)

---

14 水地慶治編輯, 『大連汽船株式會社二十年畧史』, 1935.6, pp.30~31.
15 水地慶治編輯, 『大連汽船株式會社二十年畧史』, 1935.6, p.31.

<표 1> 1913년 2월 대련기선합명회사의 대련출항기선명

호수	출항일·시각	뤼순 등주부용구 석호취	고베	지부
1,222	2월 6일 정오	류헤마루		
1,222	2월 7일 오후 5시		덴쵸마루	
1,223	2월 11일 정오	류헤마루		
1,223	2월 12일 오후 5시		덴쵸마루	
1,222	2월 16일 오후 5시			사이츠마루
1,224	2월 17일 오후 5시		덴쵸마루	

　　　마쓰시게양행

　　　북청윤선공사

　　　가하정18번지 전화(278)

　　　대리 선적화물, 승선객 표, 다나카상회

　　　동진방(同賑房)(전화1175)

　　중화민국 2년 2월 5일 광고에서 대련기선합명회사의 이름이 등장하고, 탑승 등을 취급하는 사무소로서 마쓰시게양행 및 북청윤선공사가 보인다. 그때까지 운항했던 북청윤선공사[16]는 하나의 취급소가 되었다.

　　대련기선합명회사에 의한 초기 기선운항은 『태동일보』 광고로부터 다음의 운항표를 작성할 수 있다.

　　대련기선합명회사가 대련기선주식회사로 된 것은 다이쇼 4년(1915) 2월 10일의 일이었다.

　　대련기선합명회사는 사원 전체의 동의로 다이쇼(大正) 4년 2월 10일에 해산하고, 같은 날 대련기선주식회사를 설립함에 있어서, 위 대련기선합명

---

16 松浦章, 「北淸輪船公司の汽船による渤海航運について」, 『或問』 第19号, pp.19~34.

〈그림 4〉 대련기선주식회사의 본사와 사장(社章)

회사 재산처분에 관해 합의한다.[17]

위와 같이 1915년 2월 10일에 대련기선주식회사가 설립되었다. 대련의 본사와 사장社章(심벌마크)은 〈그림 4〉와 같다.

대련기선회사가 대련기선합명회사로부터 인계한 항로에는 다음과 같은 노선이 있었다.

　갑. 대련·류수둔(柳樹屯) 사이 및 대련·장산열도·비자설 사이

　　　제1항로 갑선: 대련·비자설·대련

　　　　　　　을선: 대련·광록도·소장산도·대장산도·비자설·대

　　　　　　　　　　장산도·소장산도·광록도·대련

　　　제2항로: 대련·류수둔·대련

17　水地慶治編輯,『大連汽船株式会社二十年畧史』, 大連汽船株式會社, 1935.6, p.11.

을. 대련·안동·천진 사이, 대련·지부 사이 및 대련·여순·등주부 용
구·석호취 사이

제1항로 갑선: 대련·안동·대련·천진·대련

을선: 대련·진황도·대련

제2항로: 대련·지부·대련

제3항로: 대련·여순·등주부용구·석호취·용구·등주·여순·
대련[18]

위 항로 지명에서도 분명하듯이, 대련을 기점으로 요동반도 남부 연
해 그리고 산동반도 북부 연해에서 발해에 위치하는 진황도와 천진이
주된 기항지였다. 이런 점에서 대련기선합명회사의 기선항로는 산동
반도와 요동반도 이남 해역에는 거의 진출하지 못한 것을 알 수 있다.

대련기선합명회사 소유 선박은 혜쥰마루平順丸, 류혜마루, 리사이마
루利濟丸, 벤텐마루辯天丸 4척[19]이고, 대련기선회사가 되고 나서 남만주철
도회사에서 덴쵸마루, 사이츠마루, 하쿠신마루博進丸, 잇신마루一進丸 4
척[20]을 용선하고, 다나카상회[21]에서는 류쇼마루龍昌丸 1척[22]을 용선해 합
계 9척의 선박을 보유하게 되었다.

재 안동영사 요시다 시게루吉田茂가 다이쇼 3년(1914) 5월 6일 외무성
으로 보낸 문서「안동·지부·대련 간의 항로경쟁 상황에 관한 건」에

---

18 水地慶治編輯, 『大連汽船株式会社二十年畧史』, pp.12~13.
19 水地慶治編輯, 『大連汽船株式会社二十年畧史』, p.14.
20 水地慶治編輯, 『大連汽船株式会社二十年畧史』, pp.14~15.
21 松浦章, 「北淸輪船公司の汽船による渤海航運について」, 『或問』第19号, p.23.
22 水地慶治編輯, 『大連汽船株式会社二十年畧史』, p.15.

의하면 다음과 같이 보고되고 있다.

과거에 이 항로에 종사한 것은 대련기선주식회사, 아와공동기선회사 및 현지거주 영국인(Shaw)이 경영하는 태고양행(본점은 상해에 있다)이며, 전술한 일본인이 경영하는 기선회사는 대련기선회사를 제외하고 그 외에 전부 300, 400톤 선박으로는 충분한 운수를 할 수 없고, 따라서 안동-지부항로는 대부분 태고양행이 독점하는 양상이 되었으며 그 여객 임금도 한명 3원(元), 화물운임은 1톤당 4량의 폭리를 취하여 중국 상민 측의 비난도 적지 않았습니다. 때때로 지부의 정기공사(政記公司)가 주장하기를 이 정책은 이 항로에 유리한 것으로 생각하여 지부 상무총회 등과 협의한 후, 공동출자로 기선 도리(同利, 1,600톤) 및 제14 교도마루(共同丸, 약 500톤)를 매입하고, 올해 해빙과 동시에 태고양행과 경쟁하기 시작하였습니다. 그 결과 양쪽 회사 모두 안동과 지부 사이에 화물 1톤 1량, 여객 1명당 1원으로 하고, 또 승객에 대하여 규정 이상의 식사를 제공하고 또 경품을 주는 등, 양사 모두 화물과 승객 흡수에 노력하여 현재 양쪽 회사 모두 한 달에 3,500엔 내지 4,000엔의 손실을 보면서도 경쟁을 계속하고 있다. 정기공사 측은 최근에 이르러 태고양행과의 경쟁에 약간 감당하기 어려운 기색을 보이고, 정기공사는 안동 출자 측이 반대를 하기 때문에 정기공사 스스로는 도리(同利)를 매각하고, 이 항로를 폐지하고 싶은 의향이 있는 것을 풍문으로 들었지만, 또 한편으로는 도리를 상해·영구선에 취항시키고, 제14 교도마루를 이 항로에 취항시켜 여전히 경쟁을 계속하고 있습니다. 이 항로의 경쟁지속 결과는 자연히 면포, 밀가루를 수입하는데 영향을 미치고, 이 항로로 최근에 상해에 쌓여 있는 미국산 화물을 이 지역으로 수입하는 것도 있어서 다소 주의해야 할

현상이라고 생각합니다. 이 단계에서 보고를 드립니다.[23]

이 보고에는 대련기선회사로 되어 있지만, 이는 대련기선합명회사를 가리킨다. 이 회사가 안동과 지부 사이의 항로에 기선을 취항시키지만, 이미 영국의 태고양행 기선이 취항해 독점상태에 있었다. 여객운임도 화물수송비도 비싸서 이용하는 중국 사람들에게 평판이 좋지 않았다. 그래서 대련기선합명회사는 그 지역의 정기공사와 공동으로 취항한다. 게다가 값싼 운임과 과도한 서비스를 제공한 결과, 큰 적자운항으로 되어 정기공사는 철수의향을 갖고 있었다.

이어서 대련기선합명회사 대표였던 다나카 스에오가 육군대신 오카이치노스케岡市之助에게 제출한 '소망'이 남아 있다. 거기에는 대련에서 청도까지의 정기항로개설을 신청하고 있다.

저희 회사는 과거에 북청 연안에 있는 각 항구와 해운업을 해 왔습니다. 대련에서 천진 진황도 지부 용구 등주부 석호취 안동현 등에 이르는 저희 회사 각 항로는 이미 관동도독부의 명령항로로 특별한 보조를 받고 있고 대련에서 천진 진황도에 이르는 항로에 대해서는 항로 일부분을 육군운수부의 용선으로 사용할 수 있는 영광을 누렸습니다. 위와 같이 저희 회사는 주로 만주와 북청의 각 항구, 특히 산동성과 연락하기를 희망하고 있으며 순조롭게 이 목적을 위하여 항로를 발전시키고 있고, 이번에 청도가 제국의 점령하에 들어오고 산동철도도 또한 우리 정부가 경영하게 되어 산동성

---

23 外務省外交史料館, 레퍼런스 코드 : B1109250330.

과 만주와의 관계는 더욱더 밀접하게 될 것이라고 기대의 말씀을 드릴 수 있을 것으로 사료되는바, 이번에 저희 회사는 산동철도와 남만주철도와의 연락을 꾀하고 양쪽 지역의 화물 및 여객운반에 종사하였습니다. 이에 관하여 저희 회사 소유선박으로 대련과 청도 사이의 정기항로 개설 허가를 해주시기를, 특별히 그 내용을 살펴 상의를 드리는 바이옵니다.

대련감부통 1번가 26호지
대련기선합명회사
다이쇼 3년 11월 17일 대표자 다나카 스에오 인
육군대신 오카 이치노스케 전[24]

이와 같이 대련기선합명회사는 대련과 청도를 잇는 정기항로 개설을 육군성에 신청했다. 이 신청서의 서두에 기술되어 있는 내용과 같이 대련기선합명회사는 '대련에서 천진 진황도 지부 용구 등주부 석호취 안동현 등'으로 되어 있듯이, 대련을 기점으로 발해 서쪽의 큰 항구인 천진 그리고 진황도, 산동반도 북부의 큰 항구인 지부 게다가 등주부의 용구, 석호취와 요동반도 남부의 돌출부에 해당하는 안동을 잇는 항로가 중심항로였다. 이것을 더욱 확대한 것으로, 일본이 청도를 점령했을 무렵에 청도와 대련을 잇는 정기항로 확장을 계획했던 것이다.

이와 같은 대련기선합명회사 항로를 계승한 대련기선회사는 중국 북부 연해를 중심으로 항운활동을 전개하였다. 대련기선합명회사 대표였던

---

24 防衛省防衛研究所, 레퍼런스 코드 : C030244467300.

다나카 스에오는 대련기선회사가 설립되기 직전인 다이쇼 4년(1915) 1월 28일부터 다이쇼 5년 5월 2일까지 대련기선회사의 이사에 취임한다.[25]

대련에서 간행된『만주일일신문』제2623호, 다이쇼 4년(1915) 2월 13일 기사「대련기선회사」에 다음과 같은 것이 보인다.

> 대련기선합명회사는 해산하고 이 회사의 모든 업무는 10일부터 대련기선주식회사에 계승되어 영업을 시작하고, 사장인 다누마 기사부로(田沼義三郎) 씨가 인사를 많은 분들에게 했다.[26]

같은 날, 같은 신문에「확장하는 연선連船」으로서 다음 기사가 보인다.

> 대련기선합명회사는 지난 달 하순, 만철본사에서의 회의 결과, 예정대로 10일 해산하고 자본금 50만 엔의 주식회사로 그 모든 것을 계승하기로 했다. 옛날 회사는 가와베 마사루, 다나카 스에오 두 사람의 익명조합으로 하고 북청윤선공사사업에 만철이 당연히 경영해야 할 항해업을 위탁해 말하자면 보조를 해 왔는데, 청회사(淸會社)는 사장을 만철사원 다누마 기사부로 씨로 하고, 이사에 가와베, 다나카 외에 구보(久保) 서무과장, 아키야마(秋山) 용도과장(用度課長) 등을 넣고, 감사역에는 같은 회사의 가와무라(川村) 조사과장 및 다카기(高木) 차석에게 맡기고, 총지배인은 옛날의 쓰카모토 테지로(塚本貞次郎) 씨를 두는 것도 안동현에서 온 마쓰운수과원(松運輸課員)을 그대로 사무를 맡게 하는 것 등에서 보면, 만철이 적극적으

---

25 水地慶治編輯,『大連汽船株式会社二十年略史』, p.97.
26 『満州日日新聞』第2623号, 大正4年 2月13日.

로 경영하는 하나의 분신으로 하는 등, 이 회사는 합명시대에 소유 혹은 만
철에서 차입한 하쿠신, 잇신, 덴쵸, 사이츠, 헤쥰(平順), 리사이, 류헤, 벤텐
및 유수톤통(柳樹噸通)의 류쇼마루로 과거의 항해업을 계속하고 당분간 신
항로 경영은 하지 않는 것도 점차 만철의 석탄운송기선 및 선박부라고도
해야 할 부두에 선박사업(사카키고베(榊神戶)의 청도상해항로 및 다이텐
마루(大天丸)외 기타 홍콩항로)도 여기로 옮길 예정인 것 같다.[27]

대련기선합명회사가 대련기선회사로 변신한 것의 배후에는 남만주
철도라는 거대기업의 후원자가 있었다. 이것은 대련기선회사 인사구
성의 핵심이라고 해야 할 인재가 이 기사에서도 명확하듯이 만철사원
이 차지하고 있었던 사실에서도 분명하다.[28]

1918년 3월의 대련기선 운항예정을 『태동일보』에 보이는 기선의 운
항광고에서 작성했다〈표 2〉.

대련기선회사의 운항에 관하여 『태동일보』에 약간의 기사가 보여
다음에 들어 보겠다. 『태동일보』 제2,754호, 1918년 3월 7일 「대련신
문」의 「청도내객수격리靑島來客受隔離」 기사 중에 다음과 같은 것이 있다.

전날 오전 10시에 류헤마루(龍平丸)가 청도에서 대련으로 와 입항한 후,
순사(巡査)와 의사의 점검을 거쳐 성홍열(猩紅熱)[29]에 걸린 일본인 한 명을

---

27 『満州日日新聞』第2623号, 大正4年 2月13日.
28 『満州日日新聞』第2624号, 다이쇼 4년 2월 14일 기사에 '대련기선회계과장 만철계리부회계
　　과원 사카히데오(阪秀夫) 씨는 이번에 만철회사를 그만두고 대련기선주식회사회계과장에
　　취임했다'라는 사실에서도 분명하다.
29 【역주】급성감염병의 일종.

호수	출항일·시각	뤼순등주부용구	청도직행	천진	안동	홍콩·광동
2,746	3월 3일 오전 10시		류헤마루			
2,746	3월 4일 오후 6시	리사이마루				
2,746	3월 8일 오전 8시			사이츠마루		
2,756	3월 9일 오전 10시		류헤마루			
2,756	3월 12일 오후 6시	리사이마루				
2,756	3월 13일 오후 5시			사이츠마루		
2,756	3월 15일 오전 10시		류헤마루			
2,756	3월 20일					신노마루
2,766	3월 22일 오후 6시	리사이마루				
2,766	3월 26일 오후 4시			사이츠마루		
2,769	3월 31일 오후 6시				사이츠마루	
2,769	4월 2일 오전 10시			덴쵸마루		
2,749	3월 11일 오전 6시	벤텐마루	광록도·장자도·해양도·장산도·피자설회항기항			
2,758	3월 15일 오전 8시	벤텐마루	광록도·장자도·해양도·장산도·피자설회항기항			
2,746~2,758	매일3회 정기	쓰루마루	유수둔	대련오전 오전 7:30 오전 11:00 오후 3시 유수둔 오전 9시 오후 1시 오후 4:30		

주: 『태동일보』 1918년 3월분임.

찾아냈다. 해무국(海務局)을 거쳐 선실을 소독해야 하고, 모든 선객을 한꺼 번에 사아구(寺兒溝)의 검역소(檢疫所)에 보내서 7일간 격리해야 한다.

류헤마루에 승선하여 청도에서 대련에 도착한 일본인 한 명이 성홍 열의 증상으로 격리되었다는 기사인데, 〈표 2〉처럼 류헤마루는 대련기 선회사의 기선이었다.

『태동일보』 제2,755호, 3월 8일의 「대련신문」에 의하면, 「안동항로 요개통安東航路要開通」이라는 기사가 보이는데, 여기에는 다음과 같은 내용으로 되어 있다.

근래 날씨가 따뜻해서 안동(安東) 압록강(鴨綠江)의 단단한 얼음이 이미 녹아버렸다. 대련기선회사의 덴쵸마루(天潮丸)가 이번달 26일에 안동으로 출항하기로 정해졌는데, 이미 해무국에 보고하였다.

요동반도 남동부의 안동과 압록강의 결빙이 풀려 대련기선회사의 운항이 3월 26일부터 시작된다는 기사인데, 운항하는 기선은 〈표 2〉에 나타낸 것처럼 덴쵸마루가 아니라 사이츠마루였다.

『태동일보』 제2,758호, 3월 14일 「대련신문」의 「제통환장재고량濟通 丸裝載高粱」이라는 기사는 다음과 같다.

대련기선회사의 사이츠마루(濟通丸)가 부두에서 수수(高粱) 600톤을 싣고, 이번달 13일에 백하(白河)를 항행하여, 천진까지 가서 판매한다.

이는 대련기선 사이츠마루가 대련에서 수수를 600톤 실어 백하白河를 거슬러 올라가 천진으로 향했다는 것인데, 〈표 2〉에 나타낸 것처럼 사이츠마루는 대련과 천진을 항행하는 기선이었다. 여객수송보다도 이와 같은 곡물, 동북산東北産 곡물을 화북華北의 대집산지인 천진으로 갖고 오는 역할의 일부를 맡았다고 생각한다.

『태동일보』 제2,758호, 3월 14일 「대련신문」의 「유수둔왕복선개통柳樹屯往復船開」에 아래의 기술이 있다.

대련항로 유수둔(柳樹屯)의 소형 윤선 쓰루마루(鶴丸)가, 지난해 섣달 이래로 흑취자(黑嘴子)에 얼음이 얼어, 천기(川崎)의 작은 평지에서 왕래하였는데, 어제 들으니 흑취자의 강이 열려, 내일 15일부터 예전과 같은 시각에 흑취자에서 타고 내린다고 한다.

유수둔은 대련의 동쪽 연해부로, 거기와 대련 사이를 항행했던 것이 대련기선회사의 쓰루마루鶴丸였다. 흑취자黑嘴子의 결빙이 풀리고 소형 기선인 쓰루마루라도 항행이 가능하게 되었다.

당시 대련에서의 기선해운상황에 관하여 『태동일보』제2,889호, 1918년 8월 4일의 「대련발달사 (4)」제13장, 4해운에서 볼 수 있다. 그 기사에는 다음과 같은 것이 있다.

대련부두의 관리는 관동도독부에 속하고, 경영은 만철공사(滿鐵公司)에 속하며, 관례에 따라[30] 관동해무국장(關東海務局長)은 반드시 만철부두사무소를 겸하여, 직권(職權)을 통일하기에 편하게 한다. 부두의 설비는 극히 완전하며 배들이 빽빽이 들어섰고, 온갖 화물이 모이며, 질서정연하고, 나쁜 사람들이 전혀 없고, 상인들이 편리하게 이용한다. 관동도독부는 항업의 발달을 도모하기 위해 윤선공사에 보조금을 주는데, 각각 수만 원이다. 그 항로는 아래와 같다.

제1항로   (갑) 대련, 안동, 대련, 천진, 대련 사이 매월 4회.

---

30 【역주】 원문의 成列은 成例의 오식으로 보인다.

（을）대련, 진황도, 대련 사이 매월 3회.

제2항로　　　대련, 여순, 등주용구, 석호취, 용구, 등주, 여순, 대련 사이,

4월부터 11월까지 8개월 동안, 매월 4회.

12월부터 3월까지 4개월 동안, 매월 3회.

갑을 2개선 모두 4월부터 11월까지 8개월 동안.

제3항로　　　（갑）대련, 비자설, 대련 사이 매월 6회.

（을）대련, 광록도, 장자도, 해양도, 소장산도, 대장산도,

비자설, 대장산도, 소장산도, 해양도, 장자도, 대련 사이 매

월 2회.

제4항로　　　대련, 유수둔, 대련 매월 3회.

이상 항행자는 대련기선주식회사.

제5항로　　　대련, 지부, 인천, 지부, 대련 사이 매월 4회.

제6항로　　　대련, 지부, 청도, 지부, 대련 사이 매월 4회.

항행자 아와공동기선주식회사.

갑선 대련, 안동, 대련, 지부, 용구, 지부, 안동, 대련 사이 매월 4회.

을선 대련, 안동, 지부, 용구, 지부, 대련 사이 매월 4회.

항행자 다이쇼원년, 천견양(淺見亮)

병선 대련, 용구, 지부, 대련 매월 4회.

이 기사 중에서 대련기선회사 항로에 관해서는 앞서 거론한 항로와
동일했다.

대련과 요동반도 연해와 산동반도 연해에 관한 기선항행에 관해서
는 남만주철도회사가 큰 실권을 쥐고 있었다. 기선운항에 관해서는 남

〈표 3〉 1918년 4~10월 대련기선회사 운항표

호수	월일	천진	안동	청도	용구 · 여순 · 석호취
2,777	4.3	사이츠마루 4/5정오	덴쵸마루4/7 오후 3시	류헤마루4/8 오전 10시	리사이마루4/5 정오
2,802	5.1	덴쵸마루 5/3 오전 10시	덴쵸마루5/8 오전 4시	류헤마루5/1 오전 10시	리사이마루5/5 정오
2,802	5.1	사이츠마루 5/7 오후 3시	사이츠마루5/1 오후 9시		
2,831	6.1	덴쵸마루 6/1 오전 10시	덴쵸마루6/8 오후 4시	류헤마루6/4 오전 10시	리사이마루6/4 오후 6
2,831	6.1	사이츠마루 6/7 오후 4시	사이츠마루6/2 오후 9시		
2,860	7.1	덴쵸마루 7/6 오후 2시	덴쵸마루7/1 오후 10시	류헤마루7/4 오전 10시	리사이마루7/1 정오
2,860	7.1	사이츠마루 7/10 오후 6시	사이츠마루7/5 오후 3시		
2,890	8.5	덴쵸마루 8/10 오전 7시	덴쵸마루8/4 오후 3시	류헤마루8/12 오전 10시	리사이마루8/6 오후 6
2,890	8.5	류헤마루 8/6 오후 3시			
2,915	9.2	덴쵸마루 8/17 정오	덴쵸마루8/25 오후 3시	류헤마루8/21 오후 10시	리사이마루8/21 정오
2,915	9.2		사이츠마루8/22 오후 5시		
2,943	10.3	덴쵸마루 9/27 오전 10시	덴쵸마루10/2	류헤마루9/29 오전 10시	리사이마루9/27 정오
2,943	10.3	사이츠마루 10/1	사이츠마루10/6		
2,968	10.31	덴쵸마루 10/29 정오	덴쵸마루11/3 오후 3시	류헤마루11/3 오전 10시	리사이마루11/2 정오
2,968	10.31	사이츠마루 11/3 오후 3시			
호수	**월일**	**피구**	**유수둔**	**홍콩**	
2,777	4.3	벤텐마루4/5오전 6시	쓰루마루 매일 3회		
2,802	5.1	벤텐마루5/1오전 9시	쓰루마루 매일 3회		
2,802	5.1				
2,831	6.1	벤텐마루6/5오전 8시	쓰루마루 매일 3회		
2,831	6.1				
2,860	7.1	벤텐마루7/3오전 8시	쓰루마루 매일 3회	다이쇼마루 7월 상순	
2,860	7.1				
2,890	8.5	벤텐마루8/4오전 9시	쓰루마루 매일 3회	다이쇼마루 8월 상순	
2,890	8.5				
2,915	9.2	벤텐마루8/18오전 9시	쓰루마루 매일 3회	다이쇼마루 7월 상순	
2,915	9.2				
2,943	10.3	벤텐마루9/27오전 5시	쓰루마루 매일 3회	9월 중순	
2,943	10.3				
2,968	10.31	벤텐마루11/1오전 9시	쓰루마루 매일 3회		
2,968	10.31				

주: 『태동일보』 1918년분에 따름.

만주철도회사의 하부조직인 만철부두 사무소가 관여하고 있었다.

　대련기선회사의 1918년 기선항운 실정을 『태동일보』에서 보기로 한다. 1918년 4월 이후 월초月初의 운항광고를 정리한 것이 〈표 3〉이다.

　대련기선회사는 창립한 1915년 2월 10일 이후의 운항항로로서 명령항로와 자유항로를 운항했다. 명령항로에는,

　　　대련-안동-천진선 취항선 덴쵸마루

　　　대련-진황도선 취항선 사이츠마루

　　　대련-용구선 취항선 류헤마루

　　　대련-비자설선 취항선 벤텐마루

　　　대련-유수둔선 취항선 류쇼마루[31]

이상의 5개 노선이었다. 자유항로에는 다음의 5개 노선이 있었다.

　　　대련-청도선 취항선 리사이마루

　　　안동-천진선 취항선 잇신마루 하쿠신마루

　　　대련-용구선 취항선 19나가타마루를 추가배치

　　　대련-지부선 취항선 임시 배를 배선(配船)

　　　대련-상해선 취항선 압록강 결빙 중 임시로 잇신마루 배선[32]

이것이 대련기선회사의 창립당시 운항노선이었다. 이 노선 선박으로

31　水地慶治編輯, 『大連汽船株式会社二十年畧史』, p.34.

32　水地慶治編輯, 『大連汽船株式会社二十年畧史』, p.35.

서 이 회사가 보유하고 있었던 것은 혜쥰마루, 류혜마루, 리사이마루, 벤텐마루 4척으로, 잇신마루, 하쿠신마루, 덴쵸마루, 사이츠마루, 19나가타마루, 류쇼마루, 쓰루마루 7척은 용선이었다.[33]

대련기선회사 창립연도인 다이쇼 4년(1915)의 손익은 총수입이 749,998엔 45전에 대하여, 총지출은 706,137엔 23전으로 순이익금이 43,861엔 22전으로 4만 엔 이상의 이익을 산출했다.[34]

『태동일보』가 1919년 8월에 창간 10주년을 맞이한다. 이 신문은

〈그림 5〉 「태동일보」, 제2,886호, 1919년 8월 게재

1909년, 중국에서는 청조의 선통 원년, 일본의 메이지 42년에 대련에서 창간되었는데, 그로부터 10년 후에는 중국에서는 신해혁명을 거쳐 중화민국 시대가 되고, 일본은 다이쇼 시대가 되었다. 이 신문 제2,886호에 게재된 축하광고는 〈그림 5〉와 같다.

일본우선주식회사, 오사카상선주식회사, 청일기선주식회사 그리고 대련기선주식회사 4개 회사가 신문의 한 면을 메우는 광고였다. 일본우선회사는 1885년(메이지 18)에 설립되고, 청일기선회사는 1907년(메이

33 水地慶治編輯, 『大連汽船株式会社二十年畧史』, p.35.
34 水地慶治編輯, 『大連汽船株式会社二十年畧史』, p.35.

지 40) 국가정책에 의해 설립된 회사였다.[35] 이들 대형기선회사와 더불어 대련기선회사가 광고를 게재했었다. 이 광고에서 보는 한 대련기선회사의 정기항로는 다음과 같다.

> 대련・안동・천진 사이 매월 6회
>
> 대련・용구 사이 매월 6회
>
> 대련・청도 사이 매월 5회
>
> 대련・비자설 사이 매월 10회
>
> 대련・상해 사이 (부정기)
>
> 대련・유수둔 사이 매일 왕복 3회

기본적으로는 대련을 기점으로 요동반도 동남의 안동과 천진을 잇는 항로와, 대련과 산동반도 북쪽의 등주부용구와 남쪽의 청도를 잇는 노선이 중심을 차지하고, 근거리로는 비자설과 유수둔과의 항로와 부정기인 상해항로가 있었다. 바꾸어 말하면 대련을 기점으로 요동반도와 산동반도 연해항로로 한정되었다고 할 수 있다.

그러나 다이쇼 11년(1922)이 되자, 대련기선회사는 대련과 요동반도와 산동반도 연해항沿海港을 중심으로 항행했던 항운형태에서 더욱 중국대륙의 중심지인 상해를 목표로 하는 정기항로를 개설한다.

과거 남만주철도주식회사의 경영에 관련된 대련-청도-상해항로를 7월

---

35 浅井誠一編纂, 『日清汽船株式会社三十年史及追補』, 日清汽船会社, 1941.4, p.35.

〈표 4〉 1923년 9~10월에 대련기선회사선의 상해 출입표

호수	월일	A/D	선박명	톤수	선장	선적	출항지	수하인
18,175	9.3	A	사카키마루	1,346	이마자토	Jan	대련	대련기선회사
18,176	9.3	D	다이요마루	1,621	이구치	Jan	대련	대련기선회사
18,179	9.7	A	사이쿄마루	1,512	다카모리	Jan	대련	대련기선회사
18,183	9.8	A	잇신마루	841	이시구로	Jap	청도	대련기선회사
18,183	9.12	A	사카키마루	1,346	이마자토	Jap	대련	대련기선회사
18,184	9.13	A	에키신마루	559	가네코	Jap	청도	대련기선회사
18,184	9.14	D	사카키마루	1,346	이마자토	Jap	청도 대련	대련기선회사
18,186	9.15	A	하쿠신마루	827	호리케	Jap	청도	대련기선회사
18,186	9.16	A	쵸헤마루	697	호즈미	Jap	대련	대련기선회사
18,210	10.14	A	에키신마루	559	가네코	Jap	청도	대련기선회사
18,211	10.15	A	사이쿄마루	1,512	다카모리	Jap	대련	대련기선회사
18,211	10.15	D	초준마루	1	시미즈	Jap	대련	대련기선회사
18,211	10.15	D	겐콘마루	2,044	우메타니	Jap	진황도	대련기선회사
18,212	10.16	D	사이쿄마루	1,512	다카모리	Jap	청도 대련	대련기선회사
18,123	10.17	A	다이요마루	1,454	이구치	Jap	뤼순	대련기선회사
18,213	10.17	D	에키신마루	559	가네코	Jap	청도	대련기선회사
18,216	10.20	A	사카키마루	1,346	이마자토	Jap	대련	대련기선회사
18,216	10.20	D	다이요마루	1,454	이구치	Jap	대련	대련기선회사
18,216	10.21	D	사카키마루	1,346	이마자토	Jap	청도 대련	대련기선회사
18,218	10.24	A	사이쿄마루	1,512	다카모리	Jap	대련	대련기선회사
18,218	10.24	A	에키신마루	559	가네코	Jap	타라칸	대련기선회사
18,220	10.25	D	사이쿄마루	1,512	다카모리	Jap	청도 대련	대련기선회사
18,222	10.27	D	에키신마루	559	가네코	Jap	청도	대련기선회사
18,224	10.30	D	사카키마루	1,346	이마자토	Jap	청도 대련	대련기선회사

1일 이 회사의 위탁으로 당사를 대신하여 이것을 경영하게 되고, 사카키마루 외 용선인 사이쿄마루를 이 항로에 배선하여 매월 6회의 정기운항을 시작하고, 유럽과 아시아연락의 중대한 사명을 맡김과 동시에 장래에 이 항로의 발전확립 요소를 만들었다.[36]

---

36 水地慶治編輯, 『大連汽船株式会社二十年畧史』, p.52.

이와 같이 1922년 7월부터 대련기선회사는 대련, 청도, 상해항로도 운항하게 되었다. 그 항적航跡의 일부를 상해에서 간행된 *The North-China Daily News*에 게재된 선박정보로부터 작성한 것이 〈표 4〉이다.

1922년부터 1923년 8월까지 이 신문의 존재가 알려지지 않아서 이 신문이 있었던 1923년 9월부터 10월을 정리했는데, 이 2개월 동안에도 중간에 누락된 것이 있다. 1923년 9~10월 동안 대련기선회사의 상해항 출입을 정리했다.

〈표 4〉에 보이는 A는 입항, D는 출항이다. 수하인 난에는 D Kisen Kaisha가 있는데, 이것은 Dairen Kisen Kaisha의 약칭임에 틀림없다. 이 선박표에서도 대련기선회사는 대련에서 상해, 혹은 청도를 경유하여 대련과의 왕복운항을 한 것은 분명하다.

〈표 4〉에 보이는 대련기선회사의 기선은 전부 24척, 실제로는 9척이 되는데, Sakaki Maru는 사카키마루이고, Saikio Maru는 사이쿄마루西京丸, Issin Maru는 잇신마루一進丸이며, Yekisin Maru는 에키신마루益進丸, Hakushin Maru는 하쿠신마루博進丸, Chohei Maru는 초헤마루長平丸, Chojun Maru는 초쥰마루長順丸이며,[37] Taiyo Maru와 Kenkon Maru는 불명확해서 용선이었다고 생각한다.

이 대련·청도·상해항로는 대련기선회사에게는 중요한 항로였지만, 중일 간의 정치 분쟁에 큰 영향을 받은 정기항로였다.[38]

그 후 대련기선회사는 위의 정기항로 이외에 새로운 정기항로를 개설한다. 그중 하나가 대련과 일본의 한신阪神 사이를 잇는 항로이며,

---

37 水地慶治編輯, 『大連汽船株式会社二十年畧史』, pp. 213~216.
38 水地慶治編輯, 『大連汽船株式会社二十年畧史』, pp. 240~242.

1922년(다이쇼 11)부터 운항하고 동북지방에서 생산되는 석탄과 선철鉄鐵을 한신공업지대로, 그리고 한신지역에서 생산된 잡화류를 동북지방으로 수송하는 역할을 맡았다.[39]

대련·대만간의 정기항로는 1932년(쇼와 7) 9月부터 시작되었다.

종래 대련과 대만을 연락하는 여러 선박은 전부 중국 혹은 조선을 경유하기 때문에 오랜 시일을 요하여 불편함이 적지 않았으며, 특히 기후 풍토가 전혀 다른 양쪽 지방의 화물교환은 직항항로 개발을 필요로 하여 디젤 화물여객선 산토마루(山東丸), 산세마루(山西丸) 자매선으로 월 3회 출항하는 정기개항을 기도하였고, 쇼와 7년 11월 9일 의 첫 번째 배로서 산세마루를 대련에서 출항시켰다.[40]

이와 같이 동경 121도 전후와 거의 같은 경도인데, 북위는 38도와 40도에 가까운 대련과 25도 이남에 위치하는 대만에서는 같은 시기라도 춥고 따뜻함에 큰 차이가 있었다. 그런 두 지역을 연결하는 항로로서 대련기선회사의 대만항로가 개항되었다. 대만 특산품의 하나인 바나나를 대만에서 대련으로 대량으로 수송했다. 1934년부터는 남만주철도와 대련기선과 대만철도를 연대하는 '3개 노선 화물승객연락'을 시작하여 대련기선회사의 유력한 항로가 되었다.[41]

대련에서 간행된 일본어신문 『만주일보』 제9,532호, 쇼와 7년 11월 3

---

39 水地慶治編輯, 『大連汽船株式会社二十年畧史』, p.245.
40 水地慶治編輯, 『大連汽船株式会社二十年畧史』, p.246.
41 水地慶治編輯, 『大連汽船株式会社二十年畧史』, p.246.

〈그림 6〉『만주일보』제9,535호, 11월 6일 게재

일 광고에 다음과 같은 출항광고를 게재했다.

　　　대만정기선출항광고

　　　산세마루

　　　11월 9일 오후 4시 대련 출발

　　　　　13일 기륭 도착

　　　　　15일 고웅 도착

　　　산토마루

　　　11월 19일 오후 4시 대련 출발

　　　　　22일 나가사키 도착

　　　　　25일 기륭 도착

　　　　　27일 고웅 도착

　　　선객운임

　　　구간 대련·나가사키 1등실 30엔 3등실 12엔

　　　　　대련·기륭 1등실 65엔 3등실 25엔

　　　　　대련·고웅 1등실 75엔 3등실 28엔

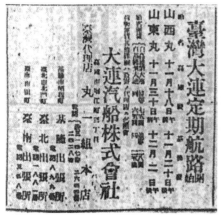

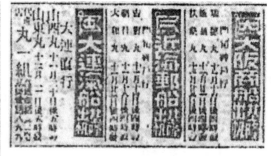

<그림 8> 『대만일일신보』 제11,710호 1932.11.13

<그림 7> 『대만일일신보』 제11,709호 1932.11.12

> 왕복표는 귀항 2할 할인
>
> 대련시 산현통(山縣通)
>
> 대련기선주식회사 전화7131번[42]

그리고 같은 신문 제9,540호, 11월 11일 기사에는 다음과 같이 기술되어 있다.

> 대련 대만을 잇는 정기항로 제1선 산세마루 화려한 출항
>
> 대련과 대만을 연결하는 대형기선의 정기항로 개설에 관해서는 일반인들이 크게 기대했던 바, 이 항로에 처음으로 취항하는 디젤선 산세마루는 선실도 개조 확장되어 새롭게 단장되었으며, 3등선 승객은 만원, 선적화물도 콩깻묵 그 외 특산물 등 4,000톤 배에 가득히 실어 만선으로 9일 오후 4시 대련항을 출항해 남방진출의 빛나는 미래를 위하여 화려한 스타트를 끊고

---

42 『滿州日報』 第9532号, 昭和7年11月3日.

대만 기륭으로 취항했다.[43]

대만에서의 대련기선취항에 관한 기사는『대만일일신보』의 광고에서 보인다.

『대만일일신보』제11,708호, 11월 11일과 같은 신문 11,709호, 11월 12일에 게재된「대만대련정기항로개시」광고에서는 고웅을 출항하고 2일 후에 기륭을 출항하는 운항형태였던 것을 알 수 있다. 같은 신문 11월 13일의 제11,710호 이후는 위 그림과 같은 형식으로 기륭 항을 출항하는 광고가 연일 게재되었다.

대련기선회사 정기기선의 시초가 되는 산세마루가 대만의 기륭에 입항한 것은 쇼와 7년 11월 13일의 일이다.『대만일일신보』제11,711호, 쇼와 7년 11월 14일 기사「산세마루 입항 승객과 콩깻묵을 싣고」에 따르면 다음과 같이 되어 있다.

【기륭전화】대련기선 대만에 들어온 첫 번째 배 산세마루(□□□톤, 선장 이시다(石田□□)는 어제 오전 6시 기륭에 입항하고□승객은 3등실 뿐이며, 기륭으로 간 손님은 8명, 고웅으로 간 손님은 7명, 합계 15명□□은, 고웅 기륭 모두 합쳐 합계 4500톤□으로서 콩깻묵이다. 이 배는 입항과 동시에 관계관민을 초대하여 □트 홈□□이었는데, 동료 배인 센잔마루(千山丸)가 경자료만(庚子寮灣) 내에서 좌초되어 그만두었다. 덧붙여 이 배는 디젤엔진이 장착된 매우 좋은 선박이다. (□-판독이 불분명한 문자)[44]

43『満州日報』第9540号, 昭和7年11月11日.
44『台湾日日新報』第144冊, 五南図書出版, 1994.8, p.157.

산세마루는 소수의 승객과 4,500톤의 콩깻묵을 싣고 기륭으로 입항했다. 콩깻묵은 물론 동북 생산의 콩깻묵이며, 대부분은 토지비료로 이용되었다. 이 기사에서 보는 대련기선인 센잔마루에 관한 것인데, 『대만일일신보』 제11,710호, 쇼와 7년 11월 13일의 「폭풍우로 센잔마루(2,000여톤)경자료만 내에서 좌초 응급작업 보트가 전복되어 선원 4명 행방불명」으로 되어 있다.

> 대련기선회사 소유 화물선 센잔마루(2,775톤)는 이미 철과 돌 3,320톤을 싣고 같은 날 밤 출항 예정이었는데, 11일 저녁때부터 내리기 시작한 폭풍우가 더욱 심해져서 선적을 다하지 못하고 220톤이 남았다. 잠시 폭풍이 잠잠해져 로프를 풀고 출항준비에 착수했으며 동쪽으로 향해 있었던 뱃머리를 서쪽으로 다시 돌리고, 같은 날 밤 10시 반쯤 엄청난 비바람으로 인하여 배가 떠내려가……[45]

대련기선의 화물선인 센잔마루 2,775톤이 대만 근해에서 폭풍우를 만나 좌초된 것이 실려 있다. 이런 일로 산세마루의 기륭입항식이 취소되었다. 센잔마루는 총톤수 2,775.82톤으로 1929년에 건조되었다.[46]

그 후 쇼와 7년까지 대련기선의 기륭발 운행예정은 『대만일일신보』의 쇼와 7년(1932) 11~12월, 대련기선의 기륭출항 광고를 정리하면 〈표 5〉와 같다.

이상과 같이 대련기선은 산세마루와 산토마루 2척을 이용해 대련과

---

45 『台湾日日新報』第144冊, 五南図書出版, 1994.8, p.140.
46 水地慶治編輯, 『大連汽船株式会社二十年畧史』, p.206.

호수	출항일	출항시각	선명	출전
11,710	11월 20일	오후 5시	산세마루	143권 144페이지
11,710	12월 02일	오후 5시	산토마루	143권 144페이지
11,730	12월 09일	오후 5시	산세마루	143권 369페이지
11,730	12월 21일	오후 5시	산토마루	143권 369페이지
11,748	12월 31일	오후 5시	산세마루	143권 577페이지
11,762	1월 9일	오후 5시	산토마루	144권 49페이지
11,766	1월 19일	오후 5시	산세마루	144권 84페이지
11,780	1월 31일	오후 5시	산토마루	144권 250페이지
11,788	2월 8일	기륭출항	산세마루	144권 341페이지
11,821	2월 19일	기륭출항	산토마루	144권 341페이지
11,808	3월 2일	기륭출항	산세마루	144권 566페이지
11,821	3월 11일	기륭출항	산토마루	145권 56페이지
11,833	3월 21일	기륭출항	산세마루	145권 197페이지
11,833	3월 31일	기륭출항	산토마루	145권 197페이지
11,842	4월 11일	기륭출항	산세마루	145권 392페이지
11,862	4월 20일	기륭출항	산토마루	145권 563페이지
11,862	5월 1일	기륭출항	산세마루	145권 563페이지
11,862	5월 10일	기륭출항	산토마루	145권 691페이지

주 : 『대만일일신보』 제143, 144, 145권에 따름.

대만의 기륭, 고웅을 연결하는 항로를 운항했다.

계속하여 대련과 일본해 연해의 쓰루가, 니가타, 후시키에 기항하는 정기항로를 쇼와 8년(1933)부터 시작했다.[47]

쇼와 11년(1936) 3월 중, 대련과 천진의 당고塘沽를 잇는 항로 운항표 「쇼와 11년 2월 17일 발행 3월 중 대련천진선(당고에 멈춤) 출항시각표 대련기선주식회사」가 남아 있다. 그것에 따르면, 덴신마루, 쵸헤마루, 덴쵸마루를 사용해 대련, 당고를 각각 2~3일 마다 출항하는 운항을 했다.

---

47 水地慶治編輯, 『大連汽船株式会社二十年畧史』, p.247.

<표 6> 쇼와 11년 2월 17일 발행된 3월중 대련천진선(당고 정지) 출항시각표. 대련기선주식회사

차수	선박명	대련 발	당고 착	당고 발	대련 착
8	덴신마루	2월 17일 오전 10시	19일	20일 오전 11시	21일
8	쵸헤마루	20일 오전 10시	21일	23일 정오	24일
9	덴신마루	23일 정오	24일	26일 오후 12시	27일
9	쵸헤마루	26일 오전 9시	27일	29일 오전 5시	3월 1일
10	덴신마루	29일 오전 10시	3월 1일	3월 3일 오전 7시	4일
10	쵸헤마루	3월 3일 오전 10시	4일	6일 오전 11시	7일
5	덴쵸마루	6일 오후 2시	7일	9일 오후 1시	10일
11	쵸헤마루	8일 오후 4시	9일	11일 오후 22시	12일
6	덴쵸마루	11일 오후 3시	12일	14일 오전 4시	15일
12	쵸헤마루	13일 오전 9시	14일	16일 오전 4시	17일
7	덴쵸마루	16일 오전 9시	17일	19일 오전 7시	20일
11	덴신마루	19일 오후 3시	20일	22일 오전 11시	23일
8	덴쵸마루	22일 오후 3시	23일	25일 오후 1시	26일
12	덴신마루	25일 오전 10시	26일	28일 오후 3시	29일
9	덴쵸마루	27일 오후 4시	28일	30일 오후 5시	31일
13	덴신마루	30일 오후 1시	31일	4월 2일	3일

비고◎ 전부 당고 멈춤

◎ 날씨 기타 사정으로 인하여 발착일시를 변경하는 일이 있다.

표의 첫머리에 쓰여 있던 덴신마루의 운항을 보면, 다음과 같이 대련-당고-대련을 5일간의 항해로 운항했다.

대련 출발 2월 17일 오전 10시 당고(塘沽) 19일, 당고 출발 20일 오전 11시 대련 21일 도착

<표 6>과 같은 대련기선회사의 운항경로는 이 회사가 발행한 팸플릿 등에 보이는데 그 일부를 든다. 연대는 불명확하지만 20세기 전반에 출판된 것으로 <그림 9>는 엽서에 인쇄된 '항로안내도'이다. <그림 10>은

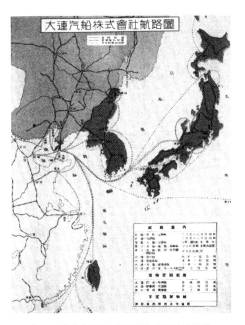

〈그림 9〉 엽서에 인쇄된 '항로안내도'　　〈그림 10〉 대련기선회사가 발행한 팸플릿의 항해도

이 회사가 몇 번이나 간행한 팸플릿에 게재된 항로도이다.

'대련기선 D.K.K.LINE, HATSUSABURO YOSHIDA(吉田初三郎), 쇼와 4
년 3월 15일 발행 발행소 대련기선주식회사'에 보이는 '그림에 덧붙여
일필一筆' 쇼와 4년 봄 일본라인 강소성 강변의 새로운 화실에서 요시다
하쓰사부로는 다음과 같이 기술하고 있다.

동양 제일이라 일컬어지는 장엄하고 화려한 대련 부두를 5색 테이프로 보
이며, 비스듬히 지나가는 직예해협(直隸海峽)의 바람도 상쾌하고, 이렇게
지나가는 바다는 푸르고 모래는 희며, 녹색이 선선한 청도 항-천천히 안정
된 호텐마루(奉天丸)의 갑판에서 바라보는 늦은 봄 초여름의 산동반도에는
태산도 노산(崂山)도 그 모습을 선명하게 드러내고 있다. 청도에서 약 하루,

양자강 하구가 가까이 다가오면 적백색의 다양한 돛을 올린 정크선(범선)과 기선이 해도(海島)가 무리를 지어 떠나듯이 오가고 머지않아 양자강의 한 지류인 황포강 연안에 있는 동양최대의 무역시장 상해로 들어간다.

대련기선회사의 정기항로안내도는 조감도를 잘 그려 '다이쇼의 히로시게大正の広重'라고 불린 요시다 하쓰사부로[48]의 작품이다. 오른쪽의 조선반도에서 왼쪽의 상해까지를 그린 장방향의 조감도이다. 우측 중심이 대련부두와 대련기선회사와 대련시내가 그려져 있고, 중앙에서 좌측에 걸쳐 북평北平이라 불린 북경과 천진 그리고 청도항과 상해항을 묘사하듯이, 대련기선회사의 주요정기항로의 대표적인 기항지를 묘사하고 있다. 이 항로에 승선해 그린 요시다 하쓰사부로 작품을 대련기선은 여객을 끌어들이기 위하여 만든 팸플릿에 삽입했다.

이 팸플릿에는 '자본금 25,700,000엔 소유선박 52척(4척 건조 중) 총 톤수 190,000톤'으로 되어 있어서 쇼와 8년(1933) 후기의 것으로 생각된다.[49]

이 팸플릿에는 '자본금 25,700,000엔 소유선박 61척 217,000톤(9척 건조 중)'으로 되어 있어서 쇼와 9년 이후의 것으로 생각된다.[50]

요시다도 탑승한 호텐마루奉天丸 사진이나 대련·청도·상해와 대련·천진의 항로안내나 호텐마루, 덴신마루의 선내시설 등, 그리고 대

---

48 『別冊太陽 大正・昭和の鳥瞰図絵師 吉田初三郎のパノラマ地図』, 平凡社, 2002. 10.

49 대련기선회사가 '자본금 25,700,000엔 소유선박 52척(4척 건조 중) 총톤수 190,000톤'으로 되는 것은 쇼와 6년 9월 26일의 임시주식총회 이후의 일로, 소유선박이 50척을 넘는 것은 쇼와 8년 후기이다. 水地慶治編輯, 『大連汽船株式会社二十年畧史』, p.287. 선박 수는 같은 책 p.210 참조.

50 대련기선회사의 자본금이 25,700,000엔이 되는 것은 쇼와 6년 9월 26일의 임시주식총회 이후의 일로, 소유선박이 61척을 넘는 것은 쇼와 9년 말 이후이다. 水地慶治編輯, 『大連汽船株式会社二十年畧史』, p.287. 선박 수는 같은 책 p.210 참조.

련, 청도, 상해, 천진, 북평 등과 같은 기항지의 간단한 명소안내가 부기
附記된 팸플릿이었다. 대만총독부관방조사과의 『내외정보內外情報』 제
136호, 다이쇼 14년(1926) 3월 31일에 게재된 「대련기선회사의 활약」에
는 다음과 같이 기술되어 있다.

> 만철을 배경으로 하는 대련기선회사는 이번에 지부의 정기공사 소유선
> 32척 약 5만 톤을 은 320만 원(元)으로 매수하고, 북중국연안 및 발해만 내
> 항행에서 활약해 보기로 했다.
>
> 정기공사는 민국 9년에 등록하고 자본금 천만 원(2분의 1 불입)으로 영업
> 을 시작했다. 중국회사에서 영구의 조흥공사와 천진의 북방공사와 더불어
> 북품연안항로(北品沿岸航路)에서 패권을 다투었지만, 일전의 전란으로 인
> 하여 소유선의 대부분은 징발되고 거액의 어용금도 강요당하여 이것들이
> 이 회사에 치명상이 되어 대련기선과 선박매매계약을 하게 되었다고 한다.
> 그 결과로서 대련기선의 장래발전은 크게 괄목하게 되었다.[51]

대련기선회사는 1926년에는 대련기선합명회사 시대에 협력관계에
있었던 지부의 정기공사 소유선박을 매수했다고 하는데, '다이쇼 15년
5월에는 도코마루東崗丸(4,168톤 65) ─ 구旧 명가리호名嘉利号 ─ 를 정기공
사에서'[52] 구입했다.

대련기선회사는 1945년 8월 일본패전과 함께 어쩔 수 없이 영업을 종

51 台湾總督官房調査, 『內外情報』第136号, 大正14年3月31日, pp.31~32. 국립공문서관, 레퍼런
  스 코드 : A06032523100. 같은 기사는 大正14年 3月 14日의 오사카시청 상공과 무역조사보고
  에 의한다.
52 水地慶治編輯, 『大連汽船株式会社二十年畧史』, p.220.

료하게 되고, 쇼와 22년 3월 8일 공포된 칙령 제74호 '폐쇄기관령閉鎖機關令' 제1조에 보인다.

이 칙령에서 폐쇄기관이란, 연합국최고사령관의 요구에 근거해 일본국내에서의 영업을 정지하고 그 자산 및 부채정리를 해야 하는 것으로 오쿠라대신大藏大臣 및 주무대신主務大臣이 지정하는 법인 그 외 단체를 말한다. "전항前項의 지정은 고시에 따라 이것을 행한다"[53]라고 되어 있는데, 이 칙령의 대상이 되었다. 그리고 쇼와 23년(1948) 9월 7일 외무성 대장성고시 제2호에 다음과 같은 것이 있다.

> 폐쇄기관령(쇼와 22년 칙령 제74호) 제1조 규정에 의해 대련기선주식회사를 폐쇄기관으로 지정한다.
>
> 쇼와 23년 9월 7일
>
> 외무대신 아시다 히토시(芦田均)
>
> 오쿠라대신 기타무라 도쿠타로(北村德太郎)[54]

대련기선회사는 일본의 포츠담선언 수락에 따른 패전처리의 일환으로서 나온 칙령 제74호 '폐쇄기관령'의 대상이 되었고, 1948년 9월 7일로 그 영업활동을 전부 종료했던 것이다.

---

53 『官報』 제6044호, 쇼와 22년(1947) 3월 10일, p.49.
54 『官報』 제6495호, 쇼와 23년(1948) 9월 7일, p.55.

4. 소결

위에서 언급했듯이 대련기선회사는 남만주철도주식회사의 후원을 받아 북청윤선공사를 인수한 대련기선합명회사를 발전시켜 1915년(다이쇼 4) 2월 10일에 설립되었다. 초기 항운활동은 본사가 있는 대련을 기점으로, 북청윤선공사와 대련기선합명회사 등과 마찬가지로 요동반도 남쪽연해 항구 그리고 산동반도 북쪽연해 항구인 지부, 현재의 연대 그리고 등주부 용구를 항행했었는데, 산동반도의 신흥항인 청도와 천진 게다가 상해로 항운활동을 확대하고 나중에는 일본 식민지인 대만까지로 항로를 전개했다. 그 후 1945년 8월 일본패전 후도 단기간이지만 지속되었으나 1948년 9월 7일 날짜로 일본정부로부터 폐쇄기관에 지정되었다. 1915년 설립에서 1948년 폐쇄기관으로 지정되기까지 34년 동안 대련을 기점으로 발해, 황해에서의 항운활동을 중심으로 중국의 청도, 상해 그리고 일본의 니가타, 도야마현富山県의 후시키, 쓰루가, 또 대만의 기륭, 고웅까지를 대상으로 하는 정기항로를 보유했던 기선회사가 종말을 맞이했던 것이었다.

일본이 패전함에 따라 대련기선회사 사원과 기선 일부 등을 흡수해 새롭게 쇼와 22년(1947) 3월 8일 도호東邦해운회사가 설립된다.[55] 그러나 이 도호기선회사도 그 경영기간은 짧아 쇼와 37년(1962) 3월에 해산하고 닛테츠기선日鐵汽船과 합병한 싱와新和해운주식회사가 설립되었다.[56]

---

55 東邦海運株式会社, 社史編纂委員会編纂, 『東邦海運株式会社十五年史』, 東邦海運株式会社, 社史編纂委員会, 1962.8, p.36.

56 『東邦海運株式会社十五年史』 p.444; 『新和海運三十年史』, 新和海運株式会社, 1988.9, p.163.

〈그림 11 · 12〉 대련기선 D.K.K.LINE, HATSUSABURO YOSHIDA(吉田初三郎), 쇼와 4년 3월 15일 발행

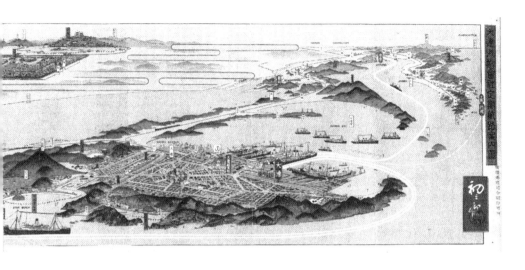

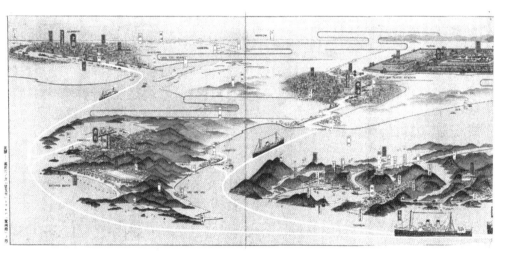

〈그림 13·14〉 대련기선 D.K.K.LINE, HATSUSABURO YOSHIDA(吉田初三郎), 쇼와 4년 3월 15일 발행

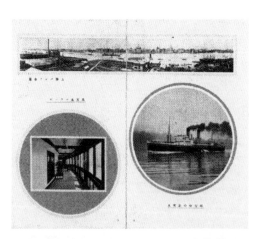

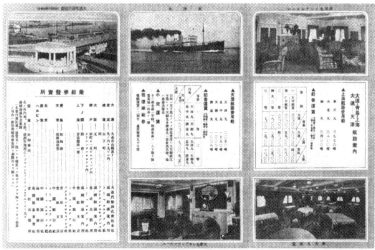

〈그림 15·16·17〉 대련기선 D.K.K.LINE, HATSUSABURO YOSHIDA(吉田初三郎), 쇼와 4년 3월 15
일 발행

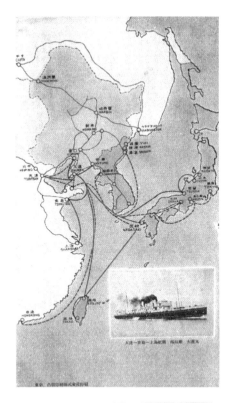

〈그림 18 · 19 · 20〉 대련기선회사의 항로안내

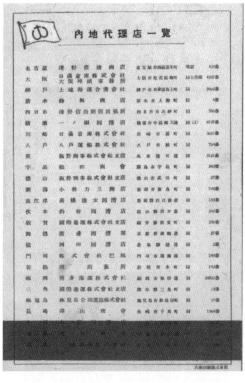

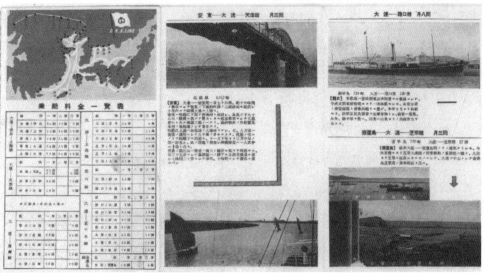

〈그림 21·22·23〉 대련기선회사의 항로안내

제5장

일본 통치시대 대만에서의 북진관윤선공사의 항운

1. 서언

일본이 대만을 점령한지 얼마 되지 않은 1899년(메이지 32) 2월 『대만일일신보』에 「항해사업 개선」이라는 논설이 3회에 걸쳐 게재되었다. 그 첫 번째에 다음과 같이 기술하고 있다.

4면이 바다로 둘러싸인 외딴섬 대만의 흥망성쇠는 항해사업에 있고, 그것은 당국자에게도 영유(領有)의뢰사업의 발달을 계획하고, 제국의 2대 기선회사에 명령하여 내지(內地)와 본섬 사이는 물론 연안 각 바다와의 항해사업에 종사하게 하고, 이렇게 함으로써 교통편을 개설한 우선회사는 성능이 우수한 한척의 기선으로, 그리고 상선회사도 이에 필적할 3척의 기선으로 내지와 본토 사이에 직항노선을 개설했다. 각 연안선 및 오키나와(沖繩)경유선(經由線)은 상선회사가 독자적으로 이것을 맡아, 10여 척의 기선으로 각 노선을 수차례 항해하고 있으며, 본섬의 항해상 수요는 이것으로 충족하게 하고, 소위 사외선의 항해는 매월 2, 3회 있는 것을 볼 수 있다. 특히 대안(對岸)과의 항해는 예전에 북진관이 기획해 실패한 이후, 완전히 내지인의 손을 떠나 더글라스 회사의 독무대가 되었으며, 정크선의 왕복과 본섬의 경리에 관련되는 것만 있어서, 4면이 바다로 둘러싸인 대만은 과연 이것으로 만족했다고 할 수 있었을까? 또 현재의 항해는 과연 원만하게 이루어지고 있을까? 따라서 우리가 지금 강구할 필요가 있음을 인정하는 문제인 것이다. 현재의 항해력은 본섬의 교통기관으로서 이것 이외에 있을까? 정기선이 항행할 때마다 화물과 승객 부족을 보고하고 뱃길이 불안하다는 것은 늘 우리들이 듣고 있는 일이다.[1]

이와 같이 해양 대만에게 다른 지역과의 연계는 선박에 의존할 수밖에 없는 환경에 있고, 대만을 점유한 일본도 기선 연계가 급선무이고, 대만 연해와 중국본토의 복건福建이나 그 외의 대륙연해부와의 연계에도 선박항운은 필요불가결한 요건이었다. 그런 이유로 일본은 2대 기선회사 즉, 일본우선회사와 오사카상선회사에 명령항로를 개설하게 했다.[2] 하지만 여전히 부족한 항운은 2대 기선회사의 소위 사선社船 외에 중소 사외선이나 대만에서 옛날부터 활약해 온 정크선의 존재도 무시할 수 없었다.

특히 사외선 중 하나가 여기서 언급된다. 이 기사가 작성된 시기에는 파탄이 났던 북진관의 항운사업이 있었지만, 그 존재에 관해서는 지금

---

1 『台湾日日新報』 第243号 第三冊, 五南圖出版有限公司, 1994.8, p.282.
2 松浦章, 『近代日本中国台湾航路の研究』, 清文堂出版, 2005.6, pp.113~147.

까지 거의 주목된 적은 없었다. 대만이 1895년 일본에 점령되자, 첫 번째 큰 문제가 대만과 일본을 연결하는 안정적인 항운이었다. 그것을 위하여 일본에서 오사카상선회사, 일본우선회사와 같은 거대항운회사가 정기항로를 시작한다. 한편 대만에서는 일본 점유 이전부터 홍콩에 거점을 둔 더글라스기선회사(덕기이사윤선공사德記利士輪船公司, 득기리윤선공사得忌利輪船公司, Douglas&Co.)가 홍콩에서 중국 산두・하문을 경유해 담수에 이르는 항로를 운항했다. 더글라스기선회사의 중국연해부에 대한 독점항운에 대하여 대북台北에 있었던 일본인이 경영하던 북진관윤선공사가 도전했으나 수 개월 만에 패퇴했다.

그래서 이 장에서는 일본의 대만통치 초기에 등장했던 북진관윤선공사 항운활동의 항운사업에 관하여 기술하려고 한다.

2. 일본의 대만통치 초기 항운

대만은 주변이 바다이기 때문에 옛날부터 대외적인 교통에는 선박이 필요했고, 특히 중국대륙의 복건, 광동, 절강 등과는 범선에 의한 교통이 적극적으로 이루어져 왔다.[3] 그러나 미국의 풀턴Robert Fulton(1765~1815)이 1807년 증기선을 건조한 이후 점차적으로 세계의 해양영역에 증기선이 진출하게 되었다. 대만에서도 동치 10년(1871)에 영국기선 해령호海寧號에 의해 안평, 담수, 하문, 산두, 홍콩을 2주일에 한번 항해하

---

3 松浦章, 『清代台湾海運発展史』, 博揚文化, 2002. 10, pp. 1~30.

는 정기항로가 개설되었다.[4] 그 후 대만의 대외적 정기기선항로를 독점적으로 운항한 것이 더글라스기선회사이다.

대만에 대한 기선항로에는 약간의 문제가 있었다. 『오사카아사히신문』 제4,885호, 메이지 28년 5월 26일 「신판그림(8)」의 「정기항해」에서 다음과 같이 기술되어 있다.

> 일본우선회사는 이번에 대만에 정기항해를 시작하려고 조사 중인데, 그 정박항은 총독부 등이 설치장소를 정해주기를 기다리고 있고 가장 가까운 장소로 결정할 예정이라고 한다. 대만의 각 항구는 대체로 멀고 얕아서 파도가 거칠어 이 정기선으로는 1,500톤 내지 2,000톤의 기선으로 하지 않으면 위험하다고 한다. 또 이 항로를 개설한 후의 수지상황은 꽤 부족분이 생겨 절차상 반드시 상당한 보조를 받지 않으면 오랜 항해는 어렵게 된다고 하는데, 어쩌면 마닐라의 정기선으로 기항하게 될지 모른다고도 한다.[5]

일본에서 대만으로 정기항로를 개설할 때 기선의 기항지를 어디로 할까? 대만의 항만이 충분히 완비되어 있지 않아서 1,500톤에서 2,000톤 정도의 기선으로 한정되든지, 정기항운의 수지 발생은 곤란해서 정부로부터의 보조금이 필요하다고 추정되었다.

1) 더글라스기선회사의 대만항로

이에 대하여 홍콩에서는 일찍부터 더글라스기선회사가 홍콩·산

4　『台湾省通志稿 卷四 経済志交通編』, pp. 262~263.
5　『大阪朝日新聞』 第4885号, 明治28年5月26日.

두·하문·복주 등의 화남지구를 경유하여 대만으로 가는 항로를 개설했다. 더글라스기선회사의 대만에 관한 초기 운항 상황을 확인할 수 있는 것으로는 앞서 작성한 1863년, 1864년의 2년분 항운표가 있다.[6] 더글라스기선회사는 홍콩을 기점으로 해서 산두, 하문, 복주 등에 기항하는 대만항로를 항행했다. 그중에서도 대만항운 기선은 샐러먼드Salamander 호였다. 샐러먼드호는 대만항로를 전문으로 하는 기선이었다. 하지만 적재량은 110톤 정도의 소형기선이었다. 그것은 아마도 당시 대만의 항만환경이 협소해 후술하는 것처럼 대형기선을 접안할 수 있는 상황이 아니었기 때문으로 생각한다.[7] 더글라스기선회사가 대만에서 홍콩으로 수송한 화물의 대부분은 찻잎이었다.[8]

2) 일본 사외선의 대만항로

일본 오사카상선이 메이지 29년(1896) 5월부터 오사카에서 대만항로를 시작하지만 그 이전에 있었던 오사카·고베에서의 기선항로는 어떠했을까? 이에 관해서는 『오사카마이니치신문』 제4,223호, 메이지 28년(1895) 8월 27일 제1면 '전보電報'란에 다음과 같은 것이 있다.

● 대만항행의 상선상인단속(8월 26일 오전 10시 5분 도쿄발)
예보한 것처럼 오늘의 관보휘보 중에 다음과 같은 건을 들고 있다.

---

6 松浦章, 「一八六三〜一八六四年英商道格拉斯汽船公司在台湾及華南的航運」, 『台北文献』, 直字第一四四期, 2003.6, pp.74〜75.
7 任東辰, 『台湾貿易史』, 日本開国者台湾支局, 1932.10, 부록 항만지 참조.
8 松浦章, 「一八六三〜一八六四年英商道格拉斯汽船公司在台湾及華南的航運」, 『台北文献』, 直字第一四四期, 2003.6, pp.75〜76.

대만으로 항행하는 상선상인단속은 당분간 올해 4월 23일 개정한 점령지 항행상선 상인단속규칙에 의해 대본영에서 이것을 다룬다.[9]

이 근거로서『관보』제3,648호, 메이지 28년 8월 26일 '휘보彙報'의「관청사항」에 다음과 같이 기술되어 있다.

○ 대만항행 상선상인단속법 대만행 항행단속은 당분간 올해 4월 23일 개정 점령지 항행 상선상인단속규칙에 준거해 대본영에서 다룬다.

거기서 근거로 해야 할 규칙에 관해서는『관보』제3,541호, 메이지 28년 4월 23일 '휘보'의「관청사항」전16조에 걸쳐 있다. 그중에서 중요한 3조에 관한 내용은 다음과 같다.

○ 점령지 항행 상선상인 단속규칙 개정 점령지 항행 상선상인 규칙은 다음과 같이 개정한다.

점령지 항행 상선상인 단속규칙

제1조   청국영토에서 제국점령지의 하천항만에 출입할 수 있는 상선은 대본영의 특허를 받은 것에 한한다. 다만 세관수출입, 기타 선박에 관한 법령 및 군항, 중요한 항에서는 해군근거지 사령관이 정하는 규칙명령을 준수해야 하는 것은 당연하다.

제2조   점령지로 항행하려는 상선은 그 선주로부터 미리 다음 사항

---

9 『官報』第3648号, 明治28年 8月 26日, p.285.

을 기술하여 대본영에 제출하여 특별 허가증을 받아야 한다.

·선명 톤수   ·적재화물의 종류 수량

·선장 이하 승조원 인원 ·상륙지

제3조   앞 조의 상선을 타고 도항할 수 있는 자는 위 탑재화물의 화

주, 혹은 그 상업사용인으로서 현재 그 업무에 종사하는 자

에 한한다. 단 대본영의 특별허가를 받은 자는 반드시 이 제

약에 포함되지 않는다.(이하 생략)[10]

이와 같이 대만으로 항행하는 상선에 관해서는 대본영이 인·허가권을 갖고서 허가증을 발행했다. 8월 26일의 '대만 항행 상선상인 단속법'에 관한 문서를 받고서 일본에서 온 상선이 대만으로 항행하게 되었다.

실은 오사카·고베 방면에서뿐이기는 하지만, 메이지 28년(1895) 8월부터 대만행 오사카·고베출항 선박의 초출 광고가 신문 광고란에 연일 게재되었다. 그래서 다음에 오사카상선회사의 정기항로가 시작되기까지의 대만행 선박출항광고를 참고로 서술하겠다. 어떤 광고라도 첫날 게재 분을 중심으로 하고 연속으로 게재되는 것은 생략했다.

『오사카마이니치신문』제4,951호, 메이지 28년 8월 10일 광고란에 「대만 정기항해 개시」로서 일본 간사이關西 지역에서 대만행 정기항로 개시 광고가 게재되었다.

제국의 새 영토 대만은 장래 유망한 지역으로서 우리들이 솔선해서 기선

---

10 『官報』第3542号, 明治28年 4月 23日, p.258.

의 정기항해 시작을 원해 현지 조사를 한 후, 이번에 대만총독부의 항해인

가 허락을 받았다. 화물을 싣고자 하시는 분은 빨리 여기로 신청하세요.

　보험기선 덴신마루 기륭·담수행 8월 15일 효고 출항

　특허를 받은 항해자 선주 오카자키 도키치(岡崎藤吉) 선장 혼다 모토요

시(本田元吉)

　취급점 효고 오타가와(太田川)회조점(回漕店)[11]

이 기사는 대만 점령 후의 초기 대만기선항로 광고이다. 그 후에 대

본영으로부터 특허를 받은 것으로 변경되어 있다. 덴신마루의 출항은 8

월 19일로 변경되었다.[12] 그리고 광고 제목이 '대만 자비自費항해 개시'

로 변경되었다.[13] 그 후 8월 22일에는 '대만항해개시'의 광고 명으로 출

항일은 8월 26일로 변경되었다.[14]

3) 대만항로와 사외선

『대만일일신보』 제3,775호, 메이지 43년(선통 2, 1910) 11월 1일의 「대만

항로와 사외선」에는 다음과 같은 내용이 있다.

　최근 『오사카아사히신문』에 다음과 같은 기사가 올라와 있다. 말하자면

요즈음 대만항로에서는 오사카상선 및 일본우선 등 2,000톤급 내지 6,000톤

급 기선을 항행시켜 독점적으로 항로를 경영해 왔지만, 이번에 고베의 미카

---

11 『大阪朝日新聞』 第4951号, 明治28年 8月 10日, p.6.
12 『大阪朝日新聞』 第4956号, 明治28年 8月 16日, p.6.
13 『大阪朝日新聞』 第4958号, 明治28年 8月 18日, p.6.
14 『大阪朝日新聞』 第4961号, 明治28年 8月 22日, p.6.

미(三上)합자회사, 오카자키 도키치, 오사카의 하라다 주지로(原田十次郎) 등과 같은 여러 사람의 개인소유 기선을 배선하여 마치 서쪽항로 산인호쿠리쿠선(山陰北陸線)과 같은 형식으로 대만항로를 시작하려고 예전부터 협의를 계속해 왔다. 물론 미카미합자회사는 과거에 자신의 소유선인 가토리(香取), 가시마(鹿島), 제3 진기마루(第3仁義丸) 3척으로 대만항로를 경영하였고 하라다 씨도 일전에 매입한 가쓰야마마루(勝山丸)를 대만방면으로 돌리려고 하였으며, 또한 현재 적당한 기선을 보유하지 못하고 있는 오카자키 씨를 포함해 오랫동안 상선·우선 등의 독점에 힘들어했던 대만 방면의 하주(荷主)가 사외선이 들어오는 것을 크게 환영했으며, 특히 대만 남부지방의 제당업자는 손을 들어 사외선주에게 새로운 계약을 체결하려는 자세를 보이고 있어서 머지않아 이 계획은 현실로 되어 나타나지 않을까?

그렇지만 대만항로는 오랫동안 상선·우선 등이 독점한 결과, 작은 배 등도 거의 양 사의 전속이 되고, 사외선 고용에 납득하지 못하면 그들의 설비 상태로는 지금 갑작스럽게 항해를 시작하지도 못한다. 아울러 새 상사(商社)의 계획이 달성되어야 한다는 것도 갑작스러운 일은 아닐 것이라고 한다.

이처럼 오사카상선회사와 일본우선회사의 사선(社船)외에 사외선으로 불린 중소 기선회사가 일본에서 대만으로 항행목표를 하고 있었다. 특히 고베의 미카미합자회사는 가토리, 가시마, 제3 진기마루 3척을, 오사카의 하라다 주지로는 가쓰야마마루 등과 같은 각자의 소유기선을 사용해 대만항로를 시작하려고 했다.

4) 대만에서 중국으로 가는 항로

화남의 산두를 포함하는 중국연해부와 대만을 연결하는 기선항로에 관해서는 일본의 대만통치 초기인 메이지 31년(1898) 11월에 간행된 『대만협회회보』 제2호에 게재된 스기무라 후카시 씨의 「대만과 중국연안 관계」에 자세하게 기술되어 있다.

하문(廈門)이 없으면 대만은 완전한 것은 아니다. 하문도 또한 대만이 없으면 오늘날까지 번창하지 못했다. 앞으로 대만에 인위적인 것을 가하면 몰라도 지금까지는 서로 떨어질 수 없는 관계이다. 안평, 타구(打狗, 고웅高雄), 기륭, 담수는 전부 항구가 불충분해서 이 항구를 통하여 유럽이나 미국과 직접 장사를 할 수 없다. 싫든 좋든 하문을 대만의 문호로 하지 않으면 안된다. 그래서 하문과 대만의 결합은 어떤가 하면, 지금은 영국인 상인으로 구성된 '더글라스컴퍼니'라는 기선회사가 독점하고 있다. 이 회사가 마침 대만으로 가는데 적당한 배를 특별히 장만하여 홍콩을 기점으로 산두·하문을 경유하여 담수에 이르는 항로를 3척의 기선으로 하고 있다. 그 외의 한척은 홍콩에서 산두·하문·안평·타구 사이를 왕래하고 있다. 그리고 나머지 2척은 홍콩을 기점으로 해서 산두·하문을 경유하여 복주로 간다. 이상 6척의 배로 하고 있다. 이 회사의 배가 하나의 통로가 되고, 이 배에 기대지 않으면 대만에서 외국으로 나올 수가 없다. 그래서 하문으로 가서 동쪽으로 가는 것도 하문에서 환적하고, 서쪽으로 가는 것은 하문에서 도매를 하는 것도 있지만, 대부분은 홍콩에 가서 환적(積替)한다. 대륙과는 이러한 관계를 갖고 있는 것이다. 지금 더글라스회사에 관한 내용이 나온 김에 이 회사성립에 대하여 여기서 약간 언급하겠다. 그 회사는 별로 크지 않은 회사로 원래 영국의 차(茶)를 사고파는 상인들이 모여 자본금 100만 엔으로 영업을 했으며, 그 주변 항해를 독점하고 있어서 운임도 상당히 비싸다. 홍콩에서 담수로 1톤 운임이 7불, 여객이 45달러. 꽤 비싼 운임인데도 불구하고 왜 경쟁이 생기지 않는지 그것이 이상하다. 이상하지만 그 이상함은 말을 들으면 풀린다. 원래 대만에는 좋은 항구가 없었다. 담수도 강으로 들어가지 않으면 안되기 때문에 바닥이 얕은 배가 아니면 되지 않는다. 안평·타구도 항구가 좋지 않다. 그래서 대만에 적당한 배를 만들어주지 않으면 안된다. 그것에 관해서는 그 회사에 어울리는 이익이 없으면 특별하게 배를 만들 수가 없다. 그런데 중국에서 장사하는 영국인들이 모두 주주이기 때문에 주주 전부가 거기에는 경쟁할 배를 주지 않도록 하고, 반드시 회사를 만들게 하려는 은밀한 합의가 있어서 운임이 비싸다고 하면서도 오늘날까지 독점 영업을 하고 있다.[15]

위 글에서 알 수 있듯이 더글라스기선회사의 우위는 움직이기 어려운 상황에 있었다. 이와 같이 일본기선회사가 진출하기 이전에 있었던 영국의 더글라스기선회사가 대만과 대륙을 연결하는 항로의 독점상태에 있었던 것이다.

---

15 杉村濬,「台湾と支那沿岸の関係」,『台湾協会会報』第2号, 明治31年(1898) 11月, pp.164~165.

3. 일본 통치시대 대만근해에서의 북진관기선회사의 항운

상해신문 『중외일보』 제4호, 1898년 8월 20일, 광서 24년 7월 초4일, 「외부신문外埠新聞·하문」란에 다음과 같은 기사가 게재되어 있다.

일본이 윤선공사를 개설하다 ○ 일본이 하문에 윤선공사를 개설하고 광고를 내어 다음과 같이 말했다. 우리 회사는 새로 일본북진관윤선공사(日本北辰館輪船公司)를 개설하여, 담수에서 하문으로 갔다가 다시 홍콩으로 순환왕래하며, 대개 한달에 6회 왕복한다. 본관(本館)의 기선은 이름이 류세마루며, 음력 6월 22일에 도착, 26일에 담수로 출발하도록 허가받았다. 승객이 있으면 화물을 버리지 않고, 갖가지 화물을 싣고자 하며, 좌석의 가격은 특별히 자제하였다. 또 선내의 고용노동자는 모두 중국 현지인이며, 음식도 제공하는데, 역시 중국 양식(樣式)에 맞는다. 국(局)은 요자후가(寮仔後街)에 설치되어 있고, 공사의 관리인은 요시다 요케쓰(吉田要頓)이다.

하문과 담수 사이를 왕래하는 기선회사로서 일본인에 의해 북진관 윤선공사가 설립되고, 류세마루隆盛丸라는 기선을 사용해 한 달에 6회 항해를 하게 되었다는 것이 보도되었다.

『관보』제4,452호, 메이지 31년(광서 24, 1898) 10월 14일에는 「하문항 선박출입상황 금년 7월 중 하문항 선박출입상황에 관하여 하문주재 제국일 등영사 우에노 센이치로부터 올해 8월 9일 다음과 같은 보고가 있다. 금년 8월 17일, 본란 내 참고(외무성)」로서, 우에노 영사의 보고가 보인다.

이달 초 대만에서 유황채굴에 종사하는 바바 데시로(馬場禎四郞)라는 자의 주도하에 대만, 하문 사이의 통상이 발달할 것을 예상하고 외국선에게만 의뢰하는 것이 불리할 것을 알았다. 그래서 하나의 기선회사를 새로 만들어 북진관으로 부르고 매월 3회 담수를 기점으로 홍콩을 종점으로 하는 항로를 개설하여 왕복 모두 하문에 기항할 것을 결정하고 류세마루에게 전적으로 이것을 맡게 했다. 제1항로는 7월 12일, 그 다음 13일에 입항하고 적재화물은 매우 거액으로 일반인민의 마음을 끌기엔 좋을 것 같다. 이런 상황으로는 장래가 충분히 유망할 것 같다.[16]

대만의 경제발전을 예상한 바바 데시로라는 인물이 북진관이라는 기선회사를 설립하여 대만 북부의 담수를 기점으로 하문을 경유해 홍콩과 연결하는 기선항로를 개설한 것이 보고되어 있다.

『관보』제4,452호, 메이지 31년(광서 24, 1898) 10월 22일에 「하문항 선박출입상황 금년 9월중 하문항 선박출입상황에 관하여 하문주재 제국 일등영사 우에노센이치로부터 이번 달 8일에 다음과 같은 보고가 있다. 이번 달 18일, 본란 내 참고(외무성)」라고 우에노 센이치 영사가 하문항의 선박출입상황을 보고하고 있다.

일본인에 의해 조직된 북진관기선회사에서도 새롭게 기선 세토쿠마루(勢德丸)의 항행을 보게 되고 또 일본 선박의 출입이 빈번하게 된 것도 또한 그 원인이 되었다. (…중략…) 그 외는 북진관 정기선 세토쿠마루는 차를

---

16 『官報』第4452号, 明治31年(光緒24, 1898) 10月 14日, p.221.

넣은 자루, 석탄 및 잡화를 싣고 담수에서 들어왔으며, 하문에서 중요 수출품은 수선화뿌리 종자, 종이종류이다. 또 북진관기선회사에서는 산두에도 기항하게 하여 운수의 편의를 꾀하고서는 중국 상인들 사이에 신용을 얻기 위해서는 대안무역상 적지 않은 편의를 주어야 한다. [17]

북진관기선회사에 의한 화물수송이 좋은 상태인 것을 전하고 있다. 북진관기선회사의 상황에 관하여『대만일일신보』기사를 참고로 하여 서술하겠다.『대만일일신보』제41호, 메이지 31년 6월 23일 「한문보漢文報」에 「창설항윤創設航輪」의 기사가 게재되어 있다.

종래 우리 섬에서 맞은편 청국의 각 항구로 가는 해운항륜사업은 늘 지방 물산 운반의 적체, 그 수(數)의 길흉(吉凶)에 항상 댓가를 치러 상공업을 방해하기로는 오늘날보다 심한 경우가 없다. 영상(英商) 덕구라사윤선공사(德俱羅斯輪船公司)[18]는 매점매석만 잘할 뿐이고, 스스로 모든 이권을 그 수중에 넣으려 도모하니, 어찌 우리 섬 상운(商運)의 불행이 아니겠는가! 당세(當世)에 뜻을 둔 이는 또한 이에 유감이 없을 수 없다. 이제 들으니 대도정(大稻埕) 북진관(北辰館) 주인이 또 이 방면에 비분방개한다고 한다. 지금 동인(同人)을 모으고 연합하여 주주를 모아 항업을 개창해서, 윤선 스미요시호(住吉號)로 담수 · 하문 · 홍콩 세 항구를 정해, 정기항로를 계획한다고 한다. 이제 7월 2일을 택하여 제1회 항해를 시행한다. 매월 3회 홍콩 · 하문 · 담수 사이를 왕복하여 상인과 여객을 편리하게 하고, 운송을 이롭게 하

---

17 『官報』第4452号, 明治31年(光緒24, 1898) 10月 22日, p.316.
18 【역주】 Douglas Steamship Company.

니, 또한 근일 담수 항구에 하나의 장거(壯擧)를 보냈다고 할 수 있다. 그러나 이 일은 본래 쉽지 않으니, 여러 상인을 주주로 참여시킨다고 한다. 내지[19]의 부상(富商)이 대만의 부호(富豪)와 협력을 도모하는데, 방교(枋橋)[20]의 임본원(林本源)이 주주로 참여하여 그 성립을 돕는다고 한다. 쟁쟁(錚錚)하다고 할 만하다. 이 항로의 부설로 운송이 원활해졌으니, 또한 상인들의 큰 행운이다.[21]

대만과 중국연해를 연결하는 항운은 대만 생산품을 해외로 반출하는데 없어서는 안 되는 것이었다. 그러나 당시 그 항로를 독점했던 것은 영국인 상인이 경영하던 구라사윤선공사俱羅斯輪船公司 즉 더글라스기선회사였다. 구라사윤선공사가 독점하는 가운데 대북臺北 담수하淡水河 강변의 대도정大稻埕에 거주하는 북진관주北辰館主가 같은 뜻을 가진 사람으로부터 자본을 모아 기선 스미요시마루住吉丸를 사용하여 매월 3회 담수에서 하문을 경유해 홍콩과 정기항운을 하는 기선회사를 창설하려고 했다. 6월 22일『대만일일신보』에는 그 광고가 게재되어 있다.

　　공고

　　이번에 북진관에서 보험이 들어 있는 기선 스미요시마루(톤수 1,348톤)로 새롭게 담수와 홍콩 항로를 개설하여 왕복 모두 하문에 기항하고, 매월 다음과 같은 일정으로 담수항을 출항시켜 여객과 화물취급을 시작한다.

---

19 【역주】일본.
20 【역주】대북에 있는 지역명. 板橋.
21 『台湾日日新報』第一冊, 五南圖出版有限公司, 1994.8, p.295.

첫 항해

7월 2일 담수 출항

매월 항해일

2일 12일 22일

대도정은 북진관 뒷거리

북진관 대북 기선사무소

동   담수출장소

동   하문출장소

동   홍콩출장소[22]

이 '공고'에서도 분명히 알 수 있듯이 북진관기선회사는 매월 2일, 12일, 22일의 3회에 걸쳐 대만 담수에서 하문을 경유해 홍콩으로 향하는

---

22 『台湾日日新報』第一冊, p.289. 같은 신문 41호, 메이지 31년 6월 23일 공고도 같은 내용이다. 같은 신문 第一冊, p.296.

정기항로를 1,348톤의 스미요시마루를 사용해 운항하려고 했다.

하지만『대만일일신보』제53호, 7월 7일 「읽지 않아도 슬픈 이야기」란에는 다음과 같은 것이 있다.

갑자기 흥분하여 북진관기선의 미도착을 명분으로 2일 출항을 11일로 연기한다. 또 스미요시마루를 대신하여 류세마루로 한다. 세상 사람들이 일 같지 않은 것을 비웃는 것을 왜 모르는가. 이것의 성공은 만인이 보고 있는 바이므로, 반드시 이것을 실행해야겠다는 마음이 어찌 일어나지 않겠는가? 만약 그렇지 않다면, 이것은 아이들의 장난일 뿐이며, 무모하고 경거망동일 뿐이다.[23]

북진관기선회사의 광고에 있었던 '스미요시마루를 7월 2일 출항예정'이 선박은 류세마루로 변경되고 출항일도 11일로 변경되어서『대만일일신보』편집자는 그 계획을 크게 걱정하고 있었다.

그리고 그 다음 날인 8일『대만일일신보』54호에는 '류세마루 출항'에 대하여 다음과 같이 기술되어 있다.

어쨌든 소문이 났던 북진관의 류세마루는 마침내 어제 7일 출항했으며, 들은 바에 의하면 화물을 싣기 위하여 이렇게 출항 날짜를 연기했다고.[24]

그런데 12일『대만일일신보』제57호에는 '류세마루 출발에 잘못 들은 것'이 있다고 하며, '북진관의 류세마루 출발에 관한 내용을 앞 호의

---

23 『台湾日日新報』第一冊, p.367.
24 『台湾日日新報』第一冊, p.373.

신문지상에 기재한 것은 잘못 들은 내용이어서 취소한다'[25]로 되어 있듯이 류세마루의 담수출항은 잘못 전달된 것이었다.

그러나 류세마루는 그 수일 후 출항했다. 『대만일일신보』 제59호, 7월 14일 「류세마루의 첫 항해」라는 기사에는 다음과 같은 내용이 실려 있다.

북진관의 계획으로 된 담수·하문·홍콩의 항해를 맡은 류세마루는 이미 서술한대로 지난 12일 오후 3시 15분 일장기를 동풍에 휘날리며 담수항을 출항했다. 승객은 22명인데 그중 일본사람 12명, 대만사람 10명, 적재화물은 장뇌 460상자, 유황 9만 근, 목재 1,600그루, 잡화 530개로 톤수 대략 4, 5백 톤이다. 화주는 동정공사(同禎公司), 공태양행(公泰洋行), 미쓰이물산회사, 덕기양행(德記洋行) 등이라고 한다.[26]

마침내 북진관기선회사의 류세마루가 하문, 홍콩을 향하여 7월 12일 오후 3시를 지나 담수항에서 출항했다. 승객은 22명으로, 일본사람 12명, 대만사람 10명이었다. 이 배의 적재화물은 대만에 있었던 동정공사, 공태양행, 미쓰이물산회사, 덕기양행 등의 회사로부터 의뢰받은 장뇌, 유황, 목재, 잡화 등이었다.

『대만일일신보』 제60호, 메이지 31년 7월 15일에 「북진관의 항해사업」이라는 기사를 게재하고 있다.

그 사업이 매우 위험하고 또한 모험적이기 때문에 세간의 주목을 크게 받

---

25 『台湾日日新報』第一冊, p.393.
26 『台湾日日新報』第一冊, p.405.

아 이런 저런 비판도 있었지만, 류세마루는 앞서 적은대로 지난 12일 첫 항해를 순조롭게 시작하였다. 적재화물은 물론 가득 실었다고는 할 수 없으나 첫 항해의 화물치고는 괜찮은 수준으로, 그 기획을 그르치지 않은 일은 북진관의 신용을 사회에 알리는 데 충분했다. 들은 바에 의하면 북진관주 바바(馬場) 씨가 처음에 어떤 이유로 이러한 계획을 세웠는가 하면, 바바 씨의 차구(借區)와 관계되는 북투(北投)의 유황산에서 채굴된 유황을 중국에 수출하는데 있어서, 더글라스기선회사의 취급이 매우 불친절해 분개했지만, 이 구간의 항해권이 이 회사의 전권으로 돌아가게 된 점, 또한 이 회사는 항상 자국인의 화물만을 소중하게 다루고, 청국인 혹은 대만 토착인의 화물에 대해서는 소홀히 다루고 배달지연과 파손 등은 조금도 고려하지 않은 점, 어쨌든 그러한 취급을 받고 있던 청국인과 토착인들이 마음 속으로는 이를 기분 나쁘게 생각해 믿을 만한 다른 상선이 운항하지 않는 것에 대하여 불평을 하면서도 여전히 이 회사에 의뢰해 왔다는 말을 듣고 이에 일본인이 직접 독자적으로 이 구간 항해를 시작하려고 계획을 세웠다. 하지만 과거에 오랫동안 항해권을 장악해 온 더글라스의 존재에 대해 미미한 한 개인의 힘으로 어떠한 보조금도 받지 않고 이 대사업을 계획한다는 것은 쉽게 세간의 신용을 얻기에 부족한 일임을 깨달았다. 그래서 우선 중요한 화물주 중에서 더글라스 측에 동조하는 영국인이 운영하는 상점을 제외하고 그 나머지는 대체적으로 이에 찬성해 맹세코 화물은 북진관기선에 적재할 것을 약속받기에 이르렀다. 하지만 여전히 한 가지 고려해야 할 점은 만일 이 항해가 이익이 나지 않아 도중에 중단되는 일은 없을까라는 것이다. 과거에 오랜 기간 더글라스기선에 맡겨온 화물을 바꿔 북진관기선에 맡겼는데, 그런 와중에 중단된 것을 이유로 다시 더글라스기선에 맡기지 않을 수 없는 상황에 이른다면 더글라스사의 감정을 상하게 할뿐 아니라 자기 자신의 체면을 손상시키는 일이기도 하다는 당연한 이유 때문에 이런 저런 중재를 하는 이가 있었다. 이에 여러 조건을 달아 겨우 첫 항해를 시작하기에 이르렀다. 현재 승객 운임은 담수-홍콩 사이는, 특별실 35엔, 일등실 25엔, 이등실 18엔, 삼등실 6엔, 담수-하문 사이는, 특별실 15엔, 일등실 12엔, 이등실 8엔, 삼등실 3엔이며, 화물 운임은 다음과 같다.

담수-홍콩 사이			더글라스기선의 운임
장뇌	한 상자	40전	65전
차	한 상자 대	10전	12전 5리
〃	〃 소	7전	8전
유황	백 근	30전	50전

위 표에 의하면, 더글라스기선 운임의 거의 3분의 2 수준으로 할인하여 오로지 고객의 신용을 얻으려고 노력한 것처럼 보인다. 또한 화물 크기에 따라 특별 할인을 한 것은 물론, 귀항편의 화물도 석유와 기타 특약 화물도 많기 때문에 바라건대 이번 기획이 차질을 빚는 일 없이 이곳 항해권을 영원히 우리 수중에 넣는 것을 바라는 바이다.[27]

이와 같이 대북의 북진관주 바바 씨가 대만 북부에 있는 북투北投의 유황산에서 유황을 채굴하여 그것을 중국 등으로 수출하기 위하여 더글라스기선회사에 운송을 의뢰했는데 그 취급이 불성실하다고 해서 자력으로 수송을 생각하고 기선회사 창설을 꾀했다. 더글라스기선회사는 대북 북부에서 차에 관련된 산업 즉 다업茶業을 운영하는 영국인 상

---

27 『台湾日日新報』第一册, p.411.

사 등에는 편의를 베풀어도 대만사람들과 일본인에게는 성의를 보여주지 않았다. 그런 이유로 저렴한 운임으로 승객과 화물수송을 계획했었는데 그 계획이 실현되었다.

북진관윤선공사의 하문·홍콩으로의 항운은 여객과 화물에만 한정되지 않았다. 『대만일일신보』 제66호, 7월 22일에 「대안 우편물 탑재선의 변경」 기사가 보인다.

종래 대륙연안으로 가는 우편물은 더글라스회사와 특약으로 해서 이 회사 기선에 탑재해 왔는데, 앞으로는 대만–대륙연안 간의 항로를 개설한 북진관기선에 탑재하는 것으로 결정했다는 것을 들었다.[28]

이처럼 우편물도 북진관윤선공사가 운송하게 되었다. 이 북진관윤선공사가 운항할 때, 대만총독부로부터 인가를 받은 것은 『대만일일신보』 제67호, 메이지 31년 7월 25일 '광고'에 보인다.

광고
알립니다. 저희 관(館)은
총독부의 유령(諭令)을 받아, 이제 류세마루(隆盛丸)를 우편탑재선으로 삼아, 음력 6월 초8일 오후 4시에 담수로부터 하문·홍콩 연해(沿海)로 갑니다. 이제부터 날씨나 요일에 상관 없이 정기적으로 운행합니다. 이상(以上)과 같이 알려드립니다.

---

28 『台湾日日新報』第一冊, p.449.

북진관윤선공사[29]

북진관윤선공사는 대만총독부의 인가를 얻어 음력 6월 초8일, 서기 7월 26일에 담수에서 하문 또 홍콩으로 운항하는데, 날씨에 관계없이 정기운행하는 것을 보고하고 있다.

그리고 같은 날 『대만일일신보』 제67호, 같은 날 광고란에는 북진관윤선공사 기선인 류세마루의 출항이 광고되어 있다.

★하문·홍콩행 정기우선 담수출항광고

보험이 들어 있는 우선 류세마루 톤수 1,199.76 선장 사카모토 헤하치로 (坂本平八郎)

7월 26일 오후 4시 출항

대북 대도정 육관후가 북진관윤선공사

담수항 용목정가 동 담수지국[30]

북진관윤선공사의 본사는 대북 대도정 육관후가六館後街[31]에 있었다. 우선인 류세마루는 약 2,000톤의 기선이며 선장은 사카모토 헤하치로라는 일본인이었다.

---

29 『台湾日日新報』第一冊, p.458. 같은 신문'광고'는 7월 24일 제68호, 第一冊, p.464, 7월 26일 제69호, 第一冊, p.472에도 게재되어 있다.

30 『台湾日日新報』第一冊, p.459. 같은 신문광고는, 7월 24일 제68호, 第一冊, p.467; 7월 26일 제69호, 第一冊, p.473에도 게재되어 있다.

31 북진관윤선공사의 소재지에 관하여 『漢文台湾日日新報』 1910年7月14日 「雑報」란의 「蝉琴蛙鼓」(p.5), 『台湾日日新報』第二一五冊(五南圖出版有限公司, 1994.8), p.289에 '近聞林工源家 將其事務所于稻之六館街洋樓. 卽北辰館舊址也'로 되어 있고, 북진관 본사건물은 대도정 육관후가에 있었던 것은 분명하다.

『대만일일신보』 제70호, 7월 27일 「류세마루의 우편탑재」를 통해 류세마루가 우편물도 탑재하게 되었음을 알 수 있다.

북진관 류세마루는 이번에 대륙연안우편물의 탑재 명령을 받고 그 배송료를 받게 되었는데, 그것애 괸해서는 류세마루 외에 또 한척의 기선을 더해 합쳐서 2척으로 왕복하게 되었다.[32]

『대만일일신보』 제73호, 7월 30일의 「류세마루의 출항」에 아래의 기술이 있다.

지난 26일 담수항을 출항할 예정이었던 북진관 류세마루는 28일 오후 3시에 출항했다. 이것은 바람과 파도와 같은 기후, 그리고 화물적재에 시간이 걸려 연기되었던 것이다.[33]

류세마루는 7월 26일 출항 예정이었지만, 날씨와 화물적재에 시간이 필요해서 28일 오후 3시에 담수를 출항했다. 화물적재에 시간을 필요로 한 이유는 같은 날 같은 신문 「유황 유실」에서 찾아볼 수 있다.

류세마루 출항 시기에 탑재해야 할 북진관의 화물 유황 1,500개를 실을 정크선 3척은 류세마루에 옮겨 실을 때, 풍파로 인하여 전복되어 심하게 유실되었기 때문.[34]

---

32 『台湾日日新報』第一冊, p.485.
33 『台湾日日新報』第一冊, p.493.

류세마루에 적재할 유황을 싣고 온 정크선이 풍파로 인하여 적재 직전에 전복되었기 때문이었다.

그 후의 류세마루 운항에 관하여『대만일일신보』제78호, 8월 5일 광고란에 아래의 내용이 있다.

★하문·홍콩행 정기우선 담수출항광고
보험이 들어 있는 우선 류세마루 톤수 1,199.76 선장 사카모토 헤하치로
8월 9일 오후 4시 출항 하문·홍콩행
대북 대도정 육관후가 북진관윤선공사
담수항 용목정가 동 담수지국[35]

8월 9일 오후 4시에 담수를 출항할 예정인 것을 광고했는데, 그 예정은 변경되었다.『대만일일신보』제80호, 8월 7일 광고란에는 다음과 같은 내용이 있다.

★하문·홍콩행 정기우선 담수출항광고
보험이 들어 있는 우선 류세마루 톤수 1,199.76 선장 사카모토 헤하치로
8월 10일 오후 4시 출항 하문·홍콩행
대북 대도정 육관후가 북진관윤선공사
담수항 용목정가 동 담수지국[36]

---

34 『台湾日日新報』第一冊, p.493.『台湾日日新報』第一冊, p.510, 8월 2일 한문보에「유황유실」로서 한문기사가 보인다.
35 『台湾日日新報』第一冊, p.529. 같은 신문광고는, 8월 6일 제79호에도 게재되어 있다.
36 『台湾日日新報』第一冊, p.543.

또 『대만일일신보』 제81호, 8월 9일 광고란에는,

★하문·홍콩행 정기우선 담수출항광고
보험이 들어 있는 우선 류세마루 톤수 1,199.76 선장 사카모토 헤하치로
8월 13일 오전 10시 출항 하문·홍콩행
대북 대도정 육관후가 북진관윤선공사
담수항 용목정가 동 담수지국[37]

처럼, 류세마루는 8월 9일 담수 출항 예정이 10일, 13일로 변경되어 있다. 제일 처음 '광고'에 보이는 정기운항은 꽤 곤란했던 것을 알 수 있다.

하지만 『대만일일신보』 제80호, 8월 7일 「북진관의 경쟁준비」에는 다음과 같은 기술이 있다.

더글라스기선회사는 북진관이 용케도 대만-홍콩 항로를 개설한 것을 경계의 눈초리로 보면서 일부러 대수롭지 않게 여겼지만, 최근에 이르러 점점 무시할 수 없는 기세를 보고 슬그머니 화물 운임을 할인했다. 이에 북진관으로서는 굳이 이 대형 기선회사에 경쟁하려고 하지 않았다. 미리 대도정(大稻埕)의 차 도매상과 기타 잡화상의 중진들을 초대하여 만일 류세마루의 운송이 더글라스회사 기선보다 늦어질 경우는 그 화물을 더글라스회사 기선에 선적하도록 한다는 것과, 류세마루의 운송기간이 더글라스회사 기선과 그 기간이 같을 경우에는 류세마루에 선적한다는 등을 협의했는데

---

37 『台湾日日新報』第一冊, p.549. 같은 신문광고는, 8월 10일 제82호, 第一冊, p.555; 8월 11일 제83호, 第一冊, p.561; 8월 12일 第一冊, p.567에도 게재되어 있다.

모두 이에 찬성했다고 한다.[38]

북진관윤선공사 류세마루의 담수에서 하문·홍콩으로의 운항은, 기존의 더글라스기선회사 입장에서는 간과해야 할 사항은 아니고, 상호 연대하여 운항을 추진하는 방향으로 되어 왔다.

또 『대만일일신보』 제80호, 8월 7일 한문보도 기사에 「팽침박선碰沈駁船」이 기재되어 있다. 이것은 일전의 북진관윤선공사 기선이 담수에서 출항하기 직전에 생긴 사고를 보고한 것이었다.

7월 26일, 담수구(淡水口) 북진관(北辰館) 우편선인 윤선 융성환이 정박하여 짐을 실을 때, 김의순(金義順)의 거룻배 1척이 있는 것을 보았다. 이 거룻배는 대도정(大稻埕) 마저궁항변가(媽姐宮港邊街) 32번호(番號) 황안지(黃安之)로서 선장 오평외(吳坪外)와 선원 5명이 움직이고 있었고, 톤수는 300여 담(擔)을 담을 수 있다. 도강(稻江)에서부터 북진관의 유황(硫黃)과 각 가(家)의 잡화를 싣고, 대략 오백여 원의 값에 해당하는 물건을 싣고 호미(滬尾)에 이르러 우편선 융성환에게 넘겨주었다. 다시 물건을 싣고 항구를 나서는데, 때마침 조수(潮水)가 범람하고, 파랑(波浪)이 상당히 나빠서 매우 위험했다. 마침 융흥윤선과의 거리가 3·40장(丈) 떨어져 있었는데, 갑자기 영국 기선(汽船)이 나타나, 항구를 나서며 바퀴를 굴리자 그 거룻배가 양보했으나 부딪혔고, 그 부딪힌 선미(船尾)의 절반은 즉시 파괴되고 바로 침몰했다. 호미(滬尾) 변무서(辨務署) 제2과(課) 순사부장(巡査部長)이

38 『台湾日日新報』第一冊, p.537.

순사 4명을 데리고 배에 올라 구조했다. 선원 5명 가운데 중국 선원 1명은 종적을 감추어 백방으로 찾으며 샅샅이 뒤졌다. 물밑에 가라앉았는지 파도에 실려 바다로 나갔는지 알 수 없었다. 바다에서 이익을 추구하는 것은 역시 위험하다.[39]

이와 같이 대북 대도정 마저媽姐[40] 궁항변가宮港辺街 32번호의 황안지黃安之가 소유한 김의순金義順 바지선 한 척은 오평외吳坪外와 선원 5명이 운항했다. 이 배에는 '300여 담擔[41]'의 화물을 싣고 있었다. 그 화물은 북진관의 유황과 다른 화물주의 잡화 등 약 500여 엔에 해당하는 물건이었는데 일기불순으로 전복되어 버렸던 것이다.

『대만일일신보』 제81호, 8월 9일 「대도정 피해」 기사에 북진관의 소재에 관한 기술이 보인다. 대북臺北의 '건창가로建昌街路부근' 중에서 '북진관의 대 건축물은 탁한 거친 파도 속에 서서 마치 작은 섬과 같다'[42]와 같이, 대북을 습격한 수해에 의해 대도정에 있었던 북진관윤선공사의 본사 주변도 큰 피해를 받았던 것이다.

그 후의 『대만일일신보』 제100호, 8월 31일 「북진관 현황」에는 다음과 같이 되어 있다.

일본인으로서 첫 번째로 중국 신항로를 개설한 북진관은 처음에는 토착

---

39 『台湾日日新報』第一冊, p.541.
40 【역주】항해·어업의 수호신으로서 중국 연해부를 중심으로 신앙을 모으는 도교의 여신.
41 【역주】담은 중국의 전통적 질량 단위이다. 1담은 100근으로 정의되어 있으나, 1근의 정의가 국가에 따라 다르기 때문에 1담의 크기도 그것에 의해 다르다.
42 『台湾日日新報』第一冊, p.546.

민과 외국인 사이에서도 이런저런 비평이 있었음에도 불구하고, 각지의 화물주 사이에서는 박수를 치며 환영한 듯하다. 지난 27일 홍콩에서 담수로 입항한 류세마루를 포함한 많은 선박들의 흘수(吃水)가 너무 깊어, 음료수 6톤을 줄여서 버렸던□□□□□□□다음달 2일 출항 예정인 류세마루의 화물은 충분했다. 또한 이번에는 청일무역회계(淸日貿易會計) 소유기선 세토쿠마루(1,400톤)의 배 밑이 깊어 연안항로에 적합해 차입했는데, 이 배는 그저께 고베를 출항했다. 그리고 북진관기선은 지금까지 담수 · 하문 · 홍콩항로만을 운항했으나 산두에도 기항하게 되었다. 신 노선은 다음 달 2일 출항하는 류세마루부터 영업을 시작하고, 세토쿠마루는 첫 출항 때부터 하문, 산두를 경유해 홍콩으로 왕복 운항했다. 화물 및 승객 운임도 더글라스기선의 반액으로 하고, 일본인이 경영하고 있는 만큼 편리한 점이 많다. 그리고 더글라스기선은 홍콩까지 상등실(上等室)이 50엔인데 북진관기선은 25엔이라고 한다. 따라서 승객 이익도 종래에 비해 매우 크다. 항해시간은 담수-하문이 20시간, 하문-홍콩이 25시간이라고 한다.[43]

이처럼 북진관윤선공사는 담수에서 하문 · 홍콩으로의 순조로운 운항에 기뻐했고 또 산두도 그 기항지에 포함시킬 계획을 갖고 있었다. 기존 항로는 담수에서 하문은 20시간, 하문에서 홍콩은 25시간으로 운항한 것을 알 수 있다.

『대만일일신보』 제101호, 메이지 31년(광서 24, 1898) 9월 2일 6페이지에 게재된 광고에 북진관윤선공사의 항운상황이 알려져 있다.

---

43 『台湾日日新報』 第一冊, p.669.

지금까지 북진관기선 류세마루로 담수·하문·홍콩 사이를 정기항해하고 있었는데 이번 달 초부터 기선 세토쿠마루(선장 니시이 신키치(西井新吉), 톤수 1,448.12)를 추가하고 또 기항장소를 확장하여 담수, 하문, 산두, 홍콩 간의 정기항해로 변경한 것을 보고합니다.

9월 북진관윤선공사[44]

북진관윤선공사는 지금까지 사용한 류세마루에 추가해 메이지 31년(1898) 9월부터 세토쿠마루 1,448톤을 도입해 담수에서 복건성의 하문, 광동성의 산두 그리고 홍콩으로 정기항로를 확대한 것을 알 수 있다.

『대만일일신보』제103호, 9월 4일 한문보도 「항윤증운航輪增運」에 다음의 기술이 있다.

대북 대도정 북진관기선항운국은 지난 7월에 개설한 이래, 윤선 융성환이 담수·홍콩·하문·선두 등의 부두를 왕래한다. 각 부두에서는 거상들이 탑재를 관리한다. 무역이 자못 성하다. 승객과 화물을 싣는데 응접할 여가도 없는 듯하다. 지금 듣자하니, 북진관의 주인이 내지(內地)[45]로부터 윤선 하나를 더하려 계획하는데, 이름이 복성환(福星丸)이다. 이번달 2일에 고베(神戶)로부터 출항하여 대만에 왔는데, 항로를 깔아 적재하였다. 그 배는 톤수가 1,400여 톤이고, 배가 견고하고 바닥이 깊다. 운항에 여유가 생겨, 지금부터는 두 척이 교대로 오간다. 윤선 융성환은 운행이 끊임 없고 순

---

44 『台湾日日新報』第二册, 五南圖出版有限公司, 1994.8, p.8. 같은 신문광고는 9월 4일 제103호, 第二册, p.22; 9월 6일 제104호, 第二册, p.28; 9월 7일 第二册, p.32에도 게재되어 있다.
45 【역주】일본.

일본 통치시대 대만에서의 북진관윤선공사의 항운   293

조로우니, 연착되어 기다리는 등의 폐단을 면할 것이다. 또 이 국의 기세가 거침없으니, 본 섬 상무(商務)의 행운이다.[46]

먼저 북진관윤선공사가 새롭게 계획한 광고에 의거한 광동성 북동 부연해 산두기항 운항과 신규 기선 후쿠세마루福盛丸를 새롭게 투입하는 것에 관하여, 그것에 어울리는 운항을 기대했었다.

『관보』 제4,622호, 메이지 31년(광서 24, 1898) 11월 25일에 「북진관기선 대만・홍콩간 항로개시 북진관기선 대만・홍콩 간 항로개시 건에 관하여 홍콩주재 제국2등영사 우에노 스에사부로上野季三郎로부터 금년 11월 14일 다음과 같이 보고가 있다(외무성)」가 게재되어 있다.

산두・하문항 등을 경유하는 홍콩-대만 항로는 오랫동안 '더글라스'상회 소유 기선이 왕복 운항하고 있는데, 여객・수출입 화물 모두 그 기선 편에 의지할 수밖에 없어 자연스럽게 이 구간의 항해권은 더글라스 상회의 독점으로 귀속하게 되었다. 달리 경쟁자가 없어 화물 운임 등도 비교적 비싸서 내외의 화물주 및 여객 등은 매우 큰 곤란을 느껴왔다. 이에 금년 7월에 이르러 재 대만 바바(馬場) 모씨(북진관장)의 이름으로 담수・산두・하문・홍콩에 기선 운항을 시작했는데, 굳이 '더글라스'상회와 경쟁하는 것은 화물주와 여객의 편의를 도모하기 위해서이다. 운임을 할인하여 우선 류세마루로 첫 번째 항해를 시도했는데, 종래 '더글라스'상회의 독점에 염증이 난 일부 화물주 등은 자진하여 화물을 적재하였고 여객 등도 기꺼이 승선

---

46 『台湾日日新報』第二冊, p.90.

하여 예상 밖의 호황을 보였다.

다만 류세마루는 그 후 조난을 당해 크게 파손되어 류세마루를 대신해 세토쿠마루가 현재 이 사업을 계속하고 있다.[47]

더글라스기선회사의 독점상황에 있었던 화남·대만 기선항로에 일본의 북진관기선회사가 새롭게 참여해 북진관기선회사가 호평을 받았다고 보고되고 있다.

그러나 북진관기선회사의 기선 자체에 약간의 문제가 있었던 것이 알려진다. 그 예견은 적중하는데,『대만일일신보』제170호, 메이지 31년 11월 26일「북진관 무너지다」라는 기사가 있다.

국가적 관념으로 창립되었다고 하며, 홍콩항로를 시작한 북진관은 아직 반 년도 지나지 않았는데 너무 빨리 무너져서 북진관이라는 간판은 3, 4일 전에 이미 철거되었다.[48]

위 기사와 같이 북진관윤선공사의 담수에서 하문·홍콩으로의 운항은 불과 4개월 정도로 좌절되었다.『대만일일신보』제174호, 메이지 31년 12월 1일 한문보도에도「북진수반北辰收盤」이라는 기사가 실려 북진관윤선공사의 대만에서 홍콩·하문항로의 철수를 보도했다.

대도정 북진관 여객선(班輪) 회사. 홍콩·하문 항로의 개창이래, 이미 반

---

47 『官報』第4622号, 明治31年(광서 24, 1898) 11月 25日, p.249.

48 『台湾日日新報』第二冊, p.450.

년이 지났다. 올해처럼 해상에 파도가 많이 험하고 경영이 힘든 적이 없었다. 수입보다 지출이 많아, 소모를 면치 못한다. 이제 문을 닫기로 결정하여, 이에 이르렀다. 해상경영(海上經營)에 대해 자문을 구하고, 부산(敷山)에 불역(不驛)했다. 열었던 사업을 그만두고 하지 않는 것 역시 부득이하다.[49]

『대만일일신보』 제202호, 메이지 32년 1월 5일 '교통'의 「항해」에 대만에서 하는 항운사업의 많은 어려움을 북진관윤선공사의 좌절을 예로 들어 서술하고 있다.

각 기관에서 매우 곤란해 하면서도 가장 완비를 요하는 것은 교통기관으로 해상은 풍파가 거칠고 게다가 가져야 할 좋은 항구도 부족해, 우선·상선회사는 최근에 내지와의 항해규모를 확연히 크게 하고 싶어도 연안선(沿岸線)의 손실을 초래해 오히려 선로를 축소하려고 한다. 가장 유리한 대안항로에 대해서는 북진관이 대담하게 더글라스회사의 독점사업과 경쟁하려고 해도 결국 힘이 달려 32년부터 대안항로를 개시하려는 계획이 있었을 뿐이며, 그리고 해상단속으로서 먼저 선임(뱃삯)□□을 제정했다[50]

북진관윤선공사의 대만·화남항로에서의 철수를 대신하여 새로운 움직임이 보였다. 『대만일일신보』 제203호, 메이지 32년 1월 7일 「대안항로의 보조」에 의하면 다음과 같은 기술이 있다.

---

49 『台湾日日新報』第二冊, p.480.
50 『台湾日日新報』第三冊, 五南圖出版有限公司, 1994.8, p.23.

전술한 신문에 가끔씩 기재된 것처럼 총독부는 올해로 대안항로의 내국 선박에 대하여 1년에 75,000엔을 보조해야 할 계획인데, 예산은 이미 중의 원을 통과했지만 보조금을 받아야할 선박은 우선과 상선 2개 회사 중 어느 것으로 결정해야 할지 아직 알기 어렵다고 한다. 하지만, 다년간 이 항로에 종사한 경험이 있고, 신용이 있는 더글라스회사와 경쟁하지 않을 수 없게 되면, 이에 어울리는 톤수와 속력을 가진 기선과 숙련된 선원을 가진 더글 라스회사는 4척의 기선으로 이 항로를 지금까지 영업하고 있었는데, 이번 계획은 한 척으로 매월 2회 항행한다고 한다. 그것은 이 항해를 독점한다고 해도 운임 상으로는 약간 저렴해도 일전에 북진관에서 대안항해를 영업하 자마자, 더글라스회사는 그 운임을 반액으로 해서 이에 경쟁하게 하고, 또 북진관은 이 업종에 경험이 없고 화물주에게 불친절하게 해서 결국 실패로 돌아간 모양새여서, 이번에는 그 전례를 감안해 충분한 주의를 하지 않으 면 안된다. 물론 우선과 상선 중에서 어느 것이 영업할지도 결정되지 않았 다고 하지만, 그 상황의 당시 조치는 정말로 이 항해의 성망성쇠를 결정할 것이라고 모 항해업자가 말했다. 덧붙여 말하면 이 새로운 계획은 4월부터 시작될 예정이라고 한다.[51]

계속해서 그 다음 날『대만일일신보』제204호, 메이지 32년 1월 8일 「보조항로」를 보자.

이번에 총독부는 윤선이 대안(對岸)을 1년 왕복하는 데 7만 5천 원을 내

---

51 『台湾日日新報』第三冊, p.30.

어 경비를 보조하기로 하였다. 이 일은 중의원(衆議院)에 통보하여 보조금을 지급한다. 항행하는 윤선은 우선회사에서 파견할지 상선회사에서 파견할지 아직 결정되지 않았기에, 미리 알려줄 수 없다. 대안을 항행하는 자가 많아, 득기리양행(得忌利洋行)은 상선 4척으로 왕복하지만, 우리는 한 척으로 매월 2회 왕복하기로 하였으며, 운임은 상당히 저렴하다. 그러니 이 항행의 이익은 우리 손에 다 들어올 것이다. 지난해 북진관이 대안에 항행하자 득기리양행이 그로 인해 운임을 반으로 줄여 이익을 다투었다. 또 북진관이 이 사업에 종사한 인연으로 추측하여, 철저히 실패하게 되지 않을 것이다. 이후 이 사업을 맡으려는 자 역시 본보기로 삼을 수 있다. 정부의 조치는 이처럼 바로 이 항업의 이권(利權)을 만회하려는 것이다.[52]

북진관윤선공사의 철수를 대신하여 운항을 했던 대만에서 하문·홍콩 항로에 대만총독부의 지원을 받은 오사카상선, 일본우선이라는 거대 항운회사가 새로 참여하는 것이 명확해졌다.

이에 대하여 기존의 더글라스기선회사는 태연자약한 상황은 아니었다. 『대만일일신보』 제283호, 4월 15일의 「더글라스회사의 결심」에 다음의 내용이 있다.

이번에 상선회사가 홍콩항로를 시작한 것을 보고, 더글라스회사는 그의 북진관에 비할 바가 되지 않는다고 생각하면서도 상선회사가 홍콩항로에 맞지 않는 홀수(吃水) 기선으로, 항해에 미숙한 선원으로, 화물취급에 익숙

---

52 『台湾日日新報』第三冊, p.39.

하지 않은 사원으로, 특히 적은 수의 기선으로 다년간 경험에 경험을 쌓은 우리영업에는 미치지 못하게 되고, 그 첫 항해(담수 출항을 가리킨다)에 화물이 전무(全無), 또 승객도 불과 25명에 불과한 것을 보고, 앞날이 뻔하다고 속으로 경멸했지만, 홍콩발 마이즈루마루(舞鶴丸)가 꽤 괜찮은 경기(景氣)라는 것을 듣고 나서 약간 □장의 기색이 있다. 과거에 하문·담수항로에 7엔(사람에 따라서는 싸다고도 했지만)의 운임을 2엔 50전으로 내리고, 최근에는 또 1엔 80전까지 내렸다고 한다. 이렇게 해서 더글라스회사는 끝까지 상선회사와 경쟁을 해볼 결심을 하고 상선회사가 30만 엔이나 경쟁비용을 투입하면 어쨌든 조금도 그에게 물러설 마음이 없다고 같은 회사 사원이 어떤 사람에게 확실하게 말했다.[53]

더글라스기선회사는 북진관윤선공사의 짧은 기간의 운항종료 상황에 안도할 틈도 없이 이번에는 또 다시 일본의 거대기선회사와 대항할 상황이 되었다.

4. 소결

대만이 청일전쟁(갑오중일전쟁)으로 1895년 이후 반세기에 걸쳐 일본에 점령당했을 때 일본에게 닥친 첫 번째 문제는 대만과 일본을 잇는 안정적인 항로의 확보였다. 그것을 위하여 대만을 통치한 대만 총독부는

---

53 『台湾日日新報』第一冊, p.540.

이미 일본국내에서 급성장하여 거대해운회사로 되어 있었던 오사카상 선회사, 일본우선회사에 명령항로로서 정기항로를 시작하게 했다.[54] 한 편 대만에서는 일본 점령 이전에 있었고 홍콩에 거점을 둔 더글라스기선 회사(덕기이사윤선공사德記利士, 득기리윤선공사得忌利輪船公司, Douglas&Co.)가 홍콩에서 중국 산두·하문을 경유해 담수에 이르는 항로를 운항했다.[55] 그 더글라스기선회사의 중국연해부에 대한 독점항운에 대하여 대북台北 에 있었던 일본인이 경영하던 북진관윤선공사가 싸움에 도전했으나 수 개월 만에 패퇴했다. 그러나 이 북진관윤선공사의 담수에서 하문과 홍 콩항로 운항 철폐는 바로 오사카상선회사에 의한 화남항로 개설로 이어 지고, 그 후 일본의 거대기선회사와의 경쟁에 패배하여 더글라스기선회 사가 홍콩과 화남연해에서 대만으로 가는 정기운항에서 철수하게 된다.

54 松浦章, 『近代日本中国台湾航路の研究』, 清文堂出版, 2005.6, pp.129~143.
55 松浦章, 『近代日本中国台湾航路の研究』 pp.69~112.

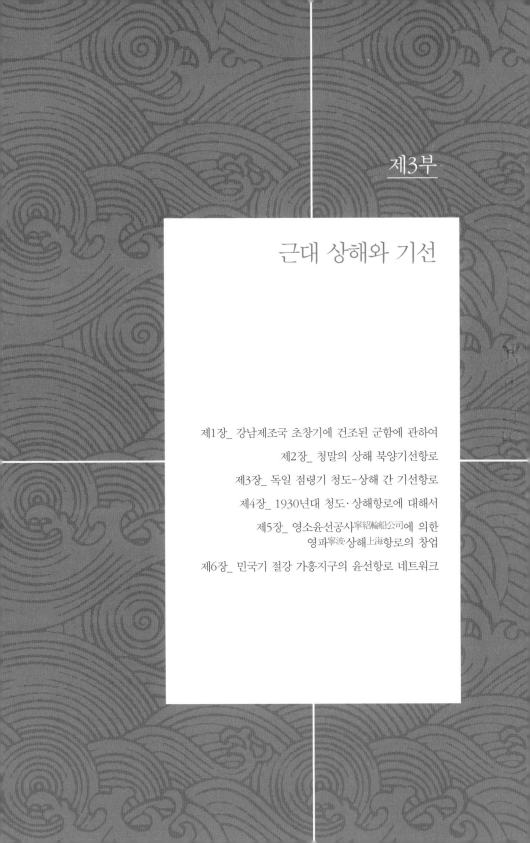

제3부

근대 상해와 기선

제1장

강남제조국 초창기에 건조된 군함에 관하여

1. 서언

근대 중국의 양무운동 시기에 기계공업, 조선공업, 병기제조 등을 전
개한 중요한 공장으로, 1865년(동치 4)에 이홍장에 의해 상해 홍구虹口에
서 설립된 강남제조국江南製造局이 있었다.[1]

---

1 魏允恭,『江南製造局記』, 1905; 全漢昇,「清季江南製造局」,『歷史語言集刊』23; 北山康夫,「中国
に於ける官営軍事工業の一考察―江南製造局を中心として―」,『ヒストリア』(大阪歴史 学会)9
号, 1954.8, pp.1~8; 細見和弘,「光緒新政期における官弁軍事工業の再編過程―江南製造局の
移転問題をめぐる清朝中央政権 と地方勢力間の対抗とその結果」,『東洋史苑【故小野勝年博士
追悼號】』(龍谷大学東洋史学研 究会) 第34・35合併号, 1990.3, pp.205~226; 橋本敬造「ジョ
ン・フライヤー「江南製造局翻訳事業記」訳注」,『関西大学社会学部紀要』第23巻2号, 1992.3,
pp.1~29; 橋本南都子,「清国江南製造局翻訳舘の設立とその歴史的役割」,『東海大学紀要 外
国語教育センター』(東海大学外国語教育センター) 第12輯, 1992.3, pp.69~75; 大原信一,「江南
製造局翻訳舘 訳書事略」,『東洋研究』(大東文化大学東洋研究所) 第129号, 1998.11, pp.1~13;
Thomas L. Kennedy(トーマス・ケネディ), 細見和弘 訳,「李鴻章と江南製造局(1860~1895)」,
『立 命館経済学』第59巻 第1号, 2010.5, pp.98~113; Thomas L. Kennedy(トーマス・ケネディ),
細見和弘 訳,「江南製造局 : 李鴻章と中国近代軍事工業の近代化(1860~1895) (1)」,『立命館経
済学』第59巻 第4号, 2010.11, pp.537~547.

강남제조국은 기계, 주철, 주동鑄銅, 조선, 병기제조 외에 번역부문을 가진 최첨단 중공업 공장이었다. 특히 강남제조국의 번역관翻譯館 사업에 관해서는 이미 우치다 케이치內田慶市가『근대의 동서언어문화접촉연구』에서 그 업무 개요를 소개하고 양질의 번역이 이루어지고 그중에는 동양학의 태두 후지다 토요하치藤田豊八도 한때 참가했던 것을 지적하고 있다.[2] 이 강남제조국의 번역 사업에 관해서는 많은 업적이 있지만 조선造船은 등한시해 왔다. 그래서 강남제조국 초기에 건조된 선박에 관하여 기술하려고 한다.

강남제조국의 조선상황에 관해서는 1872년 8월(동치 11년 7월)에 간행된『중서문견록中西聞見錄』제1호의「상해근사上海近事」에 의하면 다음과 같은 기술이 있다.

> 상해시보(上海時報)에 의하면 이러하다. 강남선창제조국(江南船廠製造局)은 공장(工匠)이 매우 많다. 일찍이 병선 4척을 건조했고, 근래에 다시 많은 신식 함정을 건조했다. 현재는 대병선(大兵船) 1척을 건조했다고 하는데, 배에 함포 24문을 배치할 수 있고, 보일러 넷과 증기기관 둘이 있다고 한다. 이 배는 막 취항했고, 아직 바다로 나가지는 않았다. 동일한 방식으로 다시 한 척을 건조하여 쌍을 이루는데, 뒤에 건조되는 것은 내년 봄에 다시 바다로 나간다. 또 작은 철선 2척을 건조하는데, 길이가 6장(丈), 너비가 1장 2, 흘수(吃水)는 4척여(尺餘)이다. 스크류 2개가 있고, 선수와 선미가 모두 뾰족하다.[3]

2 　內田慶市,『近代における東西言語文化接触の研究』, 関西大学東西学術研究叢刊17, 2001.10, pp.308
　　～314.
3 　『中西聞見録』, 南京古舊書店, 1992.6, 第1冊(全4冊) p.53.

『중서문견록』은 『상해신보上海新報』에 게재된 기사를 전재轉載하고 강남제조국의 조선상황에 관하여 기술하고 있다. 여기에는 강남선창船廠제조국에는 공원工員이 많아, 먼저 군함을 4척 건조하고 또 최근 몇 척의 신형 선박을 건조했는데, 그 군함에는 24문의 대포를 장착하고 증기솥蒸氣釜 4개와 기관을 2개 갖추고 있는 것이 있었다. 또한 소형 철선鐵船을 2척 건조하였는데 이것은 길이 6장丈, 폭 1장 2척尺, 흘수가 4척 남짓하며 동력은 배의 측면에 수차水車를 2개 장착한 윤선으로, 선체는 선수, 선미 모두 가늘게 되어 있다는 기사였다.

이와 같이 강남제조국의 조선에 관한 움직임이 사회로부터 주목받고 있었기 때문에, 이 장에서는 강남제조국 초기에 만들어진 선박에 관하여 서술하려고 한다.

2. 강남제조국의 조선사업

상해에 관한 지방지地方志에 보이는 강남제조국 기록을 약간 보겠다. 동치 11년(1872) 『상해현지上海縣志』 권2 「건옥建屋」, 「부附 제조국」에 다음과 같은 기술이 있다.

제조국(製造局)은 성(城) 남쪽 고창향(高昌鄉)에 있다. 동치(同治) 원년에 순무(巡撫) 이홍장(李鴻章)이 상해로부터 군대를 이끌고 넘어와 강소(江蘇)와 절강(浙江)을(역주-태평천국군으로부터) 회복했는데, 총과 포탄의 힘이 많은 부분을 차지했기에, 상해에 국(局)을 설치하고 제조를 격려했다. 처음에

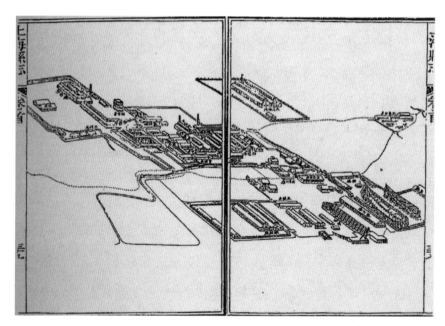

〈그림1〉 동치 『상해현지』 서언, 도설 '강남기기국도'

는 황포강(黃浦江)의 북쪽 홍구(虹口)의 양방(洋房)에 있었고, 이름을 기기국(機器局)이라 하였다. 동치 5년에, 순무 정일창(丁日昌)이 확충하기를 청원하자, 순도(巡道) 응보시(應寶時)가 경비를 조달하여 지금의 장소에 옮겨 세웠는데, 부지는 모두 70여 무(畝)이다. 초국(局)의 사무실 및 제조의 장소로서, 40여 무에 선창(船廠)・선오(船塢)[4]・부두 및 서양인 기술자의 거처를 설치했는데, 그중 기술자의 거처는 선창의 동쪽에 땅을 5무 사서 지었다. 동치 8년 가을에 주정장정(奏定章程)을 따라 번역관(繙譯館)을 서북쪽에 짓고, 광방언관(廣方言館)으로 삼아, 생도들을 옮겼다. 동치 9년 봄에 다시 서북쪽에 양창(洋槍)[5]및 증기기관・연철(鍊鐵)총기 등의 창(廠)을 추가로 지었는데, 그 대기추철각

---

4 【역주】 도크(dock).
5 【역주】 서양 소총.

선창(大氣錘鐵殼船廠) 및 측망대(測望臺) 등은 모두 잇따라 증설하여 아직 공사가 끝나지 않았는데, 전체 넓이는 약 400여 무라고 한다.[6]

그리고 광서 10년(1884) 『송강부속지松江府續志』 권8 「건옥지建屋志」 「관서官署」,[7]에도 같은 기사를 들고 있다.

강남제조국은 상해현성의 남쪽에 있었던 고창향高昌鄉에서 첫발을 내딛었다. 그 후 서서히 각 부문의 업종을 확충해 간 역사가 소묘적素描的으로 기록되어 있다. 민국 25년(1936)『상해현지』 권1, 기년紀年의 동치 6년(1867) 조에는 '강남기기제조국이 성남포해안에 세워졌다'[8]라고 간단하게 기술하고 있다. 그 규모를 묘사한 것이 동치『상해현지』 도설 '강남기기국도江南機器局圖'에 보인다.

강남제조국이 중국에서 본격적으로 선박제조를 하는데 그 초창기 기록이 다음 증국번曾國藩의 동치 7년(1868) 9월 초2일의 주접에 보인다.

제 생각에, 중국이 시험적으로 윤선을 만든다는 논의는, 신(臣)이 함풍(咸豊) 11년 7월에 「복주구매선포접(覆奏購買船砲摺)」에서 이렇게 말했습니다.[9]

청조중국이 독자적으로 윤선을 건조하는 논의는 함풍咸豊 11년(1861)부터 있었다. 그러나 진척되지 않고 시간이 흘렀다.

---

6   『上海県志』(中国方志叢書・華中地方・第169号) 第1冊(8冊), 成文出版社, 1975, pp.205~206.
7   『中国地方志集成 上海府縣志輯』3, 上海書店, 1991.6, p.211
8   『中国地方志集成 上海府縣志輯』4, 上海書店, 1991.6, p.29.
9   中國史學會主編, 『洋務運動』第4冊(全8冊), 上海人民出版社, 2000.6, p.16.

동치 6년 4월이 되자, (…중략…) 윤선을 건조하는데 있어 보일러, 기기(機器), 선체 세 가지가 대종(大宗)이다. 종전에 상해의 양창(洋廠)이 스스로 윤선을 제조하였는데, 그 보일러와 기기는 모두 서양에서 구매했으며, 내지(內地)로 가지고 와서 선체를 조립하였다.[10]

윤선 건조에는 보일러와 엔진 게다가 선체가 없어서는 성립되지 않는다. 상해양창上海洋廠이 자기부담으로 제조하지만, 엔진과 기계류는 외국에서 구입하고 선체만 국내에서 만든 적이 있었다.

이번 창립의 시작은, 도설(圖說)을 고구(考究)하고 스스로 착상하여, 올해 윤4월에 신(臣)이 상해로 가서 살펴볼 때 이미 단서가 있었습니다. 7월 초순에 제1호가 준공되자 염길윤선(恬吉輪船)이라고 명명하였는데, 사해(四海)의 파도가 고요하고, 선창(船廠)의 일이 안정되고 길하다는 뜻입니다. 보일러와 선체는 모두 이 선창에서 만든 것이며, 기기는 중고를 구매하여 수리한 뒤 참조하여 사용합니다. 배의 길이는 18장 5척이고, 너비는 2장 7척 2촌입니다. 먼저 오송구(吳淞口) 바깥에서 시험운행하고, 동사(銅沙)에서 바로 대양으로 나가, 절강의 주산(舟山)에 이르러 선회합니다. 다시 8월 13일에 금릉(金陵)까지 운행했습니다. 신은 직접 배에 타고 채석기(采石磯)까지 시험운행했는데, 물길을 거슬러서는 시간당 70여 리를 갔고, 물길을 타고는 시간당 120여 리를 갔습니다. 견고하고 치밀하며 또 민첩하니, 중양(重洋)을 두루 돌아다닐 수 있습니다.[11]

---

10 中國史學會主編, 『洋務運動』第4冊, p.17.
11 中國史學會主編, 『洋務運動』第4冊, p.17.

이번이 첫 건조로, 설계도부터 시작하여 동치 7년(1868) 7월 초순에 제1호 기선을 건조했다. 그 기선이 증국번에 의해 명명된 '염길恬吉'이다. 보일러와 선체는 독자적으로 만들었지만 엔진은 중고제품을 구입하여 수리한 것이다. 선체는 길이 18장 5척, 갑판船副 2장 7척 2촌 크기였다. 처음으로 장강 부근 오송구에서 시험항행하고 동중국해를 지나 절강성 동북근해에 있는 주산열도舟山列島까지 왕복했다. 그 후 8월 13일에는 장강을 거슬러 올라가 남경까지 가게 되고, 증국번도 시승해서 채석기까지 갔다. 염길이 장강을 항행할 때, 한 시간에 거슬러 올라갈 수 있는 거리는 70여 리, 내려올 때는 120여 리 속도로 운항했다.

계속해서 동치 8년(1869)에 2번째 윤선이 준공된다. 동치 8년 6월 15일 양강兩江총독 마신태馬新胎의 주보奏報(역주 — 황제·천황에게 보고하는 것)에 의하면 다음과 같다.

금년 4월, 주보에서 이렇게 말했다. 제2호 윤선이 외국 스크류식 병선의 모델을 따라 건조하여 완공되었습니다. 먼저 오송강구(吳松江口)에서 바다로 나가 시험운행하고, 절강 주산에 이르러 상해로 선회했습니다. 오가는 길에 배 위의 기기(機器)를 살펴보니 견고했습니다. 금릉까지 운행하였는데, 신이 직접 배에 올라 시험해보니, 자재(資材)가 극히 견고하고 치밀하였습니다. 배의 길이는 18장, 배의 너비는 2장 7척 8촌으로 대포 8문을 둘 수 있습니다. 채석기(采石磯)까지 갔다가 돌아오게 명하였는데, 왕복 거의 2백 리에 두 시간여에 불과했습니다. 기기는 작지만 잘 작동했습니다. 장강에서의 운행은 특히 편리하였기에, 이름을 조강윤선(操江輪船)이라고 하였습니다.[12]

제2호 윤선은 외국의 외륜형外輪型군함 형식으로 완성되었다. 장강어귀 오송강에서 출항하여 절강성 주산열도까지 가서 상해로 돌아오는 항로에서 시운전이 이루어졌다. 시운전을 할 동안 해상에서 선박 기기 등의 검사가 이루어지고 순조롭게 가동되는 것을 확인했다. 그리고 바로 금릉金陵 즉 남경까지 장강을 거슬러 올라갔다. 이번에는 마신태가 승선해서 시험 운항을 검사하고 건조 상태가 양호한 것을 확인했다. 이 배의 길이는 18장, 갑판은 2장 7척 8촌이며, 8문의 대포를 장착하고 있었다. 시범 운항은 채석기까지 왕복 약 200리를 2시간이 채 걸리지 않도록 항행했으며, 기기는 작으나 순조롭게 작동하여 장강을 항행하는데 매우 편리한 것이 판명되었다. 이 병선兵船은 조강操江이라 명명되었다. 『강남제조국기江南製造局記』에 의하면, 다음과 같은 기술이 있다.

삼가 생각합니다. 상해 제조국은 동치 4년 5월 초에, 양인의 기창(機廠)을 구매하여, 홍구(虹口)에 설립하였다가, 동치 6년 여름에 비로소 성 남쪽 고창묘진(高昌廟鎭)으로 옮겼습니다. 각 창을 나누어 건설했는데, 기기창(機器廠)이라 하였으며, 그 건물 위는 양창루(洋槍樓)라고 하였고, 기로루(汽爐樓)라고 하였습니다. (…중략…) 이어서 윤선창(輪船廠)을 짓고, 선오(船塢)[13]를 지었습니다. (…중략…) 광서(光緒) 원년, 기로창을 철선창(鐵船廠)으로 바꾸고, 이어서 다시 과로창(鍋爐廠)으로 바꾸었습니다.[14]

---

12 中國史學會主編, 『洋務運動』 第4冊, p. 22.
13 【역주】 도크(dock).
14 中國史學會主編, 『洋務運動』 第4冊, p. 73.

이와 같이 강남제조국에서 조선부문 확충은 동치 6년(1867) 여름에 상해현성 남쪽에 있는 고창묘진高昌廟鎭으로 이설移設하고 거기에 보일러부문이 설치되고, 기선공장과 도크가 완성된 것에서 시작된다. 그리고 보일러부문이 철선鐵船공장으로 확충되었다.

이 시기에 이홍장의 광서 원년(1875) 10월 19일 주접 「상해기기국보소접上海機器局報銷摺」[15]에 의하면, 강남제조국 사업으로는 윤선 건조와 철포나 대포제조, 화약과 탄환제조, 제조용 기기제조, 외국 과학기술서적 번역 등을 하고 있었다. 최초의 사업이 기선 건조였다. 같은 주접에 다음과 같은 내용이 있다.

이렇게도 말합니다. 윤선을 처음 만들었을 때, 정식(程式)을 정밀하게 택하고, 안팎을 상세히 그려, 계산이 정해진 후에, 표리를 상세히 그려, 성산이 정해진 다음, 선체와 보일러와 증기기관의 세 부문으로 나눕니다. 서양인 기술자 3명으로 중국인 수백 명을 지휘하게 하여, 도우면서 배우면서 시간이 지나 비로소 물에 들어갈 수 있게 되었습니다. 이미 배치되어 사용되고 있는 것은 혜길(惠吉), 조강(操江), 측해(測海), 위정(威靖), 해안(海安)이라는 목제 병선 다섯 척입니다. 그중 해안은 더 크게 만들어서, 실제 마력이 1,800에, 거포 20문, 병정 500명으로, 외국에서는 2등이고, 국내에서는 거벽(巨擘)입니다. 또 철제 소윤선(小輪船) 세 척을 만들었는데, 아직 건조가 완성되지 않은 것은, 해안과 같은 양식의 제6호 병선입니다. 목제 상선(商船)과 소형 철갑병선은 현재 바다에서 매우 필요한 것입니다. 철갑과 같지는

---

15 『李鴻章全集』第2冊(全9冊), 海南出版社, 1997.9, pp.875~876.

〈표 1〉 강남제조국 조선일람[18]

선박명	선폭	전장	흘수	마력	톤수	제조년	서기
혜길	27척 2촌	185척	8척	392필	600톤	동치 7년	1868
조강	27척 8촌	180척	10척	425필	640톤	동치 8년	1869
측해	28척	175척	10척	431필	600톤	동치 8년	1869
위정	30척 6촌	205척	11척	605필	1,000톤	동치 9년	1870
해안	42척	300척	20척	1,880필	2,800톤	동치 12년	1873
어원(馭遠)	42척	300척	21척	1,800필	2,800톤	광서 원년	1875
금구철갑선(金甌鐵甲船)	20척	105척	7척	200필		광서 2년	1876
보민강판선(保民鋼板船)	36척	225척 3촌	14척 3촌	1,900필		광서 11년	1885

선박명	선폭	전장	흘수	마력	석탄소비 1시간 1톤	제조지
남침(南琛)	38척 4촌	277척 8촌	15척	2,800필	1톤 1,600근(斤)	독일
남서(南瑞)	38척 4촌	277척 8촌	15척	2,800필	1톤 1,600근	독일
환태(寰泰)	36척	206척	18척	2,400필	1톤 1,100근	민창(閩廠)
경청(鏡淸)	36척	206척	18척	2,400필	1톤 1,400근	민창
개제(開濟)	36척	265척	19척	2,400필	1톤 1,400근	민창
용양(龍驤)	21척 4촌	92척	7척 2촌	60필	450근	
호위(虎威)	41척 4촌	92척	7척 2촌	60필	450근	
비운(飛雲)	24척	100척	7척 2촌	66필	550근	
책전(策電)	24척	100척	7척 2촌	66필	550근	
등영주(登瀛洲)	35척 5촌	204척 4촌	13척	150필	1,340근	민창
보타(普陀)	18척	100척	9척	55필	410근	

않지만, 응당 상황에 따라 유리하게 사용하면 금방 이로움이 있을 것이니, 공을 세워 본격적인 대형 함선의 구매 부족을 보충하기를 바랍니다.[16]

윤선 즉, 기선 건조는 선체제조, 과로鍋爐 즉, 보일러제조, 기관제조의 3부분으로 나뉘어졌다. 그것을 외국인기사 3명이 수백 명의 중국인노

---

16 『李鴻章全集』第2冊, p.875.

동자를 지휘해서 건조했다. 그 결과, 혜길, 조강, 측해, 위정, 해안의 목조군함이 5척 건조되었다. 특히 해안은 최대 규모로 1,800마력에 달했다. 대포 20문을 탑재하고 승조원으로 해군 500명이 승선할 수 있었다. 해안은 그 당시, 세계에서 두 번째 크기를 자랑했으며, 중국 국내에서는 물론 최대급이었다. 이외에 계획 중인 것으로는 철제소형기선이 3척, 6번째 군함으로서 해안과 같은 선식의 것이 건조중이고, 또한 서양식 범선[17]과 소형철제군선이 있었다.

강남제조국이 건조한 기선선박과 다른 선박을 비교한 것이 〈표 1〉이다.

강남제조국 초창기에 건조된 혜길, 조강, 측해, 위정, 해안, 어원의 선박은 어떻게 이용되었을까?

여서창黎庶昌의 광서 2년(1876) 판각본『증문정공연보曾文正公年譜』권20에 다음과 같은 기술이 있다.

신미년(辛未年) 동치 10년 증정공(曾正公) 61세

10월 초6일 송강부(松江府)에 이르러, 제표(提標)[19] 8영(營)을 사열하고, 신병(新兵) 2영·양창대(洋槍隊) 3영을 뽑아 훈련시켰다.

초7일 상해에 이르러 철창(鐵廠)의 윤선·기기(機器)를 사열하였다. 서양(西洋) 영사(領事)가 와서 만났다.

11일 오송구(吳淞口)에 이르러, 오송(吳淞) 천사(川沙) 남회(南淮) 등 8영, 외해정선(外海艇船) 6영, 내양팔단선판(內洋八團船板) 5영을 사열하고, 또

---

17 松浦章, 卞鳳奎 譯,「日治時期台湾的西洋型帆船」,『台湾文献』第58卷 第2期, 2007.6, pp.265~282.
18 「江南製造局」,『洋務運動』第4冊, pp.125~126.
19 【역주】청대 제독 직할의 녹영(綠營).

〈그림 2〉 조강윤선 북양함대 보급선(彭德淸主編『中国船譜』人民交通出版社, 1988.12, p.108)

윤선신진철창(輪船新陣鐵廠)을 사열하였다. 그곳에서는 윤선 4척을 건조
하였는데, 염길(恬吉), 위정(威靖), 조강(操江), 측해(測海)로서, 모두 공께
서 명명하신 것이다.

13일 위정에 승선하여, 훈련 겸 운행하였다.

15일 측해에 다시 승선하여, 금릉서(金陵署)로 돌아갔다.

즉, 증국번이 61세인 동치 10년(1871) 10월 중순에 새롭게 건조된 윤
선에 시승했다. 새로 건조된 4척의 윤선명은 전부 증국번이 명명했다
는 염길, 위정, 조강, 측해였다. 이 중에서 위정에 10월 13일에 시승하고
이어서 15일은 측해에도 탑승했다.

설복성薛福成,『용암문편庸庵文編』 속편 상권에 보이는 「대이백상장상
서주의섭복인방선도자강소임오代李伯相張尙書籌議懺服鄰邦先圖自强疏壬午」에,
임오년 광서 8년(1882) 주문奏文에, 청국이 자력으로 건조한 기선이 북양,

남양에서 병선兵船으로 활동하고 있다.

이외에 북양의 배는 일곱으로 나뉜다. 뤼순(旅順)·천진(天津)에 주둔하는 것은 양위(揚威), 초용(超勇), 위원(威遠), 조강(操江), 진해(鎭海)이다. 연대(煙臺)에 주둔하는 것은 태안(泰安)이다. 우장(牛莊)에 주둔하는 것은 미운(湄雲)이었다. 남양의 배는 모두 열다섯으로서, 강녕(江寧)에 주둔하는 것은 정원(靖遠), 징경(澄慶), 등영주(登瀛洲)이다. 오송(吳淞)에 주둔하는 것은 측해(測海), 위정(威靖), 어원(馭遠)이다. 절강(浙江)에 주둔하는 것은 원개(元凱), 초무(超武)이다. 복건(福建)의 대만(臺灣)과 하문(厦門) 각 항구에 나누어 주둔하는 것은 복파(伏波), 진위(振威), 예신(藝新), 복성(福星), 양무(揚武)이다. 근래에 월남(越南)에 일이 많기에, 선정(船政)에서는 염경(廉瓊)의 바다에 파견하여 순항(巡航)하며 지키도록 한 것은 제안(濟安), 비운(飛雲)이다. 군함(兵輪)은 총 22척이다. 그중에는 겨우 1백 마력(馬力) 내외로서, 전투함이 되지 않는 것이 있다. 태안, 조강, 미운 등의 배는 그저 양식과 무기를 운반할 수 있을 뿐이고, 어원은 이미 썩어서 반드시 수리해야만 한다. 그러나 북양의 초용과 양위 두 쾌속선과 남양의 초무, 양무, 징경 등의 배는 비교적 강력한다. 이것이 중국 전함의 대략(大略)이다.

이와 같이 청조 해군은 북양함대와 남양함대로 나누고, 북양에는 여순·천진에 주재하는 양위, 초용, 위원, 조강, 진해가, 연대에는 태안, 우장에는 미운이 배속되어 있었다. 한편 남양함대에는 강녕 즉 남경에 주재하는 정원, 징경, 등영주가, 장강에 해당하는 오송에는 측해, 위정, 어원이, 절강에는 원개, 초무가, 복건에는 대만과 하문의 각 입구를 수비하는 복파, 진위, 예신, 복성, 양무가 배속되고, 이 때, 월남 즉 베트남과 문제가 많다고 해서 해남도에서 뇌주雷州반도에 걸친 해역을 방비하기 위하여 제안, 비운의 군함이 배치되었다. 이들 모두를 '병윤22호兵輪二十二號'라는 광역에 걸친 중국 연해해역 전역을 수비하는 군함이었다. 이 22척 군함에서, 여순·천진에 주재하는 조강, 오송에서 장강을 수비하는 측해, 위정, 어원의 3척은 강남제조국 창설 당시에 건조한 것이었다.

특히 조강은 북양해역에서 활약했다. 이홍장,『이문충공주고李文忠公奏稿』권46「등영주윤선유순조선편登瀛洲輪船留巡朝鮮片 광서 9년 2월 초8일」에는 다음과 같은 기술이 있다.

수사통령(水使統領)[20] 정여창(丁汝昌)은 훈련을 감독하고 통솔하며, 철제함선을 갖추었으며, 후에는 나누어 배치하여 순항하였다. 또 영국 해군의 부장(副將)인 랑위리(琅威理)[21]를 초빙하였는데, 정여창을 도와 사무를 처리하고, 수시로 점검하였으며, 함께 상의하고 계획하였다. 또 위원, 초용, 양무, 조강 등의 배를 이끌고 날마다 뤼순과 연대 일대의 바다에서 엄격하고 부지런하게 훈련하여, 바다의 바람과 파도와 항로에 익숙해지고 점차 강한 군대가 되기를 바랐으나, 단지 조선(朝鮮) 육군(陸軍)을 멀리서 돕기에는 아직 성세(聲勢)가 편하지 않았다.[22]

광서 9년(1883) 수사통영水師統領 정여창丁汝昌의 휘하에는 북양함대 소

---

20 【역주】해군사령관.
21 【역주】윌리엄 맷칼프 랭(William Metcalfe Lang).
22 『李鴻章全集』第9冊, p.1398.

속 위원·초용·양위·조강 등의 배가 요동반도 남쪽 해안에 있는 뤼순에서 산동반도 북쪽 해안의 연대까지 해역에서 영국해군의 지도로 군사훈련을 하고 있었다. 하지만 이들 함대만으로는 조선육군을 응원하는 것은 불충분하다고 여기고 있었다.

3. 강남제조국 건조 군함과 일본

앞서 기술한 기선에서 일본과 관계가 있었던 것에 관하여 기술한다. 제일 먼저 메이지 13년(1880) 10월에 기술된 해군대위 소네 토시도라曾根俊虎의 『청국군함일람표』[23]를 들어보겠다. 그 안에 전술한 강남제조국 초기 기선에 관하여 기술되어 있다. 이 책의 해설에 소네 토시도라는 다음과 같이 기술하고 있다.

　　이웃나라의 사정을 어찌 다 일일이 알 수 있겠는가. 더군다나 군비에 대해서는 말할 나위도 없을 것이다. 재청유학중 틈나는 대로 우선 해군 함선 등을 공부하기 원했는데, 마침내 친구인 주(周)·황(黃)·조(趙) 등이 설명해준 이야기와 주 상해 총영사인 시나가와(品川)의 조사·기록, 그 밖에 내가 직접 목격한 것을 바탕으로 함명(艦名) 등을 일부 불확실한 중국어 한자에 대해서는 일본어 가나로 옮겨 적고 임시 일람표를 작성했다. 그러나 그 크기나 속도, 비용·연료 등에 대해서는 처음부터 다 밝힐 수가 없어서 완

---

23 國立公文書館·內閣文庫所藏(번호 : 和45699, 冊1(1), 函 : 189/191).

성은 후세 사람에게 미룬다. 덧붙여 말하면 현재의 융성한 해군 군비는 큰 교체시점을 맞이하고 있다고 할 수 있다. 이는 예컨대 대포는 암스트롱 5문 중 3문이 교체대상이고, 크루프는 그중 하나이다. 소총의 경우는 상해제 레밍턴 5정 중 3정이 교체대상이다. 그러나 영국제 가트링포(기관포)와 광동제 가트링포 등을 탑재한 군함은 10척 중 6~7척 정도 될 것이다.

메이지 13년 10월 신강(申江) 객사에서 씀
해군대위 소네 토시도라

이 일람표는 세로 48cm, 가로 89.5cm 크기의 한 장으로 인쇄되어 있다. 해군대위 소네 토시도라는 청국에 파견되어 청국군함 상황을 조사했다. 그 조사의 출발선은 중국인 친구인 주·황·조 등이며, 상해 총영사인 시나가와 타다미치品川忠道 그리고 본인조사 등에 의해 이 표를 작성했다.
    소네가 청국으로 출장을 가 있었던 것은,

청국 출장 중 탐정 비 정산 신청
1   1,707원(元) 49전 1리(厘)
단, 탐정을 위하여 소비한 총액이다
1   1,500엔 일본은화 신구혼합 그중 300엔은 100엔당 2원(元) 할인으로 교환.
    1,200엔은 100엔 당 7원 할인으로 교환.
양은(洋銀) 합계 1,410원이다.
단 1,500엔은 출발하기 전에 탐정비로서 이 성(省)으로부터 수령한 자.
해당 은의 공제 부족은 297원 49전 1리.

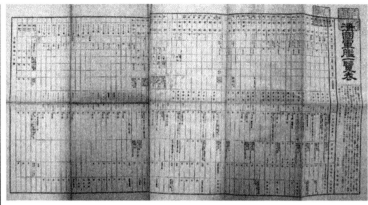

그림 3·4〉 청국군함일람표

위와 같이 틀림없고, 별지증서 1호에서 10호를 첨부해 제출하니 빨리 정산해 주십시오.

13년 11월 17일 해군대위 소네 토시도라

　　　　　해군대위 이토 모키치(伊東蒙吉)

해군경(海軍卿) 에노모토 다케아케(榎本武揚) 귀하

서면으로 신청하는 취지, 탐정 상 실제로 필요로 하는 사유, 각 항에 명기하고 신청할 수 있다.

메이지 13년 11월 22일[24]

해군대위 소네 토시도라와 해군대위 이토 모키치는 청국의 군비상황을 파악하기 위하여 청국에 파견된 것이 분명하다.

소네 토시도라가 작성한 '청국군함일람표'(〈그림 3·4〉 참조)에 의하면, 염길, 조강, 측해, 위정, 해안, 어원의 규모를 알 수 있다. 이 6척에 한정

24　アジア歴史資料センター, 레퍼런스 코드 : C09114547400.

해서 그 기록을 들어보겠다. 이 표에서 추출해 표를 만들 때, 한자숫자는 아라비아숫자로 전부 바꾸었다.

이상과 같이, 염길, 조강, 측해, 위정, 해안, 어원의 군함으로서의 능력이 일본해군 조사원에 의해 조사되어 있었다. 일본 기록에 남아 있는 이들 6척 군함에 관하여 지금부터 기술해 가겠다.

동치 12년(1873)에 건조된 해안이 메이지 9년(1876)에 일본을 방문했다. 외무경 데라시마 무네노리寺島宗則로부터 해군대보海軍大輔[25] 가와무라 스미요시川村純義 앞으로 보낸 문서 「왕제166호往第百六十六号」에 아래의 기술이 있다.

청국의 강남관비기함(江南官備汽鑑)인 해안호(海安号)가 작년에 도항한 양무함(揚武鑑)의 전례에 따라 일본에 입항하고 싶다고 하는 취지를 함대장으로부터 건의 받고, 이와 같은 내용을 총리아문(総理衙門)을 통해 일본 측에 조회했다고, 재 북경 모리(森)전권공사에게 전달받았는데, 이에 별지에 서신과 조회문을 첨부합니다.

메이지 9년 12월 9일 외무경 데라시마무네노리

해군대보 가와무라 스미요시 귀하

청조 측으로부터의 조회문은 〈표 2〉와 같다.

대청흠명총리각국사무왕대신(大淸欽命總理各國事務王大臣)이 조회(照會)

---

25 【역주】 일본의 제2차 세계대전 이전의 행정관청 각성(各省) 중의 하나. 대일본제국해군의 군정기관.

표 2〉

함명	성질	마력	기관	항진	장단광협	인원	제조연월	제조지	현재 정박항만
염길		400	외윤 (外輪)	매시 12마일	장 27간 4척 근 4간 3척 깊이 16척	180		청국상해	천진 상비함
조강		425	암윤 (暗輪)	매시 12마일 반	장 21간 1척 근 4간 3척 7촌 깊이 16척	120		청국상해	
측해		420	암윤	매시 12마일 반	장 28간 근 4간 3척 4촌 깊이 16척	120		청국상해	
위정		600	암윤	매시 15해리	장 34간 4척 근 5간 4척 5촌 깊이 16척	120		청국상해	
해안	영국제 훗카트	1,800	암윤	매시 14해리	장 46간 근 7간 5척 깊이 28척	600		청국상해	장강·남경
어원	상동	1,800	암윤	매시 14해리	장 46간 4척 근 7간 5척 깊이 28척	600	일본메이지16년 청 동치12년 서기1873년	청국상해	상해·오송

한다. 광서 2년 9월 24일, 남양대신(南洋大臣)의 자문(咨文)을 허락한다. 총리 강남윤선조련(總理江南輪船操練)의 사의(事宜)와 전(前) 대만도대(臺灣道臺)의 품(稟)에 의거. 해안윤선(海安輪船) 관리자 왕천총(王千總)의 품(稟)에 의거. 복건성 양무윤선(揚武輪船)은 작년에 일찍이 일본에 다녀왔다. 이 배[26]는 양무윤선이 일본에 다녀온 일을 본받아, 배에 있는 일꾼들이 바다에 익숙해져 선박을 운행하는 데 크게 도움이 되게 한다. 간절히 바라면서 청한다. 먼저 일본군 등의 상황을 조회하기 바란다. 이 청(請)을 올린 것에 의거하여,

우조회(右照會)

대일본국서리흠차대신정(大日本國署理欽差大臣鄭)

---

26 【역주】해안윤선.

광서 2년 9월 27일[27]

후자의 문서는 청국기선 해안호의 일본방문 허가를 요청하는 광서 2
년 9월 27일 즉, 1876년 11월 12일 조회에 대하여, 전자의 문서는 북경에
있는 모리森 전권공사로부터 외무경 데라시마 무네노리를 통해 해군대
보 가와무라 스미요시에게 요청된 것이었다.

청국기선 해안호가 일본에 온 것은 메이지 10년(1877) 12월의 일이다.
12월 7일 12시 30분에 효고兵庫에 입항한 것이 효고의 해군용소海軍用所[28]
에서 해군성海軍省에 보고되어 있다.[29] 그리고 12월 13일 오전 4시에 효
고를 출항하여[30] 요코하마로 향했다. 요코하마에는 12월 16일 오전 8시
45분에 입항했다.[31]

청국 군함이 일본을 방문한 것은 이 해안호가 처음은 아니다. 이미 2
년 전인 메이지 8년(1875) 12월에 양무호揚武号가 내항했다.

　　해군성 가나가와현(神奈川県)에 시달 각통
　　근일 청국군함 양무호가 요코하마에 입항함에 따라 이를 충분히 이해하
　고 고지할 것.
　　외무
　　외무성 상신

27　アジア歴史資料センター, 레퍼런스 코드 : C09112208700.
28　【역주】원래 메이지 초기에 병부성(兵部省) 관할하에 있었고, 다카나와(高輪)에 놓여 있었다.
29　アジア歴史資料センター, 레퍼런스 코드 : C09112512100.
30　アジア歴史資料センター, 레퍼런스 코드 : C09112512200.
31　アジア歴史資料センター, 레퍼런스 코드 : C09112512500.

이번에 청국군함 양무호가 청국 수사제독 채국상(蔡国祥), 부제독 채국희(蔡国喜) 및 영국인 함장 텔레시 등의 승무원 일행과 함께 우리 개항장 순람을 위해 나가사키항을 거쳐 지난 27일경에는 효고항을 향해 출발했으며 곧 요코하마항에 도착할 예정입니다. 청국군함이 우리 해역 항구에 입항하는 것은 처음 있는 일이고, 더욱이 그들 관원(官員)이 일본 체류경험이 없기 때문에 심문을 한다고 합니다. 과거에는 지방관이 이런 업무를 담당했는데, 이번에는 해군성 관리가 요코하마항에 출장을 가서 별지의 순서대로 나가사키항에서의 예우에 준해 접대한다고 합니다. 당연히 그렇게 해야 한다고 생각합니다.[32]

메이지 8년 12월에 양무호가 나가사키에 왔다. 양무호는 일본 개항장을 둘러본다고 하며, 수사제독 채국상, 수사부제독 채국희 그리고 함장으로는 영국인 텔레시 외 영국인 2명, 청국인 약 160명이 승선해 있었다.[33] 메이지 10년에 내항한 해안호에는 다음과 같은 사람이 승선해 있었다.

청국군함 해안호 입항 신고
해안윤선 병사 400명 2,800톤 포 20문
흠차대신 2품함(品銜) 한림원(翰林院) 시강(侍講)[34] 하여장(何如璋)
흠차대신 3품함 승용도선부(升用道選府) 장사계(張斯桂)
흠사화령영가(欽賜花翎營駕) 해안윤선도곤부(都閫府) 왕예조(王豫照)

---

32 國立公文書館所藏 : 2A00900・太10301100.
33 國立公文書館所藏 : 2A00900・太10301100.
34 【역주】 군주에게 학문을 강의하는 것. 또 그 사람.

흠사화령 정영대협진(正營隊協鎭)도독부 서장순(徐長順)

병관(兵官) 20명

관기기(管機器) 5명 매부(煤夫) 36명

대이삼부(大二三夫) 3명

위는 오늘 오전 8시 45분 당항에 입항함에 따라 이상과 같이 신고합니다.

외입(外入) 제807호   239

　　　　　　　　요코하마 정박

　　　　　　　　가스가함(春日艦) 함장

10년 12월 16일　　　　　해군소좌 이소베 카네요시(磯辺包義)

　　　　동해진수 사령장관

　　　　이토(伊東) 해군소장 귀하

앞서 적은대로 신고한다는 점 추서합니다.

　　　　　　　　동해진수 사령장관

　　　　　　　　이토 해군소장 귀하

10년 12월 16일　　　　　해군소장 이토 스케마로(伊東祐麿)

가와무라(川村) 해군대보 귀하

동일(東壹) 제488호[35]

　이 해안호에는 1877년부터 3년에 걸친 초대주일공사가 된 하여장何如
璋이 타고 있었다. 이 해안호에는 정사正使인 하여장 이하, 부사副使 장사

35　アジア歴史資料センター, 레퍼런스 코드 : C09112512400.

〈표 3〉 메이지 21년 12월 동안 지부항 청국병선 출입표[37]

입항			출항		
입항일	함명	발함(發艦)지방	출항일	함명	착함(着艦)지방
3일	진서	경유 위해위(威海衛)			
5일	진남	경유 위해위	5일	진서	행 위해위
5일	양위	경유 위해위			
6일	조강	경유 뤼순구(旅順口)	6일	양위	행 위해위
			6일	조강	
8일	측해	경유 상해	8일	진남	행 위해위
11일	우순	경유 뤼순구			
11일	태안	경유 인천			
			12일	우순	행 뤼순구
			13일	측해	행 대련만
			16일	태안	행 성산두
17일	이운	경유 뤼순구	17일	이운	행 위해위
18일	태안	경유 성산두(成山頭)			
19일	우순	경유 뤼순구	19일	우순	행 뤼순구
19일	초용	경유 위해위			
			22일	초용	행 위해위
29일	진서	경유 위해위			
입항 합계 12척 함선 수 9			출항 합계 10척 함선 수 9		

계, 삼찬관參贊官 황준헌黃遵憲, 양원洋員 가체嘉締, 정영사관正領事官 범석붕范錫朋, 부副영사관 서서徐瑞가 있고, 번역관 심정종沈鼎鐘, 장종양張宗良, 반임방潘任邦, 풍태위馮胎煒, 수행원 심문영沈文榮, 진문사陳文史, 요석은廖錫恩, 오광패吳広霈, 장홍기張鴻淇, 진연범陳衍範, 하정구何定求, 임경화任敬和, 류곤劉坤이, 친족親屬으로서 하기의何其毅, 장자청張子菁, 시적형施積型, 장덕요張德燿, 나정의羅貞意 등이 승선해 있었다.[36]

메이지 21년(1888) 12월, 메이지 22년 1월, 2월, 3월에 산동 지부항에 정박해 있었던 병선을 일본이 조사했다.

---

36 アジア歷史資料センター, 레퍼런스 코드 : A01100165500.

이 기록 〈표 3〉에서 조강이 12월 6일 여순구에서 지부로 내항하고, 같은 날 조선반도 인천으로 향한 것을 알 수 있다. 측해가 12월 8일 상해에서 지부로 내항하여 13일까지 정박하고 같은 날 대련만으로 간 것을 알 수 있다.

〈표 4〉에서는 조강만 인천에서 2월 13일 지부로 내항하여 그 다음 날 여순으로 향했다. 조강의 주된 업무는 '보지'로 되어 있듯이 정보수집 작업을 했다고 생각한다. 메이지 27년(1894)에 청일해전이 시작되는데 그 무렵의 청국 측 동정을 파악한 일본육군의 '정보'가 남아 있다.

동치 8년(1869)에 건조한 조강에 대하여 다음과 같은 것이 보인다.

〈표 4〉 지부항 청국군함 출입표 메이지 22년 2월 23일 보고[38]

함명	군함 종류	입항	출항	군함출발지	군함행선지	비고
진남	Gunboat	2월 5일	2월 7일	위해	위해	
진해	Gunboat	2월 6일	2월 7일	뤼순	뤼순	
이운	운조(運曹)	2월 9일	2월 9일	서도	뤼순	
수뢰선		2월 10일	2월 11일	위해	뤼순	
조강	보지(報知)	2월 13일	2월 14일	인천	뤼순	
진남		2월 16일	2월 19일	위해	위해	

6월 25일

정보

1 히라야마 야에야마(平山八重山)함장으로부터 오후 3시발 보고

전함 무사시(武藏)가 아산에서 돌아오고, 청국 상선이 어제 한 척 왔다. 병사 대략 500명, 말 40 상륙, 진원호, 한병(漢丙), 양위, 조강이 정박해 있다.[39]

---

37 アジア歴史資料センター, 레퍼런스 코드 : C10124545100.
38 アジア歴史資料センター, 레퍼런스 코드 : C10124545100.
39 アジア歴史資料センター, 레퍼런스 코드 : A06061758300.

이와 같이, 청국군함 진원, 한병, 양위, 조강의 4척이 조선반도 아산에 메이지 27년 6월 25일에 정박해 있었다.

그후 메이지 27년의 청일해전에서 일본해군에 포획된 청국기선이 있었다. 해군대신 사이고 쓰구미치西鄉從道가 통지한 문서에 다음과 같이 있다.

일전에 호토(豊島)해역에서 포획한 청국군함 조강을 제국군함으로 정한 것을 삼가 말씀 드립니다.

메이지 27년 8월 29일, 해군대신 백작 사이고 쓰구미치

해군대신 인(印) [40]

이처럼 강남제조국에서 초기에 건조된 조강이 청일전쟁 해전에서 일본해군에 포획되었다.

동치 8년(1869)에 건조된 측해에 관해서 메이지 33년(1900) 10월 25일의 『청국사건통보淸國事件通報』 제135집에 다음과 같이 기술되어 있다.

전역(電譯) 10월 24일 오후 7시 40분 한구 출발

10월 25일 오전 3시 20분 도착

해군성 사사키 마야(佐々木摩耶) 함장

23일 오전에 도착해 구강부(九江府) 상류에서 청국군함 측해가 내려오는 것을 만난다. 24일 오후 한구 하류에서 독일군함 '츄왈베(Schwalbe)'를 만난다. 한구에 영국군함 '다프네(Daphne)' '우드콕(Wood cock)'이 정박.

---

40 アジア歴史資料センター, 레퍼런스 코드 : A01200786300.

이런 사실에서 명확하듯이, 청국군함 측해는 장강에서 방어준비를 하고 있었던 것을 알 수 있다.

4. 소결

양무운동 시기에 중국에서 근대적인 기계 산업의 선구를 개척하기 위하여 1865년(동치 4) 상해에서 창립된 강남제조국은 산업면에서 과거와 다른 새로운 방법을 추구하는데 그중에서 중요한 부문으로 조선도 있었다. 그리고 동치 10년(1871)까지 강남제조국에서 새롭게 제작된 윤선은, 전부 증국번에 의해 명명된 600톤 염길, 1,000톤 위정, 600톤 조강, 600톤 측해이고, 1873년(동치 12)에는 2,800톤의 해안이다. 그 후 1875년(광서 원년)에 2,800톤의 어원駿遠이 건조된다. 이들 6척은 청조해군의 중요한 군함이 되어 장강 이북 해역의 북양함대 군선으로 이용되었다.

이 6척 중에서 최대급인 해안호는 메이지 10년(1877) 12월에 흠차대신 하여장 등을 태우고 요코하마에 입항했다. 이 배는 건조 당시 아시아 최대급 군함으로 불렸다. 그 후 각 선박은 주로 상해 이북의 북양해역에서 군선으로서 일본 기록에도 보이고, 특히 조강과 측해는 메이지 21년(1888) 12월부터 메이지 22년 2월까지 산동반도 지부 그리고 요동반도 여순, 대련, 게다가 조선반도 인천을 연결하는 해역에서 활동했던 것을 알 수 있다.

특히 조강은 청일전쟁 중에 호토해역 해전에서 일본해군에 포획되었다. 장강의 해상방어를 맡고 있었던 측해는 청일전쟁 후에는 장강수역의 방비를 하고 있었다. 청일전쟁 패배는 강남제조국 개설 당시의 조선건조造船建造 측면에서 초기의 주력선主力船으로부터 후퇴하는 계기가 되었다고 할 수 있다.

제2장
청말의 상해 북양기선항로

1. 서언

상해에서 동치 11년(1872)에 창간된 『신보』 제26호, 1872년 5월 30일,
동치 11년 4월 24일 제1면에 게재된 논설 「윤선론」에 다음과 같은 것이
보인다.

배의 이로움은 윤선에 이르러 이미 극에 달했다. 큰 것은 중양거해(重洋巨海)
에 떠다니면서도 유유자적할 수 있다. 작은 것은 장강(長江)·내하(內河)를
운행할 때 막힘이 없으며, 무거운 물건을 싣는 데도 지극히 편리하다. 긴급한
소식을 전달하는 데 매우 빠르다. 급한 손님을 호송하는 데도 아주 적절하다.[1]

윤선 즉, 기선의 교통기관으로서의 중요성을 지적하고, 해양뿐 아니

---

1 『新報』第1冊, 上海書店影印, 1993.1, p.97.

라 장강과 내륙하천에서 윤선의 수송력과 속력이 주목되었다. 그 후에는 중국사회에서 윤선, 기선이 중요한 교통수단으로 중시되어 온 것은 주지의 일이다. 특히 19세기 후반 이후 동아시아 해역에는 많은 기선이 활동하고 중국과 조선 그리고 일본 간의 항로가 매우 활발하게 되었다.

1910년(선통 2, 메이지 43) 기록으로서 '기선업'에 관하여 다음과 같이 언급되어 있다.

19세기 전반 무렵까지는 중국해상을 질주하고 외국무역에 종사한 선박은 대체로 범선으로, 현재 청국외국무역의 중심인 상해에서조차도 외국 깃발을 휘날리는 기선을 보는 것이 정말로 드물었는데, 다만 런던, 이탈리아를 경유하여 상해로 오는 P.O.회사 기선은 예외였다. 당시는 범선을 보면 웅장하고 큰 쾌속선으로 생각했으며, 런던으로 수송하는 복주 및 한구의 신차(新茶)는 주로 이 범선을 사용했다. '크리미아' 전쟁 및 인도 소란 사건이 있어서 P.O.회사 기선은 군용선으로 징용되었고 1858년 이후, 이화양행은 캘커타 상해항로를 시작하여 우편과 여객운송에 종사했다. 1869년 말 수에즈운하 개통이 동서 단절을 없애고 나서 청국항운업도 크게 발전을 이루게 되며, 과거 중국해운에 종사한 범선은 큰 타격을 받았으며, 노르웨이범선은 점차 그 수를 줄였고, 프랑스우선, 독일우편선, 및 북독일로이드(North German Lloyd), 함부르크 미국의 공동경영에 관련되는 브레멘(또 함부르크) 상해항로를 개설하였고, 일본우선인 요코하마선, 및 오스트리아, 로이드, 이탈리아항업 등 여러 회사의 항로를 잇달아 개설했다. 청일전쟁 전후가 되자 극동항운업의 유리함을 간파한 세계각국기선회사는 다투어 동방으로 진출하였으며, 특히 북청사변 당시에는 더욱 심해져 전술한 노르웨이선은 1900년부터 1905년까지 5

년 동안 극동으로 몰려온 것이 160척, 톤수 190,000톤에 달했다. 러일전쟁 발발과 동시에 보다 많은 수의 선박이 극동으로 왔으며, 현재(1910년) 청국각항의 출입선박을 나타내면 다음 과 같다.[2]

　중국의 주력 해상항운은 전통적으로 범선항운이었지만, 19세기 후반 이후는 그 양상이 급변하여 기선이 현저하게 대두하고 20세기가 되면 구미 여러 나라의 기선회사가 더욱 활발하게 중국연해에서 활동하기 시작한다.

　이런 시기에 러일전쟁 개전기간(1904년 2월 10일~1905년 5월)에 상해를 중심으로 한 북양항로에서의 기선항운 상황을, 상해에서 간행된 『신보』의 '출항광고'로부터 기선의 운항 상황을 보기로 한다.

2. 『신보』 1904년 9~12월 상해를 출항한 중국연해 북양항로 기선

　청대 도광기道光期 제언괴齊彦槐의 『견문속필見聞續筆』 권2, 선대부先大夫[3] 매록공梅麓公(제언괴)문초文鈔 중 「해운남조의海運南漕議」에 장강 해역에 관하여 다음과 같이 기술되어 있다.

　오송구(吳淞口)를 나오면, 남으로 절강과 복건, 광동이 모두 남양이며, 북

2　「水運・汽船業」, 『第一回支那年鑑』(宣統三年中國年鑑), 東亞同文會調查編輯部, 1912.6, 9月 再販, p.411.
3　【역주】중국의 고대 관직명.

〈표 1〉 1904년 9~12월 상해출항 북양항로 기선일람

서기	음력	선박명	시각	항행지	공사	신보호수	〔78〕페이지수
1904.9.1	7.22	남창	밤	우장	태고공사	11,270	4
1904.9.1	7.22	신풍		천진	초상국	11,270	4
1904.9.2	7.23	순화	밤	청도	이화행	11,271	12
1904.9.2	7.23	부리		교주 · 연대 · 천진	미쵀시행	11,271	12
1904.9.2	7.23	공평		연대 · 당고 · 천진	초상국	11,271	12
1904.9.2	7.23	신풍		천진	초상국	11,271	12
1904.9.3	7.24	금화	밤	위해위 · 연대 · 천진	태고공사	11,272	20
1904.9.3	7.24	공평		연대 · 당고	초상국	11,272	20
1904.9.5	7.26	북직예	밤	교주 · 연대 · 천진	이화행	11,274	34
1904.9.5	7.26	진강	밤	우장	태고공사	11,274	34
1904.9.5	7.26	지부	밤	우장	태고공사	11,274	34
1904.9.5	7.26	보정	밤	우장	태고공사	11,274	34
1904.9.5	7.26	복주	밤	우장	태고공사	11,274	34
1904.9.5	7.26	가흥	밤	연대 · 천진	태고공사	11,274	34
1904.9.5	7.26	신유		천진	초상국	11,274	34
1904.9.6	7.27	안휘	밤	교주 · 연대 · 천진	태고공사	11,275	42
1904.9.6	7.27	당고		교주	미쵀시행	11,275	42
1904.9.6	7.27	정생	밤	우장	이화행	11,275	42
1904.9.6	7.27	구강	밤	우장	태고공사	11,275	42
1904.9.7	7.28	정생	밤	우장	이화행	11,276	50
1904.9.7	7.28	장가구	밤	위해위 · 연대 · 천진	태고공사	11,276	50
1904.9.7	7.28	보정	밤	우장	태고공사	11,276	50
1904.9.8	7.29	달부납		우장	이강행	11,277	58
1904.9.8	7.29	교주		교주 · 연대 · 천진	미쵀시행	11,277	58
1904.9.8	7.29	연승	밤	연대 · 천진	이화행	11,277	58
1904.9.8	7.29	태순		연대 · 천진	초상국	11,277	58
1904.9.8	7.29	의창	밤	우장	태고공사	11,277	58
1904.9.8	7.29	통주	밤	위해위 · 연대 · 천진	태고공사	11,277	58
1904.9.9	7.30	순화	밤	교주	이화행	11,278	64
1904.9.9	7.30	안평		연대 · 천진	초상국	11,278	64
1904.9.9	7.30	통주	밤	위해위 · 연대 · 천진	태고공사	11,278	64
1904.9.9	7.30	사천	밤	연대 · 천진	태고공사	11,278	64
1904.9.9	7.30	태순		연대 · 천진	초상국	11,278	64
1904.9.10	8.1	이문	밤	인천	선신행	11,279	72
1904.9.10	8.1	달부납		우장	이강행	11,279	72
1904.9.10	8.1	통주	밤	위해위 · 연대 · 천진	태고공사	11,279	72
1904.9.10	8.1	안평		연대 · 천진	초상국	11,279	72
1904.9.10	8.1	광제		천진	초상국	11,279	72
1904.9.12	8.2	우순		연대 · 천진	초상국	11,280	86
1904.9.12	8.2	신제		천진	초상국	11,280	86
1904.9.12	8.2	이문	밤	인천	선신행	11,280	86
1904.9.12	8.2	경성	밤	연대 · 천진	이화행	11,280	86

서기	음력	선박명	시각	항행지	공사	신보호수	[78]페이지수
1904.9.12	8.2	성경	밤	위해위·연대·천진	태고공사	11,280	86
1904.9.12	8.2	한양	밤	우장	태고공사	11,280	86
1904.9.12	8.2	임안	밤	우장	태고공사	11,280	86
1904.9.13	8.4	당고		교주	미최시행	11,282	92
1904.9.13	8.4	진안	밤	교주·연대·천진	태고공사	11,282	92
1904.9.14	8.5	악생	밤	우장	이화행	11,283	98
1904.9.14	8.5	협화		연대·천진	초상국	11,283	98
1904.9.14	8.5	계림	밤	우장	태고공사	11,283	98
1904.9.15	8.6	청도		교주·연대·천진	미최시행	11,284	104
1904.9.15	8.6	금화	밤	연대·천진	태고공사	11,284	104
1904.9.15	8.6	신유	밤	연대·천진	초상국	11,284	104
1904.9.16	8.7	순화	밤	청도	이화행	11,285	110
1904.9.16	8.7	악생	밤	우장	이화행	11,285	110
1904.9.16	8.7	금화	밤	위해위·연대·천진	태고공사	11,285	110
1904.9.16	8.7	청도		교주·연대·천진	미최시행	11,285	110
1904.9.16	8.7	애인		연대·당고	초상국	11,285	110
1904.9.17	8.8	악생	밤	우장	이화행	11,286	118
1904.9.19	8.10	태순		연대·천진	초상국	11,288	132
1904.9.19	8.10	장주		우장	태고공사	11,288	132
1904.9.20	8.11	당고		교주	미최시행	11,289	138
1904.9.20	8.11	안휘	밤	교주·연대·천진	태고공사	11,289	138
1904.9.20	8.11	통주	밤	위해위·연대·천진	태고공사	11,289	138
1904.9.20	8.11	안평		연대·천진	초상국	11,289	138
1904.9.20	8.11	광제		천진	초상국	11,289	138
1904.9.21	8.12	연승	밤	연대·천진	이화행	11,290	144
1904.9.21	8.12	광제		천진	초상국	11,290	144
1904.9.21	8.12	장주	밤	연대·천진	태고공사	11,290	144
1904.9.21	8.12	익생		연대	이화행	11,290	144
1904.9.22	8.13	연승(連升)	밤	연대·위해위·천진	이화행	11,291	152
1904.9.22	8.13	신제		연대·천진	초상국	11,291	152
1904.9.22	8.13	성경	밤	위해위·연대·천진	태고공사	11,291	152
1904.9.22	8.13	익생		연대	이화행	11,291	152
1904.9.22	8.13	장가구	밤	위해위·연대·천진	태고공사	11,291	152
1904.9.23	8.14	교주		교주·연대·천진	미최시행	11,292	158
1904.9.23	8.14	순화		청도	이화행	11,292	158
1904.9.23	8.14	익생		연대	이화행	11,292	158
1904.9.23	8.14	성경	밤	위해위·연대·천진	태고공사	11,292	158
1904.9.26	8.17	경성	밤	연대·천진	이화행	11,295	178
1904.9.26	8.17	신유		천진	초상국	11,295	178
1904.9.26	8.17	호북	밤	우장	태고공사	11,295	178
1904.9.26	8.17	호남	밤	연대·천진	태고공사	11,295	178
1904.9.27	8.18	협화		연대·천진	초상국	11,296	184

서기	음력	선박명	시각	항행지	공사	신보호수	〔78〕페이지수
1904.9.27	8.18	진안	밤	교주·연대·천진	태고공사	11,296	184
1904.9.27	8.18	당고		교주	미쳐시행	11,296	184
1904.9.28	8.19	협화		천진	초상국	11,297	190
1904.9.29	8.20	이문	밤	인천	선신행	11,298	196
1904.9.29	8.20	북직예		연대·천진	이화행	11,298	196
1904.9.29	8.20	금화	밤	위해위·연대·천진	태고공사	11,298	196
1904.9.29	8.20	임안		우장	태고공사	11,298	196
1904.9.29	8.20	우순		연대·천진	초상국	11,298	196
1904.9.30	8.21	부리		교주·연대·천진	미쳐시행	11,299	202
1904.9.30	8.21	태순		천진	초상국	11,299	202
1904.9.30	8.21	순화	밤	청도	이화행	11,299	202
1904.9.30	8.21	금화	밤	위해위·연대·천진	태고공사	11,299	202
1904.9.30	8.21	임안	밤	연대·우장	태고공사	11,299	202
1904.10.1	8.22	악생	밤	우장	이화행	11,300	208
1904.10.1	8.22	경성	밤	연대·천진	이화행	11,300	208
1904.10.1	8.22	통주	밤	교주·연대·천진	태고공사	11,300	208
1904.10.1	8.22	안평		천진	초상국	11,300	208
1904.10.3	8.24	용문	밤	인천	선신행	11,302	220
1904.10.3	8.24	성경	밤	위해위·연대·천진	태고공사	11,302	220
1904.10.3	8.24	중경		우장	태고공사	11,302	220
1904.10.3	8.24	광제		천진	초상국	11,302	220
1904.10.3	8.24	신제	밤	연대·천진	초상국	11,302	220
1904.10.3	8.24	악생	밤	우장	이화행	11,302	220
1904.10.4	8.25	안휘	밤	청도·연대·천진	태고공사	11,303	228
1904.10.4	8.25	애인		연대·천진	초상국	11,303	228
1904.10.4	8.25	연승(連陞)		연대·천진	이화행	11,303	228
1904.10.4	8.25	용문	밤	인천	선신행	11,303	228
1904.10.4	8.25	악생	밤	우장	이화행	11,303	228
1904.10.4	8.25	당고	밤	교주	미쳐시행	11,303	228
1904.10.4	8.25	신유		천진	초상국	11,303	228
1904.10.7	8.28	청도		교주·연대·천진	미쳐시행	11,306	246
1904.10.7	8.28	순화	밤	교주	이화행	11,306	246
1904.10.7	8.28	신유		연대·천진	초상국	11,306	246
1904.10.8	8.29	비경		연대·천진	초상국	11,307	252
1904.10.8	8.29	장가구	밤	위해위·연대·천진	태고공사	11,307	252
1904.10.10	9.2	당고	밤	교주	미쳐시행	11,309	264
1904.10.10	9.2	가흥	밤	우장	태고공사	11,309	264
1904.10.10	9.2	서안	밤	우장	태고공사	11,309	264
1904.10.10	9.2	도남		연대	초상국	11,309	264
1904.10.11	9.3	진안	밤	교주·연대·천진	태고공사	11,310	272
1904.10.11	9.3	도남		연대	초상국	11,310	272
1904.10.12	9.4	태순		천진	초상국	11,311	278

서기	음력	선박명	시각	항행지	공사	신보호수	〔78〕페이지수
1904.10.13	9.5	안평		연대·천진	초상국	11,312	286
1904.10.13	9.5	우순		천진	초상국	11,312	286
1904.10.14	9.6	경성	밤	연대·천진	이화행	11,313	294
1904.10.14	9.6	교주		교주·연대·천진	미쵀시행	11,313	294
1904.10.14	9.6	부리		교주	미쵀시행	11,313	294
1904.10.14	9.6	협화		연대·천진	초상국	11,313	294
1904.10.14	9.6	순화	밤	교주	이화행	11,313	294
1904.10.14	9.6	성경	밤	위해위·연대·천진	태고공사	11,313	294
1904.10.14	9.6	임안	밤	우장	태고공사	11,313	294
1904.10.15	9.7	광제		천진	초상국	11,314	300
1904.10.15	9.7	협화		연대·천진	초상국	11,314	300
1904.10.16	9.8	연승(連升)	밤	연대·천진	이화행	11,315	308
1904.10.16	9.8	익생	밤	우장	이화행	11,315	308
1904.10.16	9.8	신제		연대·천진	초상국	11,315	308
1904.10.17	9.9	연승(連升)	밤	연대·천진	이화행	11,316	314
1904.10.17	9.9	익생	밤	우장	이화행	11,316	314
1904.10.17	9.9	신제		연대·천진	초상국	11,316	314
1904.10.18	9.10	애인		연대·천진	초상국	11,317	322
1904.10.18	9.10	신제		천진	초상국	11,317	322
1904.10.18	9.10	안휘		교주·연대·천진	태고공사	11,317	322
1904.10.18	9.10	통주	밤	위해위·연대·천진	태고공사	11,317	322
1904.10.18	9.10	한양	밤	우장	태고공사	11,317	322
1904.10.19	9.11	익생	밤	우장	이화행	11,318	330
1904.10.19	9.11	이문		인천	선신행	11,318	330
1904.10.19	9.11	통주	밤	위해위·연대·천진	태고공사	11,318	330
1904.10.21	9.13	부리		교주·연대·천진	미쵀시행	11,320	342
1904.10.21	9.13	순화	밤	교주	이화행	11,320	342
1904.10.22	9.14	익생	밤	우장	이화행	11,321	350
1904.10.24	9.16	태순		연대·천진	초상국	11,323	364
1904.10.24	9.16	안평		천진	초상국	11,323	364
1904.10.25	9.17	당고		교주	미쵀시행	11,324	370
1904.10.25	9.17	진안	밤	교주·연대·천진	태고공사	11,324	370
1904.10.25	9.17	안평		천진	초상국	11,324	370
1904.10.27	9.19	태순		연대·천진	초상국	11,326	384
1904.10.27	9.19	광제		천진	초상국	11,326	384
1904.10.28	9.20	순화	밤	교주	이화행	11,327	390
1904.10.28	9.20	성경		위해위·연대·천진	태고공사	11,327	390
1904.10.28	9.20	광제		천진	초상국	11,327	390
1904.10.29	9.21	연승(連升)	밤	연대·천진	이화행	11,328	396
1904.10.29	9.21	신제		천진	초상국	11,328	396
1904.10.29	9.21	우순		연대·천진	초상국	11,328	396
1904.10.31	9.23	이문		인천	선신행	11,330	412

서기	음력	선박명	시각	항행지	공사	신보호수	[78]페이지수
1904.10.31	9.23	경성	밤	천진	이화행	11,330	412
1904.10.31	9.23	우순		연대 · 천진	초상국	11,330	412
1904.10.31	9.23	신유		천진	초상국	11,330	412
1904.11.1	9.24	통주	밤	교주 · 연대 · 천진	태고공사	11,331	418
1904.11.1	9.24	당고		교주	미쳐시행	11,331	418
1904.11.1	9.24	나루생		우장	내사양행	11,331	418
1904.11.1	9.24	안휘		위해위 · 연대 · 천진	태고공사	11,331	418
1904.11.1	9.24	연승(連升)	밤	연대 · 천진	이화행	11,331	418
1904.11.1	9.24	이문		인천	선신행	11,331	418
1904.11.2	9.25	협화		연대 · 천진	초상국	11,332	426
1904.11.3	9.26	공평		연대 · 천진	초상국	11,333	434
1904.11.3	9.26	연승(連升)	밤	연대 · 천진	이화행	11,333	434
1904.11.4	9.27	순화	밤	교주	이화행	11,334	442
1904.11.4	9.27	공평		연대 · 천진	초상국	11,334	442
1904.11.4	9.27	교주		교주 · 연대 · 천진	미쳐시행	11,334	442
1904.11.6	9.29	광제		천진	초상국	11,336	456
1904.11.6	9.29	안평		천진	초상국	11,336	456
1904.11.7	10.1	광제		천진	초상국	11,337	462
1904.11.7	10.1	안평		천진	초상국	11,337	462
1904.11.8	10.2	태순		천진	초상국	11,338	468
1904.11.8	10.2	당고		교주	미쳐시행	11,338	468
1904.11.8	10.2	예문		우장	유화공화윤행	11,338	468
1904.11.8	10.2	광제		천진	초상국	11,338	468
1904.11.9	10.3	진안	밤	위해위 · 연대 · 천진	태고공사	11,339	476
1904.11.9	10.3	광제		천진	초상국	11,339	476
1904.11.10	10.4	익생	밤	우장	이화행	11,340	482
1904.11.10	10.4	태순		천진	초상국	11,340	482
1904.11.11	10.5	부리		교주 · 연대 · 천진	미쳐시행	11,341	488
1904.11.11	10.5	순화	밤	교주	이화행	11,341	488
1904.11.11	10.5	태순		천진	초상국	11,341	488
1904.11.11	10.5	신제		천진	초상국	11,341	488
1904.11.12	10.6	미이대		인천	선신행	11,342	496
1904.11.12	10.6	익생	밤	우장	이화행	11,342	496
1904.11.12	10.6	안평		천진	초상국	11,342	496
1904.11.12	10.6	성경	밤	위해위 · 연대 · 천진	태고공사	11,342	496
1904.11.14	10.8	경성	밤	연대 · 천진	이화행	11,344	512
1904.11.14	10.8	신유		연대 · 천진	초상국	11,344	512
1904.11.14	10.8	미이대		인천	선신행	11,344	512
1904.11.15	10.9	당고		교주	미쳐시행	11,345	518
1904.11.15	10.9	미이대		인천	선신행	11,345	518
1904.11.15	10.9	경성	밤	연대 · 천진	이화행	11,345	518
1904.11.16	10.10	비경		연대 · 천진	초상국	11,346	526

서기	음력	선박명	시각	항행지	공사	신보호수	〔78〕페이지수
1904.11.16	10.10	미이대		인천	선신행	11,346	526
1904.11.17	10.11	통주	밤	교주·연대·천진	태고공사	11,347	534
1904.11.17	10.11	비경		연대·천진	초상국	11,347	534
1904.11.17	10.11	협화		천진	초상국	11,347	534
1904.11.18	10.12	순화	밤	교주	이화행	11,348	542
1904.11.18	10.12	청도		교주·연대·천진	미최시행	11,348	542
1904.11.19	10.13	연승(連升)	밤	연대·천진	이화행	11,349	548
1904.11.19	10.13	순화	밤	교주	이화행	11,349	548
1904.11.21	10.15	장가구	밤	연대·천진	태고공사	11,351	562
1904.11.21	10.15	연승(連升)	밤	연대·천진	이화행	11,351	562
1904.11.21	10.15	광제		천진	초상국	11,351	562
1904.11.22	10.16	당고		교주	미최시행	11,352	568
1904.11.22	10.16	산서	밤	교주·위해위·연대	태고공사	11,352	568
1904.11.23	10.17	장가구		천진	태고공사	11,353	576
1904.11.24	10.18	신제		천진	초상국	11,354	582
1904.11.24	10.18	장가구	밤	천진	태고공사	11,354	582
1904.11.25	10.19	교주		교주·연대·천진	미최시행	11,355	588
1904.11.25	10.19	순화	밤	교주	이화행	11,355	588
1904.11.26	10.20	성경	밤	천진	태고공사	11,356	596
1904.11.26	10.20	안평		천진	초상국	11,356	596
1904.11.27	10.22	안평		천진	초상국	11,357	604
1904.11.28	10.22	안평		천진	초상국	11,358	612
1904.11.29	10.23	미이대		인천	선신행	11,359	618
1904.11.29	10.23	당고		교주	미최시행	11,359	618
1904.11.29	10.23	태순		연대·천진	초상국	11,359	618
1904.11.30	10.24	비경		연대	초상국	11,360	624
1904.11.30	10.24	신유		연대·천진	초상국	11,360	624
1904.11.30	10.24	미이대		인천	선신행	11,360	624
1904.12.1	10.25	보제		천진	초상국	11,361	630
1904.12.1	10.25	비경		연대	초상국	11,361	630
1904.12.1	11.15	성경		위해위·연대	태고공사	11,381	752
1904.12.2	10.26	경성		천진	이화행	11,362	636
1904.12.2	10.26	순화		교주	이화행	11,362	636
1904.12.2	10.26	부리		교주·연대·천진	미최시행	11,362	636
1904.12.2	10.26	신풍		천진	초상국	11,362	636
1904.12.2	10.26	광제		천진	초상국	11,362	636
1904.12.2	10.26	중경	밤	천진	태고공사	11,362	636
1904.12.2	10.26	서안	밤	교주·연대	태고공사	11,362	636
1904.12.3	10.27	광제		천진	초상국	11,363	644
1904.12.3	10.27	경성		천진	이화행	11,363	644
1904.12.3	10.27	중경	밤	천진	태고공사	11,363	644
1904.12.4	10.28	공평		연대·천진	초상국	11,364	650

서기	음력	선박명	시각	항행지	공사	신보호수	[78]페이지수
1904.12.5	10.29	공평		연대 · 당고	초상국	11,365	656
1904.12.6	10.30	당고		교주	미취시행	11,366	662
1904.12.6	10.30	공평		연대 · 당고	초상국	11,366	662
1904.12.8	11.2	도남		연대	초상국	11,368	674
1904.12.8	11.2	성경	밤	위해위 · 연대	태고공사	11,368	674
1904.12.9	11.3	청도		교주 · 연대 · 천진	미취시행	11,369	680
1904.12.9	11.3	도남		연대	초상국	11,369	680
1904.12.12	11.6	안평		연대	초상국	11,372	698
1904.12.13	11.7	당고		교주	미취시행	11,373	704
1904.12.13	11.7	안평		연대	초상국	11,373	704
1904.12.15	11.9	미이대		인천	선신행	11,375	716
1904.12.16	11.10	교주		교주 · 연대 · 진황도	미취시행	11,376	722
1904.12.16	11.10	순화		교주	이화행	11,376	722
1904.12.16	11.10	중경		위해위 · 연대	태고공사	11,376	722
1904.12.17	11.11	중경	밤	위해위 · 연대	태고공사	11,377	728
1904.12.19	11.13	무창	밤	청도 · 연대	태고공사	11,379	740
1904.12.19	11.13	광제		연대	초상국	11,379	740
1904.12.20	11.14	당고		교주	미취시행	11,380	746
1904.12.20	11.14	무창	밤	교주 · 연대	태고공사	11,380	746
1904.12.20	11.14	부리	밤	교주	미취시행	11,380	746
1904.12.22	11.16	해정		연대	초상국	11,382	760
1904.12.22	11.16	무창	밤	교주 · 연대	태고공사	11,382	760
1904.12.23	11.17	청도	밤	교주 · 연대 · 진황도	미취시행	11,383	766
1904.12.23	11.17	순화	밤	교주	이화행	11,383	766
1904.12.23	11.17	해정		연대	초상국	11,383	766
1904.12.27	11.21	당고		교주	미취시행	11,387	792
1904.12.29	11.23	해안		연대	초상국	11,390	804
1904.12.30	11.24	미이대		인천	선신행	11,391	810
1904.12.30	11.24	부리		교주 · 연대 · 진황도	미취시행	11,391	810
1904.12.30	11.24	순화	밤	교주	이화행	11,391	810
1904.12.31	11.25	무창	밤	위해위 · 연대	태고공사	11,392	816

으로 바다를 통해 산동, 직예 및 관동이 모두 북양이다. 남양은 갈라진 길이 많고, 물이 깊고 파도가 커서, 조선(釣船)이 아니면 안 된다. 북양은 모래밭이 많고, 물이 적고 암초가 단단해서, 사선(沙船)이 아니면 안 된다.

이와 같이 장강의 오송구에서 이남以南은 남양南洋이라 하여 수심이 깊고 파도가 거칠어 바닥이 뾰족한 해선인 조선鳥船[4]이 아니면 항행이 곤란하고, 북쪽의 동북해역은 북양北洋이라 하여 수심이 얕고 바닥이 평평한 해선인 사선沙船[5]이 아니면 항행이 어렵다고 되어 있듯이, 장강구를 경계로 북이 북양이고 남이 남양이라는 인식이 있었다.

그래서 1904년 9월 1일 발행 『신보』 제1,1270호에서 같은 해 12월 31일 발행 11,392호까지의 '출항광고'를 정리하여 상해에서 북양해역으로 항행한 기선들의 일람표를 만든 것이 〈표 1〉이다.

이 〈표 1〉에 근거하여 상해에서 황해·발해의 북양해역으로 항행한 기선에 관하여 설명하겠다.

〈표 1〉에 제시한 것처럼, 1904년 9월부터 12월에 이르는 3개월 동안에 연 480척의 기선명이 보인다. 이 항행표로부터 무엇을 알 수 있는지를 다음에 기술하겠다.

3. 1904년 9~12월 상해에서 북양해역으로 항행한 기선의 특징

〈표 1〉을 각 기선회사의 항행지별로 정리한 것이 〈표 2〉이다.

〈표 2〉에 보이는 각 공사의 기선운항 상황을 보겠다. 이화행인 이화양행 Jardin, Matheson&Co., Ltd이 설립한 이화윤선공사, InDo-China Steam Navigation Co., Ltd로 이화행은 순화호를 청도·교주항로에 17항해를 하게 했다. 또한 연대·위해위·천진 등의 산동반도 북부항로에는 경성, 학생學生, 연생, 동생

---

4 松浦章,『淸代帆船沿海航運史の硏究』, 関西大学出版部, 2010.1.
5 松浦章,『淸代上海沙船航業史の硏究』, 関西大学出版部, 2004.11.

〈표 2〉1904년 9～12월 상해출항 북양항로 공사별 기선일람

서기	음력	선박명	시각	항행지	공사	신보호수	[78]페이지수
1904.9.2	7.23	순화	밤	청도	이화행	11,271	12
1904.9.16	8.7	순화	밤	청도	이화행	11,285	110
1904.9.23	8.14	순화		청도	이화행	11,292	158
1904.9.30	8.21	순화	밤	청도	이화행	11,299	202
1904.9.6	7.27	정생	밤	우장	이화행	11,275	42
1904.9.7	7.28	정생	밤	우장	이화행	11,276	50
1904.9.14	8.5	악생	밤	우장	이화행	11,283	98
1904.9.16	8.7	악생	밤	우장	이화행	11,285	110
1904.9.17	8.8	악생	밤	우장	이화행	11,286	118
1904.10.1	8.22	악생	밤	우장	이화행	11,300	208
1904.10.3	8.24	악생	밤	우장	이화행	11,302	220
1904.10.4	8.25	악생	밤	우장	이화행	11,303	228
1904.10.16	9.8	익생	밤	우장	이화행	11,315	308
1904.10.17	9.9	익생	밤	우장	이화행	11,316	314
1904.10.19	9.11	익생	밤	우장	이화행	11,318	330
1904.10.22	9.14	익생	밤	우장	이화행	11,321	350
1904.11.10	10.4	익생	밤	우장	이화행	11,340	482
1904.11.12	10.6	익생	밤	우장	이화행	11,342	496
1904.10.31	9.23	경성	밤	천진	이화행	11,330	412
1904.12.2	10.26	경성		천진	이화행	11,362	636
1904.12.3	10.27	경성		천진	이화행	11,363	644
1904.9.21	8.12	익생		연대	이화행	11,290	144
1904.9.22	8.13	익생		연대	이화행	11,291	152
1904.9.23	8.14	익생		연대	이화행	11,292	158
1904.9.22	8.13	연승(連升)	밤	연대·위해위·천진	이화행	11,291	152
1904.9.8	7.29	연승(連升)	밤	연대·천진	이화행	11,277	58
1904.9.12	8.2	경성	밤	연대·천진	이화행	11,280	86
1904.9.21	8.12	연승(連升)	밤	연대·천진	이화행	11,290	144
1904.9.26	8.17	경성	밤	연대·천진	이화행	11,295	178
1904.9.29	8.20	북직예		연대·천진	이화행	11,298	196
1904.10.1	8.22	경성	밤	연대·천진	이화행	11,300	208
1904.10.4	8.25	연승(連陞)		연대·천진	이화행	11,303	228
1904.10.14	9.6	경성	밤	연대·천진	이화행	11,313	294
1904.10.16	9.8	연승(連升)	밤	연대·천진	이화행	11,315	308
1904.10.17	9.9	연승(連升)	밤	연대·천진	이화행	11,316	314
1904.10.29	9.21	연승(連升)	밤	연대·천진	이화행	11,328	396
1904.11.1	9.24	연승(連升)	밤	연대·천진	이화행	11,331	418
1904.11.3	9.26	연승(連升)	밤	연대·천진	이화행	11,333	434
1904.11.14	10.8	경성	밤	연대·천진	이화행	11,344	512
1904.11.15	10.9	경성	밤	연대·천진	이화행	11,345	518
1904.11.19	10.13	연승(連升)	밤	연대·천진	이화행	11,349	548
1904.11.21	10.15	연승(連升)	밤	연대·천진	이화행	11,351	562

서기	음력	선박명	시각	항행지	공사	신보호수	〔78〕페이지수
1904.9.9	7.30	순화	밤	교주	이화행	11,278	64
1904.10.7	8.28	순화	밤	교주	이화행	11,306	246
1904.10.14	9.6	순화	밤	교주	이화행	11,313	294
1904.10.28	9.20	순화	밤	교주	이화행	11,327	390
1904.11.4	9.27	순화	밤	교주	이화행	11,334	442
1904.11.11	10.5	순화	밤	교주	이화행	11,341	488
1904.11.18	10.12	순화	밤	교주	이화행	11,348	542
1904.11.19	10.13	순화	밤	교주	이화행	11,349	548
1904.11.25	10.19	순화	밤	교주	이화행	11,355	588
1904.12.2	10.26	순화		교주	이화행	11,362	636
1904.12.16	11.10	순화		교주	이화행	11,376	722
1904.12.23	11.17	순화	밤	교주	이화행	11,383	766
1904.12.30	11.24	순화	밤	교주	이화행	11,391	810
1904.10.21	9.13	순화	밤	교주	이화행	11,320	342
1904.9.5	7.26	북직예	밤	교주・연대・천진	이화행	11,274	34
1904.9.1	7.22	신풍		천진	초상국	11,270	4
1904.9.2	7.23	신풍		천진	초상국	11,271	12
1904.9.5	7.26	신유		천진	초상국	11,274	34
1904.9.10	8.1	광제		천진	초상국	11,279	72
1904.9.12	8.2	신유		천진	초상국	11,280	86
1904.9.20	8.11	광제		천진	초상국	11,289	138
1904.9.21	8.12	광제		천진	초상국	11,290	144
1904.9.26	8.17	신유		천진	초상국	11,295	178
1904.9.28	8.19	협화		천진	초상국	11,297	190
1904.9.30	8.21	태순		천진	초상국	11,299	202
1904.10.1	8.22	안평		천진	초상국	11,300	208
1904.10.3	8.24	광제		천진	초상국	11,302	220
1904.10.4	8.25	신유		천진	초상국	11,303	228
1904.10.12	9.4	태순		천진	초상국	11,311	278
1904.10.13	9.5	우순		천진	초상국	11,312	286
1904.10.15	9.7	광제		천진	초상국	11,314	300
1904.10.18	9.10	신제		천진	초상국	11,317	322
1904.10.24	9.16	안평		천진	초상국	11,323	364
1904.10.25	9.17	안평		천진	초상국	11,324	370
1904.10.27	9.19	광제		천진	초상국	11,326	384
1904.10.28	9.20	광제		천진	초상국	11,327	390
1904.10.29	9.21	신제		천진	초상국	11,328	396
1904.10.31	9.23	신유		천진	초상국	11,330	412
1904.11.6	9.29	광제		천진	초상국	11,336	456
1904.11.6	9.29	안평		천진	초상국	11,336	456
1904.11.7	10.1	광제		천진	초상국	11,337	462
1904.11.7	10.1	안평		천진	초상국	11,337	462

서기	음력	선박명	시각	항행지	공사	신보호수	〔78〕페이지수
1904.11.8	10.2	태순		천진	초상국	11,338	468
1904.11.8	10.2	광제		천진	초상국	11,338	468
1904.11.9	10.3	광제		천진	초상국	11,339	476
1904.11.10	10.4	태순		천진	초상국	11,340	482
1904.11.11	10.5	태순		천진	초상국	11,341	488
1904.11.11	10.5	신제		천진	초상국	11,341	488
1904.11.12	10.6	안평		천진	초상국	11,342	496
1904.11.17	10.11	협화		천진	초상국	11,347	534
1904.11.21	10.15	광제		천진	초상국	11,351	562
1904.11.24	10.18	신제		천진	초상국	11,354	582
1904.11.26	10.20	안평		천진	초상국	11,356	596
1904.11.27	10.21	안평		천진	초상국	11,357	604
1904.11.28	10.22	안평		천진	초상국	11,358	612
1904.12.1	10.25	보제		천진	초상국	11,361	630
1904.12.2	10.26	신풍		천진	초상국	11,362	636
1904.12.2	10.26	광제		천진	초상국	11,362	636
1904.12.3	10.27	광제		천진	초상국	11,363	644
1904.10.10	9.2	도남		연대	초상국	11,309	264
1904.10.11	9.3	도남		연대	초상국	11,310	272
1904.11.30	10.24	비경		연대	초상국	11,360	624
1904.12.1	10.25	비경		연대	초상국	11,361	630
1904.12.8	11.2	도남		연대	초상국	11,368	674
1904.12.9	11.3	도남		연대	초상국	11,369	680
1904.12.12	11.6	안평		연대	초상국	11,372	698
1904.12.13	11.7	안평		연대	초상국	11,373	704
1904.12.19	11.13	광제		연대	초상국	11,379	740
1904.12.22	11.16	해정		연대	초상국	11,382	760
1904.12.23	11.17	해정		연대	초상국	11,383	766
1904.12.29	11.23	해안		연대	초상국	11,390	804
1904.9.8	7.29	태순		연대·천진	초상국	11,277	58
1904.9.9	7.30	안평		연대·천진	초상국	11,278	64
1904.9.9	7.30	태순		연대·천진	초상국	11,278	64
1904.9.10	8.1	안평		연대·천진	초상국	11,279	72
1904.9.12	8.3	우순		연대·천진	초상국	11,280	86
1904.9.14	8.5	협화		연대·천진	초상국	11,283	98
1904.9.15	8.6	신유	밤	연대·천진	초상국	11,284	104
1904.9.19	8.10	태순		연대·천진	초상국	11,288	132
1904.9.20	8.11	안평		연대·천진	초상국	11,289	138
1904.9.22	8.13	신유		연대·천진	초상국	11,291	152
1904.9.27	8.18	협화		연대·천진	초상국	11,296	184
1904.9.29	8.20	우순		연대·천진	초상국	11,298	196
1904.10.3	8.24	신제	밤	연대·천진	초상국	11,302	220

서기	음력	선박명	시각	항행지	공사	신보호수	〔78〕페이지수
1904.10.4	8.25	애인		연대·천진	초상국	11,303	228
1904.10.7	8.28	신유		연대·천진	초상국	11,306	246
1904.10.8	8.29	비경		연대·천진	초상국	11,307	252
1904.10.13	9.5	안평		연대·천진	초상국	11,312	286
1904.10.14	9.6	협화		연대·천진	초상국	11,313	294
1904.10.15	9.7	협화		연대·천진	초상국	11,314	300
1904.10.16	9.8	신제		연대·천진	초상국	11,315	308
1904.10.17	9.9	신제		연대·천진	초상국	11,316	314
1904.10.18	9.10	애인		연대·천진	초상국	11,317	322
1904.10.24	9.16	태순		연대·천진	초상국	11,323	364
1904.10.27	9.19	태순		연대·천진	초상국	11,326	384
1904.10.29	9.21	우순		연대·천진	초상국	11,328	396
1904.10.31	9.23	우순		연대·천진	초상국	11,330	412
1904.11.2	9.25	협화		연대·천진	초상국	11,332	426
1904.11.3	9.26	공평		연대·천진	초상국	11,333	434
1904.11.4	9.27	공평		연대·천진	초상국	11,334	442
1904.11.14	10.8	신유		연대·천진	초상국	11,344	512
1904.11.16	10.10	비경		연대·천진	초상국	11,346	526
1904.11.17	10.11	비경		연대·천진	초상국	11,347	534
1904.11.29	10.23	태순		연대·천진	초상국	11,359	618
1904.11.30	10.24	신유		연대·천진	초상국	11,360	624
1904.12.4	10.28	공평		연대·천진	초상국	11,364	650
1904.9.3	7.24	공평		연대·당고	초상국	11,272	20
1904.9.16	8.7	애인		연대·당고	초상국	11,285	110
1904.12.5	10.29	공평		연대·당고	초상국	11,365	656
1904.12.6	10.30	공평		연대·당고	초상국	11,366	662
1904.9.2	7.23	공평		연대·당고·천진	초상국	11,271	12
1904.9.10	8.1	이문	밤	인천	선신행	11,279	72
1904.9.12	8.3	이문	밤	인천	선신행	11,280	86
1904.9.29	8.20	이문	밤	인천	선신행	11,298	196
1904.10.3	8.24	이문	밤	인천	선신행	11,302	220
1904.10.4	8.25	이문	밤	인천	선신행	11,303	228
1904.10.19	9.11	이문		인천	선신행	11,318	330
1904.10.31	9.23	이문		인천	선신행	11,330	412
1904.11.1	9.24	이문		인천	선신행	11,331	418
1904.11.12	10.6	미이대		인천	선신행	11,342	496
1904.11.14	10.8	미이대		인천	선신행	11,344	512
1904.11.15	10.9	미이대		인천	선신행	11,345	518
1904.11.16	10.10	미이대		인천	선신행	11,346	526
1904.11.29	10.23	미이대		인천	선신행	11,359	618
1904.11.30	10.24	미이대		인천	선신행	11,360	624
1904.12.15	11.9	미이대		인천	선신행	11,375	716

서기	음력	선박명	시각	항행지	공사	신보호수	〔78〕페이지수
1904.12.30	11.24	미이대		인천	선신행	11,391	810
1904.12.1	11.15	성경		위해위 · 연대	태고공사	11,381	752
1904.12.8	11.2	성경	밤	위해위 · 연대	태고공사	11,368	674
1904.12.16	11.10	중경		위해위 · 연대	태고공사	11,376	722
1904.12.17	11.11	중경	밤	위해위 · 연대	태고공사	11,377	728
1904.12.31	11.25	무창	밤	위해위 · 연대	태고공사	11,392	816
1904.9.3	7.24	금화	밤	위해위 · 연대 · 천진	태고공사	11,272	20
1904.9.7	7.28	장가구	밤	위해위 · 연대 · 천진	태고공사	11,276	50
1904.9.8	7.29	통주	밤	위해위 · 연대 · 천진	태고공사	11,277	58
1904.9.9	7.30	통주	밤	위해위 · 연대 · 천진	태고공사	11,278	64
1904.9.10	8.1	통주	밤	위해위 · 연대 · 천진	태고공사	11,279	72
1904.9.12	8.3	성경	밤	위해위 · 연대 · 천진	태고공사	11,280	86
1904.9.16	8.7	금화	밤	위해위 · 연대 · 천진	태고공사	11,285	110
1904.9.20	8.11	통주	밤	위해위 · 연대 · 천진	태고공사	11,289	138
1904.9.22	8.13	성경	밤	위해위 · 연대 · 천진	태고공사	11,291	152
1904.9.22	8.13	장가구	밤	위해위 · 연대 · 천진	태고공사	11,291	152
1904.9.23	8.14	성경	밤	위해위 · 연대 · 천진	태고공사	11,292	158
1904.9.29	8.20	금화	밤	위해위 · 연대 · 천진	태고공사	11,298	196
1904.9.30	8.21	금화	밤	위해위 · 연대 · 천진	태고공사	11,299	202
1904.10.3	8.24	성경	밤	위해위 · 연대 · 천진	태고공사	11,302	220
1904.10.8	8.29	장가구	밤	위해위 · 연대 · 천진	태고공사	11,307	252
1904.10.14	9.6	성경	밤	위해위 · 연대 · 천진	태고공사	11,313	294
1904.10.18	9.10	통주	밤	위해위 · 연대 · 천진	태고공사	11,317	322
1904.10.19	9.11	통주	밤	위해위 · 연대 · 천진	태고공사	11,318	330
1904.10.28	9.20	성경		위해위 · 연대 · 천진	태고공사	11,327	390
1904.11.1	9.24	안휘		위해위 · 연대 · 천진	태고공사	11,331	418
1904.11.9	10.3	진안	밤	위해위 · 연대 · 천진	태고공사	11,339	476
1904.11.12	10.6	성경	밤	위해위 · 연대 · 천진	태고공사	11,342	496
1904.9.1	7.22	남창	밤	우장	태고공사	11,270	4
1904.9.5	7.26	진강	밤	우장	태고공사	11,274	34
1904.9.5	7.26	지부	밤	우장	태고공사	11,274	34
1904.9.5	7.26	보정	밤	우장	태고공사	11,274	34
1904.9.5	7.26	복주	밤	우장	태고공사	11,274	34
1904.9.6	7.27	구강	밤	우장	태고공사	11,275	42
1904.9.7	7.28	보정	밤	우장	태고공사	11,276	50
1904.9.8	7.29	의창	밤	우장	태고공사	11,277	58
1904.9.12	8.2	한양	밤	우장	태고공사	11,280	86
1904.9.12	8.2	임안	밤	우장	태고공사	11,280	86
1904.9.14	8.4	계림	밤	우장	태고공사	11,283	98
1904.9.19	8.9	장주		우장	태고공사	11,288	132
1904.9.26	8.17	호북	밤	우장	태고공사	11,295	178
1904.9.29	8.20	임안		우장	태고공사	11,298	196

서기	음력	선박명	시각	항행지	공사	신보호수	〔78〕페이지수
1904.10.3	8.24	중경		우장	태고공사	11,302	220
1904.10.10	9.2	가흥	밤	우장	태고공사	11,309	264
1904.10.10	9.2	서안	밤	우장	태고공사	11,309	264
1904.10.14	9.6	임안	밤	우장	태고공사	11,313	294
1904.10.18	9.10	한양	밤	우장	태고공사	11,317	322
1904.12.19	11.13	무창	밤	청도·연대	태고공사	11,379	740
1904.10.4	8.25	안휘	밤	청도·연대·천진	태고공사	11,303	228
1904.11.23	10.17	장가구		천진	태고공사	11,353	576
1904.11.24	10.18	장가구	밤	천진	태고공사	11,354	582
1904.11.26	10.20	성경	밤	천진	태고공사	11,356	596
1904.12.2	10.26	중경	밤	천진	태고공사	11,362	636
1904.12.3	10.27	중경	밤	천진	태고공사	11,363	644
1904.9.30	8.21	임안	밤	연대·우장	태고공사	11,299	202
1904.9.5	7.26	가흥	밤	연대·천진	태고공사	11,274	34
1904.9.9	7.30	사천	밤	연대·천진	태고공사	11,278	64
1904.9.15	8.6	금화	밤	연대·천진	태고공사	11,284	104
1904.9.21	8.12	장주	밤	연대·천진	태고공사	11,290	144
1904.9.26	8.17	호남	밤	연대·천진	태고공사	11,295	178
1904.11.21	10.15	장가구	밤	연대·천진	태고공사	11,351	562
1904.11.22	10.16	산서	밤	교주·위해위·연대	태고공사	11,352	568
1904.12.2	10.26	서안	밤	교주·연대	태고공사	11,362	636
1904.12.20	11.14	무창	밤	교주·연대	태고공사	11,380	746
1904.12.22	11.16	무창	밤	교주·연대	태고공사	11,382	760
1904.9.6	7.27	안휘	밤	교주·연대·천진	태고공사	11,275	42
1904.9.13	8.4	진안	밤	교주·연대·천진	태고공사	11,282	92
1904.9.20	8.11	안휘	밤	교주·연대·천진	태고공사	11,289	138
1904.9.27	8.18	진안	밤	교주·연대·천진	태고공사	11,296	184
1904.10.1	8.22	통주	밤	교주·연대·천진	태고공사	11,300	208
1904.10.11	9.3	진안	밤	교주·연대·천진	태고공사	11,310	272
1904.10.18	9.10	안휘		교주·연대·천진	태고공사	11,317	322
1904.10.25	9.17	진안	밤	교주·연대·천진	태고공사	11,324	370
1904.11.1	9.24	통주	밤	교주·연대·천진	태고공사	11,331	418
1904.11.17	10.11	통주	밤	교주·연대·천진	태고공사	11,347	534
1904.9.8	7.29	달부납		우장	이강행	11,277	58
1904.9.10	8.1	달부납		우장	이강행	11,279	72
1904.11.15	10.9	당고		교주	미쳐시행	11,345	518
1904.11.22	10.16	당고		교주	미쳐시행	11,352	568
1904.11.29	10.23	당고		교주	미쳐시행	11,359	618
1904.12.6	10.30	당고		교주	미쳐시행	11,366	662
1904.12.13	11.7	당고		교주	미쳐시행	11,373	704
1904.12.20	11.14	당고		교주	미쳐시행	11,380	746
1904.12.20	11.14	부리	밤	교주	미쳐시행	11,380	746

서기	음력	선박명	시각	항행지	공사	신보호수	〔78〕페이지수
1904.12.27	11.21	당고		교주	미최시행	11,387	792
1904.12.16	11.10	교주		교주·연대·진황도	미최시행	11,376	722
1904.12.23	11.17	청도	밤	교주·연대·진황도	미최시행	11,383	766
1904.12.30	11.24	부리		교주·연대·진황도	미최시행	11,391	810
1904.11.18	10.12	청도		교주·연대·천진	미최시행	11,348	542
1904.11.25	10.19	교주		교주·연대·천진	미최시행	11,355	588
1904.12.2	10.26	부리		교주·연대·천진	미최시행	11,362	636
1904.12.9	11.3	청도		교주·연대·천진	미최시행	11,369	680
1904.9.6	7.27	당고		교주	미최시행	11,275	42
1904.9.13	8.4	당고		교주	미최시행	11,282	92
1904.9.20	8.11	당고		교주	미최시행	11,289	138
1904.9.27	8.18	당고		교주	미최시행	11,296	184
1904.10.4	8.25	당고	밤	교주	미최시행	11,303	228
1904.10.10	9.2	당고	밤	교주	미최시행	11,309	264
1904.10.14	9.6	부리		교주	미최시행	11,313	294
1904.10.25	9.17	당고		교주	미최시행	11,324	370
1904.11.1	9.24	당고		교주	미최시행	11,331	418
1904.11.8	10.2	당고		교주	미최시행	11,338	468
1904.9.2	7.23	부리		교주·연대·천진	미최시행	11,271	12
1904.9.8	7.29	교주		교주·연대·천진	미최시행	11,277	58
1904.9.15	8.6	청도		교주·연대·천진	미최시행	11,284	104
1904.9.16	8.7	청도		교주·연대·천진	미최시행	11,285	110
1904.9.23	8.14	교주		교주·연대·천진	미최시행	11,292	158
1904.9.30	8.21	부리		교주·연대·천진	미최시행	11,299	202
1904.10.7	8.28	청도		교주·연대·천진	미최시행	11,306	246
1904.10.14	9.6	교주		교주·연대·천진	미최시행	11,313	294
1904.11.4	9.27	교주		교주·연대·천진	미최시행	11,334	442
1904.11.11	10.5	부리		교주·연대·천진	미최시행	11,341	488
1904.10.21	9.13	부리		교주·연대·천진	미최시행	11,311	342
1904.11.8	10.2	예문		우장	유화공화윤행	11,338	468
1904.9.2	7.23	순화	밤	청도	이화행	11,271	12
1904.11.1	9.24	나루생		우장	내사양행	11,331	418

同生, 익생, 북직예, 연승連陞, 연승連升, 운승運升 등 25항해, 발해만 동부의 우장 항로에는 정생과 악생, 익생, 학생의 4척으로 14항해를 하고 있다.

개평국開平局의 주력항로는 천진·진황도이고 승평, 영평, 광평, 서평, 부평, 태평 등 '～평平'과 같은 선박명의 기선을 14항해 시키고 있다.

초상국은 알다시피 윤선초상국으로, 신풍, 신유, 신제, 광제, 협화, 태순, 안평, 우순, 보제를 사용하여 44항해를 하고 있다. 연대로는 도남, 비경, 안평, 광제, 해정, 해안의 6척으로 12항해를, 연대를 경유하여 천진 혹은 당고로는 40항해를 태순, 안평, 우순, 협화, 신유, 신제, 애인, 비경, 공평이 하고 있다. 산동반도에서는 북부의 연대로 직행하든지 혹은 기항寄港할 뿐이며, 교주・청도에는 입항・기항하지 않았다.

선신행이란 선신양행, 선신공사를 말하며 Simssen & Co.이다. 이문과 미이대 2척의 기선으로 16항해를 했는데, 전부 조선반도 남해안의 인천이다. 당시 상해에서 조선반도로 가는 항로는 이 선신양행의 인천 항로밖에 없었다.

태고공사란 태고윤선공사를 말하며 China Navigation Co., Ltd로서 영국 리버풀의 John Swire & Sons Limited가 1872년 장강의 선박수송을 업으로 한다고 하며 설립된 기선회사이다.

태고양행은 산동반도 북부의 위해위와 연대에 입항, 기항하고 천진에 이르는 항로를 갖고 있었다. 이 항로에 성경(봉천奉天), 중경, 무창, 장가구, 통주, 안휘, 진안의 7척 기선을 사용하여 39항해를 하고 있다. 교주에 기항하는 항로로서 연대 혹은 천진으로 향하는 항로를 운항했다. 이 항로에는 산서, 서안, 무창, 안휘, 진안, 통주의 6척으로 14항해를 했다.

동북의 우장으로는 14항해를 의창, 한양, 서안, 중경, 가흥, 임안의 6척으로 운항했다.

이강행은 달부납達夫納 1척으로 상해와 우장 사이를 항해했다.

미최시행은 미최시양행이며 Melchers China이다. 이 회사는 당고, 부리, 청도의 3척 기선으로 17항해를, 주로 교주와 청도항구를 활용하고 있다.

이 당시 상해를 중심으로 한 북양항로에서 가장 많은 기선을 운항한 것

〈표 3〉 1904년 9~12월 상해 북양항로 운항 기선회사별 선박 수

초상국	태고공사	이화양행	미최시양행	선신행	기타	합계
96척	74척	62척	36척	16척	4척	288척
33.4%	25.6%	21.5%	12.5%	5.6%	1.4%	100%

〈표 4〉 1904년 9~12월 상해 북양항로 항행지별 선박 수

청도	교주	연대	위해위	천진	당고	우장	인천	합계
6	64	141	31	115	5	38	16	416
1.4%	15.5%	33.9%	7.5%	27.6%	1.2%	9.1%	3.8%	100%

은 중국 초상국윤선공사이며, 그 다음이 영국계 2개 회사인 태고공사와 이화양행이었다. 이들 각 회사가 북양항로에서 가장 중시한 곳은 어디였는지를 지명별로 정리한 것이 〈표 4〉이다. 이 시

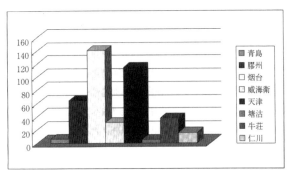

〈그림 1〉 1904년 9~12월 상해 북양항로 선박 수

기에 상해 북양항로로 중시된 대상지역은 산동의 연대와 화북의 천진이었다.

〈표 4〉는 상해에서 북양항로를 향하여 출항한 목적지별로 표시한 것인데, 『신보』의 '출항광고'에 보이는 항행지를 통계한 것으로 한척의 배가 기항한 지역도 포함된다.

이상에서 1904년 9~12월에 상해에서 출항한 북양항로 기선의 최대 목적지는 산동반도의 연대이며 그 다음이 천진이었다. 아직 청도는 발전 단계에 있어서 상해에서 보면 필요불가결한 지역은 아니었던 것을 알 수 있다.

산동의 연대는 옛날에는 지부라고도 했다. 지부라고 부른 시대에 관한 것을 기록한 일본 기록이 있어서 여기에 인용해 보겠다.

『관보』제2,076호 메이지 23년(1890) 6월 3일 「지부의 상업습관 및 예규之罘ノ商業習慣及例規」에 의하면 다음과 같은 것이 있다.

지부에서 상업상의 습관 및 예규에 관하여 재 지부 제국영사대리 노세 다츠고로(能勢辰五郞)로부터 금년 4월 20일, 다음과 같이 보고가 있었다.(외무성) 지부항(지부는 원래 연대 조계 앞에 튀어나와 있는 산도(山島)의 이름으로, 외국인은 이 산도를 가리켜 지부라고 부르지만 청인들은 연대로 부른다)은 산동상성(山東商省) 동취(東嘴)의 북변에 있다. 북위 37도 35분 56초, 동경 124도 22분 33초에 위치하고 조선국 경기도 북부와 서로 대응하는 것도 더위와 추위 모두 너무 심하기 때문이다. 여름에는 시원한 마직물사용이 필요하고 겨울에는 항구가 결빙한다. 산동성 등주부 복산현(福山縣)에 예속되어 있고, 40년 전에는 바다모래로 만들어진 황무지로서 얼마 안되는 어민들의 거주 및 왕래, 이엉으로 이어 만든 배가 풍랑을 피해 급수를 위하여 와서 정박하는 곳에 불과했다. 도광(道光) 말에 선박왕래, 상공인의 이주가 점점 더 많아지는 것에 더하여 함풍 10년(만연 원년) 연대해구(海口)를 개방해 외국무역장소로 하고 동해관(東海關)의 양세무국(洋稅務局)을 신설하고, 동치 2년(문구 3년) 등래청병(登萊靑兵) 비도(備道)로 하여금 해관 감독으로 하고, 관리 부서를 등주부에서 이쪽으로 옮겨 내외인민이 와서 집을 짓고 가게를 열고 다양한 일을 하는 자가 매일 증가해 마침내 오늘에 이르러서는 북양 3항(천진, 우장, 지부)으로 불리는 영화로운 지역으로 되었다. 현재 인구는 청국인 거주 36,000명, 한 때 잠시 기거하는 사람 및 이엉으로 이어 만든 배의 승선원등이 대략 4,000명. 합계 40,000명 전후가 될 것이라 한다. 이 지부항은 상해, 천진 및 한구와 같이 수출입화물집산 구역이 확대되지 못하여 산동성 및 남직예, 하남, 산서의 작은 부분에 그치고, 그 무역도 이상의 여러 항처럼 왕성하지 못하다. 그러나 1년간의 수출입고는 해관을 통과하는 것만으로 친이삼백만량에 달하고 여기에 이엉으로 이어 만든 선박운반에 관련된 연해 무역고를 더하면, 적어도 2,000만 량 이하로 떨어지지는 않을 것이다. 지부항 무역은 개항 이후 대체로 외국상인이 장악했는데, 이제는 청국상인 중에도 수십만 량의 자금을 준비하여 능숙하게 상업상의 좋은 기회를 잘 활용하는 자도 있고, 점점 상권을 회복하여 총 수출입액의 10분의 6은 청국인의 수중으로 들어가게 되었다. 즉 10여 년 전에 20채의 외국상관이 있었는데 해마다 감소해 지금은 불과 7호만 남았다. (독일 상보흥(商寶興)양행은 56만 량의 자본으로 오랫동안 지부항 무역에 종사했는데, 결국 충분한 이익을 내지 못하여 회사를 청산하고 귀국하였으며, 그 후 그 유업(遺業)을 계승하는 자가 없다. 이에 반하여 청상인은 힘을 얻어 산업을 일으키는 자가 해마다 많아지거나 혹은 사람을 청국 각 항구 및 일본 조선에 보내어 외국 기선 및 범선을 임금을 주며 고용하여 화물을 운반 매매하는 등 매우 활발한 운동을 하였으며, 외국인으로 하여금 30년 전의 연대와 동일시하게 되었다.) 지난 15년 이후, 일본과 지부 사이의 무역액을 회고해 보면, 1년 수입액이 겨우 12만 량 내지 16만 량 사이를 오르락내리락 했는데, 작년 22년에는 일약 424,459량의 거액에 달했다. 하지만 지부항 무역 전체에서 보면 그 액수가 매우 작다고 하지 않을 수 없다. 다만 일본의 지부 무역은 일본 우선회사기선의 정기항해가 있어서 일본상인은 매우 편리한 지위를 차지할 수 있었는데 그 상권은 물론 우리 상인들에게 장악되어야만 하였는데 아직 여기에 이르지 못한 것은 왜일까? 그것은 우리 상인이 지부항 무역을 도외시하고 충분한 자본을 투입하여 여기에 종사하지 못한 데 기인한다. 더욱이 이따금 장사를 하기 위하여 오는 자가 있어도 불과 얼마 되지 않는 화물을 가게 앞에 진열하여 노점일반의 소매를 하는데 불과하여, 처음부터 아직 우리 상권을 크게 키우기에는 부족했다. 다만 현재 희망을 가져야 할 것은 미쓰이물산회사 지점뿐이며, 그 외 청국인과 경쟁해야 할 실력과 인내력을 갖춘 자가 없다.

산동성 동북에 있는 지부는 연대조계 앞에 우뚝 솟은 하나의 섬으로, 외국인이 이 작은 섬을 지부로 총칭한 것에서 불리었지만, 중국 사람들은 연대라고 불렀다. 산동성 등주부 복산현에 소속되고 19세기 중엽까지는 어부가 기항하는 정도의 항구였지만 도광 말부터 선박왕래가 늘어나고, 함풍 10년(만연 원년) 연대해구가 대외적으로 개방되자 외국무역이 활발해져 산동연해를 관할하는 동해관의 양세무국이 신설되는 등 중요한 항구가 되었으며 19세기 말에는 천진, 우장과 더불어 북양3항에 포함되는 항구의 하나로 주목받았다. 1890년 당시 중국인 거주자가 36,000명에, 외국인 등을 비롯하여 타 지역으로부터 온 일시 거주자가 4,000명이나 되는 성황을 보였다.

이 지부·연대에 상해에서 온 기선왕래가 활발했던 것이 위 표를 통해서도 분명히 알 수 있다.

4. 소결

위에서 언급한 것처럼 1904년 9월부터 12월에 걸친 3개월 동안 상해에서 황해·발해의 북양해역에 항행한 기선의 동향을 보았다. 이 시기에 많은 기선을 운항했던 곳은 중국의 초상국윤선공사와 영국계 태고공사와 이화양행 3사이며, 이들 3사가 다른 회사를 압도했다. 이 3사가 북양항로 운항기선의 거의 80%를 넘는 실적을 보였다. 그리고 상해에서 북양항로로 항행하는 주요 목적지는 산동의 연대, 천진이며, 북양3항으로 되어 있는 동북 우장의 지위는 저하되고, 새롭게 등장하는 것이 교주인데 청도의 산동반도 교동지구 항이었던 것이 기선의 운항실적으로부터 분명하게 되었다.

이상과 같이 20세기 초 상해에서 북양항로로서 가장 중요한 항행지는 연대·천진이며 그리고 독일에 의해 점령된 청도·교주가 새로운 항행지로 주목받고 있었다고 할 수 있겠다.

제3장

독일 점령기 청도-상해 간 기선항로

1. 서언

산동반도 동남부의 대표적인 항구 도시인 청도는 청나라 말까지 한 어촌에 불과했지만 1891년(광서 17)에 등주진登州鎭 군영이 설치되어 북양 함대의 기지가 되고, 그후 독일이 자국의 선교사 살해를 이유로 1898년 교주膠州만 주변 지역을 조차租借 하면서, 독일이 동양함대의 기지로 청도항을 근대적인 항만 설비를 정비하여, 예전의 상황과 크게 달라졌다.[1]

메이지 41년(광서 34, 1908) 의 「청도경제사정青島經濟事情」에 아래의 기술이 있다.

---

1 東亞同文会編纂, 『支那省別全誌第四卷山東省』, 東亜同文会, 1917.9, pp. 146~163; 本庄比佐子編, 『日本の青島占領と山東の社会経済 1914~22年』, 財団法人東洋文庫, 2006.3; ウォルフガング・バウフー, 大津留厚 監譯, 森宜人・柳沢のどか 譯, 『植民都市青島1914~1931 日・独・中政治経済の結節点』, 昭和堂, 2007.2; 任銀睦, 『青島早期城市現代化研究』, 生活・読書・新知三聯書店, 2007.9.

독일이 예의(銳意)경영하는 청도는 노산(勞山) 여맥해(余脈海)의 들어 간 곳에 있다. 앞뒤로 2개의 작은 만을 품고 있으며 외해(外海)에 면하는 곳을 청도읍이라고 부르고, 교주만(膠州灣) 안으로 향한 곳을 태포도(太包島)라 부른다. 청도마을은 동서로 2리에 이르는 작은 만에 있으며, 입구에 작은 섬이 있다. 이것을 청도라고 한다. 청도라는 이름은 여기서 나온 것이다. 청도마을과 태포도 마을을 합쳐 하나의 큰 도시를 건설하고자 대포도(大包島)에 대공사를 하여 산동의 홍콩으로 만들고자 하였다.[2]

위에서 알 수 있듯이 독일은 청도를 일개 어촌에서 산동성의 홍콩을 목표로, 근대적인 항만시설을 갖춘 항만으로 정비해 갔다.

상해에서 간행된 신문『중외일보』1905년 5월 20일 자「잡사휘보雜事彙報」에 교주 속의 '청도'에 대하여 다음과 같이 기록하고 있다.

청도의 명칭은 비록 하나의 작은 섬의 이름이지만, 실은 산동의 북쪽 요지의 일부이며, 교주만을 포함해서 말한다. 청도를 상세히 구분하면 세 부분으로 나눌 수 있다. 하나는 구주가(歐洲街)의 청도이고, 하나는 잡거(雜居)지역인 대포도(大包島)이며, 하나는 축항(築港)구역인 소포도이다. 총괄하여 이름을 청도라고 한다.

이와 같이 청도는 인공적으로 새롭게 도시계획에 의해 조성된 땅이었다.

---

2 『支那経済報告書』第11号, 東亜同文支那経済調査部, 1908. 11, p. 13. 『明治後期産業 発達史資料 第304卷』, 龍渓書舍, 1996. 3 수록.

그래서 이 장에서는 근대적 항만 설비를 보유한 청도가 중국 연해부의 항구도시와 기선에 의해 어떻게 연결되었는가라는 문제에 관해, 19세기 후반 이후의 중국 연해의 중심 항구였던 상해와의 사이에 기선이 어떻게 운항되고 있었는지를 밝힐 방법의 하나로, 20세기 초 청도와 상해에서 간행된 신문에 게재되었던 기선 항운 기사를 이용해서 그 내용을 살펴보고자 한다.

2. 청대 교주만膠州灣과 연해 범선

독일에 의해 점령되기 이전의 청도를 포함해, 교주해안의 항구와 항운 상황을 살펴보자. 도광 25년(1845)에 출간된 『중수교주지重修膠州志』권15 「지4志四」 「풍속」에, "상대자왈장운. 강남·관동급각해구, 개유행상商大者曰裝運. 江南·關東及各海口, 皆有行商"[3]이라고 기록되어 있는 것처럼, 교주는 강남 방면이나 동북지방 연해의 각 항구와의 사이에 항운이 행해지고 있었음을 알 수 있다. 같은 책 권1 「도전圖全」 「해강도서海疆圖序」에는 다음과 같이 기록되어 있다.

강희(康熙) 18년, 해주(海州)의 운대(雲臺)가 수복되자 급사중(給事中) 정태(丁泰)가 해금(海禁)정책의 완화를 청하면서 말하였다. 교주에서 운대산(雲臺山)까지 반날의 거리밖에 안 된다. 남으로는 묘만진(廟灣鎭)·이하구

---

3 『中国地方志集成』(山東県志輯 39), 鳳凰出版社·上海書店·巴蜀書社, 2004.10, p.163.

(裏河口)에 이르고, 회양(淮陽)에 통하며, 또 하루면 쌀과 콩을 운반할 수 있다. 남과 북이 서로 도와도, 여전히 가벼운 배에 불과하여, 연안(沿岸)에 보내는 식량은 8백 석(石)에 그치며, 큰 배가 이른 적이 없다. 그 후 바다의 상황이 안정되고 해방(海防)이 완화되어, 마침내 상선이 몰려드는 곳이 되었는데, 남으로는 복건(福建)과 광동(廣東) 북부에까지 도달한다.[4]

교주에서 강남 연해에는 산동반도 연해를 따라 이루어지는 해양 항운이 비교적 용이했다. 천계령遷界令 등의 해금海禁이 해제되면서 대형 상선들이 다니고 복건이나 광동북부의 항구까지 운항하게 되었다. 강희년 후반에 교주를 기점으로 하는 산동 항운이 활발해진 것으로 생각된다.

교주라는 지역은 교주만의 서북부에 위치하여 교주만 입구 동남부의 청도와는 다른 위치에 있었다. 이에 비해 근대 이후 중심적인 항구로 발전하는 청도는 청대에는 즉묵현即墨縣에 속해 있었다. 동치 13년(1873)에 출간된『즉묵현지即墨縣志』권1「방여方輿」「도서島嶼」에, 다음과 같은 기록이 있다.

동쪽 바다를 고리처럼 둥글게 감싸고 있으며, 동쪽면과 남쪽면은 산이 바다와 접해 있다. 산기슭들은 모두 거침(巨浸), 여고구(女姑口), 금가구(金家口)에 있는데 바다로부터 오는 배들이 정박한다. 안무도(顔武島) 동가만(董家灣)은 바다에서 오는 큰 배들이 모이는 곳으로, 섬 밖의 대양으로부터 상선이 온다.[5]

---

4 『中国地方志集成』(山東縣志輯 39), p.27.
5 『中国地方志集成』(山東縣志輯 47), 鳳凰出版社・上海書店・巴蜀書社, 2004.10, p.36.

즉묵현 서쪽에는 범선의 내항에 적합한 여고구女姑口와 금가구金家口등
이 있었다. 이들은 모두 교주만내의 동안東岸에 위치해 있으며 근해의 도
서부島嶼部는 대형 해양범선이 기항하기에 적합했다. 당시의 청도에 대해
서는 같은 책에 "청도, 현서남백리靑島, 縣西南百里"[6] 라는 기록과 함께, 같은
책 권4 「무비武備」 「해구海口」에도 "청도구, 현서남백리靑島口, 縣西南百里"[7]와
같이 간단한 기록만 있을 뿐, 상세한 기술은 보이지 않는다.

하지만 청도에서의 항운이 전무했던 것은 아니었다. 같은 책 권10,
「예문藝文」「문류文類」 중에 수록된, 만력萬曆 6년(1578)에서 9년(1581)까지
즉묵지현即墨知縣이었던, 허정許鋌[8]의 「지방사의의地方事宜議」의 통상에는
다음과 같이 기록되어 있다.

본 현(縣)은 본 성(省)의 말읍(末邑)으로서, 한쪽 구석 외진 곳에 있으며,
수레들이 모여드는 땅도 아니고, 상인들도 왕래한 흔적이 전혀 없다. 도시
에 가까이 사는 이들은 따로 생계수단이 없고, 그저 농사로 날을 보낸다. 바
닷가에 사는 이들은 밭에 염분이 많아, 고기잡이로 생활한다. (…중략…)
본 현의 회자구(淮子口)·동가만의 여러 해구(海口)는, 강남(淮)지방에서
오는 배가 반드시 거치는 길로서, 음도(陰島)·회해(淮海) 등의 사(社)는 해
구와 매우 가까운 고장이다.[9]

---

6 『中国地方志集成』(山東縣志輯 47), p.36.
7 『中国地方志集成』(山東縣志輯 47), p.72.
8 『中国地方志集成』(山東縣志輯 47), p.86. 許鋌의 田은 같은 책, p.131; 同治 『即墨縣志』 卷八,
   「名宦」「吏治」에 '許鋌, 號靜峰, 武靜, 進士. 萬曆六年知縣事, 獨 身之身, 會旱至之夕雨輒溜涛
   吏蠹定戶, 則墾荒田招流, 移築堤岸, 通商艘戢, 營軍禁衙 役, 修志學文教, 斐然, 任五年, 陞兵部
   主事'라는 기록이 있다.
9 같은 책, p.248.

이처럼 해변 지역이기 때문에 선박 왕래에 적합했다는 것은 충분히 인식되고 있었다. 즉묵현의 발전은 근대이후이기는 했지만, 지리적 양상은 이미 정해져 있었다고 할 수 있으며, 강남에서 오는 선박에게는 기항하기에 적합한 지리적 위치에 있었던 것이다.

산동성 연해의 대륙 연안 지역과의 관계는, 민국民國 시대가 되어도 마찬가지였다. 민국 17년(1928)의 『교오지膠澳志』「교통지交通志」 항운에서 아래의 기록을 볼 수 있다.

> 범선(帆船)이 연해의 각 항구를 왕래하는데, 해주(海州)가 가장 빈번하다. 민국 8·9년에 7·8천 척으로 늘어나, 2백여 만(擔[10])에서 3백만 담까지 실을 수 있다.

교주만의 최대 항운지는 강소성 동북 쪽 변방에 있는 해주이며, 현재의 연운항連雲港이었다고 생각된다. 그러나 산동 이남의 각지에서 온 배도 많이 볼 수 있었다. 같은 책에 다음과 같은 기록이 있다.

> 조선(釣船)은 복건의 배이다. 큰 것은 화물 1·2천 담 내지 6천 담을 싣는다. 작은 것은 2천 담 내외이다. 각 배의 선원은 25명 이상이다. 복건의 배는 처음에 산동무역을 금지당했다. 그러므로 오는 배들은 항상 영파(寧波)·상산현(象山縣)에서 따로 영업허가증을 받는데, 실은 화물중 입항할 때는 종이를 최고로 여긴다. 왕년(往年)에 흥성했을 때에는 한 해 16·17만 담을 실었다. 그 다음은

---

10 【역주】1담(擔)은 1석(石) 또는 100근(斤).

대나무 장대, 도기(陶器), 돗자리, 설탕이 주였다. 출항할 때는 땅콩, 쌀, 땅콩기름, 호도, 참외, 당면, 곶감, 약재 등을 싣고 남쪽으로 돌아가 판매하였다.

산동에서는 '낚싯배'라고 불리는 복건선福建船은, 당초 산동으로의 직접 내항이 금지되어 있었다. 이 때문에 산동에 내항하기 위해서는 복건성 북쪽 절강성의 영파나 상산현象山縣에 기항하여, 통행증을 구한 다음, 산동으로 운항했다. 그 복건선의 화물은 종이류, 즉, 복건성에서 생산한 종이가 가장 적재량이 많은 화물이었다. 그밖에 죽재竹材나 도자기, 화석花蓆, 설탕 등이 산동으로 운반되어 왔다. 복건선이 산동에서 돌아갈 때는 산동성산 곡물류가 화물의 대부분을 차지하고 있었다.

또 영파에서 산동으로 내항한 선박은 '영선寧船'이라고 불리고 있었다. 같은 책에는 다음과 같은 기록이 보인다.

영선(寧船)은 영파(寧波)의 배이다. 절강(浙江)의 은현(鄞縣)·진해(鎭海)에서 온 것이 많다. 그 형상은 조선(釣船)과 같다. 그러나 선체는 좀 협소하다. 실은 화물은 탑부두(塔埠頭)·여고대 등의 토산물 판매상이 위탁판매한 것이 많다. 입항 후 즉시 화물을 내리고 남쪽으로 돌아간다.

영파선은 영파의 은현鄞縣이나 영파의 용강구甬江口에 있는 진해현鎭海縣의 선박이 대부분을 차지했고, 선체는 비교적 협소했으며, 이들 선박으로 운반된 화물의 대부분은 교주만내 동북쪽 항구인 탑부두塔埠頭나 서쪽 해안의 여고구와의 사이에서 거래되었다. 강남의 사선[11]에 대해서도 같은 책에 다음과 같이 기록되어 있다.

사선(沙船)은 강소(江蘇) 경내의 배이다. 이에 속하는 것들은 평저선(平底船)에 속하는 것이 많다. 이것이 구조상의 특징이다. 대중소 3등급으로 나뉜다. 대급(大級)은 상해(上海)를 왕래한다. 용량은 약 2천 5·6백 담이다. 선원은 20명 내외이고, 싣고 오는 화물은 면화(綿花)가 많다. 빈 배로 돌아가는 것이 일상적이다. 중급(中級)은 용량이 천오백담이다. 선원은 20명이다. 대도시로는 염성(鹽城)·해주가 가까우며, 면화·참깨를 싣고 입항한다. 돌아가는 길에 갖가지 수입품과 성냥, 콩기름을 싣고 출항한다. 소급(小級)은 6백 담 정도이다. 선원은 6명 이하다. 청구(靑口)·해주로부터 나와, 호도·참깨·곡류(穀類)를 싣고 입항한다. 가을에는 과일을 싣는다. 출항한 뒤 나머지 계절에 화물이 없으면 빈 배로 돌아간다.

위에서 알 수 있듯이, 강남에서도 평저형 해선인 사선이 내항하고 있었다. 사선은 대형, 중형, 소형의 세 종류로 분류되며, 대형은 2,500～2,600담擔(역주−중량重量 100근斤을 '1담'이라 함)의 적재 능력이 있었다. 중형은 1,500담, 소형은 600담 전후였다. 대부분은 강소성 동북쪽의 작은 마을 청구靑口, 해주(현재의 연운連雲)항 부근에서 내항했다. 이들 사선의 화물 대부분은 잡화류이며, 돌아갈 때에는 산동성산 호두와 깨芝麻, 곡류 등을 적재하고 귀항했다.

청도의 청도당안관檔案館이 소장했던 광서 25년(1899) 10월 초3일의 「교해관민선보관장정膠海関民船報関章程」[12]에 아래의 기록이 있다.

11 松浦章, 『清代上海沙船航運業史の研究』, 関西大学出版部, 2004.11.
12 青島檔案館所蔵(図書番号 : B47 001 0652 마이크로필름 64R 1168B, 1169A 장).

민선(民船)이 교주만의 항구로 들어오기 위해서는 반드시 먼저 청도에 정박하여 세관에 신고해야 한다. 세관에 도착해 선표와 화물의 총목록을 기재할 때, 각 화물에 대해 스스로 평가한다. 해관이 신호기(信號旗) 하나를 발급하는데, 이 기는 반드시 늘 돛대의 위쪽에 꽂아 두어야 한다. 청도에서 화물을 내리거나, 혹은 교주만의 다른 항구로 가서 화물을 내릴 때, 각 거룻배는 반드시 화물의 명단을 열어 확인해야 하며, 해관 부두에 이르러 화물을 점검할 때 제출한다. 배에 싣고 온 물건을 출하할 때, 세금을 다 납부했는지를 먼저 해관에서 조사한다. 배가 항구에서 나올 때 반드시 청도에서 해관에 정박하여 신호기를 제출했는지 조사하고, 해관이 이 배의 선표를 발급하는데 명단과 일치하면 출항한다.

무역선이 교주만의 한 항구로부터 교주만 내부의 다른 작은 항구로 화물을 운반하는 경우, 출항할 때 반드시 싣고 있는 화물과 사람에 대한 목록을 기준으로 항구에 가져가 해관에 제출하고 원장부를 기준으로 하여 검사한다.

민선이 항구에 가지고 들어온 각 화물은 부두를 넘어선 적이 없기에 여전히 원선(源船)과 원화(源貨)로 간주하며 출항할 때 제출하고 해관에 이르러 검사할 때 징세는 1/1,000이다. 어선도 화물을 실었을 경우 이상이 장정을 기준으로 한다.

장정을 위배하면 벌금이 백원(百元)이다. 명단보다 화물이 많으면 화물로써 벌금을 관에 제출한다.

청도(青島) 여고(女姑) 창구(滄口) 탑부두(塔埠頭)

광서 25년 10월 초3일

교주만의 어귀와 교주만내 항구에 다다른 모든 범선은 교주만 어귀의 청도에서 화물 등의 검사를 받아야 했다. 그 후, 만내 항구에 도착할 수 있었고, 만내의 항구로 향할 때는 청도 세관에서 허가를 받았음을 나타내는 깃발을 게양해야 했던 것을 알 수 있다. 마찬가지로 만내에서 해양으로 나갈 때도 청도 세관의 검사가 필요했던 것이다. 여기서 볼 수 있는 항구 청도는, 교주만 어귀 동부의 항구이며, 여고女姑는 교주만내 동부의 항구로 현재의 청도비행장과 가까운 항구이다. 창구滄口도 청도 북부 교주만내 동쪽해안의 항구로, 여고의 남쪽에 있었으며, 탑부두塔埠頭는 교주만내 동북부의, 청대 때의 교주에 가장 가까운 항구였다. 현재는 교주만의 거의 중앙을 횡단하는 청도만대교로 나뉘어져, 만내의 거의 북쪽 반은 갯벌처럼 되어있지만, 예전에는 만내에 여러 개의 작은 항이 있었고 범선무역에는 최적의 부두가 있었다.

그러나 독일이 1898년 교주만 주변 땅을 조차하여 교주만내의 상황이 크게 변화하게 된 것이다.

3. 독일 점령기 청도의 기선항로

메이지 41년(광서 34, 1908)의 「청도경제사정青島經濟事情」에 따르면, 20세기 초기 청도의 교통 사정을 다음과 같이 기술하고 있다.

청도의 번영을 꾀하는 것은, 교통을 편리하게 하는 것과 같다. 이에 따라 산동철도를 시설하는 것이며, 해운보호정책을 하는 것이다. 한편으로 산동의 각 내지(內地)·직례(直隷)·하남(河南)을 교역권내에 넣고, 한편으로 상해·나가사키·인천·대련 등의 항구를 중심점으로 하는 것을 기대한다. 따라서 이제는 교통을 해운(海運)과 육운(陸運)의 둘로 나누어 기술해야 한다.[13]

청도의 교통은 철도와 해운이 가장 중요한 교통망을 형성하는 수단으로 간주되고 있었다. 철도[14]로 산동성내와 북경, 천진으로 연결되는 직례성直隷省(현재의 하북성河北省), 그리고 정주鄭州, 개봉開封 등에 이르는 하남성河南省을 연결하고, 해상은 해운으로 중국 국내의 상해와 요동반도의 대련, 일본의 나가사키, 조선반도의 인천 등과 연결되는 중요한 노선이 형성되었다.

특히 해운은 기선에 의한 것이 가장 중요했다. 같은 책에, 그 기선의 항운에 대해, 다음과 같이 기술되어 있다.

독일은 함부르크-아메리카 기선회사에 보조금을 주고 저렴한 운임으로 운송에 종사하게 하였고, 그중에서도 유럽항로에 대해서는 청도-유럽 여러 항구 간의 운임을 다른 청나라 여러 항구와 유럽 간의 운임보다 싸게 하여, 청도무역의 발전을 꾀하여 상해의 부속항구로서의 기반을 벗어나, 직접 수출입을 운영하게 되었다. 청도에 기항하는 선박에는 초남국(역주-원문은 招'南'局으로 되어 있으나, 초상국(招'商'局)의 오기로 보임) 및 이화양행(역주-영어명 Jardine Matheson), 태고공사 등의 두 회사와 관련이 있

---

13 『支那経済報告書』第11号, p.114.
14 청도와 제남을 연결하는 철도 412km는, 독일이 1899년 9월에 기공하여, 1904년 6월에 준공했다. 『支那省別全誌第四卷山東省』, p.406.

는 것도 있었으나, 정부의 보호를 누리는 독일선박에 도저히 대항하기 힘들어, 독일 이외의 기선회사는 매우 부진한 상황이었다.[15]

독일 점령하의 청도는 독일의 정책후원도 받고, 독일계 기선회사 漢堡亞米利加(한보아미리가)＝Hamburg-Amerika Linie는 정치적인 후원을 받아, 운임 등을 저렴하게 하여 중국이나 영국계 기선회사를 압도한 것을 알 수 있다.

상해의 『중외일보中外日報』 1905년 5월 20일 자 「잡사휘보雜事彙報」에, 교주膠州의 '청도지교통青島之交通'이라는 제목으로, 청도와 상해의 기선항로에 대하여 다음과 같은 기사를 게재하고 있다.

상해에서 청도로 가는 우편선(Hamburg America Line)은 최근 극히 청결한 당첨호(塘沽號)를 건조했는데, 일주일에 한 차례 왕복한다. 이밖에 또 독일선 두 척이 상해·청도·연대·천진 각 항을 전담하여 항행한다. 또 지나인도윤선공사(支那印度輪船公司)의 우편선 세 척이 있어, 역시 이상의 각 항구를 항행한다. 그러므로 일주일에 청도와 청도에서 시작하는 우편선은 약 5, 6척이다.

상해에서 청도로 운항한 기선으로는, 독일국의 한보아미리가납인공사漢堡阿美利加拉因公司가 있었으며, 매주 1회의 왕복운항을 하였고, 또 독일선 2척을 도입하여 상해에서 청도를 거쳐 연대烟台 그리고 천진天津으로

---

15 『支那経済報告書』第11号, p.14.

도 운항하고 있었다. 또 '지나인도윤선공사支那印度輪船公司' 즉, Indo-China Steam Navigation Co. Ltd.와 이화윤선공사怡和輪船公司[16]에 의한 운항선이 있었음을 알 수 있다.

독일이 청도를 점령한 이후 청도에서 간행한 신문에는 *Tsingtauer Neueste Nachrichten*이 있다. 중국명 *Tsingtau Sin Pau*, 『청도신보青島新報』이다. 그것의 1904년 10월 1일 자로 간행된 *Probenummer* 견본호와 같은 해 11월 1일 자의 제1호에는 Hamburg-Amerika Linie의 기선 운항 예고가 실려 있다. 그것에 따르면 독일 기선회사 Hamburg-Amerika Linie에 의한 청도로부터의 운항항로로 다음과 같은 것이 있었다.

상해 · 청도 항로 기선 Gouver Jaeschke가 "매주 수요일마다 오전 상하이 출항, 매주 토요일 늦은 6시 청도 출항"의 운항을 함. 상해 · 청도 · 지부 (산동 · 연대) · 당고塘沽(천진)항로에서는 기선 Tsintau, Vorwärts, Knivsberg 의 3척으로 운항되며, "매주 토요일 밤 상해 출항, 매주 화요일 정오 12시 청도 출항, 북쪽으로 향함"과 같은 일정으로 운항했다.

해외항로로 Hamburg-Tsingtau(함부르크-청도)와 Tingtau(역주-원문 그대로. s가 빠져 있음)-Japan(청도-일본 · 고베) 간의 기선 운항이 이루어지고 있었다.[17]

이상에서, Hamburg-Amerika Linie에 의한 중국연해 기선 운항은, 청도를 기점으로, 남쪽은 상해와, 북쪽은 산동반도 청도의 북쪽 지부에서 천진의 하구 당고로 운항되었으며, 특히 청도에서 상해로는 매주 한 편

---

16 黃光域, 『近代中国專名翻訳詞典』, 四川人民出版社, 2001.12, p.173.

17 *Tsingtauer Neueste Nachnchten*, Rrobenummer, p.3, den1, Oktober 1904; *Tsingtauer Neueste Nachrichten*, Nummer 1, p.3, den. November 1904; *Tsingtauer Neueste Nachrichten* 에 대해서는 간사이대학(関西大学) 도서관 소장 마이크로필름 (MF 6/073 자료ID : 610478320)에 따랐다.

〈그림 1〉 1905년 1월 1일 "Tsingtauer Neueste Nach-richtern"

〈그림 2〉 1905년 2월 1일 "Tsingtauer Neueste Nachrichten"

〈그림 3 · 4 · 5〉 1905년 3월 1일 "Tsingtauer Neueste Nachrichten"

의 직항 왕복편이 있었고, 또 상해에서 청도로의 편도 운항도 매주 한편이 있었음을 알 수 있다.

1907년 교주에 내항하고 또 출항한 기선의 척수, 톤수를, 「청도경제사정靑島經濟事情」은 다음과 같이 기록하고 있다.

상세한 것은 아래의 표를 보자. 작년도(1907) 교주만 출입기선 국적별 표를 표시한 것이다.[18]

국적	입항		출항	
	척수	톤수	척수	톤수
영국	127	145,781	126	142,311
독일	281	314,200	280	313,617
일본	58	69,363	58	69,363
노르웨이	18	17,739	18	17,729
중국	5	4,331	5	4,332
러시아 및 스웨덴	3	5,051	3	5,051

이 표에서도 알 수 있듯이, 독일은 척수에서도 톤수에서도 제2위의 영국을 크게 앞서고 있음은 분명하다. 여기에 보이는 기선회사의 구체적인 이름은, 같은 책에는 다음과 같이 적혀 있다.

현재 청도의 기선회사명과 항로를 들면 아래와 같다.

함부르크, 아메리카 기선회사(향풍양행享豊洋行)

㉮ 상해–청도선

이 노선은 독일우편선이 매주 1회 일요일 저녁에 출항함.

㉯ 상해–청산부당고(靑山罘唐沽)(천진)선

---

18 『支那経済報告書』第11号, p.14. 표 안의 숫자는 한자숫자(漢数字)이지만, 여기서는 아라비아 숫자로 바꾸었다.

이 노선은 독일우편선이 매주 1회 항해함.

㉰ 청도-고베선

이 노선은 2주 1회의 정기 항로임.

㉱ 상해-청도-인천선

이 노선은 매주 1회의 정기항로임.

앙사양행(盎斯洋行)(일본우선회사 대리점)

㉮ 청도-홍콩선

매주 1회의 정기 항해를 운영함.

청도를 거점으로 하는 기선회사 중, 우위를 차지하고 있었던 곳은 '함부르크, 아메리카 기선회사(향풍양행享豊洋行)' 라고 되어 있는 Hamburg-Amerika Linie, 중국명 형보윤선공사享寶輪船公司[19]이었다. 함부르크 아메리카 기선회사는 청도를 거점으로, 상해나 산동의 청도와 산동반도를 끼고 맞은편 북쪽의 지부芝罘나 천진天津의 외항인 당고唐沽와의 항로, 일본과는 고베와의 항로, 또 청도와 상해, 조선반도의 인천을 연결하는 4개의 항로를 운항했다. 이에 비해, 청도와 홍콩을 연결하는 항로를 운항하고 있었던 것은 일본우선회사日本郵船會社뿐이었다. 그리고 부정기적인 항로를 운영하는 회사로, 다음과 같은 것이 있었다.

위 이외에, 아래와 같은 다수의 기선회사를 대리하여 부정기 항로를 운영하는 회사가 있다.

---

19 黃光域, 『近代中国專名翻訳詞典』, 四川人民出版社, 2001.12, p.150.

一, 선신양행(禪臣洋行)(초상국(招商局), 인도지나상업회사, 오사카상선)

一, 권성양행(榜成洋行)

一, 예화화행(礼和和行)(지나항업회사, 도쿄기선회사)

一, 천성잔(天成棧)(이하 중국인회사)

一, 연승잔(連陞棧)

一, 열래공사(悅來公司)

一, 아동잔(亞東棧)

청도-일본 항로는, 함부르크 · 아메리카 기선회사 외에, 메이지 39년 4월부터 고베 재류(在留) 청상(清商) 동원호(東源號)의 일감을 받는 일본선 호쿠신마루(北辰丸, 최근에 좌초됨)가 매월 2회의 정기항로를 운항하고 있었다. 그 외 쥬에츠마루(中越丸), 가토리마루(香取丸) 등 부정기항로를 다니는 것이 있었다.[20]

부정기적으로 청도와 다른 지역과의 기선을 운항했던 곳은 청국의 초상국招商局, 영국계의 인도지나항업회사, 일본의 오사카상선회사 등이 있었지만, 함부르크 · 아메리카기선회사의 우위는 흔들림이 없었다.

이들 각 기선회사의 화객운임은 화물주와 직접 상담한 후 정해졌지만, 이것을 언급할 필요도 없이, 함부르크 아메리카 기선의 청도·상해간의 규정운임을 제시해 두고 이를 참고로 하였다.

---

20 『支那経済報告書』第11号, p.14~15.

一, 청도-상해간[21]

품명	단위	운임	품명	단위	운임
절인 생선	1담(100근)	20.00	궐련초	1상자	1.30
절인 채소	동	10.00	견(누에고치)	1담	0.40
다시마	동	0.30	면화(棉花)	동	0.80
콩깻묵	동	0.18	면 의복	동	0.50
두류(豆類)	동	0.18	깨(胡麻)	동	0.30
콩기름(豆油)	동	0.40	건새우	동	0.40
돼지털	동	0.55	견사(비단실) 상품 백색 및 황색	동	1.75
밤(栗)	동	0.45	견사 황사	동	1.25
작잠사(누에실)	동	달러0.70	썬 담배(각연초)	동	달러0.50
실 찌꺼기	동	0.50	보릿짚을 짠것	1가마	1.00
견직물	동	3.00	밀짚모자	100개	0.40
우피(소가죽)	동	0.50	동	1담	0.90
산양피	동	0.50	설탕	동	0.30
지방(脂肪)	동	0.45	잡화	1상자	0.35

二, 여객운임[22]

	1등	왕복	2등	왕복	3등	왕복
청도 → 상해	35.00달러	55.00달러	24.00달러	37.00달러	14.00달러	21.00달러
상해 → 청도	20.00	40.00	17.50	27.00	10.00	15.00

　　청도에서 상해로 기선을 통해 수송된 화물은 염건물塩乾物의 어패류나 콩제품이 주요제품이었다. 이에 반해, 상해에서 산동으로 이동한 화물에는 면화와 면화제품 등이 있었다. 여객수송에서는 청도에서 상해로 가는 여객이 고액을 지불한 반면, 상해에서 청도로 가는 여객이 약간 저렴한 운임이었다.

21　원문은 한자숫자이지만, 여기서는 아라비아 숫자로 바꾸었다.
22　원문은 한자숫자이지만, 여기서는 아라비아 숫자로 바꾸었다.

<표 1> 1904년 9~12월 상해항 출입 교동(膠東) 항로 기선표

연월일	음력월일	선박명	진출	시각	운항지	회사명	신보·호수	〔78〕페이지수
1904.9.2	7.22	순화	진		교주	이화행	11,271	12
1904.9.2	7.23	순화	출	밤	청도	이화행	11,271	12
1904.9.2	7.23	부리	출		교주·연대·천진	미쳐시행	11,271	12
1904.9.3	7.23	교주	진		교주	미쳐시행	11,272	20
1904.9.5	7.26	북직례	출	밤	교주·연대·천진	이화행	11,274	34
1904.9.6	7.27	당고	출		교주	미쳐시행	11,275	42
1904.9.6	7.27	안휘	출	밤	교주·연대·천진	태고공사	11,275	42
1904.9.8	7.29	교주	출		교주·연대·천진	미쳐시행	11,277	58
1904.9.9	7.29	순화	진		교주	이화행	11,278	64
1904.9.9	7.30	순화	출	밤	교주	이화행	11,278	64
1904.9.13	8.3	당고	진		교주	미쳐시행	11,282	92
1904.9.13	8.4	당고	출		교주	미쳐시행	11,282	92
1904.9.13	8.4	진안	출	밤	교주·연대·천진	태고공사	11,282	92
1904.9.15	8.6	청도	출		교주·연대·천진	미쳐시행	11,284	104
1904.9.16	8.7	순화	출	밤	청도	이화행	11,285	110
1904.9.16	8.7	청도	출		교주·연대·천진	미쳐시행	11,285	110
1904.9.17	8.7	순화	진		교주	이화행	11,286	118
1904.9.20	8.10	당고	진		교주	미쳐시행	11,289	138
1904.9.20	8.11	당고	출		교주	미쳐시행	11,289	138
1904.9.20	8.11	안휘	출	밤	교주·연대·천진	태고공사	11,289	138
1904.9.23	8.14	순화	출		청도	이화행	11,292	158
1904.9.23	8.13	순화	진		교주	이화행	11,292	158
1904.9.23	8.14	교주	출		교주·연대·천진	미쳐시행	11,292	158
1904.9.27	8.17	부리	진		교주	미쳐시행	11,296	184
1904.9.27	8.18	당고	출		교주	미쳐시행	11,296	184
1904.9.27	8.18	진안	출	밤	교주·연대·천진	태고공사	11,296	184
1904.9.30	8.21	순화	출	밤	청도	이화행	11,299	202
1904.9.30	8.20	순화	진		교주	이화행	11,299	202
1904.9.30	8.21	부리	출		교주·연대·천진	미쳐시행	11,299	202
1904.10.1	8.22	통주	출	밤	교주·연대·천진	태고공사	11,300	208
1904.10.4	8.25	안휘	출	밤	청도·연대·천진	태고공사	11,303	228
1904.10.4	8.25	당고	출	밤	교주	미쳐시행	11,303	228
1904.10.7	8.27	순화	진		교주	이화행	11,306	246
1904.10.7	8.28	순화	출	밤	교주	이화행	11,306	246
1904.10.7	8.28	청도	출		교주·연대·천진	미쳐시행	11,306	246
1904.10.10	9.2	당고	출	밤	교주	미쳐시행	11,309	264
1904.10.11	9.3	진안	출	밤	교주·연대·천진	태고공사	11,310	272
1904.10.14	9.5	순화	진		교주	이화행	11,313	294
1904.10.14	9.6	부리	출		교주	미쳐시행	11,313	294
1904.10.14	9.6	순화	출	밤	교주	이화행	11,313	294
1904.10.14	9.6	교주	출		교주·연대·천진	미쳐시행	11,313	294
1904.10.18	9.9	당고	진		교주	미쳐시행	11,317	322

연월일	음력월일	선박명	진출	시각	운항지	회사명	신보·호수	〔78〕페이지수
1904.10.18	9.10	안휘	출		교주·연대·천진	태고공사	11,317	322
1904.10.21	9.12	순화	진		교주	이화행	11,320	342
1904.10.21	9.12	청도	진		교주	미최시행	11,320	342
1904.10.21	9.13	순화	출	밤	교주	이화행	11,320	342
1904.10.21	9.13	부리	출		교주·연대·천진	미최시행	11,320	342
1904.10.25	9.16	당고	진		교주	미최시행	11,324	370
1904.10.25	9.17	당고	출		교주	미최시행	11,324	370
1904.10.25	9.17	진안	출	밤	교주·연대·천진	태고공사	11,324	370
1904.10.28	9.19	순화	진		교주	이화행	11,327	390
1904.10.28	9.20	순화	출	밤	교주	이화행	11,327	390
1904.10.29	9.20	청도	진		교주	미최시행	11,328	396
1904.11.1	9.24	당고	출		교주	미최시행	11,331	418
1904.11.1	9.24	통주	출	밤	교주·연대·천진	태고공사	11,331	418
1904.11.4	9.26	순화	진		교주	이화행	11,334	442
1904.11.4	9.27	순화	출	밤	교주	이화행	11,334	442
1904.11.4	9.27	교주	출		교주·연대·천진	미최시행	11,334	442
1904.11.8	10.1	당고	진		교주	미최시행	11,338	468
1904.11.8	10.2	당고	출		교주	미최시행	11,338	468
1904.11.11	10.5	순화	출	밤	교주	이화행	11,341	488
1904.11.11	10.5	부리	출		교주·연대·천진	미최시행	11,341	488
1904.11.15	10.8	당고	진		교주	미최시행	11,345	518
1904.11.15	10.9	당고	출		교주	미최시행	11,345	518
1904.11.17	10.10	청도	진		교주	미최시행	11,347	534
1904.11.17	10.11	통주	출	밤	교주·연대·천진	태고공사	11,347	534
1904.11.18	10.12	순화	출	밤	교주	이화행	11,348	542
1904.11.18	10.12	청도	출		교주·연대·천진	미최시행	11,348	542
1904.11.19	10.12	순화	진		교주	이화행	11,349	548
1904.11.19	10.13	순화	출	밤	교주	이화행	11,349	548
1904.11.22	10.15	당고	진		교주	미최시행	11,352	568
1904.11.22	10.16	당고	출		교주	미최시행	11,352	568
1904.11.22	10.16	산서	출	밤	교주·위해·연대	태고공사	11,352	568
1904.11.25	10.19	순화	출	밤	교주	이화행	11,355	588
1904.11.25	10.19	교주	출		교주·연대·천진	미최시행	11,355	588
1904.11.26	10.19	순화	진		교주	이화행	11,356	596
1904.11.29	10.22	당고	진		교주	미최시행	11,359	618
1904.11.29	10.23	당고	출		교주	미최시행	11,359	618
1904.12.2	10.25	순화	진		교주	이화행	11,362	636
1904.12.2	10.26	순화	출		교주	이화행	11,362	636
1904.12.2	10.26	서안	출	밤	교주·연대	태고공사	11,362	636
1904.12.2	10.26	부리	출		교주·연대·천진	미최시행	11,362	636
1904.12.6	10.29	당고	진		교주	미최시행	11,366	662
1904.12.6	10.30	당고	출		교주	미최시행	11,366	662

연월일	음력월일	선박명	진출	시각	운항지	회사명	신보·호수	〔78〕페이지수
1904.12.9	11.2	순화	진		교주	이화행	11,369	680
1904.12.9	11.3	청도	출		교주·연대·천진	미쳐시행	11,369	680
1904.12.13	11.6	당고	진		교주	미쳐시행	11,373	704
1904.12.13	11.7	당고	출		교주	미쳐시행	11,373	704
1904.12.16	11.10	순화	출		교주	이화행	11,376	722
1904.12.16	11.10	교주	출		교주·연대·진황도	미쳐시행	11,376	722
1904.12.19	11.13	무창	출	밤	청도·연대	태고공사	11,379	740
1904.12.20	11.13	당고	진		교주	미쳐시행	11,380	746
1904.12.20	11.14	당고	출		교주	미쳐시행	11,380	746
1904.12.20	11.14	부리	출	밤	교주	미쳐시행	11,380	746
1904.12.20	11.14	무창	출	밤	교주·연대	태고공사	11,380	746
1904.12.22	11.16	무창	출	밤	교주·연대	태고공사	11,382	760
1904.12.23	11.16	순화	진		교주	이화행	11,383	766
1904.12.23	11.16	청도	진		교주	미쳐시행	11,383	766
1904.12.23	11.17	순화	출	밤	교주	이화행	11,383	766
1904.12.23	11.17	청도	출	밤	교주·연대·진황도	미쳐시행	11,383	766
1904.12.27	11.21	당고	출		교주	미쳐시행	11,387	792
1904.12.30	11.24	순화	출	밤	교주	이화행	11,391	810
1904.12.30	11.24	부리	출		교주·연대·진황도	미쳐시행	11,391	810
1904.12.31	11.24	순화	진		교주	이화행	11,392	816

독일의 청도 점령이 개시된 시기에, 상해에서 간행되었던 『신보申報』의 1904년 9월부터 12월까지 3개월 사이 상해항에서 출항 또는 입항한 청도 및 교주膠州간 항로에 운항되었던 기선을 정리한 것이 〈표 1〉이다.

〈표 1〉의 운항표에서, 이화행怡和行은 영국계의 이화윤선공사怡和輪船公司를 말하며, 영문명 Indo-China Steam Navigation Co. Ltd이다. 이화양행 즉, Jardin, Matheson & co. Ltd. 의 기선회사였다. 태고공사太古公司 역시 영국계 태고윤선공사太古輪船公司이며, 영문명 China Navigation Co. , Ltd. 를 말한다. 1816년에 영국 리버풀에서 창업한 John Samuel Swire(1725~1898)(역주-원문은 'Smuel'이나, 'Samuel'의 탈자로 확인됨)가 1872년에 상해에서 장강의 기선 항운업을 창업하였는데 이것이 The China Navigation Company의 시작이다. 선신행禪臣行은 선신양행禪臣洋行 혹은 선신공사禪臣公司로 불린 독일계

게재 연월일	선박명	선장	선적	톤수	도착 일	내항지	회사명	NCH 페이지수
1904.9.16	Tsingtau	Hansen	Ger.str	978	908	Kiaochow	Melehers & Co.	672
1904.9.30	Vorwaerts	Sohnemann	Ger.str	643	926	Kiaochow	Melehers & Co.	784
1904.10.7	Tsingtau	Hansen	Ger.str	978	1,004	kiaochow	Melehers & Co.	836
1904.10.14	Kai´vaberg	Kayser	Ger.str	646	1,011	Kiaochow	Melehers & Co.	892
1904.10.19	Loogmoon	Kalkofen	Ger.Str	1,245	1,019	Tsingtau	Siemmen & Co.	948
1904.10.21	Vorwaerts	Sohnemann	Ger.str	643	1,014	Kiaochow	Melehers & Co.	948
1904.11.4	Kaivaberg	Kayser	Ger.str	646	1,011	Kiaochow	Melehers & Co.	1,060
1904.11.11	Chena	Hunter	Br.Str	1,350	1,109	Tsingtao	Butterfield & S wire	1,112
1904.11.11	Ravn	Dedkam	Nor.str	725	1,106	Tsingtau	Wallenm & Co..	1,112
1904.11.18	Tsingtau	Hansen	Ger.str	978	1,004	Kiaochow	Melehers & Co.	1,164
1904.11.25	Kaivaberg	Kayser	Ger.str	646	1,120	Kiaochow	Melehers & Co.	1,220
1904.12.16	Kaivaberg	Kayser	Ger.str	646	1,211	Kiaochow	Melehers & Co.	1,392
1904.12.30	Dundas	Cate	Br.str	1,964	1,216	Tsingtau	Arnhold, Karberg & Co.	1,496
1904.12.30	Vorwaerts	Sohnemann	Ger.str	643	1,227	Kiaochow	Melehers & Co.	1,496

출전 : *"North China Herald and Supreme Court & Consular Gazette."* No.1936~1951에 의함.

Simenssen & Co. 이었다. 미최시행美最時行은 미최시양행美最時洋行을 말하며, 영문명 Melchers China Corporation이며, 1806년에 브레멘에서 창업하여 아시아에 진출한 회사였다.[23]

청도항만을 목적지로 하여 운항되고 있던 것은 이화양행의 순화호順和號뿐이다. 이에 반해 태고공사의 기선 일부가 청도에 기항하여 연대烟台를 경유하여 천진으로 향하는 경우가 있었는데, 대부분의 기선이 목적지를 교주膠州로 했던 것처럼, 이 무렵의 청도는 당시 중국 사람들에게도 지명도가 낮은 지역으로, 청도보다 기존의 교주가 여러 가지 의미에서 편리한 지역이었다고 볼 수 있다.

같은 시기의 상해의 영자신문 *North-China Herald and Supreme Court &* *Consular Gazette* no.1936~1951에 의해서 상해에 내항한 교동膠東으로부터

---

23 구미(欧米)의 기업명에 관해서는 黃光域 編, 『近代中国専名翻訳詞典』, 四川人民出版社, 2001.12을 참고하였다.

의 기선 일람을 작성해 보았다.

〈표 2〉는 *North-China Herald and Supreme Court & Consular Gazette* no. 1936 ~1951에 보이는 상해에 입항한 기선으로, 산동반도의 동남부, 이른바 교동 지역에서 내항한 것에 한정하였다. 지명은 Tsingtau 즉 청도, Kiaochow 즉 교주인 것이 판명된 기선이다. 이렇게 하면, 앞서 언급한 *Tsingtauer Neueste Nachrichten*이 기선 출항 예고로서 게재한 Tsintau, Vorwärts, Knivsberg 등 3척의 선명을 확인할 수 있다. 이들 3척은, *Tsingtauer Neueste Nachrichten*의 예고대로 운항되고 있음을 알 수 있다. 『신보^{申報}』의 기선 일람에서 Tsintau의 중국명이 "청도^{靑島}"이며, Vorwärts의 중국명이 "부리^{阜利}", Knivsberg의 중국명이 "당고^{塘沽}"였음을 알 수 있다.

〈표 3〉 1910년 5월 상해에서 교동지구로의 운행 기선 일람

서기 연월일	음력 월일	선박명	출항 시각	운항지	기선회사	『신보』호수	『신보』 〔106〕페이지수
1910.5.23	4.15	광서	밤	청도	태고공사	13,393	360
1910.5.7	3.28	대신		청도·연대·천진	형보공사	13,377	108
1910.5.14	4.6	제독	밤	청도·연대·천진	형보공사	13,384	216
1910.5.25	4.17	당고		청도·연대·천진	형보공사	13,395	392
1910.5.31	4.23	서강		청도·연대·천진	형보공사	13,401	492
1910.5.3	3.24	서양		청도·대련·천진	형보공사	13,373	44
1910.5.10	4.2	당고		청도·대련·천진	형보공사	13,380	156
1910.5.11	4.3	당고		청도·대련·천진	형보공사	13,381	172
1910.5.17	4.9	서강		청도·대련·천진	형보공사	13,387	264
1910.5.21	4.13	대신		청도·대련·천진	형보공사	13,391	328
1910.5.28	4.20	제독		청도·대련	형보공사	13,398	442
1910.5.3	3.24	덕생		교주	이화양행	13,373	44
1910.5.10	4.2	덕생	밤	교주	이화양행	13,380	156
1910.5.17	4.9	덕생	밤	교주	이화양행	13,387	264
1910.5.24	4.16	덕생	밤	교주	이화양행	13,394	376
1910.5.31	4.23	덕생	밤	교주	이화양행	13,401	492
1910.5.13	4.5	낙생	밤	교주·우장	이화양행	13,883	204
1910.5.14	4.6	덕생	밤	교주·우장	이화양행	13,384	216

그리고 6년 후인 1910년 5월 한 달간의 상해^{上海}-교동^{膠東} 간의 기선 운항표가 〈표 3〉이다.

〈표 2〉에서 알 수 있듯이, 상해-청도 간 운항 기선은 많지 않았으며, 주로 상해에서 천진이나 산동의 연대로 운항하는 기선이 가장 많았다.

또, 〈표 2〉에서 알 수 있듯이, 상해에서 청도행만의 정기운항은 적으며, 청도에서 산동반도의 연대를 경유하여 천진으로 가는 항로나 또는 청도에서 요동반도의 대련을 경유하여 천진으로 향하는 항로가 있었다. 또 이화양행처럼 청도가 아니라, 오래 전부터 교주만내의 항^港인 교주^{膠州}로 입항하는 정기선도 있었다. 그리고 교주에서 요동 요하^{遼河}의 항구인 우장^{牛莊}으로 향하는 기선항로가 운항되고 있었다.

4. 소결

위에서 언급한 것처럼 교주만 입구 동쪽의 청도가 개발되기 이전부터 청대의 교주만내 해안의 항이었던 동북부 탑부두^{塔埠頭}나 만내 동쪽 항 여고^{女姑}, 창구^{滄口}는 범선무역의 항구로 번창하였다. 그러나 교주만은 주변에서 만내로 유입되는 하천이 가져오는 토사 때문에, 점차 토사가 퇴적되고, 특히 만내 북부 지역은 선박 정박에 어려움을 겪는 상황에 있었다.

그런 시기에 산동반도 교주만 주변 지역이 독일에 의해 점령되고, 근대적인 항만 건설에 적합한 청도가 주목받아, 청도는 근대 항만을 설치한 항만 도시로서 등장하게 되는 것이다. 이렇게 근대 항만 도시가 된 청도, 1904년 이후, 특히 아편전쟁 이후에 중국 연해 최대 항만이었던 상해와 어떻게 기선 항운이 운항되고 있었는지를 소묘적으로 기술하였다.

위에서 기술한 기선의 운항기록에 의하면, 청도를 아시아 진출의 기지로 삼은 독일이, 가장 중시했던 곳은 역시 중국 연해의 최대 국제무역 도시였던 상해였다. 독일의 기선 회사인 Hamburg-Amerika Linie으로 청도를 기점으로 삼고, 남쪽은 상해로 매주 1편의 직항 왕복편이 있었으며, 북쪽은 산동반도 북부 지부와 함께, 또 천진의 바다 어귀의 항구인 당고로도 운항되고 있었다. 이 밖에 상해에서 청도로의 편도 운항이 매주 1편씩 있었던 것으로 보아서, 독일의 기선 운항은 상해와의 관계를 매우 중시했음을 알 수 있다.

제4장

1930년대 청도·상해항로에 대해서

1. 서언

청도는 청나라 말까지 하나의 어촌에 불과하였지만, 근대 이후 산동반도의 항구 도시로 발전하였고, 1891년(광서 17)에는 북양 함대의 기지가 된다. 그런데 1897년(광서 23)에 독일이 자국 선교사 살해를 이유로, 교주膠州만 주변 지역을 조차租借하였고, 독일은 동양 함대의 기지로서 청도항을 근대적인 항만 시설로 정비하면서, 과거와 상황은 크게 달라지게 된다.[1]

상해에서 간행된 신문『중외일보中外日報』1905년 5월 20일,「잡사휘보雜事彙報」의 교주膠州 속의 '청도青島'에도 아래와 같은 기술이 있다.

청도의 명칭은 비록 하나의 작은 섬의 이름과 같지만, 실은 산동 북부 요지

---

1 東亜同文会編纂,『支那省別全誌第四巻山東省』, 東亜同文会, 1917.9, pp.146~163; 任銀睦,
『青島早期城市現代化研究』生活·読書·新知三聯書店, 2007.9.

<그림 1> 『공상신보』

(要地)의 일부로서, 교주만을 포함해서 말하는 것이다. 청도를 자세히 구분하면, 세 부분으로 나눌 수 있다. 하나는 구주가(歐洲街)의 청도이고, 하나는 잡거지역의 대포도(大包島)이며, 하나는 축항지구(築港地區)의 소포도(小包島)이다. 이것들을 총괄하여 청도라고 이름한다.

위에서 알 수 있듯이, 청도는 인공적으로 새롭게 도시 계획에 의해 조성되는 도시로 발전해 갔다.

그 청도에서 1920년대부터 간행된 신문에 『공상신보工商新報』가 있었다. 그러나 『공상신보』가 현재 존재하는 것으로 확인되는 최초의 것은, 민국民國 23년(1934) 3월 1일 자 제1,518호부터이다. 이 호수로 봐서, 1920년 무렵에 간행되었던 것으로 여겨진다.

2. 청도 『공상신보工商新報』의 '상해·청도 운항航行 일정표'

1934년 3월 3일 자 『공상신보』 제1,520호에 기선의 운항표가 게재되어 있다. 그것을 정리한 것이 〈표 1〉이다. 출선出船 광고 내용은 다음과 같다.

국영초상국(國營招商局)

〈표 1〉 1934년 1~9월 초상국(招商局) 보안윤선(普安輪船) 청도·상해 운항표

월일	시각/요일	출항지	입항지	호수	게재일
1.9	900	청도		1,520	1934.03.03
1.10	1,300		상해		
1.13	900	상해			
1.14	1,400		청도		
1.16	900	청도			
1.17	1,300		상해		
1.20	900	상해			
1.21	1,400		청도		
1.23	900	청도			
1.24	1,300		상해		
1.27	900	상해			
1.28	1,400		청도		
1.30	900	청도			
1.31	1,300		상해		
2.3	900	상해			
2.4	1,400		청도		
2.6	900	청도			
2.25	900	상해		1,538	1934.03.20
2.26	1,400		청도		
2.30	900	청도			
2.21	1,300		상해		
3.3	900	상해			
3.4	1,400		청도		
3.7	900	청도			
3.8	1,300		상해		
3.11	900	상해			
3.12	1,400		청도		
3.15	900	청도			
3.16	1,300		상해		
3.19	900	상해			
3.20	1,400		청도		
3.23	900	청도			
3.24	토요일	상해	청도	1,558	1934.03.31
3.27	화요일	청도	상해		
3.31	토요일	상해	청도		
4.3	화요일	청도	상해		
4.7	토요일	상해	청도		
4.10	화요일	청도	상해		
4.14	토요일	상해	청도		
4.17	화요일	청도	상해		
4.21	토요일	상해	청도		
4.24	화요일	청도	상해		

월일	시각/요일	출항지	입항지	호수	게재일
4.28	토요일	상해	청도		
5.1	화요일	청도	상해		
5.5	토요일	상해	청도		
5.22	화요일	청도	상해	1,581	1934.06.01
5.26	토요일	상해	청도		
5.29	화요일	청도	상해		
6.2	토요일	상해	청도		
6.5	화요일	청도	상해		
6.9	토요일	상해	청도		
6.12	화요일	청도	상해	1,610	1934.06.30
6.19	화요일	청도	상해		
6.21	목요일	상해	청도		
6.26	화요일	상해	청도		
7.3	목요일	청도	상해		
7.5	화요일	상해	청도		
7.10	목요일	청도	상해		
7.12	화요일	상해	청도		
7.17	목요일	청도	상해		
7.19	화요일	상해	청도		
7.24	화요일	상해	청도	1,641	1934.08.05
7.26	목요일	청도	상해		
7.31	화요일	상해	청도		
8.2	목요일	청도	상해		
8.7	화요일	상해	청도	1,655	1934.08.20
8.9	목요일	청도	상해		
8.14	화요일	상해	청도		
8.16	목요일	청도	상해		
8.21	화요일	상해	청도		
8.23	목요일	청도	상해		
8.28	화요일	상해	청도		
8.30	목요일	청도	상해		
9.4	화요일	상해	청도		
9.6	목요일	청도	상해		
9.11	화요일	상해	청도	1,865	1934.08.30
9.13	목요일	청도	상해		
9.18	화요일	상해	청도		
9.20	목요일	청도	상해		
9.23	일요일	상해	청도	1,894	1934.09.27
9.25	화요일	청도	상해		
9.26	수요일	상해	청도		
9.29	토요일	청도	상해		
9.30	일요일	상해	청도		

월일	시각/요일	출항지	입항지	호수	게재일
10.2	화요일	청도	상해		
10.3	수요일	상해	청도		
10.6	토요일	청도	상해		
10.7	일요일	상해	청도		
10.9	화요일	청도	상해		
10.10	수요일	상해	청도		
10.13	토요일	청도	상해		
10.14	일요일	상해	청도		
10.16	화요일	청도	상해		

＊역주 : 원문에는 '보안론'선(普安論船)으로 되어 있으나, 보안 '윤'선(普安輪船)의 잘못으로 확인되어 고쳤음

특별쾌속윤선 보안호(普安號)의 정기(定期) 상해·청도 왕래 항행일정표

청도분국(靑島分局) 수원로(綏遠路)13호 전화5295

윤선 보안호 대항(大港) 1호 부두에 정박 전화 110을 눌러 보안호에 연결 매주 수요일 상해 도착. 토요일 청도 출발. 매주 일요일 청도 도착. 화요일 상해 출발

위를 보면 초상국招商局의 보안호普安號가 매주 수요일에 상해에 도착하여 성기6(토요일)에 상해에서 청도를 향해 출항, 일요일에 청도에 도착한 뒤, 다시 화요일에 상해를 향해 출항하는 스케줄로 운항하고 있었던 것을 알 수 있다.

『공상신보』 제1,520호의 '운행일기표航行日期表'로는, 청도에서 상해까지 28시간, 상해에서 청도까지는 29시간이 걸렸음을 알 수 있다. 청도와 상해는 404해리[2]이므로, 보안윤선의 속도는 14노트 정도로 항해했

---

2 「沿海主要港口間里程表」, 『全国交通営運線路里程示意図』(第二版), 人民交通出版社, 1983.6, p.30 ; 『中国交通営運里程図』, 人民交通出版社, 1991.3, p.349.

음을 알 수 있다.

『공상신보』제1,895호, 1934년 9월 28일 자 광고란에는 다음과 같은 기사가 게재되어 있다.

국영초상국

특별쾌속윤선 보안호 정기 상해·청도 왕래 항행일정표

청도분국 수원로13호 전화5295

항해 중지 및 수리

즉, 보안윤선이 수리로 인해 잠시 운항을 정지한다는 내용이었다.

이상과 같은 청도의『공상신보』에 비해서, 상해에서 간행되었던『신보申報』가 게재한 광고, 즉 위에서 언급한 보안윤선의 항운에 관련된 기사를 소개해 두고자 한다.

『신보申報』제21,818호, 1934년 1월 1일 자에 다음 광고가 게재되어 있다.

'초상국 선기(船期) 광고'안에 '쾌속 윤선 보안이 1월 6일 토요일 오전 9시에 청도로 출발한다.'[3]

『신보』제21,818호, 1934년 1월 10일 자에는 다음 광고가 게재되었다.

---

3 『申報』第三一二冊, 上海書店, p.18; 同 第三一二冊, p.62.

'초상국 선기(船期) 광고' '쾌속 윤선 보안이 1월 13일 토요일 오전 9시에 청도로 출발한다.'[4]

『신보』제21,827호, 1934년 1월 19일 자에는 다음 광고가 게재되었다.

국영초상국 이사회가 윤선 보안호를 납치한 해적의 체포에 현상금 1만 원(元)을 걸었음에 대한 광고

이번에 본 국영초상국의 윤선 보안호는 15일에 해적에 의해 납치되어 승객 9명이 잡혀갔다. 조안(詔安)에 도착하자 배를 버렸다. 이 불행한 사건은 국영항업에 영향을 주었을뿐 아니라, 심지어 국민들의 애국열도 망가뜨렸다. 본 이사회는 매우 분개하여, 당국(當局)에 전보를 쳐 엄중히 체포하도록 하고 구출할 방법을 강구하는 것 외에, 의논을 거쳐 다음과 같이 결정했다. 즉 어느 방면의 인사(人士)이건간에, 우리를 도와 범인을 잡고 사건의 진상을 밝히는 이에게는 양(洋) 1만 원(元)을 상금으로 준다. 이에 통지한다.[5]

이 광고는 1월 15일 보안윤선의 항해 중, 해적에게 습격을 받아 승객 9명이 복건福建의 조안詔安까지 납치되는 사건이 발생한 것과, 그 해적을 나포拏捕할 정보를 제공하는 자에게 국영초상국이 상금 1만 원元을 제공한다는 내용이다.

---

4 『申報』第三一二冊, 上海書店, p.18; 同 第三一二冊, p.204, 1월 11일 자에도 같은 광고가 있다. p.233.
5 『申報』第三一二冊, p.459. 1월 20일 자 제21,828호에도 게재되어 있다. 第三一二冊, p.485. 마찬가지로, 1월 24일 자 제21,832호에도 같은 광고가 게재되어 있다. 第三一二冊, p.597.

〈표 2〉 1934년 1월 상해발 청도행 윤선표 [6]

출항일	선박명	공사	목적지	출항일	선박명	공사	목적지
1934.1.6	보안	초상	청도	1.22	산동	태고	청도
1.7	용산	초상	청도	1.23	화생	이화	청도
1.8	신녕	태고	청도	1.26	성경	태고	청연진
1.9	귀생	이화	청도	1.26	택생	이화	청도
1.10	정안	삼북	청도	1.26	해상	초상	청도
1.12	수양	태고	청도	1.26	신강	태고	청도
1.12	이생	이화	청도	1.27	보안	초상	청도
1.13	보안	초상	청도	1.28	해상	초상	청도
1.15	사천	태고	청도	1.29	신녕	태고	청도
1.15	성경	태고	청연진(青烟津)	1.30	명생	이화	청도
1.16	해서	초상	청도	2.2	수양	태고	청도
1.16	부승	이화	청도	2.2	귀생	이화	청도
1.19	소주	태고	청도	2.3	보안	초상	청도
1.19	원생	이화	청도	2.5	호북	태고	청도
1.21	해상	초상	청도	2.5	성경	태고	청연진

〈표 2〉는 청도『공상신보』의 기사와 같은 시기에, 상해의『신보申報』에 게재되었던, 상해와 청도를 연결하는 윤선운항일정표를 작성한 것이다.

이상과 같이 1934년 1월 6일부터 2월 5일까지의 거의 1개월 동안, 청도와 상해 사이를 모두 30일간 운항한 기선에는, 초상국 외에, 태고와 이화, 그리고 삼북三北 등 3개의 회사가 있었으며, 초상국은 보안호普安号, 해상호海上号, 해상호海祥号가, 태고는 신녕호新寧号, 수양호綏陽号, 사천호四川号, 성경호盛京号, 소주호蘇州号, 산동호山東号, 신강호新疆号, 호북호湖北号가, 이화는 귀생호貴生号, 이생호怡生号, 부승호富陞号, 원생호源生号, 화생호和生号, 택생호澤生号, 명생호明生号가, 삼북三北은 정안호靖安号가 취항하고 있었다.

---

6 『申報』第21812~21839号, 1934年 1月 1日~1月 31日 게재「輪船出口報告・北洋班」에 따라 작성했다.

출항일	선박명	공사	목적지	출항일	선박명	공사	목적지
1934.1.10	정안	삼북	청도	1.22	산동	태고	청도
1934.1.6	보안	초상	청도	1.26	신강	태고	청도
1.7	용산	초상	청도	1.26	성경	태고	청연진
1.13	보안	초상	청도	1.29	신녕	태고	청도
1.16	해서	초상	청도	2.2	수양	태고	청도
1.21	해상	초상	청도	2.5	호북	태고	청도
1.26	해상	초상	청도	2.5	성경	태고	청연진
1.27	보안	초상	청도	1934.1.9	귀생	이화	청조
1.28	해상	초상	청도	1.12	이생	이화	청도
2.3	보안	초상	청도	1.16	부승	이화	청조
1934.1.8	신녕	태고	청도	1.19	원생	이화	청도
1.12	수양	태고	청도	1.23	화생	이화	청도
1.15	사천	태고	청도	1.26	택생	이화	청도
1.15	성경	태고	청연진	1.30	명생	이화	청도
1.19	소주	태고	청도	2.2	귀생	이화	청도

위 표의 기선회사는, 초상국은 윤선초상국輪船招商局이며, 태고는 태고양행太古洋行으로 영국의 Butterfield & Swire, 이화는 이화양행怡和洋行, Jardine Matheson & Co의 이화윤선공사Indo-China Steam Navigation Co.이다.[7]

1935년 『항업연감航業年鑑』에 따라, 위 표에 이름이 나온 기선에 대해서 설명하고자 한다.

선박명 '보안普安'은 영어명 Poo-an 으로, 선적항船籍港은 상해, 1896년에 Triesle 에서 건조된 총톤수 4,290.88, 등록 톤수는 2,404.54이었다. 속력은 14노트였으며, 이때는 해군강남조선소海軍江南造船所의 소유였다.[8]

해상호海上号[9]는 영어명 Hai-shang이며, 선적항은 상해, 1904년에

---

7   樊百川, 『中国輪船航運業的興起』, 四川人民出版社, 1980.10, pp.254~261・661・664.

8   上海市輪船業同業公会編輯, 『航業年鑑』, 上海市輪船業同業公会, 1936.6, p.163.

9   『航業年鑑』, p.135.

Sunder-Land에서 건조된 총톤수 3,301.80, 등록 톤수 2,073.53 으로, 속력은 9.5노트, 화상윤선고분(역주-고분=주식)유한공사華商輪船股份有限公司의 소유였다.

해상호海祥号는 영어명 Hai-hsiang, 선적항은 상해, 1918년에 Superior Wiss에서 건조되었고, 총톤수 2,048.57, 등록 톤수 1,184.95이며, 속력 9노트, 소유자는 국영초상국이었다.

『항업연감航業年鑑』은, 중국계 기업의 기선만 기록하고 있고, 영국계의 태고양행 및 이화양행의 기선에 관해서는 게재하고 있지 않다.

그러나 삼북三北에 대해서는 기록이 있다. 삼북은 삼북윤부고분유한공사三北輪埠股份有限公司를 말하며, 그 소유선박이 정안호靖安号였다. 정안호는 영어명이 Ching-an이며, 선적항은 상해, 1907년에 독일 Lübeck에서 건조된 총톤수 2,144.51, 등록 톤수 1,316.13, 속력 11노트의 선박이었다.[10]

3. 1946, 1947년 청도항 출입 윤선 수

청도당안관靑島檔案館에 소장된 기록 중에, 1946년, 1947년의 청도항 「항무국월분업무보고표港務局月份業務報告表」(등록호 : 33.1.1056)가 있다.

중화민국 35년(1946) 9월 2일 자 No.1부터 동 36년 8월 31일 자 No.8까지이며, 나열하면 다음 표와 같다.

각 표의 처음에 운항, 유래지가 기록되어 있다. 민국 35년의 No.1에

---

10 『航業年鑑』, p.210.

No.1	'8월분 업무보고'	(중화민국 35년 9월 2일)
No.2	'9월분 업무보고'	(중화민국 35년 9월 30일)
No.3	'10월 분업무보고'	(중화민국 35년 10월 31일)
No.4	'11월분 업무보고'	(중화민국 35년 11월 30일)
No.5	'12월분 업무보고'	(중화민국 35년 12월 31일)
No.1	'1월분 업무보고'	(중화민국 36년 1월 31일)
No.2	'2월분 업무보고'	(중화민국 36년 2월 28일)
No.3	'3월분 업무보고'	(중화민국 36년 3월 31일)
No.4	'4월분 업무보고'	(중화민국 36년 4월 30일)
No.5	'5월분 업무보고'	(중화민국 36년 5월 31일)
No.6	'6월분 업무보고'	(중화민국 36년 6월 30일)
No.7	'7월분 업무보고'	(중화민국 36년 7월 31일)
No.8	'8월분 업무보고'	(중화민국 36년 8월 31일)

는 '상해, 천진, 영파, 연운항連雲港, 진황도秦皇島'가 기록되어 있고, 행선
지로는 '남경, 상해, 천진, 연운항'이 있다. 같은 No.2의 유래지와 행선
지는 양쪽 모두 '상해, 천진, 영구, 진강鎭江, 무호蕪湖, 연운항'이 기록되
어 있다. 동 No.3도 No.2와 동일하다. No.4는 유래지, 행선지 모두 '상
해, 천진, 남경, 영파, 진강, 영구營口, 연운항'이다. 동 No.5는 유래지, 행
선지 모두 '상해, 천진, 남경, 영파, 진강, 연운항, 한구漢口'이다.

민국 36년의 No.1은 유래지, 행선지 모두 '상해, 연운항, 영파, 천진,
진강'이다. 동 No.2는 기록이 없다. 동 No.3은 '상해, 천진, 연운항, 영파,
진강'이다. No.4는 유래지만 기록이 되어 있고 '상해, 천진, 진강, 영파,
연운항, 영구'이다. 동 No.5는 유래지, 행선지 모두 '상해, 강음, 연운항,
영파, 영구, 진강, 천진, 진황도'이다. No.6은 유래지, 행선지 모두 '상해,
천진, 강음江陰, 영구, 진강, 연운항, 진황도' 이다. No.7은 유래지가 '상
해, 천진, 영구, 진강, 강음, 연운항'이고, 행선지는 '상해, 천진, 영구, 우

〈그림 2〉『공상신보』제1,520호, 1934.3.3

〈그림 3〉『공상신보』제1,538호, 1934.3.20

〈그림 4〉『공상신보』제1,558호, 1934.3.31

장牛莊, 진강, 호호도葫蘆島, 연운항'이다. 동 No.8은 유래지는 '상해, 천진, 영구, 진강, 연운항'이며, 행선지는 '상해, 천진, 영구, 연운항'이다.

이와 같은 청도항의 '업무보고표'를 따르면, 청도로부터의 윤선에 의한 항운지는 중국 각 연해지역이었던 것을 알 수 있다. 즉, 발해연해의 영구, 우장, 진황항, 천진이 있었고, 강소성의 연운항, 남경, 진강, 강음, 상해가 있었으며, 그중 장강 수역에 포함되는 것은 강음, 진강, 남경, 무

<표 4> 1946~1947년 청도항 출입 윤선 수

년월	입항척수	톤수	출항척수	톤수
1946년 8월	95	7,705	110	7,041.5
1946년 9월	112	5,818.7	105	8,178.7
1946년 10월	130	8,129.1	133	7,044.9
1946년 11월	124	6,577.8	141	6,364.9
1946년 12월	142	3,872.9	139	8,367.3
1947년 1월	104	733.4	74	3,009.8
1947년 2월	82	42.2	95	4,042.6
1947년 3월	99	11,929.5	111	10,559.2
1947년 4월	102	8,812.9	106	5,250.9
1947년 5월	122	13,348.3	126	14,913.7
1947년 6월	111	7,734.1	98	6,376.5
1947년 7월	123	19,059.1	110	5,012.6
1947년 8월	92	961	85	2,053.2

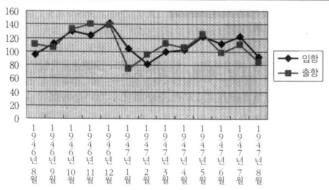

호無湖, 한구였다. 최남단은 절강성의 영파였다.

'업무보고'에서 윤선의 청도항 출입 척수와 톤수를 정리한 것이 〈표4〉이다.

1946년부터 1947년까지의 거의 1년간의 기록이다. 이 시기는 중일

전쟁이 끝나고, 중국 내에서 중국 공산당과 국민당과의 항쟁이 치열했

던 시기이지만, 청도항에 출입한 기선이 매달 100여 척 정도 있었음을

알 수 있다. 청도항에 출입한 기선은, 상해, 강음, 연운항, 영파, 영구, 진

강, 천진, 진황도 등이 주를 이루며, 남쪽 끝으로는 상해부터 장강유역인 진강, 남경, 무호蕪湖, 한구 등이 보인다. 가장 남쪽, 최남단은 절강성의 영파였다. 항해 빈도가 높았던 곳은 발해연해의 영구, 우장, 진황항, 천진, 그리고 강소성의 연운항과 상해였다.

4. 소결

위와 같이, 1934년에 간행된 청도의 『공상신보』를 단서로 해서 청도와 상해를 잇는 연해의 기선 항운에 대해서 기술하였다. 1934년 무렵의 청도와 상해를 연결하는 기선항로는 주로 중국의 대표적 선박회사였던 초상국에 의해 운항되고 있었다. 초상국은 자회사 선박인 보안호를 이용하여 매주 거의 두 번, 청도와 상해를 잇는 정기 항해를 하고 있었다.

그 후 중화인민공화국성립 이전인 1946년부터 1947년 사이의 거의 1년간의 기록에서, 청도항에 출입한 기선이 매달 100여 척 정도 있었음을 알 수 있다. 청도항에 출입한 기선은 상해, 강음, 연운항, 영파, 영구, 진강, 천진, 진황도 등이 주를 이루었고, 남쪽 끝으로는 상해와 장강유역의 강음, 진강, 남경, 무호, 한구 등도 약간 보이며, 최남단은 절강성의 영파였다. 항해 빈도가 높았던 곳은 발해연해의 영구, 우장, 진황항, 천진이나 강소성의 연운항과 상해였다.

제5장

영소윤선공사寧紹輪船公司에 의한
영파寧波 · 상해上海항로의 창업

1. 서언

1842년 남경조약이 체결되어 상해 · 영파 · 복주 · 하문 · 광주 등 5개 항이 개항되자, 연해 지역 상인들은 적극적으로 무역 활동에 종사하여, 특히 영파 상인의 대부분이 상해에 진출한다.[1] 그 영파 상인 중의 한 사람인 우흡경虞洽卿, Yu Qiaqing[2]도 19세기 말에 상해에 진출하여 점차 재산

---

1 西里喜行, 「淸末寧波商人の硏究 (上)」, 『東洋史硏究』 제26권 제1호, 1967.6, p.1~29.
2 우흡경(虞洽卿)에 대해서는, 陳来幸氏의 『虞洽卿について』(京都大学人文科学研究所共同報告, 『五四運動の研究』第二函, 同朋舎出版, 1983.12, pp.1~127)가 있다. 우흡경의 무역중개상으로서의 출발과, 민족기업의 개척, 54시기(五四時期)의 기업경영, 상해총상회 회장(上海総商会会長)으로서의 정치활동, 절강재벌(浙江財閥)의 영수(領袖)로서의 장개석(蒋介石)과의 관계 등에 대해서 자세히 검토하고 있다. 그러나 본서에서 말한 영소상윤고분유한공사(寧紹商輪股份有限公司)에 대해서는, "관료적 색채가 짙은 초상국과 외국기업의 압박을, 항운유지회라는 형태의 동향인모임의 지지로 극복할 수 있었던 영소공사는 민영기선회사로서 탄생할 수 있었다"(p.27)고 지적하고 있지만, 영소상윤고분유한공사의 운항형태 등 상세한 언급은 없다.

을 모으면서 상해를 대표하는 경제인으로 성장하였다. 우흡경은 경제 활동의 기반이었던 상해와 그의 고향인 영파를 잇는 윤선항운업 즉, 기선항운업 개설에 힘쓰고 있었다.

우흡경이 상해와 영파를 연결하는 기선항로 개설을 시도하기 이전에는 상해와 영파를 잇는 기선정기항로로 영국계 태고윤선공사[3]와 중국의 초상국윤선공사에 의해 운항되는 정기항로만 있었고, 이 항로는 두 회사의 과점寡占상태나 마찬가지였다. 그 가운데 우흡경에 의한 민족자본인 신윤선공사新輪船公司가 뛰어든 것이었다.

이 장에서는 그러한 기선 회사의 설립 경위와 운항 상황에 대해서 기술하고자 한다.

2. 우흡경虞洽卿과 윤선항운사업

근대 영파상인을 대표하는 한 사람인 우흡경은, 청조의 동치 34년(1945)에 사천성四川省 중경시重慶市에서 78세로 사망하였다.[4] 우흡경의 옛집 '천서당天敍堂'이 현재도 절강성 진해현 자계시 용산진산하촌浙江省鎭海縣慈溪市龍山鎭山下村에 보존되어 있다.(〈사진 1〉)

우흡경은 1881년 14세 때 상해로 나가 서강안료행瑞康顔料行에서 일하였고, 10년 뒤에는 서강안료행의 출자자도 되었다.

---

3 太古輪船公司 : 中国航業公司, The China Navigation Co.,Ltd.
4 慈溪市文物管理委員会弁公室 編,『虞洽卿与天敍堂』, 龍山虞氏旧宅建築群晋為重点文物保護單位, 2001.6, p.8.

〈사진 1〉 우흡경의 옛집 '천서당'

그 후, 우흡경은 금융계에 진출하였고, 항운업에도 사업을 확대하여 1908년에는 영소윤선공사寧紹輪船公司, 1915년에는 삼북윤부공사三北輪埠公司를 창업했다. 삼북윤부공사는 상해에 본사를 두고, 그의 고향인 용산, 진해, 영파에 지점을 설치하여, 진북鎭北, 자북慈北, 요북姚北 이라고 명명한 기선으로 항운업을 하였다. 그 후 그는 중국 경제계를 대표하는 인물이 되었다.

우흡경은 쇼와초기의 일본경제계에서도 주목을 받았으며, 우흡경이 젊은 시절 습득한 어학실력을 살려서 네덜란드은행의 중개업자가 되었고, 그 후 상해와 고향 영파를 잇는 항운업에 진출한 것으로 알려져 있다. 그리고 상해를 대표하는 실업가의 한 사람으로 성장하였다.[5]

특히 기선항운업에서 주목할 만한 것은 기선회사의 창설이었다. 그

5 「虞洽卿 (YO Ch'iao-ch'ing 南音 YQ Ca-ching) 名和德 年鮎六十五」, 『改訂 現代支那名 鑑「追補第一」』, 外務省情報部, 1930.4, p.29.

내용은 다음과 같다.

> 이어지는 중국항해업의 부진을 슬퍼하여 홍안(鴻安), 삼북(三北), 영소
> (寧紹) 등 3곳의 기선회사를 창설하였다[6]

우흡경은 자신이 기선항운업에 열정을 쏟았고, 그 기선항운업 회사
인 영소상윤공사寧紹商輪公司를 창업한 이유를 다음과 같이 말하고 있다.

> 그러나 상해지역은 중요한 통상(通商)항구로서, 상업이 번성하여, 우리
> 중국의 각 성(省) 가운데 그보다 더한 곳이 없으며, 상업에서는 또 우리 영
> 파인(寧波人)과 소흥인(紹興人)이 다수를 차지한다. 그러므로 영파·소흥
> 동향인으로서 상해와 영파를 왕래하는 자는 날로 많아지고, 상해와 영파를
> 왕래하는 윤선도 날로 가득 들어차서, 그 항업(航業)의 발달과 이익이 후함
> 은 이미 사람들의 눈과 귀에 분명하다.[7]

영소상윤공사는, 경제의 중심지인 상해와 고향 영파를 잇는 항운사
업의 시작이었다. 상해는 남경조약체결 후, 중요한 대외통상의 중심지
가 되었고 상업이 번성하여 19세기 말부터 20세기 초반의 중국경제의
중심지였다. 그러한 상해에는 지리적 이점으로 상해 개항 초기부터 수
많은 영파인寧波人과 소흥인紹興人이 진출하여 경제활동에 종사하였다.

---

6 「虞洽卿 (Yii Chlao-di'ing 南音 YQ Ca-ching) 名和德 年齡六十五」, 『改訂 現代支那名鑑「追補
   第一」』, 外務省情報部, 1930.4, p.29.
7 『申報』 第13088号 第101冊 p.173.

그로 인해 상해와 영파는 인적, 물적 교류가 빈번하였던 것이다. 상해와 절강의 동쪽지역인 영파·소흥 간에 기선항로를 개설하는 것은 영파인과 소흥인에게는 필요불가결한 것으로 여겨졌다. 특히 큰 기선회사의 상해·영파 항로의 과점상태에 대하여, 영파인과 소흥인이 운임의 저렴화를 꾀하였으나 그것을 실현할 수 없었기 때문에, 독립된 기선회사를 설립하는 방향으로 일이 진행되었다고도 알려져 있다.[8] 우흡경은 출자를 모아서 상해·영파 간 기선항로를 개설하기로 한 것이었다.

영소윤선공사寧紹輪船公司의 개설신청 비준이 『상무관보商務官報』 제5기, 선통 원년 2월 15일(1909.3.6)의 「윤선공사창판비문輪船公司創辦批文」에 게재되어 있다.

품문(稟文)에 의하면 직상(職商) 오화덕(吳和德) 등이 주식으로 은(銀) 25만 원을 모아, 영소상윤고분유한공사(寧紹商輪股份有限公司)를 설립, 선박을 구입하고 항구를 계획중이다. 상해와 영파의 왕래는 대체로 이미 실마리가 있고, 장정(章程)을 작성하여 제출하고, 안건을 허가해주기를 청하니, 각자 나누어 조회하고 보호할 것. 작성한 작정을 보면, 공사가 주식을 모으는 방법이 상세하고 명백하다. 그러나 영소 두 글자는 항로의 구칭(舊稱)이니, 따로 공사의 이름을 정해야 할 것이다. 거기서 총협리(總協理)라고 칭하는 것 역시 상회(商會) 직원의 명칭을 그대로 사용한 것이니, 총판(總辦) 혹은 사리인(事理人)으로 고쳐야 하고, 거기서 직원(職員)이라 한 것은 사무원(事

---

8 "光緖季年招商局與英商太古洋行·法商立興洋行聯合行駛上海寧波間, 每客票價初由五角漲至一元, 復漲至一元五角. 寧波商人向上海往來者甚多, 受此壟斷甚爲不平, 由虞和德等向三公司要求減價不允, 和德等憤而自行組織寧紹商輪股份有限公司, 光緖三十四年六月設立"이라고 되어있다(張心澂, 『中國現代交通史』(現代中國史叢書), 上海·良友図書印刷公司, 1931.8, p.285).

務員)으로, 직무(職務)는 사무(事務)로 고쳐서 명칭과 실제가 서로 부합하도록 해야 한다. 윤선운항사무에 대해서는, 따로 장정을 마련하여, 우전부(郵傳部)에 나누어 올려서(稟) 심사·결정한다. 안건을 먼저 비준하는 것 외에도, 그 공사가 수정하여 등록하기를 기다린 후, 다시 공문(咨文)을 내려 보호하여, 즉시 명령대로 처리하라. 전보로 비준한다. 3월 초4일.

오화덕 등이 선통(宣統) 원년 5월 25일 고분유한공사를 설립하다.

총호(總號) 상해(上海)

분호(分號) 영파(寧波)

고은(股銀) 백만 원(百萬元)(상해통용은(上海通用銀)), 매(每) 고은 5원

등록일 선통 원년 7월 25일[9]

우화덕虞和德 즉, 우흡경 등이 25만 원元의 주식을 모은 자금으로 영소상윤고분유한공사寧紹商輪股份有限公司를 창설하고, 선박을 구입하여, 상해를 본점, 영파를 지점으로 하는 항운업을 창업한 것이었다.

이에 대하여, 『신보申報』 제13,011호, 1909년 4월 26일 자에 「영소상윤공사품준립안寧紹商輪公司稟准立案」이 게재되어 있다.

우전부(郵傳部)는 영소상윤공사의 품문(稟文)에 비답(批答)했다. 품문에 의하면, 이미 총리(總理) 오화덕 등이 올린 글을 조사했다. 그 글은 다음과 같다. 고은(股銀) 백만 원을 모으고, 유한공사에 관한 법률을 준수하여, 영소상

---

9 「公司注册各案摘要」, 『商務官報』 第5期, 第13p, 宣統元年 2月 15日; 第23期, 第11p, 8月 初5日. 聶宝璋·朱蔭貴 編, 『中国近代航運史資料』 第二輯(1895~1927) 下冊, 中国社会科学出版社, 2002.10, pp.1055~1056에 따른다.

윤고분유한공사(寧紹商輪股份有限公司)를 설립했다. 선박을 구입하고 항구를 계획하여, 상해와 영파를 왕래한다. 대체로 일의 실마리는 잡혔고, 주식자본이 충분히 걷히기를 기다려, 일을 시작했다. 이미 고은 25만 원을 모았고, 장정에 따라 정식 주주회의를 열었다. 총협리(總協理)를 선거로 뽑아 주주를 대표하였다. 상세한 장정을 마련하여, 등록을 청하는 공문을 나누어 보내었다. 그 총리 등이 거금을 모으고 항업을 일으킨 것은, 참으로 당연히 해야 할 급선무이다. 당연히 우선 등록을 허락하여, 권면하여야 한다. 그러나 만들어 놓은 장정은 전부 고분공사에 관한 것으로서, 운항사업에 관해 있어야 할 일체의 사무에 대해 언급하지 않았다. 농공상부(農工商部)가 공문을 내어 조사하고, 그 상회에 명령하여 즉시 시행하도록 하라. 그 공사의 윤선 구입, 부두 건설, 정기선 운항, 화물과 승객의 운임과 일정, 선원의 임용 등 모든 상세한 장정(章程)을 적절히 갖추어 다시 보고하도록, 사정을 참작하여 심사하도록 하라.[10]

당시의 교통수단으로는 윤선, 즉 기선이 가장 빠른 것이었으며, 영파의 경제인은 중국의 경제 중심지인 상해를 기반으로 활동하고 있었다. 게다가 영파는 땅은 좁은데 인구는 많아 그 잉여인구가 영파 이외의 지역으로 나가 활동하지 않으면 고향의 식구를 먹여 살릴 수가 없었다. 그 결과, 상해의 인구 절반을 영파인이 차지하고 있다는 말이 있을 정도로, 영파와 상해는 거리도 가깝고 왕래 인구도 많아 기선항로 개설의 최적지로 여겨졌던 것이다.

1944년 12월 8일 자의 「상해시윤선업동업공회정리위원회 회원등록

---

10 『申報』第99冊, p.816.

표^{上海市輪船業同業公會整理委員會 會員登錄表}」의 영소윤선의 기록이 상해시 당안관檔案館에 남아 있다.

> 공사 또는 상호명 중문(中文) 영소상윤고분유한공사(寧紹商輪股份有限公司) 영문 NINGPO SHAOSHING S.N.CO.LTD
>
> 총공사(總公司) 또는 총점(總店)의 소재지 및 주소 : 상해 영파로(寧波路) 86호
>
> 전화번호 : 18781
>
> 분공사(分公司) 또는 지점(支店) 소재지 및 주소 : 영파 강북안 한구마왕묘 구강빈강로
>
> 성립년월 : 전청(前淸) 광서(光緖) 34년 5월 일
>
> 조직의 성격 : 고분유한공사¹¹

위에서 알 수 있듯이, 정식 명칭은 '영소상윤고분유한공사'였다. 본 장에서는 영상윤선공사寧商輪船公司로 하고 설명하고자 한다. 광서 34년(1908) 5월이 창업연도로 되어 있으나, 실제로는 다음 해인 선통宣統 원년(1909)부터 운항을 시작하였다. 본점은 상해 영파로 86호, 분점은 영파의 용강甬江 북쪽 해안에 있었다. 후에는 장강長江항운에도 참여하기 위하여 장강 중류의 한구漢口와 강서성江西省의 구강九江에도 지점을 개설하였다.

상해시 당안관檔案館이 소장하는 「영소윤선공사개황조사寧紹輪船公司槪況調査」¹²에 의하면 다음과 같은 보고가 있었다.

---

11 上海市檔案館所藏, 登錄号 : S149-1-74-44(2012年 8月 30日 收集).
12 上海市檔案館所藏, 登錄号 : Q78-2-16274(2012年 9月 3日 收集).

영소상윤고분유한공사 조사보고

간사(簡史) : 당해 공사는 중화민국 성립 전(前) 4년 5월, 우흡경(虞洽卿)·엄자균(嚴子均)·방초령(方樵岺) 등이 발기하여 조직했다. 원래 주소는 남경로(南京路) 226호이며, 우흡경이 총경리(總經理), 진백강(陳伯剛)이 경리(經理)를 맡았다. 중화민국 성립 전 3년 5월에 복주선정국(福州船政局)으로부터 영소 윤선 1척을 구입하여 상해와 영파 사이를 운항하였고, 다음해 용흥윤(甬興輪) 및 자체 건조한 신영소(新寧紹)와 영소를 장강에서 운행하였다. 용흥은 상해와 복건 및 남양과 북양에서 운행했고, 신영소는 상해와 영소 사이를 운행했으며, 후에 또 영정(寧靜)을 더하여 장강에서 운행했다. 민국 12년 강서로(江西路) 206호에서 230호에까지에 이르는 2층 건물 한 채를 구매했다. 22년 4월 30일, 용흥윤이 해문(海門)에서 안개를 만나 바위에 부딪혀 침몰했다. 25년 스스로 건물을 팔고서 영파로 86호 2층으로 옮겼다(전화 1878, 1, 2, 3). 26년 813전쟁이 일어나자 영정이 군사위원회의 명령으로 징용되었다가, 강음봉쇄선(江陰封鎖線)에 가라앉혀졌다. 28년 영소가 강방사령부(江防司令部)에 징용되어, 6월에 의창(宜昌) 부근에서 적기에 의해 폭침되었고, 신영소는 34년 7월 1일 진해구(鎭海區) 바깥의 어성뇌(魚腥腦)의 해수면(海水面)에서 폭침되었다. 승리 후 다시 부흥을 도모하여, 현재는 선박을 구매해 운항 재개를 준비하고 있는 중이다.

민국民國 전 4년, 즉 광서(1908) 5월에 우흡경 등이 상해 남경로南京路에 본사를 두고 사업을 개시하였으며, 민국 전 3년, 즉 선통원년(1909)년 5월에 복건의 복주에 있었던 복주선정국福州船政局으로부터 영소호寧紹号를 구입, 상해·영파간의 항운을 개시하였고, 이어서 선통 2년(1910)에 용흥호^{甬興号}를 구입하였으며 또 신영소호^{新寧紹号}를 새로 건조하였다. 영소호^{寧紹号}는 상해·영파 항로를 떠나 상해·장강^{長江}항로에 참여한 다. 또 용흥호^{甬興号}는 상해로부터 남양, 북양으로 항로를 확대해 나간 다. 그리하여 신영소호^{新寧紹号}가 상해·영파 항로를 담당하게 된다. 새 배인 영정호^{寧静号}는 장강항로를 운항하게 된다. 민국 12년(1923)에는 신 사옥을 상해의 강서로^{江西路}에 건물을 매입하여 이전하였다. 민국 22년 (1933) 4월 30일에 용흥호가 장강 입구에 가까운 숭명도^{崇明島}의 동북 쪽 해문^{海門}부근에서 안개로 인해 암초에 충돌한 뒤 침몰하였다. 민국 25 년(1936)에는 본사 사옥 부지를 매각하고 새로 영파로^{寧波路}로 신사옥을 이전하여 지었다.

3. 영소윤선공사의 상해·영파 항로 창업 시의 운항 상황

상해와 영파 간의 교통상황에 관해서,『신보^{申報}』제2,653호, 1880년 9 월 18일 자「논선가참차^{論船價參差}」에 다음과 같은 기술이 있다.

만약 윤선을 타지 못하면, 상해에서 영파까지 반드시 내하를 경유해 항주 를 거쳐, 강을 건너 소흥에 이르고, 다시 동쪽으로 가야 비로소 닿는다. 그 렇지 않으면 바다로의 항행은 별각선(鰲殼船) 등에 타는데, 바람의 향배에 따라 오랫동안 가서, 달포를 지나서야 비로소 도착하는 일도 있었다.

이와 같이 상해에서 내륙 하천을 이용해서, 항주^{杭州}로 나가 전당강^{錢唐}

江을 건너 소흥紹興에 도착한 뒤, 그곳에서 영파로 가는 것이 안전한 노정이었다. 내륙하천을 이용하지 않으면, 해양항로를 이용하는 배를 탑승해야 했는데, 바람의 방향에 따라서는 더 오랜 시간이 걸리기도 하였던 것이다.

이 같은 불편한 상황을 해결해 준 것이 윤선의 등장이었다.

> 동치(同治) 초년, 중국에는 아직 윤선을 두지 않았고, 전부 양상(洋商)의 선박을 빌려 왕래를 편하게 하였는데, 그 때는 영파(寧波)와 월동(粤東) 두 노선만 통했다. 영파선의 운임은 갑판이 양(洋) 6원, 고급 객실은 그 두 배였다. 만약 월동이라면 수십 금(金)이 아니면 안 되었다. 그 후 천진(天津)이 통했다. 장강(長江)도 통했다. 윤선의 운임은 반대로 날마다 싸졌는데, 양상(洋商)으로서 운행을 시작하는 자가 많아졌고, 중국도 스스로 초국(招局)을 설치했다.

같은 『신보』의 위와 같은 기록에서 알 수 있듯이, 동치 초년同治初年(1862)경에는 중국 국내에서 중국자본에 의한 윤선활동은 불충분하였으며, 대부분은 외국자본에 의한 윤선공사가 활동하고 있었다. 그 무렵에도 뱃삯은 비싸서 6원元이나 하였고, 1등칸은 두 배의 값이었다. 상해에서 광동廣東까지는 수십 원元이나 했던 것이다. 그 후, 윤선공사가 늘어나고 운임이 내려갔지만, 상해와 영파 간의 교통비도 결코 저렴한 것은 아니었다고 할 수 있다.

특히, 상해·영파를 연결하는 항로는 태고양행과 초상국윤선공사가 과점하고 있었다. 그 상황을 전형적으로 나타내는 해난구조海難救助의 사례가 있다.

『만국공보万国公報』 1879년(광서 5)의 「윤선손괴輪船損壞」에 아래와 같은 설명이 있다.

> 태고행은 윤선인 영파돈신(寧波惇信)을 운행한다. 오송강(吳松江) 바깥으로 나가, 천사(川沙)에 이르렀을 때 범선의 머리와 가까워져 충돌하였고, 굴뚝이 막히고 바퀴도 많이 손상되어 움직일 수 없었다. 다행히 영파를 운행하던 초국의 윤선인 강천(江天)을 만나 상해로 돌아와 정비하였다. 들리는 말로는 선박관리인의 실수였다고 한다.

상해를 출항하여 영파로 향하던 태고양행의 기선 돈신호惇信号가, 장강과 오송강이 합류하는 수역인 천사川沙부근(현재의 포동공항浦東空港)과 가까운 수역에서 범선과 충돌하여 운항할 수 없게 되었다. 그러나 마찬가지로 상해에서 영파를 향해 부근을 항해 중이었던 초상국윤선공사의 기선 강천호에 구조되어 상해까지 예항曳航되었다는 내용으로, 상해와 영파 항로를 과점하고 있었던 것이 태고양행과 초상국윤선공사 두 회사였다.

우흡경도 이 문제를 매우 씁쓸하게 생각한 듯하다. 『우흡경선생여호50년기념특간虞洽卿先生旅滬五十年紀念特刊』에 볼 수 있는 「우흡경선생지약력급50년대사기虞洽卿先生之略歷及五十年大事記」의 '창판사명은행급영소공사創辦四明銀行及寧紹公司'에 다음과 같은 기술이 있다.

> 상해와 영파의 물길은 하룻밤에 닿을 수 있고, 영파인의 왕래는 더욱 많아졌다. 광서(光緒)말에, 이 항로를 오가는 것은 단지 태고행(太古行)의 북경(北京)과 초상국(招商局)의 강천(江天) 두 윤선뿐이었다. 여행객은 물론 제공되는

것 이상을 요구하는 괴로움이 있지만, 운임을 통일하여 1인당 1원(元)으로 하였는데, 다른 노선에 비해 비쌌다. 이에 프랑스인이 동방공사(東方公司)를 설립하여, 큰 윤선으로 운항에 참여했다. 태고행은 초상국과 연합해 가격을 내려 경쟁하였다. 그 통일된 운임이 마침내 5각(角)까지 내렸고, 그 후 1년을 지속했으며, 세 공사는 협의하고 동맹하여, 운임을 1원으로까지 올렸다. 선생은 세 공사와 교섭하여, 운임을 통일하여 영원히 5각으로 제한하게 하고, 그렇지 않을 경우 경쟁자는 당연히 스스로 공사를 창립하고 선박을 구입하여 운항할 것이라고 하였으나, 거듭 협의해도 허가받지 못했다.[13]

이와 같이 상해와 영파는 기선을 타면 하룻밤에 도달하는 거리였다. 광서 말년光緒末年, 즉 20세기 초에 이 항로를 운항한 것은 태고양행과 초상국윤선공사 두 회사뿐이었다. 이 두 회사의 과점으로 인해 사람들의 이동에는 다른 노선과 비교하여 고액의 운임을 지불해야만 했던 것이다.

태고양행과 초상국윤선공사 외에 프랑스 입대공사立大公司의 기선도 참여하게 되면서 운임은 반액이 되지만, 그 후 세 회사가 협정하여 1원元을 통일 가격으로 한 것에 분개한 우흡경은 세 회사에 대해 뱃삯을 낮추어 5각角(역주 - 원의 10분의 1)으로 해 줄 것을 요청한다. 그러나 3사는 요구를 거부한다.

선생은 마침내 동향을 모집하여, 영소공사(寧紹公司)의 조직을 발기했다. 그러나 그때 동향인들 중 먼저 상해에 온 사람들 사이에 또 다른 관계가

---

13 『虞洽卿先生旅滬五十年紀念特刊』, 출판지·출판년 불명, 上海図書館所蔵(K825.3＝6)에 의함. 이하 동일.

있어서 모두 감히 찬성하지 못했다. 다행히 민지(民智)가 점차 열려, 일반 공상(工商)들이 자못 옹호하여, 경영에 온 힘을 다하니, 비로소 공사가 성립될 수 있었다.[14]

그리하여 우흡경은 위와 같이 동향同鄕의 영파, 소흥인들에게 호소하며 영소윤선공사 설립에 힘을 쏟았다. 상해에서 일하는 많은 상공인에게 편의를 제공하며, 상해와 고향 사이를 빈번하게 왕래하기를 바랐던 것이다.

우흡경이 영소윤선공사를 설립하기 전에 이미 상해·영파 사이의 항로에는 유력한 기선이 취항하고 있었다.

광서(光緒) 말년, 상해와 영파 사이를 왕래하던 윤선은 영상(英商) 태고(太古)의 북경윤(北京輪), 초상국의 강천윤(江天輪) 두 척뿐이었고, 승객은 극히 붐벼서, 통일된 운임은 편도가 1원이었다.[15]

광서년 말엽부터 영국 태고윤선공사의 북경호北京号와 초상국의 강천호江天号 두 척이 상해와 영파간의 정기항로를 서로 경쟁하며, 큰 두 기선회사의 과점상태가 된 것이었다.

이와 같은 상황에 우흡경 등의 영소상윤공사가 참여하게 되었다.[16]

영소상윤고분유한공사寧紹商輪股份有限公司가 상해·영파 사이의 기선항운을 창업해서 운항하기 약 반년 전인 1909년 1월 상해와 영파의 운항상황

---

14 「創弁四明銀行及寧紹公司」, 『虞洽卿先生旅滬五十年紀念特刊』에 따름.

15 方膡 「虞洽卿論」, 『雜志』 第12卷2期. 聶宝璋·朱蔭貴 編, 『中国近代航運史資料』 第二輯 (1895~1927) 下冊, 中国社会科学出版社, 2002.10, p.1057.

16 松浦章, 『清代帆船沿海航運史の研究』, 関西大学出版部, 2010.1, pp.422~449.

〈표 1〉 1909년 1월 상해·영파 간의 기선운항

No.	A/D	Date	Name	Tons	Captain	Flag	From	Cago	Consignees
2161	D	1909.1.1	Pekin	2,204	Sprake	Br.	Ningpo		B.and Swire
2161	A	1909.1.2	Lita	1,726	Henry	Fr.	Ningpo	General	R.Ackermann & Co.
2161	A	1909.1.2	Kiangteen	1,435	Gillespie	Chi	Ningpo	General	CMSN Co.
2161	D	1909.1.2	Lita	1,726	Henry	Fr.	Ningpo	General	R.Ackermann & Co.
2161	D	1909.1.2	Kiangteen	1,435	Gillespie	Chi	Ningpo	General	CMSN Co.
2161	A	1909.1.3	Pekin	1,274	Sprake	Br.	Ningpo	General	B.and Swire
2161	D	1909.1.4	Pekin	1,274	Sprake	Br.	Ningpo	General	B.and Swire
2161	A	1909.1.5	Kiangteen	1,435	Gillespie	Chi	Ningpo	General	CMSN Co.
2161	D	1909.1.5	Lita	1,727	Henry	Fr.	Ningpo	General	R.Ackermann & Co.
2161	D	1909.1.5	Kiangteen	1,453	Gillespie	Chi	Ningpo	General	CMSN Co.
2161	A	1909.1.6	Pekin	1,274	Sprake	Br.	Ningpo	General	B.and Swire
2161	D	1909.1.6	Pekin	1,247	Sprake	Br.	Ningpo	General	B.and Swire
2162	A	1909.1.7	Kiangteen	1,435	Gillespie	Chi	Ningpo	General	CMSN Co.
2162	A	1909.1.7	Lita	1,726	Henry	Fr.	Ningpo	General	R.Ackermann & Co.
2162	D	1909.1.7	Lita	1,727	Henry	Fr.	Ningpo	General	R.Ackermann & Co.
2162	D	1909.1.7	Kiangteen	1,453	Gillespie	Chi	Ningpo	General	CMSN Co.
2162	A	1909.1.8	Pekin	1,274	Sprake	Br.	Ningpo	General	B.and Swire
2162	A	1909.1.8	Pekin	1,274	Sprake	Br.	Ningpo	General	B.and Swire
2162	D	1909.1.8	Pekin	1,247	Sprake	Br.	Ningpo	General	B.and Swire
2162	A	1909.1.9	Kiangteen	1,453	Gillespie	Chi	Ningpo	General	CMSN Co.
2162	A	1909.1.9	Lita	1,727	Henry	Fr.	Ningpo	General	R.Ackermann & Co.
2162	D	1909.1.9	Kiangteen	1,455	Gillespie	Chi	Ningpo	General	CMSN Co.
2162	D	1909.1.9	Lita	1,726	Henry	Fr.	Ningpo	General	R.Ackermann & Co.
2162	D	1909.1.11	Pekin	1,274	Sprake	Br.	Ningpo	General	B.and Swire
2162	A	1909.1.12	Lita	1,726	Henry	Fr.	Ningpo	General	R.Ackermann & Co.
2162	A	1909.1.12	Kiangteen	1,435	Gillespie	Chi	Ningpo	General	CMSN Co.
2162	D	1909.1.12	Lita	1,727	Henry	Fr.	Ningpo	General	R.Ackermann & Co.
2162	D	1909.1.12	Kiangteen	1,453	Gillespie	Chi	Ningpo	General	CMSN Co.
2162	A	1909.1.13	Pekin	2,204	Sprake	Br.	Ningpo	General	B.and Swire
2162	D	1909.1.13	Pekin	1,274	Sprake	Br.	Ningpo	General	B.and Swire
2163	A	1909.1.14	Kiangteen	1,453	Gillespie	Chi	Ningpo	General	CMSN Co.
2163	A	1909.1.14	Lita	1,727	Henry	Fr.	Ningpo	General	R.Ackermann & Co.
2163	D	1909.1.14	Lita	1,726	Henry	Fr.	Ningpo	General	R.Ackermann & Co.
2163	D	1909.1.14	Kiangteen	1,435	Gillespie	Chi	Ningpo	General	CMSN Co.
2163	A	1909.1.15	Pekin	1,274	Sprake	Br.	Ningpo	General	B.and Swire
2163	D	1909.1.15	Pekin	1,247	Sprake	Br.	Ningpo	General	B.and Swire
2163	A	1909.1.16	Kiangteen	1,453	Gillespie	Chi	Ningpo	General	CMSN Co.
2163	A	1909.1.16	Lita	1,726	Henry	Fr.	Ningpo	General	R.Ackermann & Co.
2163	D	1909.1.16	Lita	1,72G	Henry	Fr.	Ningpo	General	R.Ackermann & Co.
2163	D	1909.1.16	Kiangteen	1,435	Gillespie	Chi	Ningpo	General	CMSN Co.
2163	A	1909.1.17	Pekin	2,204	Sprake	Br.	Ningpo	General	B.and Swire
2163	D	1909.1.18	Pekin	1,247	Sprake	Br.	Ningpo	General	Swire

No.	A/D	Date	Name	Tons	Captain	Flag	From	Cago	Consignees
2163	A	1909.1.19	Lita	1,727	Henry	Fr.	Ningpo	General	R.Ackermann & Co.
2163	A	1909.1.19	Kiangteen	1,453	Gillespie	Chi	Ningpo	General	CMSN Co.
2163	D	1909.1.19	Lita	1,727	Henry	Fr.	Ningpo	General	R.Ackermann & Co.
2163	D	1909.1.19	Kiangteen	1,453	Gillespie	Chi	Ningpo	General	CMSN Co.
2164	A	1909.1.20	Pekin	1,274	Sprake	Br.	Ningpo	General	B.and Swire
2164	D	1909.1.20	Pekin	1,274	Sprake	Br.	Ningpo	General	B.and Swire
2164	A	1909.1.21	Lita	1,726	Henry	Fr.	Ningpo	General	R.Ackermann & Co.
2164	A	1909.1.21	Kiangteen	1,435	Gillespie	Chi	Ningpo	General	CMSN Co.
2164	D	1909.1.21	Kiangteen	1,435	Gillespie	Chi	Ningpo	General	CMSN Co.
2164	D	1909.1.21	Lita	1,726	Henry	Fr.	Ningpo	General	R.Ackermann & Co.
2164	A	1909.1.22	Pekin	1,274	Sprake	Br.	Ningpo	General	B.and Swire
2164	D	1909.1.25	Pekin	1,274	Sprake	Br.	Ningpo	General	B.and Swire
2164	A	1909.1.26	Kiangteen	1,453	Gillespie	Chi	Ningpo	General	CMSN Co.
2164	A	1909.1.26	Lita	1,727	Henry	Fr.	Ningpo	General	R.Ackermann & Co.
2164	D	1909.1.26	Lita	1,727	Henry	Fr.	Ningpo	General	R.Ackermann & Co.
2164	D	1909.1.26	Kiangteen	1,453	Gillespie	Chi	Ningpo	General	CMSN Co.
2164	A	1909.1.27	Pekin	1,247	Scott	Br.	Ningpo	General	B.and Swire
2164	D	1909.1.27	Pekin	1,274	Scott	Br.	Ningpo	General	B.and Swire
2165	A	1909.1.28	Lita	1,726	Henry	Fr.	Ningpo	General	R.Ackermann & Co.
2165	A	1909.1.28	Kiangteen	1,435	Gillespie	Chi	Ningpo	General	CMSN Co
2165	D	1909.1.28	Lita	1,728	Henry	Fr.	Ningpo	General]	R.Ackermann & Co.
2165	D	1909.1.28	Kiangteen	1,453	Gillespie	Chi	Ningpo	General	CMSN Co
2165	A	1909.1.29	Pekin	1,274	Scott	Br.	Ningpo	General	B.and Swire
2165	D	1909.1.29	Pekin	2,204	Scott	Br.	Ningpo	General	B.and Swire
2165	A	1909.1.30	Kiangteen	1,435	Gillespie	Chi	Ningpo	General	CMSN Co
2165	A	1909.1.30	Lita	1,727	Henry	Fr.	Ningpo	General	R.Ackermann & Co.
2165	D	1909.1.30	Kiangteen	1,458	Gillespie	Chi	Ningpo	General	CMSN Co
2165	D	1909.1.30	Lita	1,728	Henry	Fr.	Ningpo	General	R.Ackermann & Co.
2165	A	1909.1.31	Pekin	1,274	Scott	Br.	Ningpo	Coal & General	B.and Swire

주: *North-China Herald*의 "Shanghai Shipping Intelligence" 1909년 1월분만 정리했다.

이 어떠했는가는 *The North-China Herald*의 "Shanghai Shipping Intelligence"
선박정보로 알 수 있다.

1909년 1월 한 달 동안 상해 · 영파 간 각 회사의 기선 운항 상황이 다
음의 〈표 1〉이다.

1909년 1월에 상해 · 영파 간의 항로를 운항하고 있었던 것은 'C.M.S.N.Co.'

즉, 초상국윤선공사招商局輪船公司, 'B. and Swire' 라고 표기한 태고양행太古洋行
즉, 영국적籍의 Butterfield & Swire 의 태고윤선공사太古輪船公司, China Navigation
Co., Ltd.[17]와, 'R. Acker mann & Co' 프랑스국적의 입흥공사立興公司 즉, 'Racine,
Ackermann & Co.'[18]가 먼저 운항하고 있었다.

　'C. M. S. N. Co.'로 표기한 초상국윤선공사는 Kiangteen호 = 천강호江天
号, 'B. and Swire'로 표기한 태고양행은 Pekin호 = 북경호北京号, 'Racine,
Ackermann & Co.'로 표기한 입흥공사의 Lita호 = 입대호立大号가 각각 상
해·영파간을 통상 2~3일 간격으로 왕복하며, 최대의 경우라도 5일간의
일정으로 1개월에 11회의 항해를 하고 있었음을 알 수 있다. 이 3사기선의
정기운항 이외에 다른 회사에 의한 영파 항로 운항은 찾아 볼 수 없다.

　우흡경이 지적한 이 3사에 의한 '세 공사가 동맹을 맺은 결과 표값이 1
원까지 올랐다三公司協議同盟, 將票價漲至一元'과 같이 3사가 운임협정을 맺고,
상해·영파 항로를 과점했다. 이 때문에 상해에서 영파 사이를 왕래하는
사람들에게는 결코 싸지 않은 운임으로 승선할 수밖에 없었던 것이었다.

　이와 같은 상황을 타개하려고 한 것이 우흡경이었다.

　영소상윤공사가 정기항로를 시작하기 직전의 광고가, 『신보』제 13,080
호, 선통 원년 5월 18일, 1909년 7월 5일 자 일면에 게재되어 있다.

　영소(寧紹)의 윤선은 23일 4시, 상해에서 영파로 가는 승객의 탑승을 알린다.
본선(本船)은 5월 22일에 시승식을 한다. 23일에 상해에서 영파로 출발하며,
일요일에 영파에서 상해로 돌아온다. 모두 화물은 싣지 않는다. 25일 일요일에

---

17 黃光域 編, 『近代中國專名翻訳詞典』, 四川人民出版社, 2001.12, pp.37·62.
18 樊百川, 『中国輪船航業的興起』, 四川人民出版社, 1985.10, p.662.

는 승객과 화물을 싣는데, 이날 상해에서 영파로 출발한다. 그후 정기적으로 왕래하며, 날씨에 상관하지 않는다. 이에 배치를 나누어 알린다.

- 상해 화물선은 십육포(十六鋪)의 다리 북쪽 어귀에서 짐을 내리니 가까워서 편리하다.
- 각 조계(租界) 마차(馬車) 일본 차인 소차(小車)가 남시공정국(南市工程局)의 허가를 받아 본 윤선 부두까지 오며, 윤선이 부두에 도착하면 각각의 빈 차 역시 어김없이 부두에서 기다린다. 모두 면세로서, 여행에 편리하다.
- 본 윤선의 화물을 싣고 내리는 것은 규정대로 해관에 신고한다. 세금을 완납하지 않으면 사람을 보내 샅샅이 수색하여 긁어모은다.
- 영파에서 선원을 고르는 일은 모두 본 공사가 항로의 원근을 참작하여 가격을 정하고 허가증을 나눠준다. 지방관헌의 허가를 받아 공문서를 보여주고 등록하여, 사취(詐取)를 방지한다.
- 본 공사가 상해에서 통관수속을 하는 곳은 세 곳이다. 하나는 후마로(後馬路) 총공사(總公司)에 있다. 하나는 십육포(十六鋪) 본잔(本棧)에 있다. 하나는 영안가(永安街) 보안리(普安里) 회창호(匯昌號)에 있다. 그렇게 함으로써 승객들이 문의하기에 편하게 한다. 영소상윤공사(寧紹商輪公司) 삼가 알림

영소상윤공사의 제1편은 음력 5월 23일, 7월 10일에 상해에서 영파를 향해 출항하게 되었다. 그리고 영파에서 상해로 되돌아오는 형태의 운항이었다.

그리고 영소상윤고분유한공사의 대리점이 같은 날 같은 『신보』에 게재되어 있다.

영소상윤공사대수고관처(甯紹商輪公司代收股欵處)

상해남시(上海南市) : 안강장(安康莊) 입여장(立餘莊) 원대형장(元大亨莊) 구대신기(久大愼記) 원창삼호(元昌參號)

상해북시(上海北市) : 원길장(源吉莊) 굉대장(宏大莊) 회여장(會餘莊) 조풍장(兆豐莊) 홍후장(鴻厚莊) 화강장(和康莊) 진화장(晋和莊) 승대장(升大莊) 균강장(鈞康莊) 애화연행(愛和烟行) 사명공소(四明公所)

미계(美界) : 서창순호(瑞昌順號)

영파(甯波) : 원승장(元升莊) 겸화장(謙和莊) 빈여장(賓餘莊) 대화장(大和莊) 함항장(咸恒莊) 양포공소(洋布公所) 영강지행(永康紙行) 용순기호(甬順記號) 용태부호(甬泰北號) 원풍은호(源豐銀號) 원릉장(源隆莊)

진해(鎭海) : 진여장(鎭餘莊) 봉천상회(奉天商會)

항주(杭州) : 건대장(乾大莊) 예화장(豫和莊) 원대장(元大莊) 원풍윤(源豐潤) 항풍호(恒豐號)

소주(蘇州) : 유소국(裕蘇局)

오송(吳淞) : 만릉포호(萬隆布號)

진강(鎭江) : 순기호(順記號) 유소국(裕蘇局)

무호(蕪湖) : 순기호(順記號)

구강(九江) : 순기호(順記號)

한구(漢口) : 진창장(晋昌莊) 승풍장(承豐莊) 의원장(義源莊) 진대장(晋大莊) 대경원표호(大慶元票號) 노순기호(老順記號)

천진(天津) : 노순기호(老順記號) 대경원표호(大慶元票號) 원풍윤은호(源豐潤銀號)

북경(北京) : 항리호(恒利號) 원풍윤(源豐潤) 대경원(大慶元)

A/D	Date	Name	Tons	Captain	Flag	From	Cago	Consignees
A	1909.7.1	Lita	1,727	Jourdan	Fr.	Ningpo	General	R. Ackermann & Co.
A	1909.7.1	Kiangteen	1,435	Gillespie	Chi	Ningpo	General	CMSN Co.
D	1909.7.1	Lita	1,727	Jourdan	Br.	Ningpo	General	R. Ackermann & Co.
D	1909.7.1	Kiangteen	1,453	Gillespie	Chi.	Ningpo	General	CMSN Co.
A	1909.7.2	Pekin	1,274	Scott	Br.	Ningpo	General	B & Swire
D	1909.7.2	Pekin	2,204	Scott	Br.	Ningpo	General	B & Swire
A	1909.7.3	Lita	1,726	Jourdan	Fr.	Ningpo	General	R. Ackermann & Co.
A	1909.7.3	Kiangteen	1,490	Gillespie	Chi.	Ningpo	General	CMSN Co.
D	1909.7.3	Kiangteen	1,453	Gillespie	Chi.	Ningpo	General	CMSN Co.
D	1909.7.3	Lita	1,726	Jourdan	Br.	Ningpo	General	R. Ackermann & Co.
A	1909.7.4	Pekin	1,274	Scott	Br.	Ningpo	General	B & Swire
D	1909.7.5	Pekin	1,274	Scott	Br.	Ningpo	General	B & Swire
A	1909.7.6	Lita	1,727	Jourdan	Br.	Ningpo	General	R. Ackermann & Co.
A	1909.7.6	Kiangteen	1,435	Gillespie	Chi.	Ningpo	General	CMSN Co.
D	1909.7.6	Lita	1,726	Jourdan	Br.	Ningpo	General	R. Ackermann & Co.
D	1909.7.6	Kiangteen	1,455	Gillespie	Chi.	Ningpo	Genera)	CMSN Co.
A	1909.7.7	Pekin	1,274	Scott	Br.	Ningpo	General	B & Swire
D	1909.7.7	Pekin	1,274	Scott	Br.	Ningpo	General	B & Swire
A	1909.7.8	Kiangteen	1,453	Gillespie	Chi.	Ningpo	General	CMSN Co.
A	1909.7.8	Lita	1,726	Jourdan	Br.	Ningpo	General	R. Ackermann & Co.
D	1909.7.8	Lita	1,726	Jourdan	Fr.	Ningpo	General	R. Ackermann & Co.
D	1909.7.8	Kiangteen	1,435	Gillespie	Chi.	Ningpo	General	CMSN Co.
A	1909.7.9	Pekin	1,274	Scott	Br.	Ningpo	General	B & Swire
D	1909.7.9	Pekin	1,274	Scott	Br.	Ningpo	General	B & Swire
A	1909.7.10	Lita	1,727	Jourdan	Br.	Ningpo	General	R. Ackermann & Co.
A	1909.7.10	Kiangteen	1,435	Gillespie	Chi.	Ningpo	General	CMSN Co.
D	1909.7.10	Kiangteen	1,453	Gillespie	Chi.	Ningpo	General	CMSN Co.
D	1909.7.10	Lita	1,727	Jourdan	Fr.	Ningpo	General	R. Ackermann & Co.
A	1909.7.11	Pekin	1,274	Scott	Br.	Ningpo	General	B & Swire
A	1909.7.12	**Ningshao**	1,318	Bell	Chi.	Ningpo	Coal	Ningshao S N Co.
D	1909.7.12	**Ningshao**	1,318	Bell	Chi.	Ningpo	General	Ningshao S N Co.
D	1909.7.12	Pekin	1,274	Scott	Br.	Ningpo	General	B & Swire
A	1909.7.13	Kiangteen	1,490	Gillespie	Chi.	Ningpo	General	CMSN Co.
A	1909.7.13	Kwangping	1,243	Watson	Br.	Ningpo	General	Chi Mong & Mg Co.
A	1909.7.13	Lita	1,727	Jourdan	Fr.	Ningpo	General	R. Ackermann & Co.
D	1909.7.13	Lita	1,726	Jourdan	Fr.	Ningpo	General	R. Ackermann & Co.
D	1909.7.13	Kiangteen	1,453	Gillespie	Chi.	Ningpo	General	CMSN Co.
A	1909.7.14	**Ningshao**	1,318	Bell	Chi.	Ningpo	General	Ningshao S N Co.
A/D	1909.7.14	Pekin	1,247	Scott	Br.	Ningpo	General	B & Swire
D	1909.7.14	Pekin	1,274	Scott	Br.	Ningpo	General	B & Swire
D	1909.7.14	**Ningshao**	1,318	Bell	Chi.	Ningpo	General	Ningshao S N Co.

A/D	Date	Name	Tons	Captain	Flag	From	Cago	Consignees
A	1909.7.15	Lita	1,726	Jourdan	Fr.	Ningpo	General	R. Ackermann & Co.
A	1909.7.15	Kiangteen	1,435	Gillespie	Chi.	Ningpo	General	CMSN Co.
D	1909.7.15	Lita	1,725	Jourdan	Fr.	Ningpo	General	R. Ackermann & Co.
D	1909.7.15	Kiangteen	1,453	Gillespie	Chi.	Ningpo	General	CMSN Co.
A	1909.7.16	**Ningshao**	1,318	Bell	Chi.	Ningpo	General	Ningshao S N Co.
A	1909.7.16	Pekin	2,204	Scott	Br.	Ningpo	General	B & Swire
D	1909.7.16	Pekin	1,274	Scott	Br.	Ningpo	General	B & Swire
D	1909.7.16	**Ningshao**	1,318	Bell	Chi.	Ningpo	General	Ningshao S N Co.
A	1909.7.17	Lita	1,727	Jourdan	Fr.	Ningpo	General	R. Ackermann & Co.
A	1909.7.17	Kiangteen	1,455	Gillespie	Chi.	Ningpo	General	CMSN Co.
D	1909.7.17	Lita	1,727	Henry	Fr.	Ningpo	General	R. Ackermann & Co.
D	1909.7.17	Kiangteen	1,435	Gillespie	Chi.	Ningpo	General	CMSN Co.
A	1909.7.18	Pekin	1,274	Scott	Br.	Ningpo	General	B & Swire
A	1909.7.19	**Ningshao**	1,318	Bell	Chi.	Ningpo	General	Ningshao S N Co.
D	1909.7.19	**Ningshao**	1,318	Bell	Chi.	Ningpo	General	Ningshao S N Co.
D	1909.7.19	Pekin	1,274	Scott	Br.	Ningpo	General	B & Swire
A	1909.7.20	Kiangteen	1,435	Gillespie	Chi.	Ningpo	General	CMSN Co.
A	1909.7.20	Lita	1,726	Henry	Fr.	Ningpo	General	R. Ackermann & Co.
D	1909.7.20	Lita	1,727	Henry	Fr.	Ningpo	General	R. Ackermann & Co.
D	1909.7.20	Kiangteen	1,453	Gillespie	Chi.	Ningpo	General	CMSN Co.
A	1909.7.21	Pekin	1,247	Scott	Br.	Ningpo	General	B & Swire
A	1909.7.21	**Ningshao**	1,318	Bell	Chi.	Ningpo	General	Ningshao S N Co.
D	1909.7.21	**Ningshao**	1,318	Bell	Chi.	Ningpo	General	Ningshao S N Co.
D	1909.7.21	Pekin	1,274	Scott	Br.	Ningpo	General	B & Swire
A	1909.7.22	Lita	1,724	Henry	Fr.	Ningpo	General	R. Ackermann & Co.
A	1909.7.22	Kiangteen	1,453	Gillespie	Chi.	Ningpo	General	CMSN Co.
D	1909.7.22	Lita	1,727	Henry	Fr.	Ningpo	General	R. Ackermann & Co.
D	1909.7.22	Kiangteen	1,490	Gillespie	Chi.	Ningpo	General	CMSN Co.
A	1909.7.23	Pekin	1,274	Scott	Br.	Ningpo	General	B & Swire
A	1909.7.23	**Ningshao**	1,318	Bell	Chi.	Ningpo	General	Ningshao S N Co.
D	1909.7.23	**Ningshao**	1,318	Bell	Chi.	Ningpo	General	Ningshao S N Co.
D	1909.7.23	Pekin	1,274	Scott	Br.	Ningpo	General	B & Swire
A	1909.7.24	Lita	1,726	Henry	Fr.	Ningpo	General	R. Ackermann & Co.
A	1909.7.24	Kiangteen	1,435	Gillespie	Chi.	Ningpo	General	CMSN Co.
D	1909.7.24	Kiangteen	1,453	Gillespie	Chi.	Ningpo	General	CMSN Co.
D	1909.7.24	Lita	1,726	Henry	Fr.	Ningpo	General	R. Ackermann & Co.
A	1909.7.25	Pekin	1,274	Scott	Br.	Ningpo	General	B & Swire
A	1909.7.26	**Ningshao**	1,318	Bell	Chi.	Ningpo	General	Ningshao S N Co.
A	1909.7.27	Kiangteen	1,455	Gillespie	Chi.	Ningpo	General	CMSN Co.
A	1909.7.27	Lita	1,726	Henry	Fr.	Ningpo	General	R. Ackermann & Co.
D	1909.7.27	Lita	1,726	Henry	Fr.	Ningpo	General	R. Ackermann & Co.

A/D	Date	Name	Tons	Captain	Flag	From	Cago	Consignees
D	1909.7.27	Kiangteen	1,435	Gillespie	Chi.	Ningpo	General	CMSN Co.
A	1909.7.28	**Ningshao**	1,318	Bell	Chi.	Ningpo	General	Ningshao S N Co.
A	1909.7.28	Pekin	1,274	Scott	Br.	Ningpo	General	B & Swire
D	1909.7.28	Pekin	1,274	Scott	Br.	Ningpo	General	B & Swire
D	1909.7.28	**Ningshao**	1,318	BeJl	Chi.	Ningpo	General	Ningshao S N Co.
D	1909.7.28	**Ningshao**	1,318	Bell	Chi.	Ningpo	General	Ningshao S N Co.
D	1909.7.28	Pekin	1,274	Scott	Br.	Ningpo	General	B & Swire
A	1909.7.29	Kiangteen	1,435	Gillespie	Chi.	Ningpo	General	CMSN Co.
A	1909.7.29	Lita	1,726	Henry	Fr.	Ningpo	General	R. Ackermann & Co.
D	1909.7.29	Lita	1,727	Henry	Fr.	Ningpo	General	R. Ackermann & Co.
D	1909.7.29	Kiangteen	1,435	Gillespie	Chi.	Ningpo	General	CMSN Co.
A	1909.7.30	Pekin	1,274	Scott	Br.	Ningpo	General	B & Swire
A	1909.7.30	**Ningshao**	1,318	Bell	Chi.	Ningpo	General	Ningshao S N Co.
D	1909.7.30	**Ningshao**	1,318	Bell	Chi.	Ningpo	General	Ningshao S N Co.
D	1909.7.30	Pekin	1,247	Scott	Br.	Ningpo	General	B & Swire
A	1909.7.31	Lita	1,727	Henry	Fr.	Ningpo	General	R. Ackermann & Co.
A	1909.7.31	Kiangteen	1,453	Gillespie	Chi.	Ningpo	General	CMSN Co.
D	1909.7.31	Lita	1,727	Henry	Fr.	Ningpo	General	R. Ackermann & Co.
D	1909.7.31	Kiangteen	1,453	Gillespie	Chi.	Ningpo	General	CMSN Co.

주: *North-China Herald* 의 "Shanghai Shipping Intelligence" 1909년 7월분만을 정리했다. 굵은 글자 'Ningshao' 가 영소호(寧紹號)이다.

연대(烟台) : 합순호(合順號)

영구(營口) : 가치호(可熾號)

하문(廈門) : 원풍윤(源豊潤)

남경(南京) : 유녕국(裕甯局)

일본 고베(神戶) : 승무순호(承茂順號)

요코하마(橫濱) : 만태장(萬泰莊)

상해의 경제계를 지탱하는 남시南市의 전장錢莊, 북시北市의 전장을 비롯하여, 영파, 항주, 진강, 구강, 진해, 항주, 소주, 무호, 구강, 한구, 천진, 북경, 연대, 영구, 하문, 그리고 일본 고베와 요코하마의 관련기업도 영소상윤선공사의 운항에 찬동하였던 것을 알 수 있다.

〈표 3〉 1909년 7~10월 영소윤선공사의 영소(寧紹) · 용흥(甬) · 용한(甬漢) 윤선 운항 상황

월일	상해	출항지	상해	목적지	입항선박명	공사명
영소(甯紹)5.25	입항	영파				
5.26					입대(立大)	입흥공사
5.26					강천(江天)	초상국
5.27	입항	영파	출항	영파	북경(北京)	태고공사
5.28					강천	초상국
5.28					입대	입흥공사
5.29	입항	영파	출항	영파	북경	태고공사
6.1					강천	초상국
6.1					입대	입흥공사
6.2					북경	태고공사
6.3	입항	영파	출항	영파		
6.4					입대	입흥공사
6.4					강천	초상국
6.5	입항	영파	출항	영파		
6.7	입항	영파	출항	영파		
6.7					북경	태고공사
6.8					강천	초상국
6.8					입대	입흥공사
6.9					북경	태고공사
6.10	입항	영파	출항	영파		
6.11					입대	입흥공사
6.11					강천	초상국
6.12	입항	영파	출항	영파	북경	태고공사
6.13					입대	입흥공사
6.13					강천	초상국
6.13					덕화(德和)	이화양행
6.13					파양(鄱楊)	태고공사
6.14	입항	영파	출항	영파	북경	태고공사
6.15					입대	입흥공사
6.15					강천	초상국
6.16					북경	태고공사
6.17	입항	영파	출항	영파		
6.18					강천	초상국
6.18					입대	입흥공사
6.19	입항	영파	출항	영파	북경	태고공사
6.20					입대	입흥공사
6.20					강천	초상국
6.21	입항	영파	출항	영파 · 보타	북경	태고공사
6.22					입대	입흥공사
6.22					강천	초상국
6.23					북경	태고공사

월일	상해	출항지	상해	목적지	입항선박명	공사명
6.24	입항	영파	출항	영파		
6.25					입대	입흥공사
6.25					강천	초상국
6.26	입항	영파	출항	영파	북경	태고공사
6.27					입대	입흥공사
6.27					강천	초상국
6.28	입항	영파	출항	영파	북경	태고공사
6.29					입대	입흥공사
6.29					강천	초상국
6.30	입항	영파			북경	태고공사
7.1			출항	영파		
7.2					입대	입흥공사
7.2					강천	초상국
7.3	(입항)	(영파)	출항	영파		
7.4					입대	입흥공사
7.4					강천	초상국
7.5	입항	영파	출항	영파	북경	태고공사
7.7	입항	영파			북경	태고공사
7.8			출항	영파		
7.9					입대	입흥공사
7.9					강천	초상국
7.10	입항	영파	출항	영파	북경	태고공사
7.11					강천	초상국
7.11					입대	입흥공사
7.12	입항	영파	출항	영파	북경	태고공사
7.13					강천	초상국
7.13					입대	입흥공사
7.14	입항	영파			북경	태고공사
7.15			출항	영파		
7.16					입대	입흥공사
7.16					강천	초상국
7.17	입항	영파	출항	영파	북경	태고공사
7.18					입대	입흥공사
7.18					강천	초상국
7.19	입항	영파	출항	영파	북경	태고공사
7.20					강천	초상국
7.20					입대	입흥공사
7.21	입항	영파				
7.22			출항	영파		
7.23					입대	입흥공사
7.23					강천	초상국
7.24	입항	영파	(출항)	(영파)	북경	태고공사

월일	상해	출항지	상해	목적지	입항선박명	공사명
7.26	입항	영파	출항	영파·보타	북경	태고공사
7.27					입대	입흥공사
7.27					강천	초상국
7.28	입항	영파			북경	태고공사
7.29			출항	영파		
8.1					입대	입흥공사
8.1					강천	초상국
8.2	입항	영파	출항	영파	영천(穎川)	태고공사
8.3					입대	입흥공사
8.3					강천	초상국
8.4	입항	영파	출항	영파	영천	태고공사
8.5					강천	초상국
8.5					입대	입흥공사
8.6	입항	영파			영천	태고공사
8.7			출항	영파		
8.8					입대	입흥공사
8.8					강천	초상국
8.9	(입항)	(영파)	출항	영파		
8.10					입대	입흥공사
8.10					강천	초상국
8.11	입항	영파	출항	영파	영천	태고공사
8.12					강천	초상국
8.12					입대	입흥공사
8.13	입항	영파			영천	태고공사
8.14			출항	영파		
용흥(甬興)8.15	입항	영파	출항	영파		
영소(甯紹)8.16	입항	영파	출항	영파	영천	태고공사
용흥8.17	입항	영파				
8.17					강천	초상국
8.17					입대	입흥공사
용흥8.18	입항	영파	출항	영파	영천	태고공사
8.19					강천	초상국
용흥8.20	입항	영파			북경	태고공사
용흥8.21			출항	영파		
용한(甬漢)8.22			출항	영파	오구종 (五句鐘)	용안공사(甬安公司)
용흥8.22	입항	영파				
8.22					입대	입흥공사
8.22					강천	초상국
용흥8.23			출항	영파	북경	태고공사
용한8.23			출항	영파	오구종	용안공사
용흥8.24	입항	영파				

월일	상해	출항지	상해	목적지	입항선박명	공사명
용한8.24	입항	영파	출항	영파	오구종	용안공사
8.24					입대	입흥공사
8.24					강천	초상국
용흥8.25	입항	영파	출항	영파	북경	태고공사
용한8.26	입항	영파			입대	입흥공사
8.26					강천	초상국
용흥8.27	입항	영파				
용흥8.28	입항	영파	출항	영파		
8.29					입대	입흥공사
8.29					강천	초상국
용흥8.30	입항	영파	출항	영파	북경	태고공사
9.1					강천	초상국
9.1					입대	입흥공사
9.2	입항	영파	출항	영파	북경	태고공사
9.3					입대	입흥공사
9.3					강천	초상국
9.4	입항	영파			북경	태고공사
9.5			출항	영파		
9.6					입대	입흥공사
9.6					강천	초상국
9.7	입항	영파	출항	영파	북경	태고공사
9.8					입대	입흥공사
9.8					강천	초상국
9.9	입항	영파	출항	영파	북경	태고공사
9.10					입대	입흥공사
9.10					강천	초상국
9.11	입항	영파			북경	태고공사
9.12			출항	영파		
9.13					입대	입흥공사
9.13					강천	초상국
9.14	입항	영파	출항	영파	북경	태고공사
9.15					입대	입흥공사
9.15					강천	초상국
9.16	입항	영파			북경	태고공사
9.17					입대	입흥공사
9.17					강천	초상국
9.19			출항	영파		

주: 본 표는 『신보』 제13,088호, 1909년 7월 31일～동13,198호, 1909년 10월 31일, 『신보』 영인본 [101] 책 p.190～동 [102] 책 p.922를 참고로 작성하였다. 단, 영소윤선 공사이외는 상해 입항일 만을 기입하였다. 월일은 음력이다.

위와 같은 태세를 갖추어, 영소상윤고분유한공사는 상해와 영파 간의 정기항로를 개설하였던 것이다. 그 초기의 운항 상황을 The North-China Herald 의 "Shanghai Shipping Intelligence" 선박정보에서 출항·입항 기록을 정리한 것이 〈표 2〉이다.

이와 같은 상황에 창립한 지 얼마 되지 않은 영소윤선공사가 도전을 한 것이었다. 영소윤선공사의 기선 영소호寧紹号가 운항을 시작한 것은 7월 12일, 음력 5월 25일이지만, 〈표 2〉에서 볼 수 있듯이, 'Ningshao' 즉, 영소호의 운항이 확인된다. 영소윤선공사 창립당시인 7월 운항표는 〈표 2〉와 같다. 7월 12일 이후, 'Ningshao' = 영소호의 운항 기록이 있으며, 7월 12일부터 31일까지 20일 동안 9회에 걸쳐 상해항을 출입한 것이다. 약 이틀 간격으로 상해와 영파 사이를 운항하고 있었음을 명확하게 알 수 있다.

그 후 영소윤선공사 운항표는 『신보』에 따라 정리한 〈표 3〉에서 확인할 수 있다.

영소윤선공사가 사용한 기선에 관해서, 『교통관보交通官報』 기유년己酉年 제5기, 공독이公牘二(역주-'공독'은 중국 옛 관청의 공문서), 품정류稟呈類(역주-'품정'은 보고서를 말함)의 선통 원년 10월 16일 자 「상해상회총협리주도표등정본부영소상윤고분유한공사준비보보주책품上海商會總協理周道鑛等呈本部寧紹商輪股分有限公司遵批補報註冊禀」에 의하면

우화덕(虞和德) 등은 다시 상의하여 공동으로 의결하였다. 먼저 복건선정국(福建船政局)에서 큰 공사의 윤선 한 척을 구매하고, 이름을 영소(寧紹)로 정하여 이미 5월 23일에 상해와 영파 사이를 하루에 한 차례 운항하기 시작했다. 그러나 상해지역은 상무(商務)가 매우 번성하여, 영파와 소주 양측의 화

물과 승객의 왕래가 날로 붐비니, 이에 또 의논하여 윤선 한 척을 추가하기로 하여, 중국상업윤선공사로부터 구매하였다. 이름을 용흥(甬興)이라고 하였고, 일체의 규정은 모두 윤선 영소에 따라 처리하며, 8월 15일에 이미 첫 운행을 했다. 그 후 영소·용흥 두 배는 일왕일래(一往一來), 매일 하루도 틈이 없다. 이것이 영소·용흥 두 윤선이 운행을 시작한 대체적인 상황이다. 용흥 윤선은 선체가 견고하고, 설비가 매끄러우며, 줄곧 남양과 북양의 각 부두를 운항하였다. 만약 내년 가을과 여름 사이에 상해와 영파 두 부두의 화물과 승객이 상당히 감소될 때를 기다려, 수시로 다른 부두로 돌려 운행하도록 한다.[19]

위에서 알 수 있듯이, 영소윤선공사는 복건의 복주선정국福州船政局으로부터 대형기선인 영소호寧紹号를 구입하여 상해·영파 간의 격일운항을 시작하였다. 중국상업윤선공사中国商業輪船公司로부터 대형 기선인 용흥호甬興号를 구입하여 영소호와 용흥호 2척의 기선으로 상해와 영파 간을 매일 운항할 계획이었다. 영소윤선공사의 기선 영소호가 어느 정도의 선박이었던가에 대해서는 민국 24년(1935)의 『항업연감航業年鑑』에 의하면 다음과 같다.

선명 : 영소(寧紹) S.S Ning-shao 소유자 : 영소상윤고분유한공사(紹商輪股份有限公司) Ningpo Shaoshing S.N.Co.,Ltd. 선적항 : 상해 선질 : 강(鋼) 조선(造船) : 1906년·복주 선정창(船政廠) 척도(尺度) : 길이283ft. 폭44ft.7in. 깊이16ft.6in. 총톤수=3673.76 tons 등기톤수 : 1920.30 tons.[20]

---

19 『交通官報』, 処郵伝部図書通訳局官報処, 宣統元年 11月 15日 出版, 21丁裏~22丁裏.
20 民国24年, 『航業年鑑』, 上海市輪船航業同業公会, 1936.6, p.212.

즉, 영소호는 1906년에 복주선정국에서 건조된 총톤수 3,673.76톤의 기선이었다.

『신보』 제13,080호, 선통 원년 5월 18일, 1909년 7월 5일 자 제1면에 게재된 광고 「영소상윤공사대수고관처寧紹商輪公司代收股款處」[21]에 볼 수 있는 영소상윤공사의 대리점은 갑자기 정해진 것은 아닐 것이다. 이미 우흡경虞洽卿이 상업관계에 있었던 관계 업주들에게 의뢰하여 만들어진 네트워크가 있었다고 보는 것이 당연하다. 그렇다면 우흡경의 상업적 네트워크는 상해나 고향인 영파, 진해뿐만 아니라 동북의 봉천奉天, 영구, 화북의 북경, 천진, 산동의 연대, 강남의 항주, 소주, 오송, 진강, 남경, 그리고 장강유역의 무호蕪湖, 구강, 한구, 화남의 하문, 더 나아가 일본의 고베와 요코하마까지 퍼져 있었다.

『신보』 제13,088호, 선통 원년 5월 25일, 1909년 7월 12일 자 「영소항업전도지희망寧紹航業前途之希望」이 게재되어 있다.

22일 오후에 윤선 영소가 오송(吳淞)을 운항하며 속도를 시험한 것은 이미 지난 『신보』에 대략 나왔다. 밝혀진 바에 의하면 이날 도착한 이로는 강독(江督)대표 두자관(竇子觀) 대령(大令), 소무(蘇撫)대표 왕힐순(汪頡荀), 관찰호도(觀察滬道) 대표 만한향(萬翰香) 태수(太守), 그리고 각국 영사, 서양과 중국의 된 명사(名士)와 상인, 영파와 소흥의 동향인이 만 명을 넘었다. 이에 빈객과 주최측의 송사(頌詞)와 답사(答詞)를 뒤에 싣는다.

　■ 강독대표보대령 송사

---

21 『申報』第12957号(影印本99冊), 1909.3.3, p.29.

주즙지리(舟楫之利), 고금리뢰(古今利賴).19세기 이전에는 범선뿐이었고, 험한 바람과 조수를 피할 수 없었고, 기한을 정할 수도 없었으나, 서양의 과학지식으로 윤선을 만들자 마침내 대서양에서 태평양·인도양까지 띠처럼 이어졌다. 이것이 우리 중국에 윤선이 생긴 처음으로서, 당시 이미 부(富)의 원천이 국외로 유출됨을 염려하여, 여창양행(旅昌洋行)[22]의 옛 터를 사들여 초상총국(招商總局)을 창설하였는데, 지난 수십 년간 그 터에 눌러 앉아, 더욱더 독점적 위치에 있으며, 그것을 이어 다른 것이 일어났다는 이야기를 듣지 못했다. 지난해 영파와 소주의 군자들이 비로소 상윤공사(商輪公司)를 창립하여, 1년을 경영하니, 마침내 뜻이 이루어졌다. 오늘 제가 외람되게도 동쪽으로 오라는 초대를 받고, 또 총독의 명을 받들어, 대표로 와서 예식(禮式)을 볼 수 있게 되었습니다. 깊이 감탄하는 바입니다. 영파와 소흥의 군자들이 고심하자, 상민(商民)들이 소식을 듣고 일어나, 두루 힘을 합쳐 공사(公司)로 모여, 상윤(商輪)을 많이 제작하여 많은 이익을 거두었습니다. 영파와 소주에서 확대하여, 내하(內河)로, 장강(長江)으로, 봉천부(奉天府)로, 복건과 광동으로, 남양(南洋)의 여러 섬으로, 유럽 각국으로, 차차 왕래하였다. 돛과 돛대가 마치 짜놓은 듯 얽혀 있을 정도로서, 초상국이 미치지 못한 바를 보충한다. 가깝게는 인도양, 멀리는 태평양·대서양까지, 모두 우리 중국의 용기(龍旗)의 그림자이다. 어찌 아름답지 아니한가! 위와 같이 송사(頌詞)한다.[23]

---

22 【역주】중국어 원문에는 '여창양행'이라고 되어 있으나, 본문에서 볼 수 있듯이 기창양행(旗昌洋行)의 오기로 보임.

23 『申報』第101冊, p.145.

강독대표 보자관江督代表宝子観은 옛부터 범선을 이용한 운반에 의존해
왔지만, 유럽과 미국의 기선이 아시아에 진출하여 중국에서도 기선이
활동하게 되었고, 기창양행에서 구입한 기선을 시작으로 하여 중국에
서도 기선을 이용한 항운기업인 초상국이 창설되었다. 하지만 영소윤
선공사가 새로 항운업을 시작하였고, 장강에서 복건·광동의 연해, 그
리고 남양南洋이나 서구의 여러 나라까지 항로 확대를 기대하는 축사를
말하고 있다. 소무대표蘇撫代表 왕힐순汪頡荀도, 관찰호도대표観察滬道代表
만한향万翰香도 영소상윤공사의 개설을 환영하는 축사를 하였다.

그렇다면 영소윤선공사의 영소호가 운항한 뒤 어떠한 반향이 있었
을까?『신보』에 기재된 기사를 중심으로 보자.

『신보』제13,098호, 선통 원년 6월 초7일, 1909년 7월 23일「본부신문
本埠新聞」에 다음과 같은 것이 게재되어 있다.

영파·소주인의 단체. 윤선 영소가 운행하자, 후에 승객과 화물이 운집하
여, 윤선 가운데 최고가 되었다. 태고행의 윤선 북경(北京)은 이로 인해 운임을
통일하여, 승객당 양(洋) 1각(角)을 줄여 받았다. 또 연도(沿途)에서 고용인들
이 손님을 끌어들여, 하루 탑승객의 수는 영소가 북경보다 여전히 많다. 영파
부(寧波府)와 소주부(蘇州府)의 사람들의 단체가 굳게 맺어져 있음을 알기에
충분하다. 가격을 내리지 않으면 떨치기 어렵다. 또 최근 영파인과 소흥인은,
북경이 다시 운임을 내리더라도, 여전히 스스로 윤선을 운영하여 영파인 소준
인의 이익과 권리를 보호하자고 약속했다고 한 것을 들었다.[24]

24『申報』第101冊, p.340.

영소호에는 승객이나 화물이 적극적으로 집중되어, 기존에 정기운항을 하고 있었던 태고윤선공사의 북경호에 타격을 주었고, 북경호가 승선객의 운임을 할인을 해주게 되었다고 보도하고 있다.

영소선이 운항하기 전에는 태고윤선의 북경호나 초상국윤선공사 강천호江天号, 입흥공사立興公司의 입대호立大号 등이 상해와 영파 사이를 운항하고 있었기 때문에 영소윤선공사의 참가를 걱정하는 목소리도 있었으나, 영소인의 단결력으로 가볍게 이겨낸 것으로 볼 수 있다. 그에 대한 내용은 『신보』의 「본부신문」에 연일 게재되었던 「영소인단체지견고寧紹人團體之堅固」에서도 알 수 있다.

이 기사들은 기본적으로 상해에서 활동하는 영소상인寧紹商人의 강한 유대감과 영소상윤공사에 대한 협력을 나타내고 있다. 상해에서 활동하는 영소상인이 종사하는 업종과 단체에는 다음과 같은 것들이 있다.

남시 수산물냉동업, 수산물냉동·사라사옷감·담배 및 잡화등의 업, 남북시 당대(糖貸)와 미맥(米麥) 두 업, 동장(東莊)의 같은 업과 약업(藥業), 중화사(衆和社)의 담배 및 잡화, 해산물업, 품질이 좋은 주석(朱錫), 양약업, 양초업 보휘당(寶輝堂) 50여 가(家), 주단(綢緞)·음편업(飮片業), 방지박업(帮紙箔業), 양화상업(洋貨商業), 공회문장업(公会門莊業), 행가업(行家業), 주단자수업(綢緞刺繡業), 모직물양의업(毛織物洋衣業), 방적업(紡績業), 주업(酒業)·장업(醬業)·소주업(燒酒業), 서업상회(書業商会), 벽돌가루업, 목오업(木鳥業), 단업공소(蛋業公所), 엄랍동행(醃臘同行), 의업(衣業) 8가(家), 명반업(明礬業), 양화상업공회(洋貨商業公会), 한양잡화업(漢洋雜貨業), 한방지성공소(漢帮志成公所), 면사동업(棉紗同業), 남북시 판목업(南北市板木業),

남북시 우편국, 동석업동행(銅錫業同行), 영국조계(英國租界) 석로(石路)·프랑스조계두 곳의 의업(衣業) 10여 가, 석탄재 일업(一業), 목업(木業), 양포공소(洋布公所), 하륜업(河輪業), 방혜업(帮鞋業), 가공품업, 칠작업(漆作業), 상해노종심회(上海老從心会), 세기업(貰器業), 세의작(洗衣作)·동과방(東夥幇), 상해와 영파 양장(兩璋)의질 좋은 주석 일물(一物) 양촉창(洋燭廠)

이들은 모두 영소상인이 상해에서 종사하였던 상업·산업 직종이다.[25] 특히 세탁업에 해당하는 세의작洗衣作등에서는 '영소인이 다수를 점한다寧紹人最佔多數'라는 말에서 알 수 있듯이, 많은 사람들이 간단히 수입을 얻을 수 있는 직업에 종사하여 재산을 모은 뒤, 새로운 직종이나 사업으로 전환하여 경제적인 기반을 확립해 나갔던 것은 분명할 것이다. 우흡경 자신도 소년 때는 안료顔料업에 종사한 뒤, 다른 업종으로 전환하는 길을 걸었다. 이러한 상업관계이외에도, 자립야소회自立耶蘇会나 영소항업유지회寧紹航業維持会, 그리고 해외에서 적극적으로 활동하였던 재류일본고베영소인 단체인 '려거일본고베지영소인旅居日本神戶之寧紹人'도 영소상윤공사寧紹商輪公司의 창설·존속을 크게 환영하였다.

영파에서도 항업유지회航業維持会가 있었다. 『신보』 제13,152호, 1909년 9월 15일, 선통 원년 8월 초2일 자의 실업란에 아래와 같은 기술이 있다.

항업유지분회 개회의 상세한 정황 영파 ○ 영파와 소흥에서 상해로 여행하는 각계에서 항업유지회를 세운 것은 이미 전보(前報)에 보도했다. 이번

---

25 松浦章, 『淸代帆船沿海航運史の硏究』, 関西大学出版部, 2011. 1, pp. 440~448.

에 영파의 상업계와 학계 역시 용군(甬君)에서 분회를 발기하여, 상해회(滬會)의 부족한 부분을 도왔다. 특별히 지난달 27일, 오후 1시에, 부학(府學) 명륜당(明倫堂)에서 유지대회를 열었는데, 2천여명이 참석했다.[26]

위와 같이 영파에서도 영소상윤고분유한공사 항업유지회의 분회가 개최되어, 영소인으로서 어떻게 하면 영소상윤의 항업을 유지할 것인가가 논의되었다. 특히 영소상윤과 같은 날 운항했던, 아마도 태고양행의 북경호로 생각되는 기선에 승선하여 영파에 귀향한 항모씨項某氏는 파렴치한으로 영소의 농업, 공업계에서 제명될 정도로 규탄을 받았다. 이처럼 향토 항업 유지를 위해 이를 강고하게 지지하는 세력이 영파에서도 조직되었던 것이다.[27]

4. 소결

지금까지 근대 영파상인의 한 사람의 대표라 할 수 있는 우흡경이 중심이 되어 1909년 7월에 창업한 영소상윤공사의 창설 상황 및 공사의 초기 운항 상황에 대해 설명하였다.

1909년 7월까지는 초상국윤선공사와 영국의 태고양행, 프랑스 입흥양행立興洋行의 3사에 의해 상해·영파 항로가 과점되고 있었다.

---

26 『申報』第102冊, p. 208.
27 馮汲嘆君知推定演説員, 項餕舫曾於寧紹商輪同班日趁他船回寧, 有失寧紹人體面; 不應列入, 職員范仰喬君遂起而厲聲斥其毫無廉恥, 將項名揭去農工界, 大爲折服. 『申報』第102冊, p. 208.

상해에서 항주를 경유해서 영파까지의 직통 철로는 1909년 9월에 상해・항주 간 선로가 개통되고, 항주에서 영파 사이는 하천에 놓는 철교 건설이 난항을 겪으며 부분적으로 개통하지만, 전체 선로가 개통하는 것은 중화인민공화국 정부가 성립한 뒤인 1956년의 일이며, 그 이전에는 상해・영파 간은 범선을 이용하거나 급한 사람들은 반드시 위에서 언급한 기선 회사의 기선에 승선해야만 했다.[28]

영소 상인은 근대 중국의 경제중심지이자 경제 신천지인 상해에 진출해 활동했으며, 다양한 직종, 업종에 종사하고 있었다. 영소 상인이 종사하던 업종에는 냉동생선, 서양 직물, 담배, 설탕, 쌀, 보리, 약국, 해산물, 양약, 비단, 술, 간장, 소주, 잡화, 석탄, 목재업, 선박 등 거의 모든 업종[29]에 이르고 있다. 이들은 모두 영소 상인이 상해에서 종사하던 상업・산업 등의 직종이다.

직종의 다양성은 향토 의식을 환기시키는 사업에 찬동하는 형태로 더 명확해진다. 그 사업은 향토의 대표적인 인물 우흡경이 창설한 영소상윤공사였다. 영소상윤공사는 우흡경 자신이 통상의 중요 거점인 상해는 중국을 대표하는 상업 중심지이며, 그 상해의 경제를 밑바닥에서 지탱하고 있는 사람이 많은 영소인이라는 자부심을 가지고 있었다.

우리 영소인(영파인과 소흥인)이 그중 다수를 차지하기에, 영파와 소흥의 동향인으로서 상해와 영파를 왕래하는 사람이 날이 갈수록 많아졌다.

---

28 岳欽韜, 「近代長三角地区交通発展与人口流動一以鉄路運輸為中心(1876~1936)」, 『明清甲南与近代上海国際学術論文集』, 復旦大学歴史系・上海史研究中心, 2012年 9月報告論文에 따른다.

29 松浦章, 『清代帆船沿海航運史の研究』, 関西大学出版部, 2011.1, pp.440~448.

상해와 영파를 왕래하는 윤선은 날이 갈수록 붐벼, 그 항업의 발달과 이익의 증대는 이미 분명하게 사람의 귀에 들리고 눈에 보인다[30]

그리고 이처럼 상해와 영파를 잇는 기선항로 개설은 상해에도 영소인에게도 매우 중요한 의미를 갖는 사업으로 자리매김한 것이었다. 그것은 앞에서도 지적했듯이, 『신보』에 40여 일 동안 게재된 「영소인지단체寧紹人之團體」의 기사를 보더라도 분명하다. 거대항운기업인 영국의 태고윤선공사나 청조 정부의 후원을 얻는 초상국윤선공사에 대항하여, 영소인의 향토의식을 기반으로 하는 단단한 유대가 영소상윤공사의 창설과 운항을 가능하게 한 것이라고 할 수 있다.[31]

---

30 『申報』第13088号 第101冊, p.173.
31 寧紹商輪股份有限公司는 「該公司創建于1909年, 是我国第一家商辦輪船公司」라고 하며, 1937년 7월 항일전쟁 개시 시기까지, 상해·영파 간의 정기기선항로로서 중요한 역할을 담당하고 있었다(錢起遠主編, 『寧波市交通志』, 海洋出版社, 1996.1, 「甬申(上海) 線, 航程 136海里」 pp.164~167 참조).

제6장

민국기 절강 가흥지구의 윤선항로 네트워크

1. 서언

예로부터 중국의 강남江南지역은 '남선북마南船北馬'의 호칭에서도 알려져 있듯이, 수로망水路網이 발달하여 육로를 가는 것보다 수로를 배로 가는 것이 편리하다고 여겨져 왔다. 그 때문에 많은 목조범선이 이용되어 온 것이지만, 19세기 말에 근대적인 윤선, 즉 기선이 등장하자 그 광경도 변화하여, 많은 기선 회사가 설립된 것은 이미 밝혀졌다.[1]

특히 중국 내하內河의 기선 항운에 관해서는, 일본의 영사보고 중에서 '운하에서의 소증기운조업運河二於ケル小蒸汽運漕業'이 여실히 설명하고 있다.

광서(光緒) 24년 즉 메이지 31년 내하장정(內河章程)으로, 운하 부분에서 소증기선 운항이 개설된 이래, 영국과 미국의 국적을 가지는 것과 청국국

---

[1] 松浦章, 『近代日本中国台湾航路の研究』, 清文堂出版, 2005.6, pp.3~7 참조.

적을 가진 초상국의 소윤선 등이 왕래한지 이미 27년, 금년에 들어와 지난 번에 미국 국적의 대생창(戴生昌)윤선국이 우리 일본 국적으로 옮겨 와 일본기선의 항로를 이용한 효시가 되었고, 그 후 대동기선회사(大東汽船会社)도 초여름 경부터 이 항로를 시작하게 되었다.[2]

광서 24년, 1898년에 청조는 운하를 비롯한 내륙 하천에 소형 증기 기선의 운항을 허가했다. 항운업을 시작한 것은 영국적이나 미국적의 항운업자였지만, 청나라 윤선초상국에서도 소형기선을 사용한 운항을 개시하였다. 그 후에는 대생창이나 일본의 대동기선大東汽船도 그 계획을 수행했던 것을 지적하고 있다. 그런 사이에, 윤선초상국이나 대생창과 대동기선 간의 치열한 경쟁이 내하內河기선항로에서 전개되었다.[3]

청말에서 중화인민공화국 성립 전 시기까지의 중국기선항운업에 관한 가장 자세한 성과를 출간한 것은 번백천樊百川의 『중국윤선항운업의 흥기中国輪船航運業的興起』[4]이다. 번백천은 청대의 범선항운부터 논술하며, 외국기선의 중국진출과 그 후의 중국 각지의 기선항운업의 발달, 그리고 초상국 기선의 창설과 중국 내하의 크고 작은 기선항운업의 대두와 흥망에 대해서 자세히 설명하고 있다. 중국은 광대하기 때문에 아직도 밝혀야 할 문제가 남아 있다.

따라서 이 장에서는 강남중에서도 수로가 아주 집중되었던 태호남

2 　『通商彙纂』明治38年(1905) 第71号,「鎮江清江浦間運河状況」(明治38年 10月 30日 附在上海
帝国領事館報告), p.32.
3 　松浦章,「清末大東汽船会社の江南内河就航について」,『関西大学東西学術研究所紀要』第24
輯, 1991.3, pp.1～38; 松浦章,『近代日本中国台湾航路の研究』, pp.169～220.
4 　樊百川,『中国輪船航運業的興起』, 四川人民出版社, 1985.10.

〈그림 1·2〉 윤선초상총국의 옛 건물(輪船招商總局旧跡)(상해외탄(上海外灘) 2009.9.22 촬영)

부지역太湖南部地域인 강소성부터 절강성에 인접한 수로망에서의 기선에 의한 항운운항이 절강성 가흥지구를 중심으로 어떻게 전개되고 있었는지에 대하여 살펴보고자 한다.

2. 청말 윤선항운업의 진흥

상해에서 간행되었던 신문인 『호보滬報』제66호, 광서 8년 6월 19일(1882.8.2)에는, 「논내하윤선유리무해論內河輪船有利無害」라는 기사가 게재되어 있다.

내하(內河)의 윤선을 시험삼아 해 보았듯이, 물론 이로움이 있으며, 해로 왔던 적은 없다. (…중략…) 내하의 민선(民船)은 강소(江蘇)의 경우로 보자면 수만 명의 선원이 모두 이에 의지해 살고 있다. 지금 윤선은 애초에는 승객만 태우고 화물은 싣지 않았지만, 후에는 반드시 화물을 실을 것이다. 사람이 모두 그 편리를 탐하여, 만약 각 성이 행한다면, 수십만 민선의 이익을 뺏고, 수백만 선원의 목숨을 끊어놓지 않겠는가!

이렇게 대답한다. 윤선의 설치는 민선과 이익을 다투려 하지 않는다. (…중략…) 이제까지는 강남(江南)의 향시(鄕試)에 응하려면 오로지 민선을 탔다. 근년에 상윤(商輪)도 생겼고, 관윤(官輪)도 있으나, 윤선을 타는 자는 열에 예닐곱도 안 되고, 여전히 3·4할은 민선을 이용한다. 즉, 민선에서 6·7할의 고용인이 줄어들었다.

강소성江蘇省내 내륙하천을 다니는 민선民船에 종사하는 선상노동자인 '수수水手'는 수만 명에 이르며, 그들은 민선 운항으로 생활을 하고 있었다. 그러나 새로이 등장한 기선은 민선에게는 거대한 경쟁상대가 되었다. 민선보다 대형이며 속력도 안정적이었던 기선으로 화물수송이 시작되자, 선박을 이용하는 탑승객은 화물과 같이 탑승하지 않아도 되어 화물수송의 편리함을 환영하였다. 이것은 민선 운항으로 생계를 꾸려가던 수수 등의 생업을 빼앗는 일이 되었다. 기선이 늘어나고, 민선과 경쟁하는 것은 환영받는 일이 아니었다. 그러나 과거에 응시하는 수험생도 이전에는 민선을 타고 수험지로 향했지만, 1882년경에는 내하를 운항하는 상업 기선이나 관영官營기선을 이용하는 사람도 생겨, 기선이용자는 60～70%에 이르렀다.

같은 날의 『호보滬報』 제66호에도 「서보론내하윤선西報論内河輪船」이라는 기사가 실렸다.

상해의 화상(華商)이 내하의 윤선을 운영하는 일 (…중략…) 소주에서 상해까지, 민선은 반드시 4・5일을 기다리지 않고, 바람이 순조롭지 않으면 이보다 더 걸렸다. 작은 윤선을 이용하면 하루 밤낮밖에 걸리지 않는다. 이런 것들은 그 이익 여부를 살펴보면, 해 볼 것도 없이 자명하다.

수로교통을 이용하여 소주蘇州에서 상해로 가는데, 순풍순수順風順水면 민선으로는 4, 5일 정도로 도착하지만, 역풍역수逆風逆水의 상황에서는 며칠이 더 걸렸다. 그러나 소형기선을 탑승하면 하루 낮밤 정도면 도착할 수 있었다. 기선의 시간적 편리함과 시간의 정확함을 널리 인식하게 된 것이었다.

1880년대가 되자 청조의 지방관리들조차 기선활동의 유용성을 인식하게 되었다.

안휘순무安徽巡撫(역주－청대의 안후이 지역 지방행정장관) 였던 진이陳彝가 광서14년(1886) 3월 25일 자 주접奏摺에서 다음과 같이 적고 있다.

예나 지금이나 물자 운송은 배를 이용하는 것이 가장 편하고, 수레를 이용하는 것이 그 다음이며, 말을 이용하는 것이 또 그 다음이다. 배 가운데 가장 작은 것도 110석(石)을 싣는데, 수레는 아무리 무거워도 2 · 3천 근(斤)에 불과하다. 노새와 말에 실으면 수레보다 빠른 것 같으나, 한 마리가 짊어질 수 있는 것은 백여 근에 불과하며, 사람이 짊어지는 것은 또 겨우 말의 절반이다. 비교하면 대강 이러하다. (…중략…) 강남 · 강서 · 광동 세 성의 시험관(考官)은 모두 윤선으로 그 사이를 다닌다. 해윤(海輪)을 이용하기도 하고, 강윤(江輪)을 이용하기도 하며, 내하 윤선을 이용하기도 하는데, 상황을 참작하여 결정한다. 한 번에 그 지역 사이를 이동하니, 외지에서 온 피곤한 사람에게 실로 큰 도움이 된다.[5]

수송의 편리함에서 배가 육로의 수레나 말馬, 인력人力보다 뛰어나 가장 작은 배로도 110석石, 약6.6kg[6]을 수송할 수 있었다. 그런데 육로의 수레로는 최대 2,000~3,000근斤, 약1.2~1.8kg[7]에 지나지 않으며, 말馬로는 한

---

5 『宮中檔光緒朝奏摺』第三輯, 国立故宮博物院, 1973.8, p.749.
6 【역주】원문 그대로. 1석은 약 160kg이므로 110석은 17600kg 정도가 됨.
7 【역주】일본어 원문에는 약1.2~1.8kg으로 되어 있으나, 1,200~1,800kg의 오기로 보임.

마리가 100근, 약 60kg을 수송할 수 있었다. 그리고 사람의 힘으로는 그 절반 정도였다. 따라서 이들 지역에 기선을 이용한다면, 사람들은 많은 이익과 함께 매우 큰 경제적인 효과를 볼 수 있다고 생각한 것 같다.

청나라 말기에 윤선의 편리함이 알려지자, 각지의 수로 망에 우후죽 순처럼 상윤공사가 설립되었고, 기선업자가 등장하였다. 그 상황을, 메이지 40년(광서 33, 1907) 4월에 간행된 『지나경제전서支那經濟全書』는 다음과 같이 기록하고 있다.

> 상해 · 소주 · 항주에서 기선운항영업을 개시한 것은 지금부터 17년 전으로, 그 후에 기선 회사가 발흥(勃興)한 것이 적지 않다. 서로 경쟁하여 흥하고 없어지는 것이 일상이었으며, 짧게는 3개월, 길어도 3년 정도를 넘기지 못하였고, 특히 상해 · 소주 간의 항로는 승객을 주로 하여 왕래가 매우 빈번하였으며, 거리가 가까웠던 관계로 소자본회사의 설립이 특히 많았다. 그렇지만 상해 · 항주 간은 이에 비해서 거리가 멀어 승객보다는 오히려 화물이 주를 이루었다. 따라서 비교적 큰 회사가 많았다.[8]

1890년대, 광서 10년대 후반 이후 강남의 상해 · 소주 · 항주의 수로를 연결하는 기선항운업을 창업하는 회사가 속속 등장하였던 것이었다. 특히 상해와 소주 사이의 승객수송을 대상으로 한 기선회사는 소자본으로 설립되었기 때문에, 대부분은 단기간에 폐업하거나, 길어도 3년에 도산한다고 할 정도였던 것이다.

---

8 『支那經濟全書第三輯』(第三編 水運, (乙) 汽船業, 第五章 杭滬及蘇鎭航路), 東亞同文會, 1907. 4, p.395.

〈표 1〉 광서33년 (1907) 양강상윤공사(両江商輪公司)

공사명	항로(航線)	영업자	개업년월	소재지	선박수	제3차
이제(利済)	강영(江寧)・진강(鎮江)	화상(華商)	광서30년(1904)	상해	2	양강(両江
육병기(陸炳記)	강영・양주(揚州)	화상	광서32년(1906)	상해	4	
승기(陞記)	강영・무호(蕪湖)	화상	광서32년(1906)	상해	3	
부릉(阜陵)	강영・양주	화상	광서29년(1903)	상해	3	
경동생(慶東生)	강영・무호	화상	광서32년(1906)	상해	1	
강안(江安)	강영・무호	화상	광서33년(1907)	상해	1	
통창(通昌)	강영・육합(六合)	화상	광서33년(1907)	상해	1	
미리(美利)	강녕・양주	화상	광서33년(1907)	상해	1	
강창(江昌)	강영・무호	화상	광서33년(1907)	상해	1	
흠삼기(鑫森記)	강영・무호	화상	광서33년(1907)	상해	1	
공태(公泰)	무호・여주(廬州)・강영	화상		무호	4	
강회(江滙)	무호・여주	화상		무호	1	
태창(泰昌)	무호・안경(安慶)	화상		무호	3	양강・안휘(安徽
삼기(森記)	무호・여주・강영	화상		무호	3	
강회(江淮)	무호・여주	화상		무호	1	
원풍(源豊)	무호・안경	화상		무호	2	양강・안휘
보제(普済)	무호・강영	화상		무호	1	
무여항로(蕪廬航路)	무호・여주	화상		무호	2	
보신(普新)	무호・영국(寧國)	화상		무호	1	
구원(久源)	무호・강영	화상		무호	1	
강안(江安)	무호・강영	화상		무호	1	
보안(普安)	무호・강영	화상		무호	1	
미립명(未立名)	무호・여주	화상		무호	1	
무명(無名)	무호・소현(巢県)	화상		무호	1	
복강(福康)	남창(南昌)・호구(湖口)・구강(九江)・요주(饒州)・길안(吉安)등	화상	광서32년(1906)6월	남창	5	강서(江西
도생(道生)		화상	광서32년(1906)8월	남창	7	강서
상창(祥昌)	남창구강	화상	광서32년(1906)	남창	4	강서
견의(見義)	남창・호구・구강 등	화상	광서33년(1907)3월	남창	1	강서

주: 『우전부통계표제1차(郵伝部統計表第一次)』 광서33년(1907) 자료 참조, 표 위 오른쪽 끝의 '제3차'는 선통원년(1909) 『우전부통계표제3차(第三次)』에 게재되어 있는 상윤란(商輪欄)을 기입하였다.

가장 많은 윤선공사輪船公司가 난립한 강남지구江南地区의 예를, 청나라 우전부郵伝部가 작성한 『우전부제1차통계표郵傳部第一次統計表』 광서 33년 (1907)의 자료를 보면 〈표 1〉과 같다.

이들 강남 내륙하천을 운항하는 기선에 관하여 일본 영사보고領事報告는 광서 24년(메이지 31년, 1898)의 '청국 내하에 국내외 상민의 소기선 운항허가의 건淸国内河ニ内外商民ノ小汽船駛行許可ノ件'으로서 "감찰을 받고 이름을 게시할 것鑑札ヲ受ケ名号ヲ揭クルコト"이라고 하는 다음과 같은 규정을 소개하고 있다.

하나, 통상시장(通商市場)이 개설된 각 성(省)의 내하항(内河港)은, 이제부터 해당 통상항(通商 港)에서 국내외의 각 종 소기선(小汽船)으로 자유롭게 왕래무역을 하는 것을 허용한다.

하나, 해양운항의 형태가 아닌 각 종 국내외의 소기선으로, 또는 항내에서 운항하거나, 또는 내하에 왕래하는 자는 각자 본국의 규정에 따라 영유(領有)할 감찰 외에, 또 세무사(税務司)에 신고하고 감찰(鑑札)을 받아야한다. 그 감찰에는 소유주의 이름, 본적을 기입하고, 함께 선명(船名)·선식(船式) 및 선원(水夫)의 인원 등을 병기하여야 한다. 그리고 매년 한 번 재교부를 받아야 한다. 만약 소유주를 변경하거나 무역업을 정지할 경우, 해당 감찰을 반납하여야 한다. 감찰은 처음 수령할 때, 수수료로 해관은(海関銀) 10량(兩)을 납부하고, 매년 재교부 받을 때는 2량을 납부하여야 한다.

하나, 이러한 소기선은 단지 해로(海内)로만 운항할 때는 그 때마다 세관에 신고하지 않아도 된다. 그러나 내하를 이용할 때는 출항(出港)시와 귀항(帰港)시에, 반드시 해관(海關)에 신고하여야 한다. 따라서 감찰이 없는 자는 모두 내하(内河)에 들어오는 것을 허용하지 않는다.

하나, 이러한 소기선은 모두 등화(灯火)를 걸어 충돌을 방지하여야 하며, 선원의 고용과 교체 및 증기기관(蒸気機関)의 검사 등은 모두 각 항구의 종래의 규칙을 엄수하여야 한다.[9]

청국이 인정한 개항장과 개항장을 연계하는 기선항로의 운항을 허가한 것이었다. 운항 시에는 허가를 받은 감찰을 게시하여야 하는 등 한 눈에 알 수 있는 세부 규정이 정해져 있었다. 감찰에는 영업자, 선박명, 배의 종류船式, 승무원 수 등을 함께 적어야 했다. 기본적으로는 세관 신고는 내하 수로에 한정하였지만, 어떤 경우에는 해로로 항해할 때도 세관에 신고할 필요가 있었다. 야간 운항시에는 등화의 점등이 의무사항으로 되어 있었다.

머지않아 이 장정章程은 개정이 된다. '청국 각 성 내하에 국내외 상민의 소기선 운항 장정개정의 건清国各省内河二内外商民ノ小汽船駛行章程改正ノ件'이 그것이나, 그 최초의 조항이 다음과 같이 개정되었다. 두 번째 조항 이하는 약간 문구의 차이가 있지만, 거의 같은 문장이기 때문에 생략한다.

하나, 청국의 내항(内港, 즉 내하항内河港)은 이제부터 각 개항장에서 등록한 국내외 각종 소기선에게 아래 규정에 따라 자유롭게 왕래하며, 오로지 내하항의 무역을 하는 것을 허용한다. 그렇지만 청국의 경계를 넘어 다른 곳으로 향하는 것도 가능하다. 내항이라 함은 곧 지부(之罘)조약 제4단

---

9 「清国内河二内外商民ノ小汽船駛行許可ノ件」(메이지 31년 6월 11일 자 在清国公使館報告), 『通商彙纂』明治31年 (1898) 第105号.

(端)의 소위 내지(內地)와 동일하다.[10]

이전의 규정에서는 개항된 통상장通商場이었던 것이 개정으로, 개항장을 기점으로 거의 모든 내항에 입항·출항이 가능하게 되었다.

수로망이 발달한 강남지역 내하기선 상황에 대해서는 다음 일본 영사보고를 게재한 『통상휘찬通商彙纂』 제250호, 메이지 35년(광서 28, 1902) 12월 6일 자 재상해제국총영사관의 보고在上海帝国総領事館の報告「청국 강소절강내하 기선항로 상황 및 초상국내하윤선공사 설립의 전말清国江蘇浙江内河汽船航路状況及招商局内河輪船公司設立ノ顛末」에 자세하게 나와 있다.

상해·소주·항주 간의 내하에서 처음 기선운항영업을 개시한 것은 지금부터 대략 14년 전으로, 그 후에 기선회사가 발흥(勃興)한 것이 적지 않아 서로 경쟁하여 흥하고 없어지는 것이 일상이었으며, 짧게는 3개월, 길어도 3년 정도를 넘기지 못하였고, 특히 상해·소주 간의 항로는 승객을 주로 하여 왕래가 매우 빈번한데다가, 거리가 가까웠던 관계로 소자본회사의 설립이 특히 많았다. 그렇지만 상해·항주 간은 이에 비해서 거리가 멀어 승객보다는 오히려 화물이 주를 이루었기 때문에 비교적 큰 회사가 많았다. 아래에 이미 흥폐한 회사명을 열거한다.

동무(同茂), 흥륭항(興隆恒), 소순기(邵順記), 지인부(芝人富), 인화(人和), 상존(祥存), 서생(瑞生), 오초기(吳楚記), 고원우(高源祐), 일신창(日新昌) 등.

그리고 본년도(메이지 35) 8월 중의 조사에 의하면, 당시 상해·소주·항

---

10 「清国各省内河二内外商民ノ小汽船駛行章 程改正ノ件」(明治31年7月29日 在清国公使館報告), 『通商彙纂』明治31年 (1898) 第110号.

주의 세 지역 및 그 부근지방의 항운사업을 운영하는 기선회사는 합계 9개 회사이며, 사명(社名)과 자본개시 년 월, 항로의 개요를 들면 다음과 같다.[11]

1888년(광서 14, 메이지 21) 경부터 강남 삼각주, 특히 상해·소주·항주 간의 내하에서 내하운항을 하는 기선회사가 동무, 홍릉항, 소순기, 지인부, 인화, 상존, 서생, 오초기, 고원우, 일신창 등을 비롯하여 잇달아 창설되어 그 흥망이 심하였던 것을 기록하고 있다.

메이지 35년(광서 28, 1902) 당시의 활동 중이었던 기선회사의 규모는 〈표 2〉와 같다.

〈표 2〉 청국 강소·절강 내하운항 기선회사 선박수표(船舶数表)

기선 회사명		기선			객선		
국적	회사명	총 선박수	총톤수(t)	총 마력	총 선박수	총톤수(t)	총톤수(t)
일본	대동(大東)기선주식회사	15척 [5척]	191.32	299마력	12척	320.16	320.16 (10척분)
청국	대생창(戴生昌)윤선공사	25척 [6척]	404.00 (21척분)	406마력 (24척분)	7척	194	194.00 (6척분)
청국	이용(利用)윤선공사	11척 [8척]	103.00 (6척분)	111마력	3척	94	94.00 (3척분)
청국	태창(泰昌)윤선공사	2척	26.00	35마력			
청국	천화(舛和)윤선공사	2척	25.00	29마력			
청국	췌순창(萃順昌)윤선공사	2척	30.00	32마력			
외국	노공무(老公茂)윤선공사	3척	81.00	73마력			
청국	화승(華勝)윤선공사	3척	58.00	-	2척	48	48
청국	신창(申昌)윤선공사	2척	-	-			
청국	풍화(豊和)윤선공사	6척	-	-	1척	-	-

주: [ ] 안의 선박 수는 차입선(借入船)

---

11 『通商彙纂』第250号(明治36年 (光緒29, 1903) 1月 29日刊), p.40.

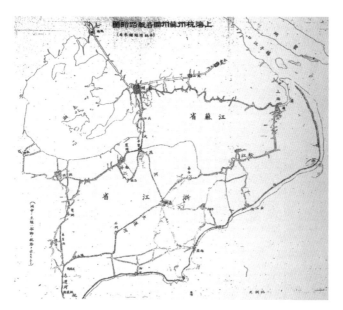

〈그림 3〉 상해・항주・소주 간 각 항로 약도(上海杭州蘇州間各航路略図) (『통상
휘찬(通商彙纂)』 메이지35년(1902) 1월 10일 발행 제206호)

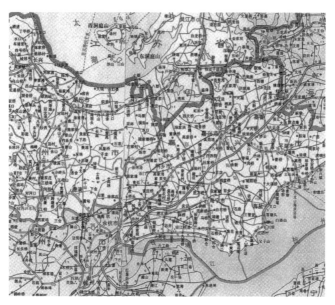

〈그림 4〉 가흥・호주 지구도(嘉興・湖州地区図) (『호영항지구실용지도책(滬寧杭
地区実用地図冊)』 중화지도학사(中華地図学社), 2000.1, pp.71~72)

3. 절강성 오진烏鎭을 중심으로 한 윤선 네트워크

국명(局名)	항로(航線)	일정(班期)
초상국(招商局)	능호(菱湖), 쌍림(双林), 오진(烏鎭), 성택(盛沢), 평망(平望), 상해(上海)	매일 1차
원통국(源通局)	상해, 평망, 성택, 오진, 쌍림, 능호	매일 1차
통원국(通原局)	가흥(嘉興), 도견(陶覓), 복원(濮院), 동향(桐鄕), 노두(鑪頭), 오진, 쌍림, 원가회(袁家滙), 호주(湖州)	매일 왕래 1차
통원국(通原局)	쌍림, 오진, 노두, 동향, 복원, 도견, 가흥	매일 왕래 1차
왕청기국(王淸記局)	오진, 종양묘(宗揚廟), 석만(石彎), 석문(石門), 장안(長安)	매일 왕래 1차
공대국(公大局)	오진, 연시(槤市), 선련(善練), 석총(石塚), 원가회, 호주	매일 왕래 1차
홍대국(鴻大局)	남심(南潯), 오진, 노두, 동향, 도전신(屠甸鎭), 협석(硤石)	매일 왕래 1차
상안국(翔安局)	덕청(德清), 신시(新市), 연시, 오진, 가흥	매일 왕래 1차
영신국(寧新局)	능호, 쌍림, 남심, 진택(震沢), 엄묘(嚴墓), 오진	매일 왕래 1차

역주: 위 표에는 종양묘(宗揚廟)라고 되어 있으나, 뒤에 나오는 〈그림 1〉에는 종장묘(宗場廟)라고 표기되어 있음

민국 초기의 강남 윤선 네트워크 상황을 알 수 있는 자료의 하나로, 절강성 북부에 있으며, 강소성과 경계를 접하고 있는 오청진烏青鎭에 대하여 기록한 지방지地方志인 민국 25년(1936) 출간의 『오청진지烏青鎭志』 권21, 「항업航業」에 '윤선輪船일람표'와 '쾌선快船일람표' 및 '항선航船일람표'가 있다.[12] 같은 책 항업의 서두에 다음과 같은 기술이 있다.

항업

시장(市場)의 번성은 교통의 편리에 달려 있는데, 우리 진(鎭)은 비록 철도와 공로(公路)가 통하지는 않지만, 윤선이 왕래하고, 쾌속여객선도 있다. 구식 항선(航船)으로서 날마다 각 부두를 왕래하고 거쳐가는 것들이 자주

---

12 民国, 『烏青鎭志』卷二十一, 工商, 「輪船一覽表」(十五丁表〜十五丁裏), 『中国地方志集成 郷鎭志専輯』 23, 江蘇古籍出版社・上海書店・巴蜀書社, p.594; 「快船一覽表」(十五丁裏〜十六丁表), pp.594〜595; 「航船一覽表」(十六丁裏〜十七丁表), p.595.

왕래하니, 역시 편리하다. 항업들의 각 표는 아래와 같다.[13]

이와 같이 태호太湖 남부에 위치하는 오청진의 1930년대 교통은 윤선과 구식舊式범선의 왕래에 의존하고 있었다.

다음은 '윤선일람표' 중 국명局名과 항로航線, 스케줄班期을 적어 본 것이다.

또, '쾌선일람표'에는 다음과 같이 적혀 있다.

선별(船別)	경유지점(経由地点)	편수(班次)
왕점선(王店船)	복원(濮院)	매일1차
호주선(湖州船)	마요횡가(馬腰横街)	동상(同上)
진택선(震沢船)	엄묘(厳墓)	동상
호주선(湖州船)	쌍림(双林), 연시(槤市)	동상
가흥선(嘉興船)	신승(新塍), 연시	동상
당서선(塘棲船)	신시(新市), 연시	동상
남심선(南潯船)	오진(烏鎮), 노두(鑪頭), 동향(桐郷), 도전진(屠甸鎮), 협석(硤石)	왕래1회
장안선(長安船)	남심(南潯), 오진, 노두, 석만(石灣), 숭덕(崇德)	매일왕래
동향선(桐郷船)	노두	동상
숭덕선(崇徳船)	석만	동상
협석선(狹石船)	오진, 노두, 동향, 도전진	격일1차
선련선(善練船)	연시	매일1차
복원선(濮院船)	석곡묘(石谷廟)	동상
호주뢰(湖州瀬)	마요횡가(馬腰横街)	매일1차

그리고 '항선일람표'에는 다음과 같은 행선지가 기록되어 있다.

---

13 『中国地方志集成 郷鎮志専輯』23, 江蘇古籍出版社·上海書店·巴蜀書社, p.594.

선별(船別)	스케줄(班期)	선별	스케줄
상해선	10일1회	호주선(湖州船)	매일1회
상해선	동상	연시선	동상
소주선	7일1회	동향선	동상
진택선	매일1회	신시선	격일1회
협석선	동상	숭덕선	동상
쌍림선	동상	항주선	4일1회
남심선	동상	해녕선(海寧船)	매일1회
가흥선	격일1회	신승선(新塍船)	동상
남심선	매일1회	성택선(盛沢船)	격일1회

　　오청진에서 서쪽에 위치하며, 대운하의 한 도시로서 유명한 가흥^{嘉興}
과 그 통치하인 평호^{平湖}와의 수로망에 관해서는 『가흥신시^{嘉興新志}』 상
편에서 그 기록을 찾아볼 수 있다. 특히 평호를 중심으로 한 수로망은
다음과 같다.

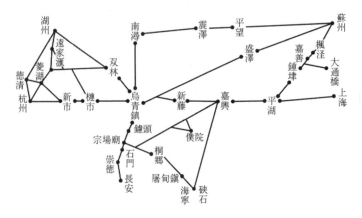

〈그림 5〉 항가호지구 내하 주요항로 약도
주: 민국『오청진지(烏靑鎭志)』, 『가흥신시(嘉興新志)』의 기사 및, 『전국교통영운선로이정시의
도(全國交通營運線路里程示意図)』(제2판) (인민교통출판사, 1983년6월 제2판 제3차 인쇄) 제3부분
수운(水運)을 참조하여 작성하였다.

嘉興至平湖有航船二, 逐日來回.(가흥-평호 간 선박2척, 매일 왕복)

平湖至鍾埭航船一, 逐日來回.(평호-종태 간 선박1척, 매일 왕복)

嘉善至平湖快班船, 逐日來回.(가선-평호 간 직행선, 매일 왕복)

平湖至楓涇快班船, 逐日來回.(평호-풍경 간 직행선, 매일 왕복)

大通橋至平湖快班船, 逐日來回.(대통-평호 간 직행선, 매일 왕복)

徐婆寺至平湖快班船, 逐日來回.(사파사-평호 간 직행선, 매일 왕복)

蘇州至平湖定班貨運航船一.(소주-평호 간 정기화물선 1척)

上海至平湖定班貨運航船一.(상해-평호 간 정기화물선 1척)[14]

위의 기록으로 오청진과 평호를 중심으로 한 수로망을 그리면 다음 〈그림 5〉의 약도 '항가호지구 내하 주요항로 약도杭嘉湖地区内河主要航路略図'와 같이 된다.

오청진으로부터 왕래 빈도가 높은 지역으로 알려진 남심南潯이지만, 그것은 남심이 경제적으로 윤택한 지역으로 알려진 것과 관계가 있을 것이다. 메이지 38년(1905) 일본영사보고 중에도 다음과 같은 기록이 있다.

남심(南潯)은 강소와 절강 두 성의 경계에 위치하며, 태호(太湖)에 가까운 시장마을(市鎭)은 호주부성(湖州府城)으로 통하는 수로 및 오진(烏鎭)에 다다르는 운하가 교차하는 좌우에 걸쳐 있어, 선박이 집결하고 상인들이 많이 모이는 곳이다. 이곳은 원래부터 작은 시장마을로, 가구 수 겨우 5천여 정도, 인구수 2만여 명에 지나지 않으나, 부호거원(富豪巨園)이 많기가 그 부근에

---

14 浙江省射騎赤学院歴史研究所, 同経済研究所, 嘉興市図書館合編, 『嘉興府城鎮経済史料類纂』(陳橋駅氏序, 1985.9) 수록, 『嘉興新志』上編, 1929, 同書 p.277.

서는 찾아 볼 수 없다. 소위 5대 부자로 부르는 농(儂), 유(劉), 장(張), 구(邱) 및 김(金) 등은 각 5~6백만 엔(円)의 자산을 가지고 있으며, 그 외 백만 엔 (円) 정도의 자산가는 또 적지 않다. 이 가운데 특히 농(儂)씨 집안은 모든 자산을 투자해서 일영학관(日英学館)을 일으키고, 자혜의원(慈恵医院)을 설립하여 일본의 여의(女医)와 조수(助手) 1명씩을 초빙하였다. 원내를 정비하여, 상해부근의 2, 3개 의원을 제외하면 먼 곳까지 이곳에 미치는 의원은 없을 정도다. 또 최근에는 새로 양식제사(洋式製糸)회사의 창립계획을 세우며, 오로지 지방의 개량발달을 계획하고 있다. 실제로 이 지역에 거주하는 일본인은 의원에 관련된 부인(婦人) 2명으로, 크게 지방 관료와 유지의 존경을 받는 곳이 되어, 점차 이러한 요청을 하는 경우가 많아 질 것이다.[15]

위에서는, 남심의 지리적 위치와 그 시장마을의 경제적 배경, 특히 남심에는 농儂, 유劉, 장張, 구邱, 김金 씨의 다섯 집안이 남심을 대표하는 부호로 거주하고 있었음을 알 수 있다.

이러한 남심의 경제적 윤택함의 요인은 이 지역에서 생산되는 풍부한 몇 종류의 생사生糸에 있었다. 위의 같은 보고에서도

이 지역 수출의 주요품목은 대경사(大経糸), 화경사(花経糸), 생사(生糸) 등으로, 오로지 이 지역외의 상인과 거래하였고, 그 대부분은 상해를 경유하여 구미 각 지역에까지 수출하였다.[16]

15 「蘇州鎮江並杭州開ノ航路」,『通商彙纂』明治38年 (1905) 第16号, 明治38年 2月 22日 在蘇州帝国領事館報告, p.36.
16 「蘇州續江並杭州開ノ航路」,『通商彙纂』明治38年 (1905) 第16号, p.36.

와 같이, 고품질의 생사류生糸類, 중국 국내뿐만이 아니라 세계에 수출되는 양질의 생사가 대량으로 생산되고 있었던 것이다.

남심의 경제사정에 대해서, 메이지 34년(1901) 11월 2일 자의 재항주제국영사보고在杭州帝国領事報告에 있는 「청국항주남심간항로시찰복명서清国杭州南潯間航路視察復命書」에 다음과 같은 기록이 있다.

남심도 역시 실을 주요 산물로 하며, 1년의 생산량이 대략 2천, 3천 포 사이이며, 실의 종류는 세사(細糸) 7할 정도, 조사(粗糸) 3할 정도이고, 세사 즉 화경사(花経糸)라 불리는 것은 상해·홍콩 항로, 영국 상인 연필자양행(年哩刺洋行)으로 보내진다. 조사는 진택(震沢) 및 호주(湖州)로 보내지고, 이 지역의 실의 질은 능호(菱湖), 호주(湖州)지역 산에 비해 품질이 좋아 호추(湖縐)(역주－절강성 호주(湖州)에서 나는 바탕이 오글쪼글한 견직물의 일종)의 원료로 적합하다. 그 가격도 역시 다른 지역에 비해 비싸, 호주의 실은 100량 34원이면, 남심의 실은 40원 정도 한다. 아마도 태호(太湖) 부근의 수질이 좋기 때문이 아닌가 한다. 남심에 있는 주요 실 회사는 다음과 같다.

협대(協大), 진창(震昌), 서기(瑞記), 유풍(裕豊), 상원(祥源)

포장은 80근 이상 120근 정도까지로 일정하다. 상해로 보낸 뒤, 대경사(大経糸)는 프랑스로, 화경사(花経糸)는 미국에, 생사(生糸)는 영국·프랑스로 향한다. 이 지역의 실 회사도 동사(董事, 역주－회사의 이사)를 두어, 민차안(閔次顔)이란 자에게 이를 담당하게 했다. 그러나 대체로는 아직 호주 실(糸)업계 동사의 관리 하에 있다. 상해에 수송하려면, 사장선(糸装船)이라고 부르는 선착장에서 일하는 선부일가(船埠一家)들이 있다. 배 10여 척 을 가지고, 일절의 하도급 없이 배 1척에 1백 포 내외를 싣고 순풍(順風)이면 3

일 정도로 도착하고, 돌아오는 길에는 은화(銀貨)를 싣고 온다.[17]

남심의 생산물로서 가장 중요한 것이 생사였다. 세사가 70%, 조사가 30%를 차지하였고, 세사細糸는 화경사花経糸라고도 불리며 상해나 홍콩으로, 영국 상인에 의해 반출되고 있었다. 또 조사粗糸는 진택震澤이나 호주湖州로 반출되었으며 남심 생사의 질은 능호菱湖나 호주지방의 생사보다 훨씬 좋은 품질이었다.

호주도 남심과 마찬가지로, 거의 같은 고품질의 생사를 생산하는 지역이었다.

호주부(湖州府)는 남심과는 약 36리의 거리를 두고 있었으며, 절강성의 최북단에 위치하고, 강소와 절강 두 성(省)의 제사(製糸) 중심지구로서 칭송되는 인구 약 10만 정도의 상업이 대단히 번성하고 실 가게가 즐비하며 오로지 잠사(蚕糸)업에 종사하는 경우가 많았다. 생산되는 생사의 양은 한 해에 약 5백 포 정도로, 대부분은 상해로 보내지고, 또 조사로 축면(縮緬)(역주-견직물의 일종, 바탕이 오글쪼글한 비단)을 짜서 한 해에 생산량이 약 15, 16만 필(疋)에 달하였는데, 이른바 호추(湖綯)라고 하는 것이 이것이다. 이 지역은 지형이 나지막하여, 큰 비가 내리면 바로 수해를 입고, 또 가뭄이 들면 강물이 말라 배를 운항하기에는 편리하지 않다.[18]

---

17 「清国杭州南潯間航路視察復命」, 『通商彙纂』明治35年 第206号(明治34年(1901) 11月 2日 在杭州帝国領事報告), pp.115~116.
18 「蘇州鎮江並杭州開ノ航路」, 『通商彙纂』明治38年(1905) 第16号, pp.36~37.

이처럼 호주도 고품질의 생사를 생산하는 지역으로 예전부터 유명했음을 알 수 있다.

여기에 서술한 강남江南이 수향도시水鄉都市를 연계하는 중요한 교통기관으로서 선박이 이용되었지만, 청말 이후에 급속하게 기선汽船이 등장하였고, 속도나 수송량 면에서도 이전의 민선民船을 따라잡아 기선이 우위를 차지하게 되었던 것이다.

4. 가흥지구를 중심으로 한 윤선 네트워크

여기에서는 대운하의 도시로 수로망이 발달했던 가흥嘉興을 중심으로 민국기의 윤선 항로망에 대하여 살펴보기로 한다. 가흥의 지리적, 경제적 상황에 대해서는, 『통상휘찬通商彙纂』제185호에 일본의 재항주 제국영사관 보고인 메이지 33년(광서 26, 1900) 10월 24일 자, 11월 8일 자의 「청국절강성가흥淸国浙江省嘉興」이 게재되어 있다. 먼저, 10월 24일 자 보고에는 다음과 같은 기록이 있다.

가흥은 절강성 중동부에서 호주(湖州)와 서로 마주보고 있고, 땅이 기름져 오곡이 잘 되며, 백성들의 재력 또한 부유하다고 알려져 있다. 옛 진나라 때는 회계(会稽)에 속하였고, 오나라 때는 가화(嘉禾)라 불렸으며, 수나라 때는 소주(蘇州)에, 당나라 때 이르러 항주(杭州)에 속하였는데, 오대(五代)(역주-당말(唐末)에서 송초(宋初)에 이르는 기간(907~960)의 오대십국(五代十國)을 말함) 때는 수주(秀州)라고 불렸다. 송나라 때 다시 가화라

고 하다가, 원나라에 이르러서 가흥로(嘉興路)가 되었다가, 명나라 때 처음
으로 가흥부(嘉興府)라 부르게 되었고 오늘날에 이르게 되었다. 부(府)아래
에 7현(県)이 있다. 가흥, 수수(秀水), 가선(嘉善, 부(府)의 동북 39청리(清
里)), 해염(海塩, 동남 68청리), 석문(石門, 서남 83청리), 평호(平湖, 동남 60
청리), 동향(桐郷, 서남 48청리)이라 한다.[19]

가흥은 절강성의 동부에 있으며, 고대(古代)로부터 비옥한 땅으로 알려
져 있었다. 이러한 가흥의 교통기관에 관해서 앞서 말한 보고서는 다음
과 같이 기록하고 있다.

교통기관으로서는 (…중략…) 선박은 소위 민선이며 그 종류는 승객 및
화물선과 짧은 거리를 왕래하는 포주(脬舟)등이 있다. 대소 합계 1천 척 이
상의 배가 정박해 있으며, 매일 출입하는 선박 수는 200척 이상이다.

기선회사는 대생창(戴生昌) 및 대동회사(大東会社)인데, 지난달(9월)까
지는 대동회사 지점을 두고, 청국인 대리자가 이것을 취급하러 왔지만, 소
(蘇), 항(杭), 신(申)의 삼각항로를 시작하려고 희망하여, 그 준비로 지점을
개설하고, 일본인을 주재시켜 의욕적으로 그 업무를 담당하게 하였다. 위 두
회사는 소, 항, 신의 두 항로에 기선을 매일 왕래시켜, 승객과 화물운반을 하
였다. 이 외에, 가흥, 협석진(挟石鎮) 간에는 취순창(翠順昌) 회사 및 합의(合
義)회사가 있는데, 협석(硤石)에서 출발하여 가흥으로 향했다. 또 가흥에서
상해를 종점으로 하는 항로도 있다. 그리고 평호현(平湖県)에서 송강부(松

---

19 『通商彙纂』明治34年(1901) 第185号, p.68.

江府)로 다니는 기선이 있는데, 격일로 왕래하고 있다. 앞에서 설명한 수로는 대략 소중기선의 왕래가 자유로워 점차 상업 발달이 빨라짐과 동시에 이전의 민선운수업의 완만하지만 자연스러운 우승열패(優勝劣敗)의 결과를 벗어나기 어려우므로, 차츰 기선 항운을 시도하는 자가 많아질 것이다.[20]

위에서 알 수 있듯이, 20세기 초에도 가흥의 교통은 수로항운이 중요한 것이었다. 가흥은 상해·항주간 항로의 거의 중간지점에 위치하여 이 지역을 다니는 것은 이전부터 있었던 민선民船이었다. 당시 가흥에는 1천 척 이상의 구식민선舊式民船이 정박하고, 200척 이상이 매일 출입하고 있었다. 그와 같은 상황에서 소형기선이 진출하여 이전의 민선民船을 대체하는 교통기관으로서 수로망을 운항하게 되었던 것이다.

그리고 같은 영사보고 11월 8일 자에서는 다음과 같이 기록되어 있다.

가흥부 위치는 상해로부터 운하 상류 230여 청리(清里), 항주성(杭州城) 동북 약 204태청리(太清里)로, 상해·항주 간의 대략 중앙이 된다. 가흥현을 비롯하여 7현(가흥현(嘉興県), 수수현(秀水県), 가선현(嘉善県), 해염현(海塩県), 석문현(石門県), 평호현(平湖県), 동향현(桐郷県))이 있으며, 가흥부의 경계는 남쪽은 항주부(杭州府), 서쪽은 호주부(湖州府), 북쪽은 강소성의 소주부(蘇州府), 동쪽은 같은 절강성의 송강부(松江府), 동남쪽은 바다에 접하고 있어, 수로는 사통팔달이며 연결되는 수로는 상해, 소주, 항주 평호, 협석(硤石) 및 전당강(銭塘江) 등이며, 절강성내 수로의 중심지역이

---

20 『通商彙纂』第185号(明治34年(光緒27, 1901) 2月 25日 刊), p.70.

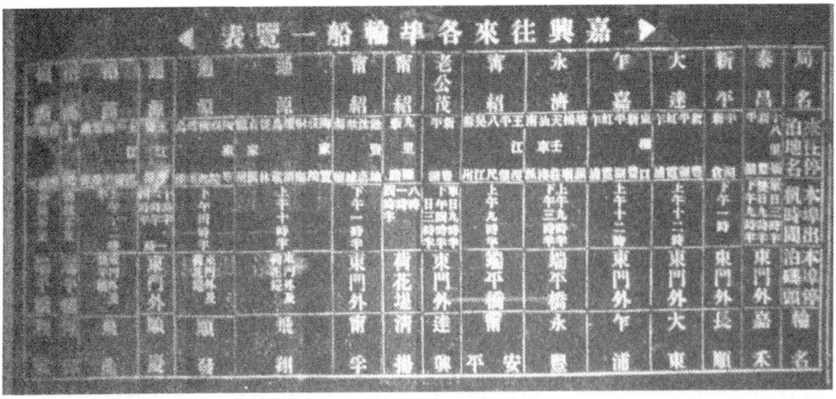

〈그림 6〉『가흥신보(嘉興新報)』 '가흥왕래각부윤선일람(嘉興往来各埠輪一覧)'(1926년 7월 18일 자에 의함)

라 할 만하여, 많은 선박이 출입하고 운하를 따라 정박 중인 배가 항상 7, 8 백 척을 밑돌지 않았다. 또 전당강은 절강성내 수로의 중심수로이며, 본류 (本流)로부터 항주에 이르는 길이가 약 320리, 안휘성(安徽省)을 관통하여 많은 물산(物産)이 종래의 영파항(寧波港)으로 옮겨졌지만, 항주 개항 이후 는 대부분의 수송물품은 영파항을 들리지 않고 뱃길이 편리한 항주로 나가 서, 북쪽의 운하를 거쳐 수출되기 시작하면서, 해마다 영파는 쇠퇴하고 항 주가 번영하게 된 사실은 세관보고에서 나타난 바이다.

그러나 전당강은 북운하(北運河)와는 그 수준을 달리하여, 항주로 나가 서 운하 수로를 이용하려면 화물을 바꿔 쌓을 필요가 있었지만, 가흥부를 만약 개항통상장(開港通商場)으로 한다면, 전당강 상류로 수송하는 화물 은, 해녕주(海寧州)의 협석진(硤石鎮)으로 보내어 화물을 육상에 풀 수고를 하지 않아도, 선박 운항을 할 수 있다.[21]

---

21 『通商彙纂』明治34年(1901) 第185号(明治34年(光緒27, 1901) 2月 25日刊), p.71.

가흥으로부터는 항주·상해로, 또 남심을 비롯한 절강성내 각지역으로 수로가 정비되어, 물류 면에서도, 인적이동의 면에서도 수로망을 이용하는 것이 최적인 지역이었다.

　　가흥은 거의 항주·상해 간 및 항주·소주 간의 중앙에 위치하는 중심 지구에 해당하고, 또 수로가 사방으로 관통하여, 상업의 주요품인 견사(繭糸)의 명산지(名産地)인 호주, 남심, 진택, 소주 및 협석진, 해녕, 평호 등으로 통하는 수로는 폭이 넓고 수심이 깊어 고장 없이 소기선이 통과할 수 있으며, 땅이 기름지고 토지도 평평하여서, 동남의 석문(石門) 및 동향(桐鄕)의 두 현(県)에 약간의 언덕만 보일 뿐이다.[22]

　가흥부 주변의 수로는 수로망이 가흥에서 각 지역으로 바퀴살 형태로 발달하여 있고, 게다가 수로는 기선운항에 적합한 수량水量의 수로였음을 위의 기술을 통해 알 수 있다. 그 때문에 소형기선도 문제없이 운항할 수 있었다.

　항주의 절강성 당안관檔案館에는 절강성 각 지역의 신문을 소장하고 있는데, 그중 한 장, 하루 분밖에 남아 있지 않는『가흥상보嘉興商報』라는 신문이 있다. 모든 지면이 아니라 한 장밖에 없지만, 당시의 윤선네트워크의 한 단면을 가르쳐주는 '가흥왕래각부윤선일람표嘉興往来各埠輪船一覧表'(〈그림 6〉 참조)가 게재되어 있다.

　여기서 인용하는『가흥상보』는 중화민국 15년 7월 18일, 1926년(다이

----

22 『通商彙纂』明治34年 第185号, p.68.

가흥왕래각부윤선일람표(嘉興往来各埠輪船一覧表)

국명(局名)	왕래정박지명	본부(本埠) 출항시간	본부정박 부두(碼頭)	윤명(輪名)
태창(泰昌)	십팔리교(十八里橋) 신풍(新豊) 평호(平湖)	홀수 날 3시반 짝수 날 9시반 오후 9시반	동문외(東門外)	가화(加禾)
신평(新平)	평호 신창(新倉)	오후 1시	동문외	장순(長順)
대건(大建)	신풍 평호 홍예(虹霓) 사포(乍浦)	오전 12시	동문외	대동(大東)
사가(乍嘉)	동책구(東柵口) 신풍 평호 홍예 사포	오전 12시	동문외	사포
영제(永濟)	당회(塘匯) 양묘(楊廟) 천임장(天王荘) 유거항(油車港) 남회(南匯)	오전 9시반 오후 3시반	단평교(端平橋)	
영소(寧紹)	왕강경(王江涇) 평망(平望) 팔척(八尺) 오강(吳江) 소주(蘇州)	오전 9시반	단평교	영안(寧安) 영평(寧平)
노공무(老公茂)	신풍 평호	홀수일 9시반 오후 4시반 일 3시반	동문외	달흥(達興)
영소	구리회(九里匯) 신질(新塍)	8시 1시 4시반	하화제(荷花堤)	청양(淸揚)
영소	여현당(餘賢塘) 심탕(沈蕩) 우성(圩城) 해염(海鹽)	오후 1시반	동문외	영부(寧孚)

국명(局名)	왕래정박지명	본부(本埠) 출항시간	본부정박 부두(碼頭)	윤명(輪名)
통원(通原)	도가예(陶家霓) 복원(濮院) 동향(桐鄉) 노두(爐頭) 오진(烏鎮) 쌍림(双林) 원가회(袁家滙) 호주(湖州)	오전 10시 반	동문외 및 하화제	비상(飛翔)
통원	도가예 복원 동향 노두 오진	오후 4시반	동문외 및 하화제	순발(順發)
통원	왕강경(王江涇) 성택(盛沢)	10시반 6시반 4시반 1시	동문외	순경(順慶)
초상(招商)	왕강경(王江涇) 평망(平望) 매념(梅埝) 진택 남심	오전 12시 반	동문외 및 단평교	비룡(飛龍)
초상	상해	시간 불일정	단평교	항승(恒昇)
초상	석문(石門) 숭복(崇福) 항주	시간 불일정	단평교	이항(利航)

쇼^{大正} 15) 7월 18일, 음력 6월 초9일 자이다.

국명^{局名} 중, 태창국^{泰昌局}은 태창혜기윤선전운국^{泰昌惠記輪船轉運局}<u>으로</u> 짐작된다. 『항업월간^{航業月刊}』 제3권 제12기에 게재된 「본회회원광고지 십^{本會會員廣告之十}」에, 다음과 같이 적혀 있다.

태창혜기윤선전운국(泰昌惠記輪船轉運局)

주소(地址) 상해북소주로574호(上海北蘇州路五七四号) 전화 41382

경리(經理) 손괴경(孫槐卿) 소유선(所有船) 5척(艘) 영태(永泰)·영창(永昌)·영혜(永惠)·영원(永元)·영화(永和)

원통윤선국(源通輪船局)

주소(地址) 상해북소주로494호(上海北蘇州路四九四号) 전화 40219

경리(經理) 유자패(俞子佩) 소유선(所有船) 7척(艘) 원상(源祥)·원길(源吉)·원여(源餘)·원발(源發)·원통(源通)·원풍(源豐)·원창(源昌)

영소하윤선공사(寧紹河輪船公司) 상해분공사(上海分公司)

주소(地址) 북소주로천후궁교서경기윤선국(北蘇州路天后宮橋西慶記輪船局)

전화40566 상해경리(上海経理) 엄금재(嚴錦才) 항호윤선(航滬輪船) 2艘(척)

영태(寧泰)·영태(寧泰)(역주－원문 그대로)[23]

이 중에서 태창윤국泰昌輪局은 '항행장강소·환양성 및 강소소절내하선航行長江蘇 ·皖両省及江蘇蘇浙内河線'[24]에서 알 수 있듯이, 장강노선長江路線의 강소성이나 안휘성安徽省 그리고 강소성의 소주와 절강성으로 연결되는 내륙기선항로를 운항하는 회사였다.

영소국寧紹局은 영파상인 우흡경 등에 의해, 1907년 7월에 상해·영파 사이에서 기선항로를 개설한 영소윤선공사[25]에서 내하노선을 분국分局한 것으로, 상해·영파 간의 항로뿐만이 아니라, 강남의 내하수로에도

23 上海市輪船業同業公会 編, 『二十四年航業年鑑(航業月刊第三卷第十二期拡大号)』, 上海市輪船業同業公会, 1936.6, p.10.

24 張心澂, 『中國現代交通史』, 上海·良友図書印刷公司, 1931.8, p.294.

25 松浦章, 「寧波商人虞治卿による寧波·上海航路の開設─寧紹輪船公司の創業 一」, 『東アジア海域交流史 現地調査研究～地域·環境·心性～』第2号, 平成17年度 ～21年度 文部科学省特定領域研究─寧波を焦点とする学際的創生 一 現地調査研究部門, 2008.12, pp.61～86.

소형기선의 정기운항을 전개하고 있었다.

노공무老公茂는 노공무양행老公茂洋行, Ilbert & Co. Ltd.[26]이며, 선통 원년 (1909) 당시의 기록이 있다.

　　영상 노공무는 윤선을 추가로 파견하여, 오진·남심 두 곳에서 시험운행 하였다.[27]

위의 기록에서 알 수 있듯이, 영국 상인이 오진과 남심 사이에서 기선 항운업을 시작하였던 윤선업輪船業 회사였다. 그리고 1909년 이후, 20여 년간이나 강남의 기선 항운업의 일단을 담당하였다.

초상국은 윤선초상국의 내하항로를 담당하던 초상내하윤선공사招商內河輪船公司이다.[28] 선통 2년(1910)의 「초상국신본부준칙내하윤선국조송각항표식도설간준주책급조병걸비시문招商局申本部遵飭內河輪船局造送各項表式圖説懇准註册給照並乞批示文」에 보이는 '초상내하윤선고문공사招商內河輪船股文公司'의 장정章程에 다음의 기록이 있다.

　　공사의 본사(公司總號)는 지방에 설립한다. 분공사(分號)가 있으면 모두 집어넣는다. 총공사는 상해에 설립하고, 분공사는 소주(蘇州)·항주(杭州)·호주(湖州)·가흥(嘉興)·상주(常州)·무석(無錫)·진강(鎭江)·양주(揚

---

26 黄光域 編, 『近代中国専名翻訳詞典』, 四川人民出版社, 2001年 12月, p.171.

27 「本部咨浙江巡撫分別催駁洋商慶記戴生昌老公茂職商施友桐等請添輪専駛內河文」, 宣統元年三月十四日, 『交通官報』第一期, 郵伝部図書通訳局官報処, 宣統元年七月 十五日出版, 公牘一, 咨剳類, 十五丁表.

28 『招商局史(近代部分)』, 人民交通出版社, 1988.9, pp.255~258.

州)·청강(淸江)·양장(楊莊)·임회관(臨淮館)·정양관(正陽關)등지(等地)
에 설립한다. 그 연도(沿途)에 지나는 평망(平望)·여리(黎里)·노허(蘆
墟)·오진(烏鎭)·남심(南潯)·진택(震澤)·쌍림(雙林)·능호(菱湖)·사안
(泗安)·성택(盛澤)·주가각(珠家閣)·청포(靑浦)·동정산(洞庭山)·황도
(黃渡)·백학항(白鶴港)·탕구(蕩口)·감로(甘露)·당서(塘棲)·석문(石
門)·석문만(石門灣)·쌍교(雙橋)·가선(嘉善)·단양(丹陽)·분우(奔牛)·
신풍(新豐)·월하(越河)·호서관(滸墅關)·횡림(橫林)·망정(望亭)·여성
(呂城)·강음(江陰)·낙사(洛社)·의흥(宜興)·율양(溧陽)·과주(瓜洲)·
소백(邵伯)·고우(高郵)·계수(界首)·범수(汜水)·평교(平橋)·이포(二
浦)·경하(涇河)·보응(寶應)·회성(淮城)·판갑(板閘)·소하구안대항(小
河口岸大港), (…중략…) 등에 모두 사무소(局所)를 설립한다.[29]

위의 기록에서처럼 윤선초상국 아래에 초상내하윤선국招商內河輪船局
이 있고, 대운하의 수로운항과 강남의 수로망에서 항운업을 운영하였
던 것을, 위에서 나열된 지명에서도 분명히 알 수 있다.

'가흥왕래각부윤선일람표'를, 항로에 따라 정리하면 〈그림 7〉처럼
될 것이다.

가흥을 중심으로 한 수로망 기사에서, 1920년대에도 이전부터 있었
던 수로망에 기선이 진출하여, 각 지역을 연결하는 교통네트워크를 형
성하였던 것을 알 수 있다.

---

29 「招商局申本部遵飭內河輪船局造送各項表式圖說懇准註冊給照並乞批示文」,『交通 官報』第十
四期, 郵伝部圖書通訳局官報処, 宣統二年四月三十日 出版, 公牘二, 禀呈類, 十五丁裏~十六丁表.

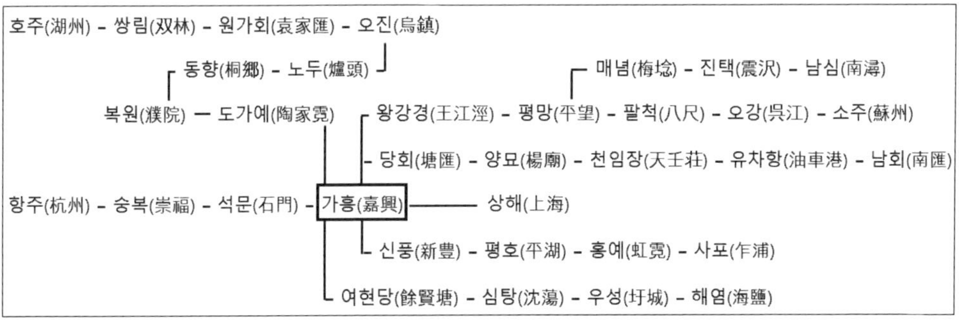

호주(湖州) - 쌍림(双林) - 원가회(袁家匯) - 오진(烏鎭)

동향(桐郷) - 노두(爐頭)

매념(梅埝) - 진택(震沢) - 남심(南潯)

복원(濮院) - 도가예(陶家霓) ─ 왕강경(王江涇) - 평망(平望) - 팔척(八尺) - 오강(吳江) - 소주(蘇州)

당회(塘匯) - 양묘(楊廟) - 천임장(天壬莊) - 유차항(油車港) - 남회(南匯)

항주(杭州) - 숭복(崇福) - 석문(石門) ─ 가흥(嘉興) ──── 상해(上海)

신풍(新豊) - 평호(平湖) - 홍예(虹霓) - 사포(乍浦)

여현당(餘賢塘) - 심탕(沈蕩) - 우성(圩城) - 해염(海鹽)

〈그림 7〉가흥왕래각부윤선약도(嘉興往来各埠輪船略図)

5. 소결

위와 같이 19세기 말에 중국에 진출한 기선은 연해에서의 항운활동 뿐만이 아니라 내륙하천을 이용한 수로망에도 진출하여, 각 지역에 다투어 정기운항을 할 만큼 선박항운업이 난립하게 되었다. 항운업은 청조가 무너진 후에도 사람들을 위한 물류 수송기관機關으로서, 또 인적이동을 위한 교통기관으로서 활용되었다.

1921년 당시 일본의 조사에서도, 항주와 소주 간의 기선항운업에 대한 보고가 있다.

이 두 도시(항주·소주)간의 소증기기선업(小蒸気汽船業)은, 대운하 중에서도 가장 활발하여, 사계절 모두 운항을 하였으며, 항주, 소주 두 대도시의 교통사정상, 큰 편리함을 주고 있다. 항주, 소주 간에는 호항(滬杭), 호녕(滬寧)의 두 철로가 있어서 연결되지만, 직접 연결되지는 않아, 상해를 경유해서 연결이 된다. 이에 필요한 시간은, 항주−상해 간 약4시 간, 상해−소주 간 약 2시간이며, 또 상해에서는 갈아 탈 필요가 있다. 따라서 대운하의 소 증기선 쪽이 훨씬 저렴하다.[30]

대운하 중에서도 항운량航運量이 많은 항주·소주 간의 기선항운업은, 항주와 소주의 교통을 생각하면 신규의 호항철도滬杭鉄道나 호녕철도滬寧鉄道를 이용하는 것 보다 훨씬 시간적으로 절약되었음을 알 수 있다. 특히 1920년대의 가흥을 중심으로 한 기선의 정기운항표인 '가흥왕래각부윤선일람표嘉興往来各埠輪船一覧表'는 상해·가흥·항주와 대운하를 이용한 간선항로 외에, 가흥에서 절강성 북부의 남심이나 호주로, 가흥에서 남부의 평호, 사포로, 그리고 서남부의 석문이나 해염 등으로 지선支線이라고 할 수 있는 정기항로가 정비되어 운항되고 있었음을 여실히 나타내고 있다.

30 谷光隆 編, 『東亜同文書院 大運河調査報告』, 汲古書院, 1992年 3月, 수록 「大正 十年(1921) 七月(第十五回) 調査報告」, 第三章 「大運河ノ水運ノ現状」, 第一節 「大運河ノ汽船業」, 「第一款 杭州, 蘇州間」 p.460.

근대 동아시아 해역에서의 기선의 대두

경응慶応 4년 윤4월 11일(1868.6.1)에 요코하마에서 간행된 신문『모시호구사もしほ草』제37편, 메이지 2년(1869) 4월 10일 자 기사에 메이지 초기의 해외교통사정이 기록되어 있다.

샌프란시스코 및 요코하마, 중국의 비각선(飛脚船, 역주-쾌속선)은 앞장서서 서로 시작하여 여러 나라의 상인과 여행객에게 매우 편리한 것은 말할 것도 없거니와 배가 도착할 때는 캘리포니아에 다녀 온 여행객과 승조원이 많이 찾아오며 또한 비각선이 여러 항구에서 요코하마를 찾아 모여들기 때문에 그 3, 4일 동안은 요코하마가 붐비는 것이 이만저만이 아니며, 이러한 비각선들도 많은 이익을 얻으므로, 이후는 배가 요코하마에 오는 일이 한 달에 두 번씩이나 되며 당항(요코하마)에서 샌프란시스코까지, 바닷길로 20일이다. 중국까지는 6일 정도이다.[1]

이와 같이 에도江戸시대 말기에 개국한 일본은 해외로의 신속한 이동을 가능하게 하는 자국의 교통기관을 보유할 여유가 없었다. 그런 상태를 타개한 것이 구미 여러 나라의 기선회사였다.

에도 말기에 일찍이 미국의 Pacific Mail 기선회사가 태평양 동쪽의 샌프란시스코에서 요코하마에 기항 후 홍콩으로 향하는 항로를 개설하고, 이어서 요코하마와 상해를 잇는 항로도 개설하였다. 또한 서쪽에서는 영국의 P.&O. 기선회사 등이 요코하마로 향하는 정기항로와 부정기항로를 열었다. 일본인이 해외로 나가기 위해서는 이와 같은 구미 여러 나라의 기선에 탑승하는 방법밖에 없었던 것이다. 『모시호구사』의 기사는 그러한 외국기선의 요코하마로의 내항來航으로 인해 붐비는 상황의 일단을 설명한 것이다. 요코하마에서 기선을 타면, 샌프란시스코까지 20일 정도의 일정이었으며, 중국은 6일 정도의 여정으로 갈 수 있었다.

1860년에 간린마루咸臨丸가 우라가浦賀에서 30일 가까이 걸려 태평양을 횡단해 샌프란시스코에 도착했을 때와 달리, 20일에 태평양을 항상 왕래하는 정기항로가 열린 것이다.

이와 같은 일본의 해외 정기편에 의한 교통로의 확보라는 측면에서, 1875년(메이지 8)에 일본정부의 후원을 얻은 경우이기는 하지만 미쓰비시우편기선회사三菱郵便汽船会社에 의한 최초의 해외항로인 요코하마-상해항로가 정기적으로 개설된 것은 획기적인 일이었다.

그 후, 반세기 동안 일본의 기선회사가 동아시아의 많은 지역에서 활약하게 된다. 일본뿐만 아니라 중국에서도 기선에 의한 항운활동이 큰

1　小野秀雄校訂, 『横浜新報もしほ草 江湖新聞』, 福永書店, 1916.10, p.273.

위치를 차지하게 된다.

광대한 영토를 가진 중국의 경우도 이때까지는 내륙하천이나 연해의 범선을 이용하는 것이 일반적이었으나 기선의 등장으로 사람의 이동이나 물류가 크게 변화하게 된 것이었다. 근대 중국 최대의 대외적 창구의 한 곳이었던 상해의 경우를 보더라도 큰 변화가 있었다.

동치同治 11년(1872)에 창간된 신문, 상해의 『신보』제26호, 1872년 5월 30일, 동치 11년 4월 24일 자 제1면에 「윤선론輪船論」이 게재되어, 당시 중국의 신교통기관이 된 윤선 즉, 기선의 교통수단으로서의 중요성을 지적하고 있다.

> 수운(水運)의 편리함은 윤선에 이르러 이미 극에 달했다. 큰 것은 중양(重洋)과 거해(巨海)를 마음대로 떠다니며, 작은 것은 장강(長江)과 내하(內河)를 막힘 없이 다닌다. 그것은 무거운 것을 운반하기에 지극히 편하다. 그것은 긴급한 소식을 전달하는 데 매우 빠르다. 그것은 급한 승객을 호송하는데 매우 적당하다.

윤선은 물 위이면 바다든 강이든 널리 활동하게 되면서, 윤선의 수송력과 속력에 특히 주목하게 되었다. 교통수단으로써의 편리함을 같은 신문에서는 다음과 같이 말하고 있다.

> 예를 들어 상해에서 한구(漢口)로 타고가면, 그 값은 1인당 7금(金)에 불과하고, 전(錢)으로는 만이천여 전이며, 기간은 불과 3일이다. 만약 민선(民船)으로 갈아타고, 상해(上海)에서 소주(蘇州)로, 소주에서 진강(鎭江)으로,

진강에서 금릉(金陵)・안경(安慶)・구강(九江)으로, 다시 한구에 이르기에 비록 뱃삯과 식사비는 절반으로 줄일 수 있지만, 기간이 아무리 빨라도 결국 20일 이상 걸리고, 가는 동안의 피곤함과 막힘을 비교하자면 윤선은 이미 세 차례나 왕복할 수 있다.

윤선에 탑승하여 목적지로 향하는 경우, 예를 들어 상해에서 한구漢口로 향해 가는 경우는 운임이 1인당은 7량兩을 넘지 않았고, 제전制錢(역주 ―명나라 후기에서 청나라 때 사용된 동전의 통칭)으로는 1만 2천 전錢 정도였다. 청나라의 은과 동전의 가격 차이는 은 1량에 대해 공식가격은 동전 1,000전이었지만, 청나라 말에는 동전의 가치가 떨어졌기 때문에, 공식가격이었던 은 7량에 대해서 7,000전을 훨씬 초과한 1만 2천 전이었던 것을 알 수 있다. 운임은 그렇다 하고, 상해와 한구를 윤선으로 가면 3일 정도로 도착할 수 있었다. 그런데 풍력을 이용한 민선에 탑승하여 상해에서 한구까지 가려면 소주蘇州, 진강鎭江까지 운하를 이용하고, 진강에서 장강長江으로 남경南京, 안경安慶, 구강九江을 거쳐서 한구에 다다르게 된다. 윤선은 상해에서 황포강黃浦江으로 내려가 장강으로 들어 간다음, 장강을 거슬러 올라가 남경, 무호蕪湖, 구강 등을 경유하여 한구로 항행하였다.

이 두 교통수단을 비교해 보면, 민선의 운임은 윤선에 비해 분명히 저렴하지만, 민선으로는 빨라도 승선기간이 20일은 필요했다. 이 20일 동안, 윤선은 상해-한구 간을 세 차례 왕복할 수가 있었다고 한다. 교통혁명이 점차적으로 일어나고 있었다고 말할 수 있다.

즉, 운임은 비쌌지만 시간 단축에서 종래의 민선과 비교하면 7분의 1

이상으로 줄어든 편리함을 간과할 수 없었을 것이다. 시대가 속도를 요구하였던 것이다. 근대의 상해와 밀접한 관계에 있었던 영파寧波와의 교통사정에 관하여 상해의 1880년 9월 18일 자『신보』제2,653호「논선가참치論船價參差」(역주-참치부제參差不齊의 준말. 들쭉날쭉 함) 기사에서 아래의 내용을 볼 수 있다.

> 만약 윤선을 타지 않으면, 상해에서 영파(寧波)까지, 반드시 내하(內河)로 항주(杭州)를 거쳐, 소흥(紹興)까지 강을 건너고, 또 동쪽으로 가야 비로소 도착한다. 그렇지 않으면 바다로 항행하면서 별각선(鱉殼船) 같은 것을 타야 하는데, 바람의 향배(向背)에 따라 기간이 정해지니, 한 달이 넘게 걸려서야 겨우 도착하는 일도 있다.

상해에서 내륙하천을 이용하여 항주로 나가, 전당강錢唐江을 건너 소흥紹興으로 향한 뒤, 소흥에서 영파로 향해 가는 것이 종래의 가장 안전한 노정이었다. 내륙하천의 물길을 이용하지 않으면 바다를 운항하는 배에 탑승을 해야 했지만, 바람의 방향에 따라서는 긴 시간이 걸리기도 하였다. 그러한 경우가 기선의 등장으로 신속한 이동이 가능하게 된 것이었다. 그러나 이동량이 많은 항로에 참여한 것은 중국자본의 기선회사가 아니었다. 일찍이 이 항로에 정기편을 운항한 것은 영국자본의 기선회사였다. 2~3일 간격으로 상해와 영파 사이에 정기편을 운항한 것이었다. 1872년에 설립된 초상국윤선공사에 이어 1909년에 우흡경의 노력으로 영소윤선공사가 설립될 때까지, 이동량이 많은 노선은 외국자본에 의한 과점상태가 이어졌다. 상해-영파 항로만이 아니라, 장강의 뱃길을 이용하는 상해-한구 항로의 경우도 마찬가지였다. 앞서 장강항로를 과점하고 있었던 것은 미국자본의 화기공사와 영국자본의 태고양행이었다. 이러한 상황을 타개한 것이 초상국 윤선공사의 등장이었다. 그리고 뒤이어 청일전쟁후의 시모노세키조약下關條約으로 중국 국내에 진출할 기회를 얻은 일본이, 오사카상선회사와 일본우선회사를 진출시켜, 장강항로를 둘러싼 중국, 영국, 일본의 기선회사의 경쟁이 펼쳐졌던 것이다.

이 책은 이와 같은 동아시아 해역에 새로운 교통기관으로서 등장한 기선이 기선 경영으로서 어떻게 각 지역에서 전개되었는가를 논한 것이다. 기선항운의 연구 성과는 결코 많다고 할 수 없다. 대부분이 정치적, 경제적인 측면에서 논한 성과이고, 교통기관으로서 각 지역에서 어떤 수송형태를 담당했는가라는 시점에서 고찰한 것은 많지 않다. 이러한 시점은, 당시 사람들이 어느 정도 용이하게 이용할 수 있었는가라는 문제와 밀접한 관련이 있다. 매일 승선할 수 있는지, 아니면 앞서 언급한『모시호구사』의 기사처럼 매달 2회로 한정되는지의 문제와도 관련이 있는 것이다. 이동이나 운반, 수송의 빈도와 크게 관련이 있다고 할 수 있다. 역사를 깊게 생각하는 심화의 문제와도 관계가 있을 것이다.

그런 의미에서 이 책에서는 많은 선박정보를 수집 이용하고, 정기항로의 운항형태가 분명하도록 운항표를 작성하였다. Time Table로부터 역사를 생각해 보고자 한 것이다.

초출일람

序論―「近代東アジア海域の汽船航運」.*
結論―新稿(새로 씀).

제1부―근대 동아시아와 구미선

「アヘン戦争直前における広州来航の欧米船」,『関西大学東西学術研究所創立六十周年記念論文集』, 関西大学出版部, 2011.10.(改稿)

「19世紀後半東アジア海域における英国P.&O.汽船会社の航運」,『東アジア文化交渉研究』第5号, 2012.3.(改稿)

「上海からアメリカへ―Pacific Mail S.S.Co. 定期航路の開設」,『東アジア文化交渉研究 東アジア文化研究科開設記念号』, 2012.3.(改稿)

제2부―근대 중국과 메이지일본의 기선

「清末の新聞に見る日本汽船の活動」,『或問』第10号, 2005.11.(改稿)

「湖南汽船会社の沅江丸船長小關世男雄と『海事要綱』」,『環流』(関西大学アジア文化交流研究センターニュースレター) 第7号, 2008.7.(改稿)

「北清輪船公司の汽船による渤海航運について」,『或問』第21号, 2011.12.(改稿)

「日本統治時代台湾における北辰館輪船公司の航運」,『東アジア文化環流』第3編 第1号, 2010.1.(改稿)

제3부―근대 상해와 기선

「江南製造局草創期に建造された軍艦について」,『或問』第20号, 2011.7.(改稿)

「清末における上海北洋汽船航路」,『或問』第18号, 2010.7.(改稿)

「ドイツ占領期の青島と上海間の汽船航路」,『海事史研究』第67号, 2011.12.(改稿)

「一九三〇年代の青島・上海航路について」,『或問』第17号, 2010.12.(改稿)

「寧波商人虞洽卿による寧波・上海航路の開設―寧紹輪船公司の創業―」,『東アジア海域交流史 現地調査研究―地域・環境・心性』第2号, 2007.12.(改稿)

「民国期浙江嘉興地区における輪船航路ネットワーク」,『関西大学東西学術研究所紀要』第40輯, 2010.4.(改稿)*

---

* 2012년 6월 15일~16일 한국해양대학교에서 개최된 국제심포지움은, '공생을 향한 문화 교섭 -해항도시의 접촉과 갈등'에 대한 기조 보고 '근대 동아시아 해역의 항운을 둘러싼 기선회사의 갈등'(15일)의 원고를 고친 것임.
* 【역주】원문 그대로. 역자가 확인한 결과, 이 논문은 제40집이 아니라, '제43집'에 게재되어 있음.

발문

이 책『기선의 시대汽船の時代―근대 동아시아 해역近代東アジア海域』은, 최근에 작성한 동아시아의 기선 항운사航運史에 관한 성과를 정리한 것이다.

2005~2010년 문부과학성 학술 프론티어추진 사업의 간사이대학 아시아문화교류연구센터関西大学アジア文化交流研究センター부터 시작하여, 2007~2012년 문부과학성에 의해서 선정된 G-COE '간사이대학 문화교섭학 교육연구 거점関西大学文化交渉学教育研究拠点', 그리고 2011년부터 시작된 문부과학성 전략적 학술 추진 사업의 아시아문화연구센터의 일원으로서 모두 참가하여, 근세와 근대의 동아시아 문화 교섭에 관한 연구를 해왔다.

이 책은 이러한 프로그램에 참여하여 정리한 성과 중의 하나이다. 그동안의 관련된 성과로,『근대일본중국대만 항로의 연구近代日本中国台湾航路の研究』(세이분도출판清文堂出版, 2005),『에도시대 당선에 의한 문화교류江戸時代唐船による文化交流』(시분카쿠출판思文閣出版, 2007),『동아시아 해역의 해적과 류큐東アジア海域の海賊と琉球』(요오쥬쇼린榕樹書林, 2008),『해외정보를 통해 보는 동아시아―당선풍설서의 세계海外情報からみる東アジア―唐船風説書の世界』(세이분도출판, 2009),『근세 동아시아 해역의 문화교섭近世東アジア海域の文化交渉』(시분카쿠출판, 2010),『청대 중국 류큐 교섭사 연구清代中国琉球交渉史の研究』(간사이대학 출판부関西大学出版部, 2011) 등 위와 같은 프로그램의 일원이 되지 않았다면 얻을 수 없었던 성과라고 말할 수 있다.

이 책에서 많이 사용하고 있는, 각 시대의 중국, 홍콩, 대한제국, 대만, 미국 등의 신문에 실린 기선의 출항・입항을 바탕으로 작성한 Time Table은, 현재 진행되고 있는 아시아문화연구센터アジア文化研究センター

의 프로그램 '동아시아의 아카이브 구축東アジアのアーカイヴの構築' 의 '근대 동아시아 해역의 선박정보 데이터' 로도 이용할 수 있을 것으로 생각하고 있다.

새로운 프로그램에 참가하여, 천학비재의 두뇌에 지적 자극을 받았고, 나에게 새로운 시각도 환기시켜 주었다. 그런 의미에서 위 프로그램에 참가하게 된 것에 감사함과 동시에, 많은 금액의 공적자금을 출자해 주신 문부과학성과 위 프로그램을 후원해 주신 간사이대학 당국에도 감사드리고 싶다. 그리고 상기 프로그램을 기획하고 운영하는 선도자인 후지타 다카오藤田高夫 교수를 비롯한 프로그램의 멤버들에게도 감사드린다. 또한 이 책의 중국어 요지를 번역해 준 왕죽민王竹敏 씨에게도 감사드린다.

끝으로 본서의 출판을 흔쾌히 맡아주신 세이분도출판과 출판사의 마에다 마사미치前田正道씨에게도 사의를 표하는 바이다.

역자 후기

이 책은 동아시아 해역에 새로운 교통기관으로서 등장한 기선이 각 지역에서 기선 경영이라는 형태로 어떻게 전개되었는가를 살펴본 연구이다.

우선 교통기관으로서 기선이 '각 지역에서 어떤 수송 형태를 담당했는가'라는 관점에서 신문에 보도된 자료를 인용해 당시 기선의 운영방법을 기술하였다. 또한 많은 선박 정보를 수집하고 이용하여 정기항로의 운항 형태가 분명하도록 운항표를 작성함으로써 그 당시 사람들이 기선을 '어느 정도 용이하게 이용할 수 있었는가'를 보여주고 있다.

동아시아 해역에 19세기 후반부터 20세기 전반에 걸친 기선의 등장은 범선을 이용하는 것보다 많은 시간적 단축을 가져왔으며 공간적으로도 다양한 지역을 왕래할 수 있게 되어 상업무역이 가속화되었다.

1853년 미국함대 페리제독이 이끌던 4척의 군함이 우라가浦賀해역에 나타난 것이 일본에게는 기선에 의한 교통혁명 시대가 도래한 상징적인 사건임에 틀림없었다. 그러나 일본은 해외로의 신속한 이동을 가능하게 하는 자국의 교통기관을 보유할 여유가 없었고, 그런 상태를 타개한 것이 구미 여러 나라의 기선회사였다. 일본이 기선 건조기술을 확보하여 해운업을 성장시켜 근대화에 관심을 가지기 시작하는 시기에 서양에서는 이미 근대적 선박인 기선을 개발하여 동북아해역에서의 해운업을 주도하였고, 1859년 영국과 미국의 기선에 의해 상해와 나가사키항로가 개설되었으며, 1866년에는 미국의 태평양우편기선회사에 의해요코하마와 상해를 잇는 항로도 개설되었다.

그런점에서 보았을 때 일본의 해외 정기편에 의한 교통로의 확보라는 측면에서 1875년에 미쓰비시우편기선회사三菱郵便汽船会社에 의한 최초의 해외항로인 요코하마–상해항로가 정기적으로 개설된 것은 일본 정부의 후원을 얻은 것을 감안하더라도 획기적인 일이었다. 청일전쟁 후의 시모노세키조약下関条約으로 중국 국내에 진출할 기회를 얻은 일본이, 오사카상선회사와 일본우선회사를 진출시켜, 장강항로를 둘러싼 중국, 영국, 일본의 기선회사 사이에 경쟁이 펼쳐졌던 것이다. 그 후, 반세기 동안 일본의 기선회사는 동아시아의 많은 지역에서 활약하게 되며, 일본뿐만 아니라 중국에서도 기선에 의한 항운활동이 큰 위치를 차지하게 된다. 그러나 1872년에 설립된 초상국윤선공사에 이어 1909년에 우흡경의 노력으로 영소윤선공사가 설립될 때까지, 이동량이 많은 노선은 외국자본에 의한 과점상태가 이어졌다. 당시 신문이나 광고 등에는 중국의 신교통기관이 된 윤선의 중요성과 편리함이 기록되어 있어 그 시대의 정황 등을 상세하게 알 수 있다.

이 책은 앞에서 언급한 바와 같이 근대 동아시아에서의 구미선의 항운활동 및 중국과 메이지일본 기선활동에 대한 항로 및 일정표를 제시함으로써 그 당시 항로 네트워크를 파악하려는 독자들의 이해를 돕고자 한다.

19세기 후반부터 20세기 전반 동안 동아시아 해역에서 활동한 기선항운 발자취의 일단을 규명하려고 노력한 이『기선의 시대』는 본 사업단의 아젠다인 '바다와 관련된 인간 활동의 범위인 해역'에서의 교통기관인 선박을 통해 인적 및 물적 이동과 문화의 교류가 이루어졌다는 것을 확인할 수 있도록 한다. 특히 신문자료를 통해 그 시대 선박의 운행방법과, 수송물자를 통한 경제적인 물류현상과 이문화교류를 파악할 수 있으며 기선의 활약이 그 시대의 사회적 현상을 자아낸다는 것도 확인할 수 있다. 특히 운항표를 작성하여 당시 운반된 물자 및 화물수취인까지 상세하게 제시하여, 이를 통해 구미 및 동아시아 해역에서의 무역품의 유통관계와 사람들의 이동 등을 한눈에 볼 수 있도록 최대한 독자가 이해하기 쉬운 형태로 기술했다. 이 책에서 살펴보았듯이 해역을 중심으로 한 근대 동아시아와 구미선의 항운활동은 해운업과 교역에 있어서 교섭의 교류사를 실증적, 종합적으로 살펴볼 수 있는 자료라고 사료되며 이에 이 책이 부경대학교 인문사회과학연구소 '해역인문학 번역총서'의 한권으로 지정되어 출간하게 된 데는 큰 의미가 있다고 생각된다.

바닷길을 이용하지 않고는 교역 자체에 한계가 있었던 근대 당시 인적·물적 이동의 교류수단으로서 아주 중요한 부분을 담당한 것이 선박이었다. 범선만 이용되었던 동북아에 기선이 등장함으로써 근대 동북아 해역에 경제적 갈등을 자아내기도 했으나 글로벌한 해역 인문네트워크를 형성하기도 했다. 저자도 언급하고 있듯 『기선의 시대』의 번역을 통해 독자들이 19세기 후반부터 20세기 전반에 걸친 동아시아 해역의 기선 항운이 지녔던 해운활동과 같은 교통수단으로서의 중요성과, 여러 지역을 연대하는 문화교섭의 첨단이었던 당시의 상황을 이해하는 데 도움이 되길 바란다.

역자를 대표하여

공미희 씀